Une Princesse Se Souvient

Les Mémoires De La Maharani De Jaipur

GAYATRI DEVI

T0162309

Réimprimé 2022

Publié pour la première fois en 2006 par
Prakash Books India Pvt. Ltd.
113/A, Daryaganj, New Delhi-110 002
Tél.: (011) 2324 7062-65, Fax: (011) 2324 6975
Email: info@prakashbooks.com/sales@prakashbooks.com

ISBN : 978-81-7234-135-0

Une Princesse Se Souvient

Les Mémoires De La Maharani De Jaipur
GAYATRI DEVI

PRAKASH BOOKS

Aux peuples de Cooch Behar et de Jaipur

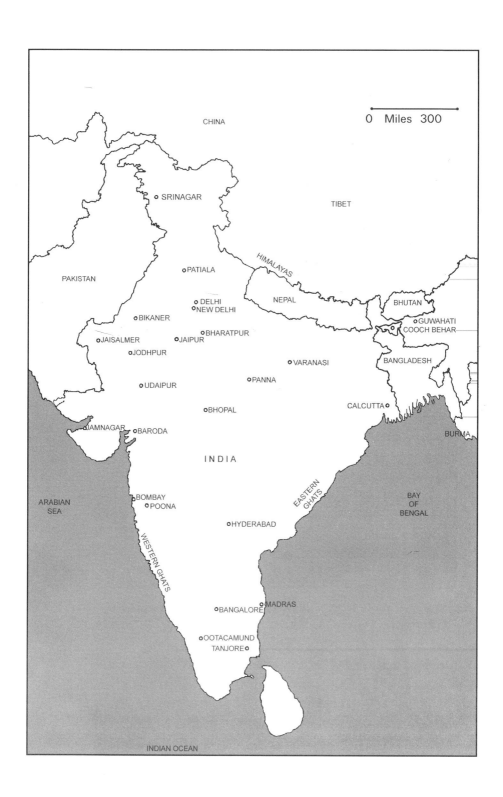

SOMMAIRE

Quatrième Partie

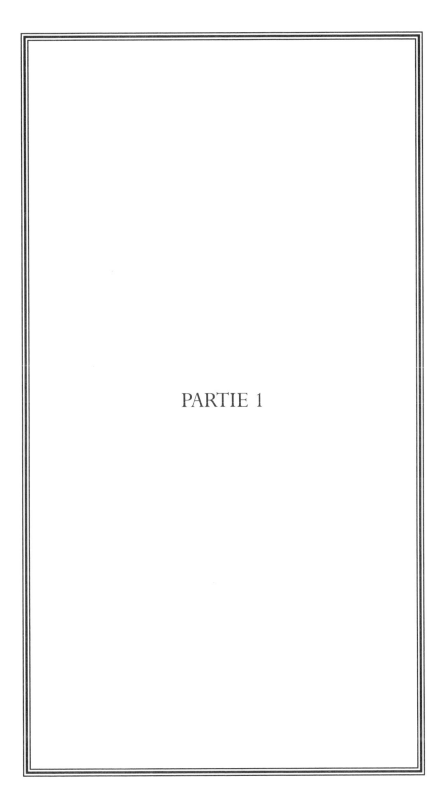

PARTIE 1

CHAPITRE 1

Une Visite à Baroda

Tout au long de notre enfance, notre famille parcourait souvent les trois mille kilomètres depuis notre foyer, le palais dans l'État de Cooch Behar, niché dans le coin nord-est de l'Inde, droit à travers le pays jusqu'au palais de mes grands-parents situé dans l'État de Baroda, sur les rives de la mer d'Oman. Nous avions, tous les cinq enfants, suivi tout excités les préparatifs du départ. C'était comme si nous nous préparions à affronter les chaleurs et les froids extrêmes les plus invraisemblables sans mentionner les événements plus prévisibles tels qu'une visite officielle ou un concours hippique. Le jour de notre départ, la gare devenait une vraie pagaille étant donné tous les bagages et tout le personnel qui nous accompagnaient partout où nous allions. Mais à notre arrivée, tout était enregistré et embarqué grâce aux efforts de notre personnel parfaitement rôdé à la manœuvre.

Néanmoins, ma mère avait toujours un flot d'instructions à donner et de questions à poser dès que nous arrivions. Où se trouvait donc son coffret de voyage qu'elle voulait garder avec elle dans son compartiment, demandait-elle de sa voix légèrement rauque et implorante. Bon ben alors, qu'on décharge les bagages et qu'on le trouve. Et qu'en était-il de sa mallette à *puja*, qui contenait les encens et les poudres indispensables à sa prière du matin ? Ah ! La voilà. Heureusement, car cela voulait dire que personne n'avait besoin de courir au palais la chercher.

Quoi qu'il en soit, une fois en route, ces voyages qui duraient une semaine allaient se fixer parmi mes plus beaux souvenirs d'enfance. J'avais l'impression, dans mon esprit d'enfant, que nous remplissions le train tout entier. Nous occupions au moins trois compartiments de première classe à quatre couchettes. Ma mère, ma sœur aînée, et une amie ou un membre quelconque de la famille occupaient un des compartiments ; ma sœur cadette, une gouvernante, et moi-même étions dans un autre; mes deux frères et leurs compagnons avec un aide de camp en occupaient un autre encore. Et puis les divers assistants et les secrétaires occupaient environ deux compartiments de deuxième classe tandis que les servantes, valets et maîtres d'hôtel voyageaient en troisième.

Dans Les années 20, même pour un Indien aux goûts très simples, un voyage en train ressemblait à une migration de Bédouins car il fallait emporter pratiquement tout, que ce soit la literie, les vivres, ou les ustensiles nécessaires pour faire les repas. À cette époque, la plupart des trains indiens ne disposaient pas de wagon-restaurant et ne fournissaient ni draps, ni oreillers, ni serviettes, bien qu'il y eût de vraies salles de bains où l'on pouvait prendre une douche. Nous voyagions toujours accompagnés de nos domestiques personnels pour faire face aux exigences de la vie quotidienne durant le long voyage jusqu'à Baroda.

Une première nuit de train nous amenait de Cooch Behar à Calcutta, où nous interrompions le voyage pendant les deux jours que nous passions à Woodlands, notre résidence là-bas. Puis nous nous remettions en route pour entamer la plus longue partie du voyage. Les cuisiniers préparaient des tiffin-carriers, des espèces de gamelles, composées d'un grand nombre de plats ronds remplis de différents types de curry, de riz, de lentilles, de lait caillé, et de desserts. Ces plats s'inséraient les uns dans les autres, et une armature de métal les maintenait ensemble, de telle sorte qu'on pouvait porter d'une seule main cette tour métallique pleine de nourriture. Mais ces tiffin-carriers n'étaient censés nous fournir que notre premier repas à bord du train. Ensuite, il fallait s'en remettre à une chaîne de restaurateurs du chemin de fer. Nous pouvions passer la commande à un employé dans une gare donnée tout en sachant que les instructions seraient télégraphiées de suite à la gare suivante, et que dès l'arrivée à cette gare, notre repas nous serait servi dans l'épaisse vaisselle des chemins de fer. Le plus souvent, nous n'avions pas fini de manger avant que le train ne quittât la gare – mais cela ne faisait rien. Un autre serveur venait à l'arrêt suivant du train nous débarrasser des plats vides et des verres, des couverts et des assiettes.

Mais pour nous, enfants, l'aspect le plus excitant des voyages en train à travers l'Inde ne résidait pas tant dans l'ingénieuse organisation des repas et des services que dans l'ambiance qui régnait sur les quais des gares. Dès que le train arrivait en gare, les fenêtres de nos compartiments étaient assiégées par les vendeurs de bonbons, de fruits, de thé chaud et mes favoris parmi ceux-ci étaient les vendeurs qui colportaient ces drôles de jouets en bois peint, si charmants, que je n'ai jamais vus ailleurs que sur les quais des gares indiennes: éléphants à la trompe levée pour barrir, laqués en gris et écarlates, caparaçonnés d'or et comportant des motifs floraux aux couleurs vivement contrastées ; chevaux parés comme pour conduire un marié ; chameaux, guépards, tigres, et des douzaines d'autres animaux encore, tous raides et ravissants, aux grands yeux peints et avec une expression rieuse, aguichante et coquette. J'aurais voulu les avoir tous, mais ma mère disait « Pas question !

Allons ! Allons ! Vous, les enfants, avez déjà trop de jouets. » Elle-même ne pouvait cependant jamais résister au plaisir de marchander, aussi s'amusait-elle énormément avec les vendeurs de fruits, de fleurs et de bonbons, et notre compartiment s'emplissait des fortes senteurs tropicales de tous ses achats. Je ne sais vraiment pas si elle était aussi douée en marchandage que ce qu'elle pensait être, car elle était de nature très généreuse et les vendeurs qui s'éloignaient donnaient toujours l'impression d'être convenablement affligés, mais laissaient entrevoir une secrète satisfaction.

De toute façon, cela n'avait aucune importance. Nous pouvions tous nous amuser à courir les uns après et les autres sur les quais, et lorsque le train s'arrêtait à une gare pendant une heure ou plus, nous prenions notre repas au réfectoire de la gare, commandant ce que nous baptisions du 'curry de chemin de fer', conçu pour n'offenser aucun palais — ni boeuf, interdit aux Hindous ; ni porc, interdit aux Musulmans : ce ragoût était donc inévitablement à l'agneau ou au poulet, et aux légumes. Bien avant l'heure de départ prévue du train, nous étions convoqués par nos aides de camp ou nos gouvernantes ou nos précepteurs qui nous demandaient de nous dépêcher au lieu de traîner au réfectoire de la gare car le train allait partir dans cinq minutes. Mais il ne partait pas, bien entendu, et nous apprîmes bientôt à faire plutôt confiance aux employés du chemin de fer, qui nous laissaient traîner jusqu'au dernier moment possible avant de nous pousser vers nos compartiments.

Nous arrivions enfin à Baroda où toute une flotte de voitures officielles de l'État de Baroda nous attendait pour nous conduire à Laxmi Vilas, le palais de Baroda et le foyer d'enfance de ma mère. C'est un édifice immense et l'œuvre du même architecte qui construisit notre propre palais à Cooch Behar au milieu du XIXe siècle. À Baroda, il avait adopté le style que les architectes nomment, il me semble, Indo-Saracenique. Quel qu'en soit le nom, il s'agit d'un style incontestablement imposant. Des vérandas de marbre aux arches dentelées, soutenues par des groupes de fines colonnes bordaient le bâtiment. Des façades impressionnantes étaient surmontées de dômes en forme de bulbes. Devant l'entrée principale, des palmiers se dressaient tel des sentinelles tout au long des pelouses parfaitement entretenues et arrosées chaque jour. Des lampadaires hauts et très « style municipal » dotés de globes sphériques illuminaient cet accès grandiose. Et se tenaient toujours en factions de superbes gardes personnels, vêtus de culottes blanches, vestes bleu foncé et hautes bottes noires. Chaque fois qu'un membre de la famille passait le portail pour entrer ou sortir, ils jouaient l'hymne de l'État de Baroda.

Mon grand-père de Baroda.

Le palais était un mélange de différents styles, en partie victorien, en partie indien traditionnel. Il disposait de cours intérieures aux bassins entourés de fougères et de palmiers. Des tapis persans se déployaient le long des corridors interminables. Une multitude de boucliers et d'épées ornait galeries. Les salons étaient meublés de mobilier français, et comportaient des photographies montées dans des cadres en argent, des ornements et des bibelots posés de loin en loin sur des tables. Le palais possédait également un gymnase et un dispensaire. Deux médecins y résidaient en permanence, dont un qui accompagnait toujours mon grand-père lors de ses voyages où que ce dernier aille.

Un air de formalité tacite régnait partout dans le palais et il semblait y avoir toujours un certain nombre de personnages anonymes et mystérieux – au moins deux ou trois assis dans chaque pièce. Ils devaient avoir un rôle précis à jouer, mais nous, les enfants, ne sûmes jamais qui ils étaient ni ce qu'ils faisaient là. Attendaient-ils une audience de mon grand-père ? Étaient-ils en visite officielle d'un autre État princier ? Avaient-ils la charge de surveiller les nombreux obje ts précieux disséminés dans tout le palais ? Marqués par notre éducation impeccable, nous savions qu'il fallait témoigner du respect envers nos aînés, et il se pouvait bien que nous ayons joint les mains en signe de namaskar, la salutation traditionnelle indienne, devant des servantes et des gens de compagnie aussi bien que devant des hôtes distingués.

Faisaient vivement contraste avec notre comportement bienséant et la courtoisie manifestée en général partout dans le palais, de grands singes à longue queue qui circulaient librement partout. Ils se mettaient en colère pour un rien et nous poursuivaient souvent dans les couloirs, en criant et en nous montrant les dents de manière terrifiante.

À l'instar de tous les palais et résidences familiales indiennes, le palais de nos grands-parents se répartissait en deux parties bien distinctes, et chacune était pourvue de sa propre entrée. La tradition de la zénana, quartier réservé aux femmes, et l'observation du purdah, qui signifie littéralement « rideau », conçu pour les cacher aux yeux de tout homme autre que leur mari ou des membres masculins de leur toute proche famille, fut introduite en Inde à l'époque des invasions musulmanes. À l'origine, seuls les Musulmans observaient ces coutumes, mais par la suite, sous le règne des empereurs Moghols en Inde, qui dura du XVIe siècle jusqu'à la mutinerie indienne de 1857, lorsque les Anglais prirent en main la gouvernance souveraine de l'Inde, la plupart des États princiers indiens ainsi que les familles nobles et des classes supérieures adoptèrent nombre

Ma grand-mère de Baroda jouant du veena.

de coutumes musulmanes. La tradition qui mettait soigneusement les femmes à l'écart de tout regard du monde extérieur faisait partie de ces emprunts.

La tradition du purdah n'était plus observée dans toute sa rigueur à Baroda ; mes grands-parents avaient tous deux l'esprit bien trop libéral pour l'autoriser. La mise en application rigide du purdah aurait voulu que les femmes se confinent à l'intérieur des quartiers de la zénana, et elles n'auraient pu s'aventurer dehors que convenablement chaperonnées et dans des véhicules masqués de rideaux ou de voiles. Mes grands-parents avaient une attitude assez décontractée vis-à-vis du purdah – les femmes pouvaient circuler relativement librement pour autant qu'elles soient accompagnées d'un chaperon et qu'elles ne fréquentent aucun homme extérieur à leur cercle familial. Lors d'une chasse au guépard ou d'un match de polo, par exemple, les femmes s'y rendaient toutes ensemble, séparément des hommes. Elles n'avaient pas besoin de se voiler, elles restaient tout simplement de leur côté du terrain, et les hommes se tenaient du côté opposé. En revanche, en ce qui nous concernait, nous les enfants, il n'y avait aucune contrainte. Nous circulions librement partout dans le palais, jusque dans la salle de billard qui pourtant, en début de siècle, était strictement interdite aux femmes sans exception aucune.

Ma grand-mère, qui était une dame très imposante, avait grandi en acceptant sans restriction le système du purdah. Suivant la coutume de son époque et la tradition de sa famille, elle l'avait observé, tout au long de sa jeunesse, dans sa forme la plus rigoureuse, ne paraissant jamais en public, et en privé, uniquement en présence des femmes, des hommes de sa très proche famille, et de son mari. Elle n'avait que quatorze ans lorsque fut décidé son mariage avec le roi de Baroda. Sa famille, comme celle de son futur époux, faisait partie des Marathas, membres de la caste des Kshatriyas, ce qui comptait nombre de guerriers et de souverains. Tout comme les autres communautés indiennes, les Marathas se mariaient traditionnellement entre eux. En outre, elle pouvait invoquer la noble ascendance qui s'imposait et lui, après le décès prématuré de sa première épouse, la princesse de Tanjore, souhaitait se remarier.

Mon grand-père, qui était à de nombreux égards très en avance sur son époque, engagea des précepteurs pour ma grand-mère, tout d'abord pour lui enseigner la lecture et l'écriture (elle était illettrée au moment de son mariage), et ensuite pour parfaire son instruction. Plus tard encore, il l'encouragea à se libérer des suffocantes traditions indiennes et à jouer un rôle dans la vie publique. Ce fut grâce aux opinions libérales de son époux que ma grand-mère émergea en tant que leader important du mouvement féministe indien. Elle devint présidente de la *All India Women's Conference* (Conférence des Femmes de l'Inde), l'organisation féminine la plus importante du monde, qui se consacre non seulement à la défense des droits de la femme mais également à la promotion de l'éducation des femmes et à la lutte contre l'étouffante tutelle qu'exerce la société orthodoxe indienne sur ses femmes. Elle n'a pas joué qu'un rôle symbolique dans ses fonctions importantes de présidente mais se révéla une avocate hautement efficace de l'émancipation de la femme indienne. Elle finit même par écrire un livre qui est considéré aujourd'hui comme un ouvrage de référence, sur le statut de la femme indienne dans la société. Après tout, elle pouvait énormément puiser dans sa propre expérience, celle d'une fille protégée et obéissante d'une famille conservatrice, devenue une épouse libre et progressiste.

Mais ce ne fut pas pour elle – ni pour aucune d'entre nous, ses trois petites filles et notre mère – une transformation totale. Au sein de la famille au palais de Baroda, elle continua à pratiquer en grande partie les manières conventionnelles et le sens de la bienséance qui étaient propres à tous les foyers indiens.

C'était surtout au cours des réceptions officielles que mes grands-parents affichaient le plus clairement qu'ils avaient plus ou moins abandonné les règles du *purdah*, car ils apparaissaient toujours ensemble. Bien qu'ils eussent toujours chacun leurs cuisines et leur personnel domestique distincts, mon grand-père venait prendre ses repas dans la salle à manger de ma grand-mère avec nous tous, et les éventuels visiteurs qui séjournaient à Baroda. Elle y servait les mets les plus délicieux à la manière indienne, les repas servis sur des thals, des plateaux ronds en argent chargés de petits bols assortis en argent remplis de grandes quantités de riz pilaf, de viande, de poisson et de légumes au curry, de lentilles, de pickles, de chutney, et de desserts. Ma grand-mère était un vrai gourmet et les mets qui provenaient de sa cuisine étaient délicieux, que ce fût le chef indien qui présidait, ou le cuisinier chargé de la cuisine anglaise lorsqu'elle était peu sûre des goûts de ses visiteurs étrangers. Elle dépensait un temps infini et des efforts considérables à discuter avec ses cuisiniers, à planifier des menus pour convenir à ses divers invités. Il était dangereux de laisser même légèrement paraître qu'on appréciait un plat quelconque, car lorsqu'on s'en resservait, elle le remarquait aussitôt et nous forçait d'en reprendre une troisième et une quatrième portion, disant : « Allons, allons, puisque vous aimez cela. » Sa cuisine était renommée pour les merveilleux pickles qu'elle confectionnait et pour les énormes et succulentes crevettes pêchées dans l'estuaire. Les repas n'étaient servis de la cuisine de mon grand-père que lorsqu'il y avait un nombre important d'invités extérieurs, ou à l'occasion de cérémonies comme son jubilé de diamant. Ils étaient alors servis dans la salle de banquets située de son côté du palais.

Les durbars avaient lieu dans sa grande salle d'audience publique lors des fêtes religieuses ou officielles. Ces cérémonies étaient très compliquées à organiser et ressemblaient à des séances de la cour. Les nobles et d'autres familles importantes s'y rendaient formellement afin de témoigner de leur allégeance à leurs souverains – généralement par l'offrande symbolique d'une unique pièce d'or.

Nous assistions souvent à la chasse au canard, et parfois à des chasses au faucon ; il y avait aussi les plaisirs tout particuliers des combats d'éléphants, et mieux encore, les passionnantes et stressantes chasses au guépard, une véritable spécialité de Baroda, lors desquelles des guépards, soigneusement dressés, étaient conduits, enchaînés et encapuchonnés, dans la brousse dans des camionnettes de tir. Une fois dans la brousse, on leur ôtait leurs capuchons et on les lâchait au milieu d'un troupeau d'antilopes. Le pied à fond sur l'accélérateur, on parvenait tout juste à se maintenir à la même allure que la course incroyablement rapide des animaux lors de la poursuite.

Ma propre distraction favorite lors de mon enfance consistait à assister aux spectacles, relativement anodins, des perroquets dressés de mon grand-père. Ils roulaient sur de minuscules bicyclettes d'argent, pouvaient conduire de petites voitures en argent, maintenaient leur équilibre sur des cordes raides et jouaient une grande variété de saynètes. Je me souviens de l'une d'entre elles en particulier, où un perroquet se faisait renverser par une voiture ; un perroquet médecin venait alors l'examiner, et finalement des perroquets porteurs l'emportaient sur une civière. La grande apogée de toutes leurs représentations consistait en un salut tiré avec un tout petit canon d'argent. Pour une arme aussi minuscule, la détonation produite était bien surprenante, et les perroquets étaient les seuls à rester imperturbables.

Alors que ma grand-mère approuvait toutes ces distractions innocentes pour les enfants, elle tenait quand même à ce que nous retenions toutes les compétences traditionnelles dignes des filles indiennes. Elle voulait, par exemple, que nous apprenions à préparer la cuisine. Mes sœurs, Ila et Menaka, étaient douées et profitaient des leçons de cuisine, tandis que moi, je n'arrivais pas même à en saisir les notions les plus rudimentaires.

Pratiquement toutes les familles princières indiennes attachaient une importance considérable aux activités sportives; étant donné que nous-mêmes étions fous de sport, nous avions l'habitude de nous réveiller à l'aube pour sortir monter à cheval. À notre retour, les appartements de ma grand-mère bourdonnaient déjà d'activité ; les bonnes qui préparaient la journée, des femmes qui attendaient une audience avec notre grand-mère, et d'innombrables préparatifs en cours. Nous allions présenter notre « bonjour » obligé à notre grand-mère avant de regagner nos chambres respectives pour suivre nos leçons avec nos précepteurs. Le sol de ses appartements était couvert, selon les manières de la tradition indienne, de grands morceaux de tissu blanc. Nous étions obligés d'enlever nos chaussures avant d'y entrer, et tout le monde, ma grand-mère exceptée, s'asseyait par terre.

Dans mes souvenirs datant de ces journées-là, elle ressort comme une femme admirable, remarquable et quelque peu terrifiante. Elle avait dû être très belle dans sa jeunesse. Même à mes yeux d'enfant, à cette époque elle paraissait encore fort belle et pleine de dignité. Elle n'était pas bien grande quoiqu'elle donnât l'impression de l'être étant donné ses manières si majestueuses. Mais elle faisait preuve d'un sens de l'humour assez grinçant.

Mon grand-père, quant à lui, était une figure impressionnante bien que bienveillante dans notre vie, et je me souviens encore aujourd'hui combien ses yeux étaient toujours rieurs. Nous faisions souvent en sa compagnie notre sortie matinale à cheval, le long des cinq kilomètres de l'allée cavalière qui encerclait les terrains du palais de Baroda. Il était difficile de se maintenir à son allure parce qu'il aimait les exercices vigoureux et parce que son cheval préféré était dressé pour un trot très rapide.

De retour au palais, il consacrait le restant de sa journée à des tâches qu'il regroupait sous l'intitulé exhaustif « d'affaires d'État. » Quoique j'en ignorasse les détails à cette époque-là, le roi d'un État indien avait des fonctions importantes à assurer et était un véritable souverain aux yeux de son peuple. Les Anglais, au fur et à mesure qu'ils prenaient charge d'un rôle majeur dans la gouvernance de l'Inde au cours du XIXe siècle, conclurent diverses conventions avec différents princes en vue de définir le partage des responsabilités, beaucoup de questions étant d'ailleurs également laissées à leur cours habituel. Un point majeur de toutes ces conventions était que les princes ne pouvaient avoir de relations avec des puissances étrangères qu'en passant par l'intermédiaire des Anglais. Dans chacun des États importants – et Baroda était l'un des plus importants – résidait un ressortissant britannique qui représentait le gouvernement britannique de l'Inde. Mais tous les États possédaient leurs propres lois, leurs propres cours de justice, leurs propres systèmes d'imposition, et dans de nombreux cas, leurs propres forces armées, de sorte que le peuple de chaque État considérait le prince, et nul autre, comme représentant de la véritable autorité gouvernementale dans leur vie. Mon grand-père devait donc s'entretenir avec ses ministres pour prendre des décisions concernant un grand nombre d'affaires qui avaient une incidence sur la vie de millions d'individus.

Je le connus, cependant, non comme un homme d'État mais comme un grand-père. Je garde le vif souvenir d'une conversation avec lui. J'étais allée lui souhaiter bonne nuit. Comme toujours à cette heure de la journée, il jouait au billard. Il s'arrêta de jouer et me dit, d'un ton affectueux : « Ah, je vois que tu vas te coucher. J'espère que tu dormiras bien. »

Je lui explique qu'il n'était pas question que je dorme avant longtemps encore puisqu'il fallait que je réfléchisse à tout ce qui s'était passé au cours de la journée.

« Non, non, » me dit-il avec douceur, mais fermement. « Si tu vas au lit, il faut dormir. Quand tu lis, il faut lire. Quand tu manges, il faut manger. Et si tu réfléchis, il faut réfléchir. Ne mélange jamais tes différentes activités. Aucun bien n'en ressort jamais, et de plus, tu ne tireras aucun plaisir – ni ne profiteras – d'aucune d'entre elles. »

Puis, comme il était, lui, en train de jouer au billard, il retourna vers la table et se remit de nouveau à se concentrer exclusivement sur son jeu. Tout au long de sa vie, il se conforma à des horaires stricts, faisant chaque chose en son temps : lever à l'aube, promenade à pied ou à cheval, travail jusqu'au déjeuner, bref repos, travail jusqu'à l'heure du goûter, moment de détente, travail du soir, dîner, lecture. Et il suivit ce même rythme pendant cinquante années sans y porter aucune modification.

Mon grand-père était connu sous le titre de Gaekwar de Baroda. La plupart des princes indiens portaient le titre héréditaire de Maharajah (« Grand Roi ») ou de Rajah (simplement « Chef d'État, » ou « Roi »), selon la taille, l'importance, et l'histoire de leurs États. Mon grand-père m'avait toujours semblé être quelqu'un de tout à fait spécial mais ce fut bien plus tard, après de nombreuses années, une fois que je compris la pleine signification de ses origines et de tout ce qu'il avait accompli, que je réalisai véritablement l'homme extraordinaire qu'il avait été.

Il avait passé les douze premières années de sa vie dans un village situé à environ trois cents kilomètres au sud de la ville de Baroda. Son père, un parent éloigné de la famille régnante, était le chef de son village et ne gagnait qu'un revenu très modeste dans l'agriculture. Mais lorsque les Anglais déposèrent

À gauche : Une cour dans le Palais de Baroda.
Ci-dessus : La Salle de Durbar au Palais de Baroda.

Ma avec sa mère, la Maharani de Baroda.

le souverain régnant de Baroda en raison de sa mauvaise administration des affaires de l'État, il fallut lui choisir un successeur parmi les membres de sa famille. Mon grand-père, un de ses frères et un cousin furent amenés à la capitale de l'État et présentés à la Maharani douairière de Baroda, la veuve du père du roi déposé. Les Anglais invitèrent celle-ci à choisir un de ces garçons comme le nouveau souverain, et ce fut mon grand-père qu'elle désigna.

Puisqu'il avait grandi dans un village où l'unique connaissance requise était celle de l'agriculture, il n'avait appris ni à lire ni à écrire. Aussi les six années qui suivirent son arrivée au palais furent-elles exclusivement consacrées à son instruction, et ce fut à cette époque-là qu'on lui inculqua des habitudes qu'il conserva durant toute sa vie. Il se réveillait invariablement à six heures du matin et se couchait à dix heures du soir ; sa journée entière était consacrée au travail en dehors de deux heures d'équitation, d'une heure de jeux de divers types, et des pauses pour les repas. Il apprit à lire et à écrire en quatre langues : le marathi, le gujarati, la langue de la majorité de la population de Baroda, l'ourdou, et bien entendu, l'anglais. L'Inde était toujours « le joyau le plus brillant » de la couronne impériale britannique, aussi dut-il étudier l'histoire de l'Angleterre aussi bien que celle de l'Inde ; il reçut en outre une formation approfondie en arithmétique, en géographie, en chimie, en économie politique, en philosophie, en sanskrit, et en ce que son précepteur nommait les « conversations sur des sujets données », ce qui, je suppose, était destiné à combler toute lacune quant à la petite conversation de la vie mondaine royale.

Quand j'y réfléchis maintenant, il paraît quand même étonnant que ces deux êtres, qui avaient tous les deux grandi dans une atmosphère extrêmement traditionnelle et dont le mariage avait été arrangé en respect des coutumes par un accord conclu entre les membres aînés de leurs familles respectives, aient pu devenir par la suite les artisans du changement et de la réforme, en promouvant dans une société orthodoxe des idées nouvelles ou plus libérales. Mon grand-père consacra sa vie à la modernisation de l'État de Baroda, à la construction d'écoles, d'universités, de bibliothèques, et d'un musée exceptionnel ainsi qu'à la formation d'une administration admirable et équitable. Il s'intéressait à tout, qu'il s'agisse de commander une traduction spéciale d'*Alice aux pays des Merveilles* vers le Marathi ou d'encourager l'émancipation de la femme hindoue, allant même jusqu'à introduire à Baroda une idée aussi révolutionnaire que celle du divorce. (Ma mère, pas du tout découragée par la rectitude de ma grand-mère, taquinait d'ailleurs souvent celle-ci sur le fait d'avoir un époux aussi chaud partisan du divorce. Ma grand-mère s'efforçait de garder une apparence de dignité froissée, mais on voyait bientôt son visage plissé par son habituel merveilleux rire silencieux dont tout son corps était secoué, sans qu'un seul son ne sorte de sa bouche).

Mon grand-père était particulièrement préoccupé par les inégalités et les abus qui s'étaient développés au sein de la société indienne et que le système des castes protégeait. Les hindous naissent dans une des quatre castes, qui sont, en ordre décroissant, les Brahmanes (à l'origine les savants et les prêtres), les Kshatriyas (les guerriers, et souvent, en raison de leurs compétences en matière de conquêtes ou de récompenses dues à leurs mérites, les rois et de grands propriétaires terriens), les Vaisyas (en général les hommes d'affaires, les commerçants et les artisans), et les Sudras (en général les paysans, bien que tous les paysans ne soient pas automatiquement des Sudras). Se rangeaient alors dans un groupe séparé les hindous qui furent totalement exclus des privilèges sociaux et religieux de l'hindouisme, les Intouchables auxquels échoient les tâches les plus avilissantes – balayage des rues, nettoyage des latrines – et qui risquaient donc de polluer les Hindous de caste.

Le Mahatma Gandhi, dans sa lutte passionnée pour faire accepter les Intouchables par la société hindoue prit le rôle de champion de leur cause et changea leur nom pour leur donner celui de Harijans (les Aimés de Dieu) et exigea qu'ils puissent avoir accès aux temples qui leur avaient été jusqu'alors interdits. Le Dr Bhimrao Ramji Ambedkar, lui-même Harijan et un des hommes les plus brillants de la politique indienne, se chargea de traiter tous les aspects juridiques de cette lutte. Le Dr Ambedkar était l'un des protégés de mon grand-père, qui le fit instruire et le soutint lorsqu'il était un enfant sans ressources. À la suite de la longue lutte qu'il mena pour améliorer le sort de sa communauté, le Dr Ambedkar fut nommé président du comité qui fut chargé de rédiger la Constitution de l'Inde indépendante.

Ma grand-mère joua un rôle important quoique moins visible dans la vie de l'État de Baroda. Je la vois toujours si clairement le matin, s'occupant de ses affaires personnelles – choisissant des saris, se décidant au sujet des métrages de soie ou de tissu d'or étalés devant elle par ses servantes, prêtant une oreille attentive aux cuisiniers qui lui détaillaient les menus de la journée, plaçant des commandes au tailleur ; bref, dirigeant la tenue d'une énorme maison – et cela tout en accordant son attention entière aux griefs et aux plaintes de toutes ses sujettes, qu'il s'agisse de la maladie d'un enfant ou d'une dispute au sein d'une famille au sujet de l'héritage d'une terre.

Tout cela faisait partie des devoirs d'une Maharani, de même que les

Ma mère, ma grand-mère de Baroda
et sa campagne anglaise.

manifestations officielles comme les grands durbars formels qu'elle présidait dans les appartements des femmes du palais de Baroda. Je garde un souvenir tout particulier du premier durbar auquel j'assistai, celui qui eut lieu à l'occasion de son anniversaire. Toutes les femmes de la noblesse, les épouses des grands propriétaires terriens ainsi que les femmes appartenant à leurs familles s'y étaient rassemblées, vêtues de leurs plus beaux et chers habits et de leurs bijoux les plus somptueux pour rendre hommage à ma grand-mère. Celle-ci était assise sur une *gaddi*, un trône rembourré, et portait un sari rose tissé d'or, drapé à la façon des Marathas qui forme une traîne plissée entre les jambes.

Outre son sari étincelant, ma grand-mère portait tous les bijoux traditionnels pour cette occasion, parmi lesquels de lourds bracelets de cheville en diamant et une multitude de bagues de diamants à ses doigts et à ses orteils. Les femmes nobles lui rendirent alors hommage, joignant les mains en un *namaskar* et lui offrirent une pièce en or pour lui témoigner de leur allégeance. À l'extrémité de la salle se tenait une troupe de musiciennes et de danseuses de Tanjore, ville située en Inde du Sud. À l'instar de plusieurs princes indiens, mon grand-père entretenait cette troupe au palais, et celle-ci, à chaque réception importante qui avait lieu dans le palais, donnait une représentation de la danse classique sud indienne nommée Bharatanatyam. Lors de ces occasions festives, la famille mangeait dans des *thals* en or, tandis que le reste de l'assistance mangeait dans de la vaisselle en argent. (Cette distinction avait toujours été pour moi une source de gêne.)

Ma mère, la princesse Indira Gaekwar de Baroda, était la fille unique de ce couple extraordinaire. Grâce à leurs opinions progressistes sur l'éducation, elle fut parmi les premières princesses indiennes à fréquenter l'école et l'université. Elle accompagnait également ses parents lors de leurs visites en Angleterre. Une des histoires les plus anciennes que j'ai entendues à son propos raconte comment elle et ses quatre frères, tous petits encore, et tous habillés de manière identique en pantalons blancs, vestes de brocart, et coiffés de toques brodées d'or, furent emmenés au palais de Buckingham pour être présentés à la reine Victoria. Lorsqu'ils se tenaient devant elle, la vieille Reine-impératrice demanda laquelle était la petite fille. Cinq paires d'yeux marron foncés la regardèrent fixement en guise de réponse, et puis, parce qu'ils aimaient tous jouer des tours aux adultes, un des garçons fit un pas en avant. Mais ils avaient sous-estimé la reine Victoria, qui, se doutant de quelque chose de louche, passa derrière la rangée d'enfants tout solennels, et aperçut la longue natte noire qui trahit ma mère.

Il n'est pas facile de décrire ma mère sans se laisser aller à l'emploi de superlatifs hélas peu convaincants. Elle était tout simplement la femme la plus belle et la plus intéressante que nous n'ayons jamais rencontrée. Même aujourd'hui, alors que j'ai voyagé un peu partout et que j'ai rencontré tant de beautés appartenant à tous les échelons de la société, elle demeure dans mon souvenir comme une combinaison sans égal d'intelligence, de chaleur et de beauté exquise. Elle fut maintes fois photographiée et elle fut le sujet de nombreux portraits, mais si ces images reflètent sa beauté physique — ses yeux énormes, la grâce exquise de son visage, sa bouche légèrement tombante qui donnait envie de la faire sourire, son corps mince et fragile — aucune d'entre elles n'a pu saisir la vitalité électrique qui faisait d'elle le centre d'attraction partout où elle allait. Son propre intérêt passionné et son souci pour les autres la rendirent à la fois d'une classe à part et accessible à tous et chacun. Elle était toujours connue en tant que « Ma », non seulement pour nous mais aussi pour les amis et même pour les paysans de Cooch Behar. Quand j'étais enfant, j'étais fascinée par elle — ce qu'elle disait, ce qu'elle faisait, ce qu'elle portait, tout me fascinait chez elle. On ne s'ennuyait jamais avec elle, et on avait le sentiment qu'à tout moment, n'importe quoi pouvait arriver.

Elle-même ignorait curieusement l'impression qu'elle faisait sur les gens, et je suppose que c'était dû à la crainte de ma grand-mère, lors de l'enfance de ma mère, que cette dernière ne soit gâtée — vu qu'elle était fille unique, adorée par son père, aimée et chérie par ses frères. Si jamais quelqu'un faisait des remarques flatteuses sur la beauté de ma mère, ma grand-mère rétorquait aussitôt à cette admiration en lançant quelque remarque péjorative telle que, « Son nez est trop gros du bout — vous voyez ? » ou, « Il n'y a pas trace d'une seule boucle dans ses cheveux. »

Ma mère me dit une fois qu'elle n'avait jamais imaginé être même passablement agréable à regarder, jusqu'au jour où ses frères échangèrent devant elle des propos concernant une fille séduisante qu'ils avaient rencontrée. Voyant l'air découragé de leur sœur, l'un d'eux lui dit avec un véritable enthousiasme fraternel, « Tu sais, tu n'es pas si mal que cela toi non plus. »

Pour la première fois, elle se regarda vraiment dans la glace et elle se dit : « Bon, il a peut-être raison, je ne suis pas si mal que cela. »

CHAPITRE 2

Le Mariage de mes Parents

En 1910, alors que ma mère était âgée de dix-huit ans, mes grands-parents lui annoncèrent qu'ils avaient décidé son mariage avec le Maharajah Scindia de Gwalior. Gwalior était, comme Baroda, l'une des principautés marathes les plus importantes de l'Inde. Elle se situait au centre de la péninsule indienne et son Maharajah, âgé à l'époque d'une quarantaine d'années, était un ami de mon grand-père. Il avait déjà une épouse, mais elle ne lui avait pas donné d'enfant, et il souhaitait vivement avoir un héritier. En 1909, il s'était rendu à Londres pour la saison et c'est là qu'il rencontra ma mère, dont la beauté et la vivacité faisaient déjà une forte impression sur la société edwardienne. Dès son retour en Inde, il entama des négociations avec mon grand-père. On consulta les astrologues, on compara les horoscopes, on discuta des dates favorables selon les astres, et finalement on exprima son accord pour les fiançailles.

Ma mère, toute pleine d'entrain qu'elle fût, accepta sans révolte ni même la moindre protestation que cette décision importante concernant sa vie soit commandée par ses aînés. Les mariages arrangés par les parents étaient – et continuent à être – tellement inhérents à la société indienne que l'idée de se marier par amour est considérée comme une idée occidentale douteuse et risquée, dont il convient de se méfier, surtout quand il s'agit de jeunes gens. De toute évidence, les parents ont une meilleure idée de ce qui convient à leurs enfants, et tout particulièrement au sujet d'une question aussi importante que le mariage, qui ne devrait pas se fonder sur un sentiment aussi éphémère et éloigné de toute raison que l'amour. Par conséquent, mes grands-parents ne jugèrent même pas utile de consulter leur fille au sujet de ses fiançailles et lui annoncèrent tout simplement l'union convenable sur le plan de la dynastie qu'ils avaient décidée pour elle. Puis, comme cela allait de soi, ma grand-mère se mit à acheter le trousseau et le linge de maison, et à réunir les bijoux du mariage ! Je possède toujours ce linge que ma grand-mère acheta au *Givan's Irish Linen Store* (magasin de linge irlandais), comportant les initiales « I.S. » pour Indira Scindia brodées avec un goût excellent. Scindia était le nom patronymique des rois de Gwalior, tout comme Gaekwar était le nom des rois de Baroda.

Ma mère me confia qu'avant même qu'elle ne rencontrât mon père et qu'elle ne tombât amoureuse de lui, elle n'était pas contente de son mariage dans la famille royale de Gwalior. Le Maharajah était certes un homme charmant, mais il était son aîné de plus de vingt ans et avait la réputation d'être un homme très conservateur. Après son mariage avec lui, elle craignait de vivre enfermée pour le restant de sa vie dans le vaste palais de Gwalior, obligée d'observer la forme la plus rigide et astreignante du *purdah*, ne pouvant avoir de relations qu'avec les femmes et ne voyant d'autre homme que son mari. Sa ségrégation de la compagnie masculine serait si sévère, lui disait-on, qu'elle ne serait même autorisée que rarement à voir ses propres frères, auxquels elle était très attachée. Il n'est guère surprenant alors que, pour une jeune fille de dix-huit ans ayant fait des études et beaucoup voyagé, cette perspective n'ait guère eu d'attraits. C'est dans cet état d'esprit incertain et peu gai qu'elle se mit en route avec ses parents pour assister au grand durbar de Delhi de 1911, où princes et souverains se rendaient de tous les coins de l'Inde pour témoigner solennellement de leur allégeance à la Couronne britannique.

Le durbar de Delhi, aux dires de tous les témoignages, fut un des spectacles historiques les plus scintillants et les plus imposants du Raj britannique. Il fut tenu à l'occasion du couronnement du roi George V, le premier monarque britannique à venir en Inde en tant que Roi-empereur, et pour marquer le transfert de la capitale de Calcutta, qui avait été le choix de la East India Company (Compagnie des Indes Orientales), à Delhi, la capitale classique et historique de l'Inde. On avait érigé exprès pour cette occasion un immense amphithéâtre et plus de quatre-vingt-dix mille personnes le remplissaient. Tous les princes indiens, accompagnés par leurs parents et des membres de la noblesse, y assistaient et étaient assis aux places d'honneur, vêtus de leurs tenues d'apparat en brocart et tissus d'or, couverts de tous leurs plus beaux bijoux, et portaient leurs épées en émail, incrustées de pierres précieuses. Chacun des Maharajahs portait les joyaux les plus célèbres de son trésor – le Maharajah de Patiala ses diamants, le Maharajah de Gwalior sa ceinture de perles. Et même mon grand-père, connu pour ses goûts austères, portait autour de son cou les magnifiques perles de Baroda.

En plein durbar, on accusa mon grand-père d'avoir insulté le Roi-empereur en tournant le dos au trône. Cet incident fit la Une de tous les journaux, et les journaux londoniens publièrent des récits outragés de la « sédition » et de la « perfidie » du souverain de Baroda, et l'accusèrent de toutes sortes de trahison. Ce qui s'était réellement passé, c'est que lorsque mon grand-père s'était avancé vers le trône pour faire acte de son allégeance formelle au roi, il ignorait la procédure exacte à suivre. Pour une raison quelconque, il n'avait pas pu assister la veille à la répétition générale, et n'avait pas non plus observé le prince qui le précédait, le Nizam d'Hyderabad. Lorsque vint son tour, il s'avança, s'inclina une fois, puis essaya de se retirer du trône à reculons. Mais ne se souvenant pas de l'emplacement exact de la sortie et, se retournant à la recherche de quelqu'un qui pourrait le diriger, il avait donné l'impression de tourner le dos au Roi-empereur. De plus, apparemment, il aurait dû s'incliner trois fois, et non une seule fois comme il avait fait.

Cet incident suscita beaucoup de rancœur chez les Anglais, tandis que mon grand-père devint tout de suite un héros aux yeux des nationalistes indiens, dont le mouvement pour l'indépendance, ou au moins pour l'obtention du statut de dominion pour l'Inde, commençait à prendre de l'ampleur. Des années plus tard, en tant qu'enfants à Calcutta et à Darjeeling, nous nous pavanions dans le reflet de la gloire lorsque nos camarades, aux penchants politiques clairement affichés, incluaient le Gaekwar de Baroda parmi les premiers Indiens à indiquer le désir pour l'obtention de l'indépendance indienne. Mais bien que mon grand-père ait été effectivement partisan de l'indépendance, il était bien trop courtois pour avoir voulu insulter délibérément le Roi-empereur.

Le durbar dura plusieurs semaines, et pendant ce temps, Delhi fut le lieu de festivités constantes : matchs de polo, garden-parties, réunions *purdah* pour les dames, et toutes sortes de divertissements publics et privés. La Nouvelle Delhi ne comportait alors que des bâtiments officiels, de sorte que tous, le Roi-empereur compris, logeaient dans des campements – mais des campements d'un luxe inouï, rassemblant des tentes immenses meublées avec élégance et entourées de très beaux jardins, de pelouses et d'allées parfaitement entretenues. Chaque famille princière disposait de son propre camp avec sa suite de courtisans, d'assistants, et de domestiques, et de nombreuses visites se faisaient d'un campement à l'autre. Au cours d'un bref séjour dans une école d'Eastbourne, ma mère avait fait la connaissance des jeunes princesses de Cooch Behar, les sœurs du maharajah. Maintenant, dans l'atmosphère de fête du durbar de Delhi, elle passait de plus en plus de temps dans le campement de Cooch Behar avec elles et leurs frères. Mes grands-parents ignoraient

Ma mère

complètement qu'elle et le jeune frère du maharajah étaient en train de tomber rapidement amoureux l'un de l'autre.

Lorsque le temps des campements prit fin et que les familles princières regagnèrent leurs États respectifs, ma mère, sans en souffler mot à ses parents, écrivit une lettre au Maharajah de Gwalior pour lui annoncer qu'elle ne souhaitait pas se marier avec lui. Puis elle rentra avec ses parents à Baroda, où les préparatifs de son mariage étaient déjà très avancés. Les rues étaient couvertes d'arches de bienvenue qui étaient dressés pour accueillir le marié ; toutes les dispositions avaient été prises pour héberger des centaines de membres de la famille de Gwalior, leurs amis et leurs serviteurs ; des fêtes et des divertissements avaient été prévus, car ma mère était après tout l'unique princesse de Baroda, et il convenait de la marier en grande pompe.

Au milieu de toute cette effervescence, mon grand-père reçut un télégramme du Maharajah de Gwalior : QUE SIGNIFIE LA LETTRE DE LA PRINCESSE ?

Ma mère fut convoquée aussitôt et avoua ce qu'elle avait fait. Mes grands-parents furent atterrés. En Inde, les fiançailles ne se rompent pas aussi facilement. On estime qu'elles impliquent un engagement qui lie presque autant que le mariage lui-même, qui n'est que l'ultime étape dans la conclusion d'une alliance qui se fait au moment de la cérémonie des fiançailles.

L'impact de l'action de ma mère fut énorme et retentissant. Elle provoqua des conjectures confuses à Baroda et à Gwalior, et surtout, à travers tous les États princiers, les commérages scandalisés tournaient autour du fait qu'une alliance entre les deux familles marathas les plus importantes allait être rompue par le simple caprice d'une jeune fille. C'était absolument inouï.

Au milieu de ce tumulte, de ces bavardages, d'histoires confuses et contradictoires, il semblerait qu'on n'ait absolument pas tenu compte des sentiments de ma mère. Les remontrances sévères et consternées de sa mère la firent se sentir si petite, si méprisable, si déloyale pour avoir ainsi déshonoré sa propre famille, et pour ainsi dire, tous les membres de la classe sociale à laquelle elle appartenait, que seuls le soutien et l'affection de ses frères lui permirent de garder le sens des proportions vis-à-vis de cette affaire et lui donnèrent le courage de maintenir sa décision. Cependant, après une telle lettre, il n'y avait certainement plus aucune chance pour que le mariage ait lieu.

Le Maharajah de Gwalior envoya à mon grand-père une lettre extrêmement compréhensive, l'assurant qu'il ne gardait pas de rancune pour

Mon père

La Salle de Durbar au Palais de Cooch Behar

Le palais à Cooch Behar

ce qu'avait fait ma mère, et je suis heureuse de noter qu'il trouva, en temps voulu, une seconde épouse, qui lui donna deux enfants, nommés George et Mary, à l'instar du roi et de la reine d'Angleterre, qui étaient leurs parrain et marraine.

Mais à Baroda, la demande de ma mère qu'il lui soit permis d'épouser le prince de Cooch Behar plutôt que le Maharajah de Gwalior se heurta à l'opposition la plus totale. Ce n'était pas simplement parce que Cooch Behar était un État plus petit, et moins important que Baroda, ni parce que la famille royale de Cooch Behar appartenait à une caste différente et ne faisait pas partie de l'orgueilleux clan des Marathas. Ni même parce que le prince était un fils cadet et n'accéderait normalement pas au trône. En tout cas, ce genre de considérations importait peu à mon grand-père. Sa principale objection reposait sur le fait que la famille de Cooch Behar subissait l'influence occidentale d'une manière qu'il désapprouvait totalement. Elle menait une vie très mondaine, fréquentait la société edwardienne et recevait à Cooch Behar quantité d'hôtes occidentaux depuis la royauté au bas de l'échelle. Dès 1911, les membres de cette famille s'étaient fait une réputation en Inde de conduite peu orthodoxe et de fantaisie, ce qui n'était pas vraiment des plus propices pour plaire à mon austère grand-père de Baroda.

Ma mère dut subir toutes sortes de pressions pour qu'elle oubliât son béguin. On lui défendit de voir le prince ou de communiquer avec lui, et elle fut plus soigneusement chaperonnée que jamais auparavant. Or, elle avait hérité de l'esprit d'indépendance et de la force de caractère de ma grand-mère ; de plus, elle était amoureuse. Elle parvint à entretenir pendant deux ans une correspondance secrète avec le prince, et même à échapper à la surveillance de ses parents pour le rencontrer clandestinement de temps à autre, généralement à Londres, où mes grands-parents passaient habituellement la plus grande partie de l'été, et où le prince la suivit. En 1968, alors que je triais les papiers de ma mère après son décès, je découvris quelques-unes de leurs lettres datant de cette époque. Celles de mon père étaient toutes adressées à toute une série de noms d'emprunt, tels que « Mme Miele Brooke, Poste Restante, Fernhill, Ootacamund » (station de montagne où mes grands-parents possédaient une maison) ou « Mme Sylvia Workman ». Elles sont pleines de descriptions de la séduisante vie à Cooch Behar, des fêtes d'hiver à Calcutta, du printemps à Darjeeling, de la gaieté, des bals, des bals costumés, de l'arrivée des équipes de polo, des matchs de cricket, et des chasses au gros gibier. Si mon grand-père les avait lues, il n'aurait guère été rassuré.

On était, semblait-il, dans une impasse totale. Ma mère continuait à insister qu'elle épouserait mon père et nul autre, tandis que mes grands-parents restaient tout aussi inflexibles dans leur opposition à une telle mésalliance. Finalement, au printemps 1913, lorsque ma mère se rendit à Bombay avec ses parents, en route pour l'Angleterre, le prince de Cooch Behar fut convoqué au palais qu'ils possédaient dans cette ville. Mon grand-père le reçut de manière très officielle dans la grande salle de durbar ; le prince avait à sa gauche mon grand-père assis avec son premier ministre et à sa droite le résident britannique, tandis que ma grand-mère observait la scène cachée derrière la jalousie d'une galerie du premier étage. Le prince fut alors informé de manière la plus ferme que jamais, et qu'en aucune circonstance, il ne serait autorisé à épouser ma mère, et qu'il ferait mieux de renoncer définitivement à cette idée. À l'issue de cette entrevue, le prince quitta le palais de Bombay avec le sentiment que la situation était sans espoir.

Mais en réalité, la résistance de mes grands-parents touchait à sa fin et l'audience à Bombay marquait leur position définitive. Lorsqu'ils arrivèrent en Angleterre, soit sous l'effet de la détermination inébranlable de ma mère, ou bien de leur instinct, ou des rumeurs, ils soupçonnèrent qu'elle projetait de faire une fugue. Avec tristesse, ils décidèrent donc, plutôt que d'affronter un scandale encore plus grand, de baisser les bras. Mais ils refusèrent, pour une question de principe, de se mêler en quoi que ce soit aux préparatifs du mariage.

Ils envoyèrent leur fille chez Sir Mirza Ali Baig, un des amis de mon grand-père à Londres, où le mariage devait avoir lieu. Un des fils de Sir Mirza Ali Baig décrit dans son autobiographie l'impact que ma mère eut dans leurs jeunes vies.

« Je me souviens fort bien de la sensation que tout cela produisit. Les Indiens étaient rares en Angleterre à l'époque et le sari était encore suffisamment étrange comme habit et attirait une attention considérable. Indira Devi, de toute façon, faisait plus qu'attirer l'attention, car dire qu'elle était d'une beauté ravissante ne serait en aucune façon user d'un cliché surexploité. Les reporters sont venus en masse à notre maison, des photographies en nombre infini ont été prises et nous, petits garçons que nous étions à l'époque, avons vécu dans le halo de cette gloire d'emprunt. Ce mariage fut l'événement de la saison. Chacun des journaux illustrés lui consacrèrent des pages entières et nous gardâmes pendant longtemps un épais dossier de coupures de presse que nous feuilletions avec nostalgie. » petits garçons que nous étions à l'époque, avons vécu dans le halo de cette gloire d'emprunt. Ce mariage fut l'événement de la saison. Chacun des journaux illustrés lui consacrèrent des pages entières et nous gardâmes pendant longtemps un épais dossier de coupures de presse que nous feuilletions avec nostalgie. »

Mes parents se marièrent enfin en juillet 1913 à Londres. La dame de compagnie anglaise de ma grand-mère, une certaine Miss Tottenham, et un avocat agirent in *loco parentis*. Le jour du mariage, mon grand-père leur envoya un télégramme leur souhaitant beaucoup de bonheur, mais pas un mot ne leur parvint de ma grand-mère. L'unique exigence de mon grand-père envers mon père fut que s'il devenait un jour Maharajah de Cooch Behar, ma mère devrait recevoir une rente de cent mille roupies.

Le dernier appel de la part de ma mère, en larmes, à ma grand-mère de lui accorder sa bénédiction et son pardon était resté sans réponse. Selon Miss Tottenham, toutefois, dès que ma mère eut quitté la pièce, ma grand-mère fondit en larmes et sanglota sans retenue. Elle refusa pourtant de bénir ma mère et de communiquer avec elle pendant les deux années qui suivirent. Ma grand-mère ne se laissa fléchir qu'en 1914, juste avant la naissance de ma sœur aînée Ila, lorsque ma mère tomba gravement malade. Elle renoua le contact d'une façon bien à elle, en expédiant à Cooch Behar un cuisinier maratha afin qu'il prépare pour sa fille les plats spéciaux de Baroda qui, elle en était certaine, devaient manquer à celle-ci.

Presque exactement à la même époque que le mariage de mes parents, une autre histoire d'amour dans la famille de Cooch Behar se termina de manière tragique. Le frère aîné de mon père, Raj Rajendra Narayan, le Maharajah de Cooch Behar, était tombé amoureux de l'actrice anglaise Edna May, mais sa famille lui avait refusé l'autorisation de l'épouser. Deux ans auparavant, il avait juré que si ses parents persistaient dans leur refus, il boirait jusqu'à en mourir. En 1913, il était déjà très malade. Mon oncle, Raj Rajendra Narayan, mourut trois semaines après le mariage de mes parents. Mon père, qui était l'aîné des trois frères survivants, lui succéda en tant que Maharajah de Cooch Behar.

CHAPITRE 3

Les Enfants du Nouveau Maharajah

A l'annonce de la mort de mon oncle, mes parents durent interrompre leur lune de miel en Europe. Ils retournèrent en Inde et allèrent à « Woodlands », la résidence de Cooch Behar à Calcutta, capitale du Bengale, une province anglo-indienne contiguë à leur État. Ma nous racontait que lorsqu'elle arriva pour la première fois à « Woodlands » et qu'elle entendit les notes sinistres et prolongées des conques dans lesquelles soufflaient des domestiques du palais, elle crut que ces sons étranges étaient une sorte de chant funèbre pour la mort de mon oncle. Elle comprit par la suite que c'était la manière traditionnelle d'accueillir une jeune mariée au Bengale.

Après un court séjour à Calcutta, mes parents firent route vers le nord en direction de Cooch Behar. Cet État, non loin des contreforts de l'Himalaya, était celui sur lequel mon père était destiné à régner. Il était autrefois appelé Koch Behar, soit « la demeure du peuple Koch ». L'origine de ce peuple est controversée. Dans les temps anciens, les territoires de Cooch Behar et du Bhoutan faisaient partie du grand royaume de Kamrup. Quand ce royaume s'effondra, un certain nombre de petites principautés furent créées par des chefs indépendants ; les Koches fondèrent par la suite un nouveau royaume. Leurs rois se réclamaient d'une ascendance ancienne et divine. La légende raconte que le dieu Shiva tomba amoureux de la femme du chef du peuple Koch et que de leur intimité naquit un fils appelé Biswa Singh. Un compte-rendu historique, plus réaliste, stipule que le royaume fut fondé en 1510 par un chef nommé Chandan, auquel succéda son cousin, Biswa Singh. Les deux récits s'accordent néanmoins sur le fait que Biswa Singh fut un grand conquérant, et qu'il rassembla sous son règne tout le territoire compris entre la rivière Karatoya à l'ouest et le Barnadi à l'est.

Les rois ultérieurs perpétuèrent cette tradition belliqueuse et conquirent tous les pays avoisinants à l'est et au sud. Dans les années qui suivirent, le royaume des Koches perdit peu à peu ses conquêtes, en raison de querelles internes, jusqu'à ce qu'il ne reste plus que l'actuel État de Cooch Behar dans l'escarcelle précaire des successeurs de Biswa Singh.

Vers la fin du XVIIIe siècle eut lieu un événement qui allait complètement modifier le statut de Cooch Behar : les Bhoutanais firent prisonnier le Maharajah régnant. Sa Maharani fit immédiatement appel à l'aide du gouverneur du Bengale, Warren Hastings, qui lui vint en aide, mais uniquement à des conditions rigoureuses et d'une grande portée.

L'Inde ne relevait pas directement à cette époque de l'autorité de la Couronne britannique. La plus grande partie du pays était administrée par ce curieux amalgame de présence administrative, commerciale et militaire connu sous le nom de Compagnie des Indes Orientales. Le prix de l'aide britannique pour obtenir la libération du Maharajah était la signature d'un traité avec la Compagnie. Aux termes de ce traité en date du 5 avril 1773, Cooch Behar reconnaissait la protection de la Compagnie et s'engageait à lui contribuer la moitié de son revenu annuel. Ce montant fut plus tard établi à 67 700 roupies. L'année suivante, après que Warren Hastings eut réussi à conduire un traité avec le Bhoutan, grâce à l'intervention du Dalaï Lama, le Maharajah fut enfin libéré.

Les liens entre Cooch Behar et les Britanniques devinrent de plus en plus forts et variés. Étant donné sa situation géographique, Cooch Behar était continuellement impliqué dans les visées expansionnistes et les intrigues politiques du Bhoutan, de Sikkim et d'Assam, qui étaient, à leur tour, impliqués dans celles du Népal et du Tibet. Il était important pour les Britanniques d'avoir un point d'appui dans cette région troublée et stratégiquement importante. Finalement, en 1788, lorsque la situation de Cooch Behar se trouva davantage compliquée par des dissensions intérieures, un résident britannique fut nommé en vue d'y assurer l'ordre.

La présence des Britanniques s'affirma dès lors à Cooch Behar. Presque un siècle plus tard, lorsque mon grand-père accéda au trône à l'âge de dix mois, un Commissaire britannique fut nommé pour prendre directement en charge l'administration de l'État pendant la minorité du souverain. Les Anglais s'occupèrent également de l'éducation de mon grand-père. Il se révéla très doué pour les études en Inde, et lorsqu'il eut atteint l'âge de seize ans, ses tuteurs souhaitèrent l'envoyer en Angleterre où, à leurs yeux, il profiterait sans aucun doute de la meilleure éducation qu'il pourrait jamais recevoir.

Sur ce point-là, toutefois, ils se heurtèrent à l'opposition violente de la mère ainsi que la grand-mère du garçon. Elles tenaient pour acquis que tout jeune homme lâché dans la société occidentale décadente ne pouvait que mal tourner. Pire encore, il devrait traverser les « Eaux Noires », ce qui lui ferait perdre sa caste et le rendrait impur aux yeux des Hindous orthodoxes. Ce ne fut qu'après bien des persuasions que les femmes du palais acceptèrent de le laisser partir mais seulement à condition qu'il se mariât avant son départ pour l'étranger. Il serait ainsi protégé, pensaient-elles, contre les redoutables tentations de la vie européenne et les desseins maléfiques des femmes étrangères.

Les fonctionnaires britanniques, acceptant à contrecœur cette décision, tenaient vivement à ce qu'il épousât une jeune fille cultivée et en mesure de le seconder plutôt que de faire obstacle lorsqu'il assumerait pleinement ses responsabilités de Maharajah. Sous leurs auspices, il épousa donc une jeune Bengali instruite, issue d'un milieu libéral. Elle n'était pas d'ascendance royale, mais elle était belle, charmante, et possédait toutes les qualités requises chez une future Maharani. Elle s'appelait Suniti Devi et était la fille de Keshub Chandra Sen, le leader du Brahmo Samaj.

Je n'ai jamais connu mon grand-père de Cooch Behar, car il était mort bien avant ma naissance, mais ma grand-mère, Suniti Devi, fut une présence douce et affectueuse tout au long de mon enfance. Hors des frontières de son État, elle contribuait avec diligence à promouvoir l'émancipation des femmes au Bengale, mais pour une raison quelconque, elle ne tenta jamais de mettre fin au système du *purdah* à Cooch Behar même. Elle se déplaçait librement au cours de ses voyages à Calcutta ou ailleurs en Inde, mais à Cooch Behar, elle vivait dans la zénana, dont les autres occupantes n'avaient même jamais aperçu la façade du palais.

Ce ne fut qu'une génération plus tard, lorsque ma mère arriva à Cooch Behar dans une voiture découverte, que le *purdah* prit fin du même coup – sauf, bien sûr, en ce qui concernait l'accès à la salle de billard.

Après que mon père monta sur le trône, mes parents se mirent à partager leur vie de famille entre Cooch Behar, Calcutta, et Darjeeling, situé sur les contreforts de l'Himalaya, et à faire des enfants. Ma sœur Ila naquit à Calcutta en 1914. Ila fut suivie un an après par mon frère aîné, qui naquit à Cooch Behar. Sa naissance donna lieu à de grandes réjouissances car le trône avait désormais un héritier. On le nomma Jagaddipendra Narayan, mais ma sœur l'appelait Bhaiya, ce qui signifie frère, et ce nom lui resta durant toute sa vie. En 1918, mon second frère, Indrajitendra Narayan, naquit à Poona, ville située dans les Ghats occidentaux, où le gouvernement de l'État de Bombay se déplaçait pendant la saison chaude. Mes grands-parents de Baroda se trouvaient

Moi en tant qu'enfant

Moi-même âgée de deux ans à Cooch Behar

eux aussi à Poona à ce moment-là pour assister aux fameuses courses, et c'est là qu'eut lieu la réconciliation définitive entre eux et ma mère.

Dès que la Grande Guerre prit fin, mes parents décidèrent d'entreprendre de longues vacances en Europe et s'embarquèrent avec leurs trois jeunes enfants pour l'Angleterre. Peu après leur arrivée à Londres, je vins au monde, le 23 mai 1919, aux alentours de 8 heures du matin. L'heure est très importante, car selon la tradition indienne, une des toutes premières choses qu'il faut faire dès la naissance d'un enfant est de faire établir son horoscope. Les pandits durent faire un ajustement dans leurs calculs pour tenir compte de l'heure d'été anglaise. Je ne sus jamais ce que prédisait mon horoscope, sinon que l'initiale la plus favorable pour mon nom était le G. C'est pourquoi l'on me nomma Gayatri, nom qui est aussi une incantation religieuse des plus importantes. Or, pendant les derniers jours de sa grossesse, ma mère lisait le roman de Rider Haggard, *She*, et elle avait décidé que si elle accouchait d'une fille, elle l'appellerait Ayesha, comme l'héroïne du roman. Ce ne fut que lorsque quelques amis musulmans vinrent lui rendre visite quelques jours après ma naissance qu'ils lui rappelèrent d'un ton surpris que Ayesha était un nom musulman et qu'il appartenait à la neuvième épouse du prophète Mahomet, sa femme favorite. Mais ma famille s'était déjà habituée à ce nom et il lui plaisait, de sorte que si Gayatri est bien mon vrai nom, Ayesha reste celui par lequel mes amis me connaissent. Les domestiques anglais de mes parents compliquèrent davantage les choses en décrétant que Gayatri leur était impossible à prononcer, et donc, puisque j'étais née en mai, ils m'appelèrent tous princesse May. Un an plus tard, naquit ma petite sœur, Menaka. La famille comptait maintenant sept membres en tout : mes parents, leurs deux garçons, et trois filles.

De mon enfance, il me reste cette série habituelle d'anecdotes diverses qui constituent les souvenirs collectifs d'une famille. Peu d'entre elles valent la peine d'être racontées ; de toute façon, je ne saurais faire la distinction entre les événements dont je me souviens réellement et ceux qui ont l'air réels et familiers à force d'avoir été constamment répétés. Mes premiers souvenirs précis sont ceux d'une maison que nous avions louée lors d'un été à la campagne anglaise, et de l'arrivée majestueuse de mon père parcourant l'allée couverte de gravier dans sa superbe Rolls Royce. Un peu plus tard, la même année, lorsque nous emménagions à Londres, juste en face du magasin

Du haut (à gauche) Bhaiya, Ila, (au centre) moi-même,
Indrajit & Menaka, (Bas de page à gauche & à droite)

Harrods, je découvris rapidement le moyen de me glisser hors de la maison et d'aller au rayon des jouets de Harrods, sans que nos gouvernantes ou les précepteurs ne s'en aperçoivent. En fait, ce n'était pas un exploit difficile à réaliser, car mon père avait contracté une pneumonie, et toute l'attention de la maisonnée convergeait sur le malade. Je n'avais que trois ans, et je ne comprendrai jamais pourquoi le directeur de Harrods, M. Jefferson, ne me renvoyait jamais immédiatement chez moi. Bien au contraire, il se tenait toujours respectueusement dans son costume queue-de-pie, il prenait note de mes commandes et de mes instructions, imitées de celles de ma mère, et indiquait que les achats étaient à débiter « au compte de la princesse Gayatri Devi de Cooch Behar ».

La première fois, outre des jouets pour moi-même, je commandai une version colossale de ce que les Anglais nomment « cracker », un de ces rouleaux de papier cylindriques qui, lorsqu'on les tire par les deux bouts, se déchirent en explosant bruyamment, laissant échapper toutes sortes de petits cadeaux : chapeaux de papier, petits bracelets à breloques en fer-blanc, voitures miniatures, et ainsi de suite. Le cracker était pour Bhaiya, que j'adorais. Pour Ila, qui me taquinait souvent, j'achetai un paquet d'épingles. Tout cet exploit représentait un rêve d'enfant qui s'était réalisé, et, encouragée par ce succès initial, je retournai chez Harrods chaque après-midi pendant les jours qui suivirent.

Un aide de camp, l'un des nombreux assistants (généralement de jeunes officiers de l'armée) qui font partie de toute suite princière, nous promenait lorsque la gouvernante n'était pas de service et ne parvint pas à comprendre pourquoi je refusai de faire un pas de plus dès que nous atteignîmes l'entrée principale du magasin. Lorsqu'il essaya de me promener sur le côté Hyde Park de Knightsbridge, je me couchai sur le trottoir en hurlant, ce qui provoqua tout de suite un attroupement de passants qui évidemment le soupçonnèrent de m'avoir maltraitée. Mes expéditions au Harrods ne furent découvertes que le jour où notre gouvernante anglaise protesta auprès de ma mère que celle-ci nous donnait beaucoup trop de cadeaux et que nous en serions tous irrémédiablement gâtés. Une petite enquête révéla la vérité. Je me rappelle toujours ma mère, disant au téléphone, de sa voix légèrement rauque à la douceur trompeuse : « Mais *enfin*, monsieur Jefferson, ne me dites pas que vous avez pris au sérieux les commandes faites par Ayesha ! »

Un autre de mes souvenirs les plus anciens est d'avoir scruté un soir la salle à manger et d'avoir vu la table somptueusement couverte d'or, d'argent, de cristaux et de fleurs, toute prête pour un des grands dîners offerts par mes parents. Le menu, ce soir-là, était de toute évidence indien, car, je n'oublierai jamais comment Bhaiya, qui était entré avec moi, me tendit une chose verte et brillante qu'il disait être une sucrerie et me dit de la manger toute entière. C'était mon premier piment vert, et lorsque la douleur brûlante massacra ma bouche, je me mis à hurler sans pouvoir m'arrêter. Bhaiya, terrifié à l'idée de se faire gronder, tenait sa main sur ma bouche pour que personne d'autre n'entendît mes cris.

Cependant, la santé de mon père déclinait rapidement, et bien naturellement, le souci de ma mère était de faire en sorte que la maison fût aussi silencieuse que possible. Bhaiya et Ila étaient suffisamment grands pour suivre des cours quotidiennement avec nos deux premières gouvernantes, Miss Hobart et Miss Oliphant, mais Indrajit, qui avait toujours été très malin, ne cessait de faire des bêtises. Pendant la sieste, il déroulait un des turbans de notre père par sa fenêtre située tout en haut de la maison, et le laissait pendre jusqu'à la rue, dans l'espoir, comme il nous l'expliqua par la suite, qu'un des petits garçons qui passait sur le trottoir grimperait à l'aide du turban jusqu'à sa chambre pour jouer avec lui. Un après-midi, il avait réussi à rassembler une petite foule de gens en bas sur le trottoir et s'efforçait de persuader quelqu'un de risquer l'ascension lorsqu'un de nos domestiques aperçut des mètres de soie brillante tournoyant et se gonflant devant la fenêtre de la salle à manger.

Rien de surprenant alors qu'après un certain nombre de telles aventures, ma mère ait eu le sentiment qu'il était impossible de s'occuper d'un mari malade et de cinq jeunes enfants tous rassemblés sous le même toit. Aussi les dispositions furent-elles prises pour que Indrajit, Menaka et moi-même soyons renvoyés en Inde avec Miss Oliphant tandis que Ila et Bhaiya resteraient à Londres. Mais comme on pouvait s'y attendre d'elle, ma mère changea d'avis au dernier moment et décida finalement de me garder auprès d'elle. Elle sentit qu'une maison sans aucun petit enfant aurait été trop morne et déprimante. J'avais entendu un des domestiques murmurer que « c'était ridicule de garder la princesse May à Londres » et je le répétai à ma mère comme une chose de la plus grande importance. Ma, qui savait très bien que j'ignorais le sens du mot « ridicule », se borna

Mon père avec ses enfants, Angleterre, (les années 1920)

Mes parents avec elurs enfants, Angleterre, (les années 1920)

à me demander doucement, « Qui dit que c'est ridicule ? » Elle tenait à tout savoir, et arriva toujours à se tenir au courant d'une manière ou d'une autre, de tout ce qui se passait exactement au rez-de-chaussée ou dans la garderie, de ce qu'était l'humeur du personnel et des critiques ou approbations qu'il exprimait.

Je me souviens à peine de mon père. Une seule image me reste de lui, debout devant la cheminée du salon à Hans Place. Il était en robe de chambre et tenait un verre de whisky à la main. Il était très grand – pratiquement tous les hommes de la famille de Cooch Behar font plus d'un mètre quatre-vingts – et extrêmement beau. Il taquinait souvent ma mère, qui était très petite, en lui disant que vu qu'elle avait maintenant introduit son « sang des Marathas trapus » dans la famille, les hommes de Cooch Behar ne seraient jamais plus les mêmes. Bien plus tard, lorsque mes deux frères eurent tous deux dépassé un mètre quatre-vingts de taille, je me souviens que ma mère disait qu'elle eût souhaité que mon père fût encore vivant pour voir qu'elle avait tout de même réussi à donner le jour à deux gaillards de plus d'un mètre quatre-vingts.

Jusqu'à ce qu'il tombe malade, mon père avait été un excellent joueur de cricket et de polo, ainsi qu'un musicien doué, qui était capable de reproduire chez lui, une fois de retour des concerts, à l'oreille et de manière très honorable, tous les morceaux qu'il y avait entendus. Aucun d'entre nous, malheureusement, n'hérita de ses dons musicaux, bien qu'il ait réussi à m'enseigner ma toute première chanson, « K-K-K-Katy », me dit-on, ce qui nécessita une si grande concentration de ma part que pendant quelque temps, je m'étais mise à bégayer.

Il aimait beaucoup les enfants, et à Cooch Behar, il avait l'habitude de rouler à travers la ville en sa voiture et il ramenait au palais des garçons et des filles qu'il rencontrait dans les rues au cours de ces promenades, où il leur enseignait des chansons, riait et jouait avec eux, et leur donnait des bonbons, avant de les reconduire chez eux. C'était un véritable prince de contes de fées, fort bel homme et plein de charme, impulsif, généreux, et très amusant.

Son horoscope avait prédit que s'il dépassait sa trente-sixième année, il réaliserait de grands exploits. Il mourut le 20 décembre 1922, le jour même de son trente-sixième anniversaire. Ma mère et lui étaient mariés depuis neuf ans, et ma mère n'avait, à l'époque, que trente ans.

Nous quittâmes l'Angleterre quelques semaines plus tard, emportant ses cendres avec nous afin de les immerger dans le Gange, conformément à la tradition hindoue. Ce voyage de retour en Inde m'a laissé très peu de souvenirs. Je me souviens vaguement d'avoir harcelé d'autres passagers afin qu'ils écrivent des lettres pour moi, et d'avoir par la suite jeté ces messages dans la mer, en priant la mer de les transporter jusqu'en Angleterre. Je garde aussi un souvenir confus de ma mère, entièrement vêtue de blanc, pleurant beaucoup et s'enfermant dans sa cabine.

CHAPITRE 4

Vie de Famille à Cooch Behar

Les circonstances ne permirent guère à ma mère de faire son deuil bien longtemps dans la solitude. Elle avait trop à faire. Peu après notre retour à Cooch Behar, Bhaiya, âgé alors de sept ans, fut couronné Maharajah. Ma mère s'occupa personnellement de faire dans tous les détails les préparatifs pour les cérémonies religieuses et civiles du couronnement, et elle entraîna Bhaiya à son rôle, qui était assez important. Entre autres choses, il fallait qu'il apprenne par coeur un petit discours pour répondre à celui du Résident britannique. Ma était très fière de lui car il fit son discours sans la moindre erreur. Elle allait bientôt avoir à assumer des responsabilités encore plus importantes.

Il revenait au vice-roi, Lord Reading, en sa capacité de représentant du Roi en Inde, de consulter le gouvernement anglo-indien du Bengale et le gouvernement de l'État de Cooch Behar afin qu'un régent et un Conseil de minorité soient nommés auprès de Bhaiya. Dans des cas pareils, on désignait généralement un membre de la famille du jeune Maharajah comme régent, et le vice-roi pria ma mère d'assumer cette charge. Bien que de nombreuses princesses indiennes vécussent dans le *purdah* le plus strict, il n'était pas extraordinaire de nommer une femme régente. En effet, il y a de nombreux exemples tout au long de l'histoire indienne de femmes qui ont soit régné, soit été régentes. La mère du Maharajah Ram Singh de Jaipur et ma propre arrière grand-mère de Cooch Behar étaient toujours consultées par les représentants de la Couronne britannique et les Conseils de minorité pour les affaires de l'État, bien qu'elles observassent le *purdah* et que les hommes auxquels elles donnaient leurs conseils ne les eussent même jamais aperçues. À la même époque, l'État de Bhopal était également gouverné par la Begum, qui apparaissait partout voilée, même lorsqu'elle prononçait un discours devant une assemblée ou présidait les discussions du Conseil. De même, au cours des années 1890, lorsque le jeune Maharajah de Gwalior monta sur le trône, sa mère s'acquitta avec grand succès de ses fonctions en tant que régente ; le Résident britannique la consultait presque quotidiennement, à travers un écran placé dans une des cours du palais.

Lorsque toutes les cérémonies s'achevèrent, la vie de famille reprit son cours. J'adorais la ville de Cooch Behar. Elle était parfaitement entretenue et pleine de charme. Les maisons étaient pour la plupart construites en bambou et couvertes de chaume, car il n'y avait pas dans la région de pierre utilisable pour la construction. Elles étaient montées sur pilotis pour les protéger des inondations de la mousson, et leurs toits étaient recouverts de grands plumets d'hibiscus écarlates. Les palmiers bordaient les larges avenues de gravier rouge, et partout dans la ville de petits temples blancs, entourés de jardins, se reflétaient dans les eaux limpides de leurs nombreux réservoirs, des bassins rectangulaires dans lesquels les fidèles prenaient le rituel bain purificateur avant d'approcher la divinité. Au centre de la ville se trouvait le réservoir le plus grand, Sagar Diggi, bordé d'arbres, de pelouses et de bancs destinés au public. Tout autour s'élevaient les bâtiments blancs hébergeant les bureaux d'État, celui du Trésor et celui du Conseil, devant lequel se dressait une statue de mon grand-père. Ces bâtiments, ainsi que la maison de mon oncle Victor non loin de là, étaient pratiquement les seules constructions en brique. En ces temps-là, les voitures automobiles étaient bien rares ; il y avait la nôtre, et une ou deux appartenant au Résident britannique ou au médecin de la ville, mais les bicyclettes, qui semblent se multiplier en Inde presque au même rythme que sa population, remplissaient déjà les rues ainsi que des charrettes à bœufs et des tongas à chevaux.

Notre palais se situait à quelque distance de la ville. C'était un long immeuble construit en brique, composé de deux grandes ailes s'étendant de part et d'autre du durbar central, ou salle d'audience. Un architecte anglais qui s'était fait une grande réputation parmi les princes indiens pour ses constructions de palais élégants et spacieux, parfaitement adaptés aux rigueurs du climat indien, avait été chargé d'en dresser les plans autour des années 1870. Les Maharajahs de Kolhapur, de Panna, de Mysore, et de Baroda avaient tous fait appel à son talent pour allier dans leurs palais la grandeur au confort.

Le palais de Cooch Behar, bien qu'il ait été en partie détruit par le tremblement de terre de 1896, est resté très vaste et le paraît encore plus puisqu'il est construit en longueur. Comme la plupart des palais indiens, il a été conçu de manière à pouvoir supporter la chaleur torride de l'été en Inde, et tous les appartements sont protégés du soleil par de larges vérandas de chaque côté meublées de chaises et de fauteuils confortables et de tapis.

À l'époque où l'influence anglaise n'exerçait pas encore son influence sur la vie indienne, les palais princiers étaient meublés de manière plutôt austère, et décorés principalement de fresques, de peintures murales et de tapis. On y trouvait des lits en argent, en or ou en ivoire, et peut-être bien quelques coffres richement ouvragés, mais d'une manière générale, des banquettes basses en bois, des matelas, et des traversins servaient de sièges. Dès le début du XIXe siècle, toutefois, on s'était mis à copier un peu partout les salons anglais de Delhi et de Calcutta, quelque déplacés qu'ils parussent dans le contexte indien.

Décorer et disposer les meubles dans une maison était une des choses en laquelle ma mère excellait. Elle était dotée en cette matière d'un œil infaillible, et collectionnait les meubles, les tissus et les objets d'art où qu'elle allât. Notre palais à Cooch Behar ainsi que nos résidences de Calcutta et de Darjeeling, la villégiature officielle du Bengale, étaient remplis d'objets qu'elle avait rapportés des différents lieux qu'elle avait visités – chaises et tables d'Angleterre et de France, tissus et lustres d'Italie, tapis du Cachemire, tentures de soie, quartz roses et jade du quartier chinois de Calcutta, et ainsi de suite, de manière à ce que le palais tout entier soit à l'image de ses goûts et de sa personnalité.

Mais quand j'y repense maintenant, les deux pièces qui sont les plus évocatrices pour moi de notre vie à Cooch Behar sont les seules auxquelles Ma n'avait apporté aucune modification : la salle à manger principale avec son énorme table centrale et les dessertes massives chargées des trophées d'argent et d'or remportés aux courses par mon grand-père, mon père, mes oncles et plus tard mon frère, et la bibliothèque, avec ses hautes étagères blanches contenant de nombreuses éditions européennes précieuses, pièce dans laquelle nous suivions parfois nos cours et où Ma organisait ses réunions du Conseil.

À l'extérieur, le palais était entouré de tous côtés d'un parc vaste et paisible où nous faisions de la bicyclette et jouions. Il y avait également de nombreux petits lacs qui attiraient des espèces rares d'oiseaux aquatiques ; de petits pavillons blancs très aérés où il faisait frais même en été entouraient l'un d'entre eux. Le soir, à partir des vérandas du palais, nous pouvions regarder les lucioles danser au-dessus de l'eau. Derrière le palais, du côté opposé à la ville, coulait la rivière aux eaux troubles et trompeuses. Après la mousson, nous aimions pédaler le long de ses berges pour voir les eaux torrentielles.

Le personnel du palais à Cooch Behar devait compter quatre à cinq cents personnes. Pour assurer l'entretien des parcs et des terrains, il y avait vingt jardiniers, vingt personnes s'occupaient des écuries, douze personnes étaient affectées aux garages, et presque une centaine d'employés s'affairaient au *pilkhanna* (les écuries où étaient gardés les éléphants) ; on avait également un entraîneur professionnel de tennis et son assistant, douze ramasseurs de balles, deux hommes chargés de l'entretien des fusils, dix balayeurs pour garder les allées et les chemins impeccables, et, pour finir, les gardes.

À l'intérieur du palais, il y avait trois cuisiniers, spécialistes respectivement des cuisines anglaise, bengali et maratha. Chacun disposait de sa cuisine à lui, avec sa propre arrière-cuisine et ses propres assistants. Il y avait en outre six femmes qui étaient préposées à la préparation des légumes, et deux ou trois *sowars* dont le travail consistait à enfourcher chaque jour leur bicyclette, pour se rendre au marché faire les achats au marché.

Chacune de nous, les filles, avait une servante en plus de nos gouvernantes et précepteurs, tandis qu'Inderjit disposait d'un valet personnel et Bhaiya de quatre. L'entourage de Ma comprenait un secrétaire (qui, à son tour, avait sous ses ordres un autre secrétaire et une dactylo), des dames de compagnie et nombre de femmes de chambre.

Cinq ou six aides de camp, issus de bonnes familles et en aucun cas à considérer comme des servants, avaient la charge de diriger différents services du palais. Ils accompagnaient également Ma dans tous ses déplacements, et aidaient à recevoir les hôtes au palais – et il y en avait un bon nombre – et servaient de tampon entre Ma et tous ceux qui venaient la voir, filtrant les visiteurs authentiques parmi les simples curieux et les porteurs de fausses plaintes ou de pétitions imaginaires. Enfin, il y avait un orchestre d'État comprenant une quarantaine de musiciens qui jouait tous les soirs avant le dîner ainsi qu'à l'occasion des cérémonies officielles.

Pour diriger cette vaste maisonnée, Ma déléguait une grande partie de ces responsabilités à des contrôleurs, à des commis, à des aides de camp, et même à des parents qui vivaient sous notre toit, mais les décisions finales relevaient toujours d'elle seule. En comparaison avec le formalisme rigide en usage dans les autres familles royales indiennes dans les années 1920, l'existence quasi médiévale qu'elles menaient, la prépondérance dans leurs Cours des rituels et des étiquettes, et l'enfermement de leurs femmes dans les zénanas, ou les quartiers au *purdah*, notre vie à Cooch Behar se déroulait dans une ambiance qui était plutôt celle d'une maison de campagne vaste et confortable. Nous, les enfants, pouvions circuler librement dans le palais entier, depuis la grande salle du durbar sous le dôme jusqu'aux resserres et aux logements des domestiques.

Dès mon jeune âge, j'ai découvert la routine de la maison et savais à quelle heure on ouvrait les resserres. Je compris également que si j'arrivais à me trouver dans les parages au bon moment, l'employé chargé de l'approvisionnement me donnerait un morceau de chocolat. Lorsque ma petite sœur Menaka me demanda un jour où je m'étais procuré mon chocolat, je lui expliquai qu'un gros hibou blanc qui nichait dans le dôme l'avait trouvé pour moi. Et par précaution, je la mis en garde, l'assurant que si jamais elle allait demander du chocolat au hibou pour elle-même, il s'envolerait pour de bon. La naïve petite Menaka me crut sur parole.

Menaka et moi, nous partagions une chambre, une salle de bains et un salon dans la partie du palais qu'occupait ma grand-mère, la zénana. Notre chambre était immense, et les lits drapés dans leurs moustiquaires étaient placés, de la manière indienne habituelle, au centre de la pièce. La chambre disposait d'un canapé et de fauteuils rembourrés ; les placards et la coiffeuse étaient à moi, tandis que Menaka avait son propre dressing-room, qui donnait dans notre chambre, et c'était très bien ainsi, car elle était extrêmement coquette et veillait à ce que ses vêtements fussent toujours arrangés dans un ordre précis ; elle adorait aussi se parer et porter des bijoux, tandis que moi, j'étais peu soignée et désordonnée, toujours pressée, et jamais aussi heureuse que lorsque je pouvais porter tout simplement le pantalon et la tunique amples et confortables qui sont les habits informels habituels chez les Indiens. Je dédaignais les bijoux et souffrais mille morts quand Ma décrétait que nous devions porter des saris à l'occasion des réceptions officielles. J'aurais rendu Menaka folle si elle avait été obligée de partager le dressing-room avec moi.

Les murs de notre chambre étaient peints en bleu et comportaient un motif de marguerites blanches et jaunes. Les parties en bois des meubles étaient laquées en bleu, et je me souviens encore aujourd'hui de l'impression dégagée par ce mélange paisible de bleu ciel et de marguerites alors que je m'endormais sous la toile arachnéenne de la moustiquaire.

La chambre était flanquée sur deux côtés de vérandas, qu'on pouvait atteindre par trois hautes portes-fenêtres. C'était là que nous suivions nos cours, du côté qui donnait sur les courts de tennis, et l'ancienne patinoire, et au-delà de cela sur des vues fantastiques, au loin et par temps clair, des pics enneigés de l'Himalaya. La véranda située de l'autre côté de notre chambre surplombait une cour où nous jouions au badminton, et où l'on dressa, plus tard, les *mandaps*, ou pavillons pour les mariages.

Nous avions tous nos préférés parmi le personnel. Le mien était Jammir, un des maîtres d'hôtel, qui me chantait les chansons les plus merveilleuses. Je le considérais comme l'être le plus sage et le plus compréhensif du monde. Il écoutait mes plaintes et apaisait tous mes chagrins. Alors que personne d'autre ne parvenait à me persuader de manger, Jammir, lui, y parvenait toujours. Il venait dans l'ordre de mes affections avant même Boori, ma servante douce et protectrice. Ijahar, le boy de Bhaiya chargé de sa garde-robe, était aimé de nous tous. Il accompagna Bhaiya en Angleterre et resta avec lui tout au long de ses études à St. Cyprian et à Harrow, et ensuite à Trinity Hall à Cambridge. Son frère, Jaffar, était notre premier maître d'hôtel ; tout simplement superbe, il jouissait d'une grande renommée dans tout Calcutta pour l'excellence des cocktails qu'il confectionnait, particulièrement ses Alexandres – vermouth et crème de cacao, surmonté de crème fouettée, le tout donnant un mélange extrêmement alléchant. Jaffar était le genre de maître d'hôtel à la P. G. Wodehouse, qui connaissait tout le monde et se souvenait toujours des préférences de chacun. Et probablement de bien d'autres choses encore.

Quant aux ADC, ils étaient d'excellente compagnie ainsi que l'objet à la fois d'admiration et de taquinerie. L'un d'entre eux, qui nous avait accompagné en Angleterre, y avait acquis un accent BBC impeccable. Nous lui demandions l'heure au moins dix fois par jour tout simplement pour l'entendre énoncer : « Il est maintenant 2h20 minutes et 35 secondes, » ou quelle que soit l'heure du moment. Un autre, dont l'anglais était moins impressionnant, finissait par faire des choses extrêmement amusantes. Une fois, alors que l'on voyageait en train, Ma s'écria qu'elle avait perdu une maille, et il se mit consciencieusement en quatre pattes sur le plancher du compartiment pour la chercher. Un autre était d'un caractère plus austère et nous avions toujours peur qu'il ne « rapporte » à Ma s'il nous surprenait à faire quelque chose de répréhensible. Le favori de nous tous, cependant, était Biren Babu, notre héros, car c'était un merveilleux joueur de tennis et un excellent fusil.

Comme dans beaucoup de familles indiennes, divers parents vivaient avec nous au palais et cela pendant des jours ou des mois voire pour le restant de leur vie. La veuve d'un de nos grands-oncles était venue apporter son aide pour diriger la maison, et elle y demeura jusqu'à la fin de ses jours. Sa fille

Moi-même lors d'un pique-nique à l'occasion d'une chasse au tigre, (les années 1930)

Ma première panthère à l'âge de 12 ans

était notre campagne de jeux, ainsi que nos cousins, Nidhi et Gautam, les fils de notre oncle Victor. Il était le seul frère encore vivant de notre père, et égaya notre vie avec sa vitalité explosive et son amour pour les enfants. C'était un homme grand, toujours très jovial, et si vous arriviez vers lui d'un air triste, il vous prenait dans ses bras, vous faisait sauter en l'air, vous donnait en fait le sentiment d'être quelqu'un de spécial, et la tristesse s'envolait. Surtout pour Bhaiya, il était quelqu'un de très important. Au début, Oncle Victor apprit à Bhaiya à tirer, et à se comporter correctement lors d'une chasse. Et c'était quelqu'un presque aussi important pour le reste d'entre nous également, il nous taquinait et nous donnait le sens des proportions en passant des sujets les plus sérieux à la frivolité la plus totale ; il nous confectionnait également des mets délicieux, car c'était un excellent cuisinier.

Ma, nous le savions, comptait sur lui pour ses conseils, car il connaissait si bien Cooch Behar dont il maîtrisait parfaitement le dialecte. Il avait en somme quelque chose à offrir à chacun. Malheureusement, Nidhi, son fils aîné, mourut très jeune, et peu de temps après, oncle Victor emmena Gautam en Angleterre. Je me rends compte aujourd'hui, avec le recul, à quel point son départ nous affecta parce qu'avec lui était parti l'unique proche lien avec la famille de notre père. En fait, après son départ, la vie au palais perdit beaucoup de son caractère Cooch Behari, car les gens qui assistaient ma mère dans les tâches du gouvernement de l'État étaient tous originaires d'autres régions de l'Inde.

Un des nobles de l'État d'Hyderabad, Nawab Khusru Jung, vint prendre charge des affaires financières. Il était également un remarquable cavalier et prit bientôt en main l'entretien et l'entraînement des chevaux de chasse de ma mère ainsi que de tous nos poneys. Il nous donnait des leçons d'équitation et devint une véritable source d'inspiration pour les garçons qui s'efforcèrent désormais d'atteindre son niveau de maîtrise en la matière. Sa jeune fille, que nous appelions tous Bébé bien que son vrai nom fût Kamal, s'intégra si bien à notre famille qu'elle vécut et voyagea avec nous presque autant qu'avec son père, qui était veuf. Le secrétaire particulier de Ma, ainsi que plusieurs hauts fonctionnaires de la suite du palais, et même les trois jeunes compagnons de Bhaiya, venaient tous de régions en dehors de Cooch Behar.

En tant que famille, nous étions très unis et partagions les mêmes intérêts, le même sens de l'humour et de la plaisanterie. En dépit de notre proximité, nous n'étions pas démonstratifs, mais nous observions notre propre code d'honneur — nous ne rapportions jamais et ne nous laissions jamais tomber les uns les autres. Les triomphes et les succès de n'importe lequel d'entre nous étaient partagés par les autres, et lorsque l'un d'entre nous avait des ennuis, les autres le soutenaient et sympathisaient avec lui. Nous étions tous également vifs et joueurs, tout en ayant chacun notre personnalité bien à nous. Ila, avec ses immenses et beaux yeux et ses mains et pieds minuscules, était pleine d'esprit. Elle était particulièrement douée en équitation et en tennis, excellente dans les imitations et s'exprimait parfaitement couramment dans le dialecte de Cooch Behar. Bhaiya, petit garçon, s'était montré quelque peu arrogant et satisfait de lui-même, mais il devint tout à fait modeste en grandissant, malgré les louanges que lui valaient son apparence, et son style au tennis et au cricket. Il était amusant et un compagnon excellent et bien informé sur tout mais savait se montrer sérieux quand les circonstances l'exigeaient. Il adorait les courses, et bien des années plus tard, posséda ses propres chevaux de course. Indrajit, qui était aussi grand et beau que Bhaiya, était le plus espiègle de tous, et inventait les tours les plus rocambolesques. Menaka paraissait silencieuse et timide en raison de ses manières douces, mais en réalité, elle était extrêmement sociable et possédait un excellent sens de l'humour.

Quant à moi, j'étais le garçon manqué de la famille. Indrajit m'appelait « le manche à balai » en raison de ma maigreur et de mes cheveux raides — mais j'avais aussi l'habitude de rêvasser constamment. Je détestais que l'on me taquine à propos de ces particularités. Inévitablement Ila et Indrajit ne furent pas longs à les découvrir et ils me taquinaient tout le temps car je réagissais avec fureur, par des larmes et des bouderies qui mettaient le comble à leur satisfaction. Bhaiya, lui, ne me taquinait jamais. Ila était l'aînée de nous tous et par conséquent le chef naturel de notre famille ; quand elle se montrait trop autoritaire avec moi, je cherchais secours auprès de Bhaiya, qui était beaucoup plus gentil. Donc, aussi proches que nous fussions tous, il existait certaines alliances à l'intérieur de la famille, qui perdurèrent durant toute notre vie. Bhaiya était pour moi un héros naturel ; il était si beau, si doué aux jeux, si divertissant, et surtout si protecteur envers moi d'une manière très discrète.

Ce que nous partagions tous de manière la plus profonde était notre amour pour Cooch Behar. C'était là que nous aimions le plus être et que nous passâmes la plus grande partie d'une enfance pleine de joie et de diversité. Cooch Behar n'offrait pourtant ni activités nocturnes grisantes ni magasins de luxe, ni même soirées mondaines attrayantes autres que celles du palais ; mais le temps y passait très vite, et les journées semblaient bien remplies.

Chaque matin les chevaux nous attendaient en dehors du palais, et nous traversions la ville à cheval pour nous rendre à l'ancien terrain de polo, transformé maintenant en aéroport, ou au-delà du terrain, en pleine campagne. Les citadins se levaient et se préparaient pour la journée, et l'air était baigné de la senteur délicieuse des feux de bois qu'on allumait. Les gens que nous croisions se dirigeant vers leurs champs, vers le temple ou vers la rivière, nous saluaient toujours très affectueusement.

Après notre promenade à cheval, nous retournions au palais prendre notre bain et redescendions prendre le petit déjeuner, repas toujours très gai et tout à fait informel, et accompagné de beaucoup de bruit, de bavardage et d'échanges à propos des événements qui s'étaient passés la veille au soir ou lors de la promenade du matin ou à propos de nos projets pour le reste de la journée. Rien, ou presque, n'était autorisé à interférer avec la routine quotidienne de nos cours. Il y avait deux salles de classe au palais, l'une réservée aux enfants plus âgés, Ila, Bhaiya, et leurs compagnons, et l'autre pour nous, les plus jeunes, où nos cousins Gautam et Nidhi nous rejoignaient. Mais au fur et à mesure que nous grandissions, certains d'entre nous allaient fréquenter des écoles en dehors du palais et d'autres recevaient des cours particuliers. À une époque, Indrajit eut un précepteur italien qui lui enseignait le latin, matière obligatoire pour entrer à Harrow, où il devait rejoindre Bhaiya. Quant à nous autres, nous avions une gouvernante anglaise, Miss Hobart, qui nous enseignait l'anglais, l'histoire et la littérature anglaises, ainsi qu'un peu de français, et deux maîtres bengalis, dont l'un nous enseignait les mathématiques et l'histoire indienne et l'autre le bengali et le sanskrit. L'emploi du temps était rigoureusement respecté et ne pouvait en aucun cas être interrompu. Comme dans n'importe quelle école, des horaires séparés étaient prévus pour différentes matières, et comme tous les écoliers, nous attendions impatiemment la fin des cours pour pouvoir nous précipiter dehors.

Outre les sports que nous aimions tous — l'équitation, le tennis, et le tir pour nous tous, et pour les garçons, le hockey, le football, le cricket et la boxe également, le palais à Cooch Behar disposait de vastes jardins où l'on pouvait facilement se perdre et nous avions chacun notre bicyclette pour circuler librement à notre guise. Lorsque nous étions encore enfants, une bonne partie de nos activités étaient centrées autour d'une maisonnette que mon père avait fait construire au départ pour Ila. Elle était toute blanche et surmontée d'un dôme, et avait une porte cochère par laquelle nous entrions avec nos petites voitures. Le rez-de-chaussée comportait deux pièces et une véranda ; un petit escalier de bois conduisait à l'étage supérieur, où se trouvaient également deux pièces et une véranda ainsi qu'une terrasse qui surmontait le porche d'entrée. Nous y organisions des thés et des séances de cuisine – la façon à Ma de nous familiariser avec les tâches ménagères – y nous y jouions à des jeux divers. Non loin de là, sur un gigantesque banian, était accrochée une balançoire assez grande pour quatre personnes ; et qui était toujours très fréquentée. De temps en temps, nous nous rendions au *pilkhanna* pour assister au bain des éléphants, un spectacle passionnant, surtout le jour où naquit un éléphanteau. Normalement, les éléphants ne s'accouplent pas en captivité parce que le mâle est enchaîné aussitôt qu'il devient *masth* (prêt à l'accouplement), mais une de nos éléphantes s'était enfuie dans la jungle et à notre joie délirante, elle en revint grosse. C'est ainsi que le petit éléphanteau naquit au *pilkhanna* de Cooch Behar, et ce fut pour nous l'événement le plus important de notre vie.

Bien naturellement, la personnalité magnétique et les différentes activités de Ma captaient une grande part de notre intérêt. Le moment de la journée qui m'était le plus cher était le début de la soirée, lorsque Ma se préparait pour le dîner. La nuit tombe de bonne heure à Cooch Behar, beaucoup plus tôt que dans d'autres parties de l'Inde. Pendant le crépuscule fugitif, on entendait le tintement des cloches des temples où se chantaient les prières du soir, accompagnées d'offrandes de nourriture, de fleurs et d'encens aux dieux et déesses.

Puis le palais se ranimait à nouveau après la longue et écrasante chaleur de l'après-midi. La table dans la salle à manger était mise avec l'argenterie, l'or et les fleurs, l'orchestre accordait ses instruments de musique pour la soirée, et nous avions la permission de nous rendre aux appartements de Ma afin de la voir s'habiller pour le dîner.

L'air était rempli du délicieux parfum du *dhuan*, un encens que les domestiques portaient de pièce en pièce dans une urne d'argent fumante, la balançant avec un mouvement de va-et-vient, pour chasser les moustiques. Mais à mesure que nous nous approchions des appartements de Ma, les effluves de son parfum français commençaient à se mêler au parfum du *dhuan*. Ses appartements ne se trouvaient pas du côté traditionnellement occupé depuis toujours par les femmes mais de l'autre côté de la salle de durbar. Son vaste dressing-room était contigu à sa salle de bains de marbre, qui disposait d'un bain de vapeur spécialement conçu pour elle en forme de chaise longue pour qu'elle pût s'y allonger au lieu de rester assise. Sa chambre au plafond élevé était décorée en blanc et or ; au-delà se trouvait sa salle de prières, puis son boudoir, une vaste pièce très aérée, aux murs bleu nuit flanqués de piliers dorés, où nous nous rassemblions. Dans le boudoir, se trouvaient deux alcôves remplies d'ornements chinois en jade et en quartz rose, un divan profond, des meubles laqués de rouge, et de grandes urnes d'argent provenant d'Hyderabad. Le sol était couvert d'un immense tapis circulaire en peau de léopard confectionné par Schiaparelli à partir de quatorze peaux. Toutes les pièces étaient liées les unes aux autres à l'extérieur par une large véranda de marbre bordée de plantes en pots. C'était là que Ma s'asseyait pendant la journée, sur un divan de marbre recouvert d'un épais matelas et de tas de coussins.

Pour nous, les enfants, l'heure où Ma s'habillait pour le dîner était un des moments particulièrement intéressants de la journée. Sa chambre était remplie d'une foule de femmes de chambre, de parentes, d'amies et de nous, les enfants. Elle nous tenait à tous sa cour au milieu de cette assistance passant instantanément d'une langue à l'autre pour parler anglais avec ses amies, marathi avec des parentes en visite de Baroda, français avec sa femme de chambre suisse, et bengali avec nous et les autres habitantes de Cooch Behar qui y étaient présentes. En même temps, elle arrangeait sa coiffure, chose qu'elle aimait faire elle-même, ou bien inscrivait des mots sur un petit calepin qu'elle gardait toujours devant elle pour y noter les détails relatifs à l'un de ses futurs projets : une liste d'invités, peut-être, ou bien une réunion avec ses ministres, ou encore une partie durant toute la journée à Calcutta. On nous envoyait tour à tour prendre notre bain et nous habiller convenablement avant de revenir à ses appartements. D'une manière ou d'une autre, elle parvenait toujours à émerger de toute cette cohue habillée de façon exquise, quoiqu'il lui arrivât parfois, au moment même où tout le monde se levait pour saluer son départ, de changer soudainement d'avis à propos du sari qu'elle voulait porter, et puis les femmes de chambre s'affairaient à nouveau et couraient sans cesse de son dressing-room au boudoir pour le lui faire choisir.

Ma était très exigeante quant à son habillement, et était considérée comme une des femmes les plus élégantes de l'Inde. Elle fut la première à porter des saris de mousseline, tissu plus frais que les soies habituelles et plus habillé que le coton. Elle avait persuadé une maison de mode parisienne de faire tisser pour elle de la mousseline en cent cinq centimètres de large pour convenir aux saris. Elle avait aussi l'habitude de se rendre aux magasins à Delhi et à Calcutta et de demander aux propriétaires de faire modifier les impressions de leurs tissus exprès pour elle – éliminant une fleur par-ci, ajoutant une nouvelle couleur par-là. L'année suivante, après avoir porté les impressions ainsi modifiées, invariablement plus séduisantes que les motifs classiques, elle autorisait les magasins à les reproduire à l'usage d'autres clientes.

La plus grande passion de Ma allait aux chaussures. Elle en possédait des centaines de paires mais continuait néanmoins à en commander de nouvelles de manière invariable, sans pouvoir s'empêcher de le faire, principalement chez *Ferragamo* à Florence. Bien qu'elle en distribuât autour d'elle par des centaines, son stock ne cessait de croître. Elle avait des pieds étroits, d'une grande élégance et toujours aussi parfaitement soignés que ses mains. Quand elle était enfin habillée et que la longue attente fut achevée, on envoyait quelqu'un à la salle de billard prévenir les messieurs rassemblés là-bas qu'ils pouvaient se rendre au salon. La soirée ne commençait jamais vraiment avant l'apparition de Ma.

Elle était sans conteste la meilleure hôtesse de l'Inde, connue à l'échelle internationale pour l'excellence des réceptions qu'elle donnait, et en Inde même car elle avait ouvert de nouvelles perspectives aux femmes indiennes. Elle était la preuve vivante qu'une femme, veuve, de surcroît, pouvait recevoir avec assurance, charme et style, sans devoir s'abriter dans l'ombre d'un mari ou d'un père. Elle avait le palais très fin et toute nouveauté gastronomique était saluée par elle avec grand enthousiasme. Elle encourageait ses cuisiniers à expérimenter avec de nouvelles recettes et leur fit découvrir toutes sortes de plats inconnus. Une fois, elle emmena un de nos chefs chez *Alfredo* à Rome afin qu'il puisse connaître ses lasagnes. Ce cuisinier ne buvait pas d'alcool, mais tout au long de son séjour en Italie, elle ne cessa de lui dire : « Vous devez prendre du vin, cela va avec la cuisine d'ici. »

Elle connaissait toujours le meilleur endroit où acheter ce qu'il y avait de mieux, et elle faisait ses achats partout dans le monde. Son hospitalité était célèbre, en partie parce que l'attention qu'elle savait porter aux moindres détails garantissait un confort suprême à ses amis (et à sa famille). Le palais

Une salle de réception au Palais de Cooch Behar

Ci-dessus : Alignement d'éléphants à Cooch Behar.
Ci-dessous : Une chasse au tigre à Cooch Behar

à Cooch Behar ainsi que toutes nos résidences possédaient des draps légers comme une caresse, et des serviettes de bain si moelleuses que l'on était séché à peine elles vous effleuraient la peau. Bien qu'elle eût un grand nombre de personnel à sa disposition, parfaitement entraîné pour répondre à ses exigences de perfection, elle ne manquait jamais, avant l'arrivée de ses hôtes, de vérifier les chambres elle-même pour s'assurer que tout y était parfait. Elle allait même jusqu'à s'allonger sur les lits afin de juger si les lampes de chevet étaient positionnées à l'angle convenable. Ce n'était donc guère surprenant que tout le monde souhaitât être reçu par « Ma de Cooch Behar » !

Les invités qui venaient à Cooch Behar arrivaient toujours par le train de nuit de Calcutta, obligés de se lever aux petites heures du matin afin de changer de train, car il fallait faire l'ultime partie du voyage sur une voie étroite par le train pour se rendre enfin à la ville de Cooch Behar. Un accueil exubérant les attendait à leur arrivée. Toute la famille et tout le personnel se réunissaient sur le perron pour les saluer et les parer de colliers de fleurs avant de les conduire à la salle à manger pour le petit déjeuner. Il y avait tant d'allées et venues que je ne connus jamais l'identité de la plupart de nos hôtes. J'ai interrogé un jour à ce propos un homme qui connaissait bien Ma, et il répondit : « Oh, il y avait tout le monde, à commencer par le prince de Galles. »

Qui qu'ils fussent, pour nous, les enfants, les invités de Ma se plaçaient au premier rang de nos nombreuses sources de divertissement. Leurs conversations, le spectacle constant des adultes jouant au tennis, au billard, ou au backgammon, ou prenant part aux divers plans conçus par Ma, nous procuraient de grandes joies. Bien qu'on nous encourageât à rester plus ou moins à l'écart, à sourire poliment et à ne parler que lorsque l'on nous adressait la parole, de temps en temps le carcan de tous ces interdits éclatait. À une occasion, Ma avait décidé que tous ses invités anglais devaient s'habiller dans des habits indiens, juste pour rire. Lorsque je les vis tous debout sur la véranda, leurs bras et leurs jambes roses pâles émergeant des plis des saris et des dhotis, je m'écriai à haute voix : « Vous avez l'air indécents ! »

Mais l'attraction la plus grande et la plus saisissante de Cooch Behar, pour nos invités comme pour nous-mêmes, était sans aucun doute la chasse au gros gibier, qui se rangeait parmi les plus belles que l'Inde pût offrir. Les jungles de Cooch Behar sont liées au Teraï, cette vaste ceinture de jungle ininterrompue qui traverse le nord de l'Inde, le sud de l'Himalaya, et s'étend jusqu'au Népal. C'était une admirable retraite pour les animaux sauvages, qui pouvaient y parcourir des centaines de kilomètres sans croiser un seul chemin tracé par la main de l'homme. Toutes sortes de gibier abondaient dans un rayon de quelques kilomètres de notre palais : des tigres, des rhinocéros, des panthères, des ours, des buffles sauvages, des bisons, des phacochères, des daims, des sangliers et des sambars. Je me souviens qu'on nous défendît un jour d'aller au potager du palais parce qu'un éléphant sauvage y avait été aperçu.

Ce fut mon grand-père qui initia la tradition des grandes chasses à Cooch Behar. Son registre de chasse répertorie les animaux abattus au cours d'une période de trente-sept ans dans les jungles de Cooch Behar et de l'Assam : 365 tigres, 311 léopards, 207 rhinocéros, 438 buffles, 318 antilopes, 259 sambars, 133 ours, et 43 bisons. Ces dernières années, j'ai commencé à m'intéresser vivement aux organismes qui se consacrent à la protection de la nature. Aussi dois-je peut-être mentionner ici en passant que quoique la chasse au gros gibier ait constitué une activité importante à Cooch Behar, le déclin du gibier en Inde aujourd'hui n'est pas une conséquence de l'abattage insensé par les gens qui pratiquaient ce sport. La raréfaction du gibier est due en réalité à la destruction progressive de son habitat. Pendant la jeunesse de mon grand-père déjà, on défrichait des jungles à cause du besoin sans cesse croissant en terres cultivables, et depuis l'indépendance, le rythme s'est encore accéléré. Aujourd'hui, seulement treize pour cent de la superficie de l'Inde sont recouverts de forêts, alors qu'on estime à trente pour cent le minimum indispensable pour la survie de notre faune et flore.

Mon grand-père était un tireur de premier rang ; il réalisa un jour l'exploit assez extraordinaire de tirer à la fois sur deux rhinocéros, un vers la gauche et l'autre vers la droite. Pendant la battue, il vit tout à coup un rhinocéros chargeant sur sa gauche. Au moment où il levait son fusil – un lourd calibre huit – un autre rhinocéros fit son apparition sur sa droite. Bien des chasseurs considèrent les rhinocéros comme étant l'un des animaux les plus dangereux et les plus sournois ; leur corne est capable d'éventrer le ventre des éléphants. Mon grand-père, toutefois, avec une présence d'esprit remarquable, tira deux coups rapides, le premier à gauche et tout de suite après à droite, terrassant les deux rhinocéros, puis les acheva à son aise. Le rhinocéros est un animal impressionnant même mort. Je n'en ai vu abattre qu'un seul et me souviens vivement encore du spectacle impressionnant du sang jaillissant en une fontaine écarlate de sa blessure. Je me rappelle également qu'il fut impossible de traîner l'énorme bête jusqu'au camp, et qu'il fallut monter une garde auprès du cadavre afin d'empêcher les villageois de s'emparer de sa corne, qui est censée être un aphrodisiaque puissant.

Lors de mon enfance, la chasse faisait autant partie de notre vie que nos leçons, et elle était bien sûr incomparablement plus attrayante. À cette époque-là, on organisait des camps de chasse deux ou trois fois par an dans l'une des deux réserves de l'État, soit à Patlakhawa, qui prolongeait les jungles de l'Assam et du Teraï, ou à Takumari, dans le sud. Un camp de chasse princier de ce temps-là ne ressemblait en rien à ce que les Anglais ou les Américains entendraient couramment par le mot « camp ». Il y avait des tentes, c'est bien vrai, mais la similitude s'arrête là. Nos tentes indiennes étaient immenses, elles étaient équipées de salons, de salles à manger, de chambres à coucher et de salles de bains séparés, et meublées entièrement de tapis, de chaises, de tables, et de tout ce qui est nécessaire pour le confort. Nos camps consistaient d'une dizaine ou d'une douzaine de telles tentes, ainsi que d'autres plus petites pour le personnel, le tout monté autour d'un immense feu de camp qu'on allumait le soir pour éloigner les animaux.

J'avais cinq ans quand j'assistai à ma première chasse. Tous les matins, après le petit déjeuner, nous nous rendions chez les ADC pour voir s'il y avait des *Khubbar*, des nouvelles et par cela nous n'entendions que des nouvelles concernant quelque gros gibier qu'il fallait abattre. Les villageois venaient presque chaque jour se plaindre au palais de la présence d'une panthère, parfois d'un tigre, qui avait tué une chèvre ou une vache. Si, après enquête faite par un des ADC, l'histoire paraissait fondée, on offrait le déjeuner au villageois, tandis que nous apportions fébrilement notre contribution aux préparatifs de la chasse. C'étaient les seules occasions où nous étions autorisés à interrompre notre routine de leçons, et encore à condition seulement que nous ayons terminé nos devoirs. Si le tigre avait été aperçu très loin du palais, nous parcourions généralement une partie du trajet en voiture jusqu'à un point de rencontre prévu où des éléphants nous attendaient pour nous porter sur leurs dos pour faire les quelques kilomètres suivants. Puis à un second point de ralliement, les éléphants à howdah avec leurs mahouts se tenaient prêts. Les éléphants à howdah servaient d'« arrêts » vers lesquels les éléphants de chasse, remplissant le même rôle qu'une équipe de rabatteurs, dirigeaient le gibier. Les howdahs étaient équipés de chaque côté d'un râtelier pour les fusils, et celui qui devait tirer s'asseyait à l'avant ; il y avait de la place derrière lui pour encore deux personnes. Nous apprîmes assez vite qu'on pouvait soulever les sièges sous lesquels nous trouvions toujours un stock de biscuits au chocolat et de jus d'orange pour nous soutenir le moral. Ma soupçonnait d'ailleurs que ces biscuits au chocolat constituaient pour nous un des attraits principaux pour partir à la chasse.

Au cours d'un printemps où Ma était à Delhi, et Ila et Bhaiya étaient tous les deux au pensionnat, j'eus droit à mon propre moment de gloire. Tôt un matin, des paysans nous apprirent qu'il y avait une panthère à abattre dans le voisinage. Donc, après le déjeuner, Indrajit, Menaka et moi-même nous mîmes en route. Chacun d'entre nous était monté à dos d'un éléphant à howdah avec un ADC qui était assis derrière nous, et Indrajit reçut des instructions précises de me laisser tirer la première.

Nous avions, bien entendu, appris à tirer dès notre plus jeune âge. On nous avait appris à être prudents, à nous assurer que nous pouvions viser correctement sans courir le risque de blesser, dans un excès d'émotion, un des éléphants de chasse, et ainsi de suite. Nous nous trouvions cet après-midi-là dans une très petite jungle, près d'un village, et nous pouvions entendre barrir les éléphants, comme ils le font d'habitude lorsqu'ils sentent la présence d'un animal sauvage ou dangereux à proximité. Puis vint le moment palpitant où débuta la battue.

Selon les critères des chasseurs plus expérimentés, mon premier exploit peut sembler bien modeste. Lorsqu'on eut forcé la panthère hors du couvert, elle émit un grondement puis resta complètement immobile, les yeux fixés sur mon éléphant. L'ADC assis derrière moi me dit de tirer, et la seule chose dont je peux me vanter est de ne pas avoir perdu mon sang-froid. Je levai mon fusil – je me servais d'un fusil de chasse calibre vingt – et la touchai à la tête du premier coup.

Ce fut l'occasion d'une grande joie et de jubilation ; même les mahouts et les chasseurs professionnels y prirent part. Un déluge de félicitations me submergea, et lorsque nous revînmes au palais, tout le monde était aux petits soins pour moi. On envoya un télégramme à Ma à Delhi pour lui annoncer que j'avais tué ma première panthère. J'avais à l'époque douze ans et j'étais sans voix à force de fierté et d'émotion.

Un tigre blessé est peut-être la créature la plus dangereuse de la jungle ; il peut, dans son dernier assaut avant la mort, bondir à des hauteurs surprenantes. Il en est de même des panthères. Je me souviens, lorsque nous

Ci-dessus : Frères et soeurs sur les marches du
Palais de Cooch Behar, (les années 1930)a
Ci-dessous :Bobby et moi-même au Palais de Cooch Behar

Ci-dessus : Un des griffonnages de Bhaiya de Cooch Behar
Ci-dessous : La Maison du Conseil à Cooch Behar

étions encore petits, qu'au cours d'une chasse à Cooch Behar, une panthère blessée bondit jusque sur l'éléphant qui portait mes deux frères. Bhaiya, sans avoir le temps de penser au danger, lui donna un coup avec son fusil, et avec l'aide du mahout, parvint à la repousser. Heureusement, aucun des deux garçons ne fut blessé, mais j'ai remarqué que par la suite Ma veillait à ce que mes frères ne fussent jamais plus ensemble sur le même éléphant.

Cooch Behar était renommé pour son *pilkhanna*, et tous nos soixante éléphants étaient dressés à la perfection. On les utilisait pour toutes sortes de tâches, en dehors de la chasse au gros gibier. De fait, circuler à dos d'éléphant était la meilleure façon, et souvent l'unique façon, de se déplacer à Cooch Behar. Le terrain est presque partout plat, bien qu'on aperçoive vers le nord les pics enneigés de l'Himalaya, mais recouvert de hautes herbes qui atteignent parfois une hauteur de trois mètres. Une bonne partie du terrain est marécageuse, et traversée par de larges rivières au cours tranquille dont le tracé varie d'année en année. Enfants, nous nous déplacions toujours à dos d'éléphant, et après une chasse, nous faisions souvent la course entre nous jusqu'au palais.

Diriger un éléphant n'est pas vraiment difficile une fois qu'il est dressé. Nous connaissions tous des mots spéciaux de commandements auxquels obéissaient les éléphants. Nous les avions appris des mahouts dont la plupart passaient leur vie entière auprès du même éléphant. Il existait entre eux une curieuse relation d'intimité et de confiance, d'affection et de protection réciproque. Il y avait les commandements courants, *beht* pour dire « assis », *oot* pour « debout », et puis il existait ces mots spécifiques qui se prononçaient en un espèce de chant lorsqu'un mahout dirigeait un éléphant à travers la jungle et découvrait un arbre qu'il fallait abattre, ou lorsqu'il devait passer à travers l'herbe à éléphant qu'il fallait piétiner pour y ouvrir un chemin. Il prononçait alors à un rythme chantant : « Dalai, dalai, *dab*. Dalai, dalai, *dab* », et à chaque « dab », l'éléphant faisait un effort renouvelé pour aplatir l'obstacle qui lui bloquait le passage.

Les éléphants sont des animaux extrêmement intelligents et très sensibles à l'insulte ou à la dureté. Leurs mahouts changent l'intonation des commandements selon qu'il s'agit de débusquer un tigre ou un léopard de son couvert, ou simplement de guider leur monture à travers la jungle ; mais le ton de leur voix reste toujours très doux. Il y a des occasions où il faut donner des coups de pied derrière les oreilles de l'éléphant, et parfois même l'aiguillonner avec une lance en fer pour qu'il puisse le sentir à travers son cuir épais, mais c'est rare. Le seul moment où un éléphant mâle devient dangereux est celui du rut. La bête la plus paisible peut alors se déchaîner complètement et doit être enchaînée jusqu'à ce que la saison des amours soit passée. En général, on est alerté par une sécrétion qui apparaît immédiatement avant le début de la période dangereuse par deux trous minuscules sur les tempes de l'éléphant. Dans notre *pilkhanna*, il n'arriva qu'une seule fois à un éléphant de se libérer et de tuer son mahout. Cet incident donna lieu à beaucoup de regrets et de consternation de la part de tous mais on reconnut que ce genre d'accidents était très rare.

Mon grand-père de Cooch Behar est censé avoir eu une entente remarquable, presque télépathique avec les éléphants. Un jour, lorsqu'un de ses meilleurs éléphants s'était embourbé dans un marécage, les mahouts lui jetèrent un tronc d'arbre pour qu'il pût s'y agripper, mais personne ne semblait parvenir à l'empêcher de s'agiter et de s'enfoncer ainsi de plus en plus dans la vase. On envoya alors quelqu'un chercher mon grand-père. Celui-ci vint parler à l'animal et réussit dans l'espace de quelques minutes à le calmer et à le persuader lentement de sortir du marécage. Lorsque mon grand-père mourut et que ses cendres furent ramenées à Cooch Behar, on avait aligné tous ses éléphants devant la gare pour saluer sa dépouille. On raconte qu'à l'arrivée du train, avec des larmes dans les yeux, ils levèrent tous la trompe, et se mirent à barrir à l'unisson. Les défenses de tous ses éléphants préférés portant l'inscription de leurs noms se trouvaient dans le hall d'entrée du palais de Cooch Behar.

Les éléphants étaient pour moi les animaux les plus importants du monde, et ceux que j'aimais le plus. Je passais des heures avec les mahouts et avec leurs femmes, à apprendre d'eux des histoires d'éléphants et à écouter les chansons que chantaient les femmes des *mahouts* lorsque leurs maris partaient pour une de leurs missions ; car les éléphants ne servaient pas que pour la chasse mais aussi pour la collecte des loyers ou des impôts, ainsi que pour la capture d'éléphants sauvages destinés à être domestiqués par les éléphants complètement dressés du *pilkhanna*.

L'épouse du mahout chantait à son *sunar bandhu re*, « mon ami doré » (signifiant son mari), décrivant celui-ci assis sur sa noble monture, son éléphant, et combien auprès de celui-ci il semblait petit par contraste, mais comment l'éléphant avait une chaîne pendue autour de son cou qui faisait que le mahout était en réalité le maître. Un autre chant a pour thème un nouvel éléphant qui vient d'être pris et comment chacun de ses quatre pieds est enchaîné pour qu'il ne puisse pas s'éloigner. Ensuite, il relate comment ce dernier doit s'accoutumer à la présence des hommes, comment les mahouts le caressent avec des feuilles de bambou pour l'habituer au toucher et au contact des mains de l'homme, et comment ils agitent des flammes devant ses yeux afin qu'il n'ait pas peur du feu. Et tout le temps, ils lui chantent : « Tu n'es plus dans la jungle. Tu as maintenant un maître et un propriétaire qui t'aimera, qui te chérira et prendra soin de toi, et en retour, tu lui obéira avec amour et gratitude. »

Chaque fois que j'allais à Cooch Behar, je demandais aux mahouts de me faire écouter leurs chansons, et je me souviens de l'époque où Bhaiya rentra en Inde après la fin de ses études à l'école en Angleterre et avant de repartir pour Cambridge, et où les mahouts composèrent une chanson pour son départ : « Notre Maharajah s'en va, notre souverain s'en va, notre ami s'en va. Mais nous espérons qu'il reviendra bientôt. Et lorsqu'il reviendra, nous espérons qu'il nous rapportera beaucoup de connaissances des choses qui nous seront utiles ici. Et nous espérons aussi que les poisons de l'Occident ne s'infiltreront pas en lui. » (Par « poisons », ils entendaient l'alcool et les femmes faciles)

Nos éléphants avaient une grande variété de noms, certains portaient les noms de dieux ou de déesses, d'autres ceux de membres de la famille. Je me rappelle que celui qui était nommé Ayesha était excessivement lent et paraissait très vieux, et que mes soeurs et frères me taquinaient à ce propos. « Ton éléphant est exactement comme toi ! » me disaient-ils.

Lorsque Ma avait des invités pour une chasse, je me souviens que nous nous rendions souvent d'avance à dos d'éléphant au lieu du rendez-vous. Pendant que nous attendions, je demandais toujours au mahout de me laisser prendre sa place et m'asseyais sur le cou de l'éléphant. Et là, je m'allongeais, la tête entre les oreilles de l'éléphant, sentant la brise légère lorsqu'il agitait les oreilles, écoutant le bourdonnement des abeilles, entièrement pénétrée de cette odeur particulière de l'éléphant, et consciente de la présence de la jungle tout autour. Je me sentais complètement coupée de la vie confinée du palais. Et toute seule. Il n'y avait que moi et l'éléphant dans la grande jungle.

Grâce aux mahouts, nous apprîmes un peu du dialecte local, enfin, suffisamment pour converser avec le personnel du palais et leurs familles.

J'étais connue à l'époque sous le nom de « *pagly rajkumari* », ce qui voulait dire « la princesse folle », en raison de l'intérêt excessif que je portais à la vie des mahouts et de tous les autres domestiques du palais. Je dessinais des plans de nouvelles maisons qu'on construirait, disais-je, pour eux. J'arrêtais, en passant, quelque domestique perplexe, et lui montrant mon dessin : « Là, lui expliquais-je, c'est ici que se trouvera ta salle de bains. »

« Mais nous n'avons pas de salles de bains personnelles », protestait-il.

« Peut-être pas *maintenant*, », j'expliquais soigneusement, « mais tu en auras quand je construirai vos nouvelles maisons. Et il y aura une autre chambre séparée pour tes enfants. »

Il répondait, en général, sans y croire du tout, « Oui, Princesse, ce sera comme vous voudrez. »

Je questionnais les mahouts sur le montant de leur salaire, faisais des enquêtes sur leurs conditions de vie et insistais qu'ils devaient recevoir plus d'argent et de meilleurs logements. Bhaiya essayait de me faire taire, disant : « Il y aura une grève dans le *pilkhanna* si tu continues de cette manière. »

Un de mes souvenirs les plus envoûtants de mon enfance à Cooch Behar est celui d'un certain retour au palais à dos d'éléphant juste avant la tombée du jour, fatiguée après toute l'émotion de la chasse de la journée. L'air embaumait du parfum des fleurs de moutarde, et de loin venait le son merveilleux et solitaire des flûtes. Loin au nord, encore visible dans le crépuscule de cette radieuse journée, on distinguait le demi-cercle blanc de l'Himalaya. Ce moment qui s'est gravé à jamais dans ma mémoire me ramène aussitôt à la sensation de bonheur et de sécurité de mon enfance, alors que ma vie était encore intacte des changements ou de la perte des gens qui m'étaient les plus proches. Parfois, au moment où je sombre dans le sommeil dans la chaleur moite des nuits de mousson, j'ai l'impression que nous sommes tous là, réunis une fois de plus, Ma et Bhaiya, Ila et Indrajit, mon mari Jai, et moi, et que Menaka et moi-même ne sommes pas les seules survivantes de la famille.

CHAPITRE 5

Servitudes et Délices de la Royauté

Bien que nous fûmes, en tant que famille, à la fois très unis et pour la plupart sans façon les uns avec les autres, et que l'atmosphère de notre demeure à Cooch Behar fût joyeuse, sans formalisme et détendue, nous vivions tout de même dans un palais, où il y avait, dans une certaine mesure, une cour. Nous avions tous conscience du statut particulier de Bhaiya, et avions très tôt été entraînés à lui témoigner notre respect ; l'anniversaire de Bhaiya constituait une des grandes fêtes de l'année dans l'État. Des prisonniers étaient amnistiés, les pauvres étaient nourris dans les temples de l'État, et c'était un jour férié pour tous. Le soir, un durbar se tenait au palais auquel assistaient les nobles et les officiels. Mais les réjouissances, les feux d'artifice, les processions d'éléphants et tout l'apparat déployé étaient destinés aux villageois qui se rendaient en ville exprès à cette occasion.

Quotidiennement, quelques détails venaient également nous rappeler que notre demeure était aussi le siège du gouvernement de l'État. La formation de Ma pour la préparer à assurer les responsabilités administratives avait été remarquablement bonne. Son père, le Gaekwar de Baroda, s'était souvent reposé sur elle à propos des nombreux problèmes de gouvernement et avait discuté avec elle au sujet de nombreuses affaires d'État ; il exprimait souvent son regret qu'elle n'eût pas été son fils aîné, car elle avait une si bonne compréhension de la gouvernance. Lors de son unique visite à Cooch Behar, il se dit extrêmement satisfait de la manière dont Ma dirigeait les affaires. De quand j'étais encore très petite, j'ai des souvenirs de Ma se promenant dans les jardins du palais à Cooch Behar avec quelques fonctionnaires d'un côté et Bhaiya de l'autre, discutant du budget ou des projets pour la construction d'un nouvel hôpital ou d'une école, tout en gardant l'oeil sur les arbustes et les plates-bandes et en notant mentalement tout ce qu'elle devait signaler ultérieurement aux jardiniers. Elle écoutait très sérieusement tous ceux qui venaient la conseiller, la consulter, ou l'informer de quelque chose. Et elle était aussi amusée et assez fière du fait que Bhaiya, de sa propre initiative, la suivait chaque fois et écoutait attentivement les discussions en cours.

Nous aussi, nous avions conscience que nous occupions une place particulière dans l'État. Nous avions plusieurs camarades qui venaient jouer avec nous au palais, mais ils étaient tous issus de familles de Cooch Behar, et même au milieu des jeux les plus déchaînés, une certaine différence dans leur attitude à notre égard était toujours visible. Ils ne nous taquinaient pas et ne nous bousculaient pas comme nous le faisions entre nous. C'était compréhensible, je suppose. Après tout, cet immense palais était notre foyer, quel lieu fantastique où grandir pour un enfant, et ce fait a dû sûrement réprimer les bagarres courantes qui marquaient les jeux des autres enfants. Et puis, bien que nous eussions beaucoup de contact avec les citadins et les villageois, qui nous parlaient d'un ton familier et affectueux, nous demeurions à leurs yeux leurs princesses et étions donc tenues de nous conduire en conséquence. Dès que l'on pouvait nous faire confiance pour nous comporter correctement, il nous fallait assister à des cérémonies publiques officielles. À l'occasion d'une distribution de prix dans une école, ou de l'inauguration d'un nouveau bâtiment, nous devions y être, assis en rang, tranquillement et dignement, sans pouvoir courir ou jouer avec les autres enfants. Ainsi, le sentiment des devoirs et des inconvénients de la royauté nous imprégna dès l'enfance.

Ma aussi, de diverses petites manières, avait entamé le processus de formation à nos rôles et selon son habitude, elle faisait de sorte que ce soit intéressant et amusant pour nous. Les ADC et les secrétaires s'occupaient de la plus grande partie de la routine administrative du palais ainsi que des correspondances et des messages concernant des affaires d'État, mais Ma les court-circuitait souvent et nous demandait de prendre ou de répondre à des communications à leur place, nous appelant du jardin ou d'ailleurs pour ce faire. Nous étions pour ainsi dire ses pages, et chacun de nous souhaitait vivement être son élu pour porter un message ou expédier un télégramme. Vers l'âge de dix ans déjà, nous étions absolument fiables et hautement efficaces pour exécuter ce genre de tâches mineures.

Pour les filles, la formation comprenait l'apprentissage de l'art de recevoir. Ma faisait appel à Ila, Menaka et moi à tour de rôle pour effectuer des tâches telles que décorer la table pour une réception, choisir des fleurs, les bols d'argent et d'or, et les trophées qui ajouteraient de l'élégance à la table. Ila et Menaka étaient plutôt douées pour faire tout cela, tandis que moi, j'étais absolument lamentable. Je m'instruisais davantage en écoutant simplement Ma diriger les affaires du palais, préparer des menus, placer les invités, choisir le lin et les articles de décoration. Elle nous apprit également très tôt à manier l'argent. Au départ, nous recevions de l'argent de poche pour acheter nous-mêmes nos pellicules ou nos bandes dessinées ou nous offrir des gâteries de notre âge. Plus tard, Ma nous versait des sommes avec lesquelles nous devions acheter nos vêtements et payer nos distractions.

Lorsque nous étions hors de Cooch Behar, à Calcutta ou à Darjeeling, les choses étaient plus faciles, car, là, nous pouvions faire partie d'un groupe d'enfants à pied d'égalité. La seule différence était que nous n'étions pas tout à fait aussi libres que les autres. Les autres enfants pouvaient, par exemple, aller tout seuls au cinéma, alors que nous ne pouvions sortir nulle part sans nos gouvernantes ou des ADC.

Toute notre enfance était un patchwork de responsabilités, de privilèges et de contraintes dont nous héritions du fait d'appartenir à la famille souveraine d'un État princier. Il y avait des occasions où les gens ordinaires de Cooch Behar se rendaient directement au palais pour exposer leurs doléances ou implorer de l'aide lorsque les temps étaient durs, mais heureusement, Cooch Behar était un État comparativement riche, doté d'un sol fertile et bien irrigué et de précipitations annuelles abondantes. Les paysans pouvaient non seulement cultiver du riz mais aussi des cultures de rente telles que le jute, la moutarde et le tabac pour l'exportation, de sorte que, bien que le niveau de vie de la plupart des gens restât bien modeste, nous n'avions guère à subir les famines épouvantables qui ravageaient périodiquement d'autres États indiens.

Le calendrier lunaire indien est ponctué d'une série de fêtes magnifiques, et notre famille y jouait un rôle important et enthousiaste. En Inde, nous adorons les fêtes et prenons grand plaisir à donner libre cours à notre sens inégalé de l'apparat. Même les plus pauvres profitent un maximum de toute occasion qui leur donne la possibilité de revêtir les costumes de fête, de décorer leurs maisons, les temples et leurs chars à boeufs. Le contraste entre ce déploiement extravagant et la grisaille de leur vie quotidienne ne leur paraît nullement incongru. Quand je repense à notre enfance passée à Cooch Behar, il me semble que nous étions constamment occupés à nous préparer pour quelque fête spéciale. La plus belle était Diwali, la fête des lumières qui marque le nouvel an hindou. Le palais et la ville entière étaient décorés de milliers de petites lampes dont la lueur était réfléchie par les nombreux bassins et réservoirs. La fête la plus amusante était Holi, célébration exubérante du printemps, où l'on avait l'occasion de bombarder les adultes et d'autres enfants de poignées de poudre rouge.

La plus impressionnante de ces fêtes était peut-être Durgapuja, qui commémore la victoire qu'emporta Rama sur Ravana, le roi-démon de Lanka. Lors de cette période, la déesse Durga est vénérée et reçoit des offrandes de fleurs, de fruits et de nourriture. Comme la plupart des familles princières appartiennent à la caste des Kshatriya, celle des guerriers, Durgapuja revêt pour elles une particulière importance. Bhaiya présidait aux prières et aux cérémonies qui honoraient la guerre et ses attributs – les chevaux, les armes, les chars. Il existait toutefois un temple dédié à Durga dans l'ancienne capitale en ruines nommée Gosanimare, où aucun d'entre nous n'était autorisé de prier, ni même d'y pénétrer. Selon la légende, un de mes ancêtres offensa mortellement la déesse Durga. Il avait entendu dire que, pendant la nuit, elle prenait forme humaine et dansait secrètement dans le temple. Il s'y cacha un soir pour l'épier et assister à ce spectacle magique, mais elle s'en aperçut, bien entendu, et entra dans une grande colère. Pour le punir de sa témérité, elle le maudit ainsi que tous ses descendants, leur interdisant de ne jamais mettre le pied dans son temple et lui laissant un bracelet de cheville en argent à titre d'avertissement et de rappel.

Le durbar de la fête de Puniya était très cérémonieux, mais dans son style empreint d'une grande dignité, plus coloré encore que toutes les autres occasions spéciales. Il avait lieu généralement vers la fin du mois d'avril, lorsque la température commençait à se faire désagréablement chaude, et célébrait la collecte des revenus du Maharajah après la récolte du printemps. La société de Cooch Behar, comme celle de la plupart des États indiens, était organisée sur une base féodale et les terres se répartissaient soit en terres de la Couronne, ou *khalsa*, soit en fiefs concédés par elle, ces derniers étant parfois sous-loués une seconde, une troisième ou une quatrième fois. Les revenus des *khalsa* revenaient directement au Maharajah, tandis que les impôts levés sur toutes les autres terres étaient collectés séparément, mais les recettes des deux sources étaient perçues par des fonctionnaires qui faisaient leur tournée à dos d'éléphant, à partir des cinq chefs-lieux de district.

Une fois que la collecte de toutes les recettes était terminée, le revenu était formellement offert au Maharajah lors du durbar de Puniya. Dès le matin, l'air était saturé d'émotion, alors que chacun s'affairait pour le grand jour. J'adorais toute cette agitation, je me rappelle, avec les éléphants arrivant un par

Ma et nous les enfants à cheval à Ooty

Ma première voiture

un du *pilkhanna* dans les cours derrière le palais. C'est ici qu'ils s'asseyaient, le front et la trompe peints par leurs mahouts de motifs fantaisistes de différentes couleurs. On ouvrait alors les vastes resserres du palais, et on en sortait des étoffes pour revêtir les éléphants. On posait d'abord des étoffes unies sur le dos des grosses bêtes dociles, puis des brocarts ; ensuite, on les ornait de leurs bijoux, qui consistaient en bracelets d'or et d'argent et de plaques pour le front. Puis c'était le tour des mahouts de s'habiller pour l'occasion ; ils recevaient leurs cravaches d'or et d'argent, et fixaient les howdahs sculptés et peints et ornés d'argent sur le dos de leurs éléphants. Je me souviens encore aujourd'hui de mon émerveillement enfantin face à ce spectacle et aux barrissements saisissants des éléphants. Tout au long de ces préparatifs, nous, les enfants, tout excités, ne cessions de bavarder et de questionner les mahouts. Enfin, tout était prêt et la grande procession se mettait en route, nous laissant nous activer à notre tour pour être habillés et prêts pour leur retour.

Finalement, les éléphants, toujours convenablement ornés et habillés dans leurs harnachements de fête, revenaient au palais, portant les revenus de l'État contenus dans des pots d'argile vivement colorés. À une extrémité de la salle de durbar, Bhaiya était assis sur un trône d'argent surmonté d'un dais d'argent. Le ministre du Trésor était assis en tailleur, par terre devant lui. Le long des murs de la salle se tenaient les gardes du palais et les fonctionnaires de la cour, tous vêtus de leurs uniformes et portant leurs turbans de cérémonie à bandes d'or. Les éléphants portaient les pots des revenus jusqu'à la porte d'entrée de la salle et là, on déchargeait les pots et on les portait à l'intérieur de la salle de durbar pour les offrir à Bhaiya. Le ministre du Trésor accomplissait alors une cérémonie de prières sur les offrandes, et puis, à la fin du durbar, la procession d'éléphants emportait les revenus en une rangée majestueuse du palais jusqu'au bâtiment du Trésor. Mes soeurs et moi, parées de nos plus beaux bijoux et de nos saris de Bénarès en soie et or, assistions à la cérémonie avec notre mère et les autres dames du palais d'une galerie située au dessus de la salle.

Peu de temps après le durbar de Puniya chaque année, lorsque la température et la moiteur de l'air à Cooch Behar devenaient insupportables et inconfortables, nous partions passer l'été à la montagne. Le signal du départ était donné par l'arrivée de la mousson au mois de mai. Tout à coup, la pluie déferlait du ciel et se déversait sur la terre, projetant ses gouttelettes crépitantes et dansantes pendant deux ou trois heures d'affilée. Couchée dans mon lit, j'écoutais les différents sons de l'eau frappant la brique, l'étain ou l'ardoise, pendant que les servantes se précipitaient pour fermer toutes les fenêtres du palais et nous apporter des boissons chaudes. Puis, le lendemain matin, nous courions tous chez le régisseur pour lui demander le nombre de fenêtres fracassées au cours de la nuit. Dehors, les rivières se gonflaient de tourbillons d'eau boueuse, et il suffisait de quelques jours pour que toute la campagne se couvre d'un vert éclatant, presque irréel.

Avec les orages apparaissaient aussi les insectes et les serpents, qui se réfugiaient souvent dans le palais. On trouve à Cooch Behar pratiquement toutes les espèces de serpents et d'insectes connues en Inde, et ma grand-mère, Suniti Devi, catalogua plus d'une centaine d'espèces rien que pour les insectes ailés. D'énormes coléoptères, longs de plus de sept centimètres, dans leur étincelante armure noire, avançaient comme des chars d'assaut miniatures sur les tapis ou butaient contre les murs et les plafonds dans un cliquetis sinistre. D'autres, appelés « boules puantes », dégageaient une odeur nauséabonde lorsqu'on marchait dessus, tandis que de petits moucherons, blancs et imperceptibles, à l'allure guère impressionnante, ce qui était fort trompeur, provoquaient de grosses cloques si on les écrasait sur la peau nue d'une jambe ou d'un bras. Les scorpions et les insectes aquatiques envahissaient les salles de bains, et quant aux moustiques, ils étaient partout. Pendant la mousson, mon grand-père, lui, se réfugiait sous une immense moustiquaire grande comme une chambre, dotée d'un système ingénieux de double porte afin de se protéger des moustiques. Tout au long de la saison des pluies, tous ses repas lui étaient servis là-dedans. Quant à moi, j'adorais cette saison. Pour nous, les enfants, les dangers tels que serpents et scorpions rendaient bien plus intéressante notre vie quotidienne. Cependant, une fois la mousson installée, nous partions pour la montagne et ne rentrions à Cooch Behar qu'après l'automne, lorsque la pluie et la chaleur moite et étouffante de l'après-mousson étaient passées.

Pendant les premières années qui suivirent la mort de mon père, nous passions nos étés à Ootacamund, une station de montagne dans le sud de l'Inde où mes grands-parents de Baroda possédaient une maison. C'était à plus de mille cinq cent kilomètres de Cooch Behar, et il fallait plus d'une semaine de voyage pour s'y rendre, mais notre départ pour la montagne créait à chaque fois un tel bouleversement que la distance ne comptait plus tellement. Lors de nos voyages à Ootacamund, notre groupe comprenait un grand nombre de

Ci-dessus: *Ma flanquée par ses fils.*
Ci-contre : *Mes frères.*

personnes, ainsi que trente chevaux et des affaires qui remplissaient plusieurs camions de bagages.

La liste des gens, en général, était composée plus ou moins de la manière suivante : Ma et ses cinq enfants, une femme de chambre pour chacune des filles et un valet pour chacun des garçons, différents parents et personnes de compagnie, deux ADC et leurs familles, six maîtres d'hôtel, quatre *jamedars*, ou valets de pied, huit gardes, une gouvernante anglaise, deux précepteurs indiens, notre chauffeur anglais avec sa femme et sa fille, quatre chauffeurs indiens, deux couturières, un infirmier, un chef indien, un chef anglais, quatre marmitons, un aboyeur, le régisseur du foyer et son commis, un comptable et son commis, et trente palefreniers pour les chevaux. Il fallait au moins quatre camions pour transporter toutes les affaires personnelles dont nous avions besoin – les selles et les brides, les ustensiles de cuisine, le linge, la coutellerie et la verrerie – et une fois arrivés, il nous fallait au moins quatre jours avant d'être vraiment installés dans la nouvelle résidence.

Le voyage débutait par le trajet en train de nuit de Cooch Behar jusqu'à Calcutta. Ces jours-là, les compartiments de première classe étaient vastes et complètement indépendants, avec leur propre petite salle de bains et un compartiment séparé à une extrémité pour le domestique personnel du voyageur. Beaucoup de Maharajahs possédaient leurs propres trains officiels, avec leurs armoiries peintes sur la paroi extérieure. Ils étaient aménagés et meublés en fonction des goûts et préférences personnels de leur Maharajah et leurs propriétaires refusaient de voyager dans tout autre train. Par contre, nous empruntions toujours des transports publics.

De Cooch Behar jusqu'à Parbatipur, qui se trouve maintenant au Bangladesh, les chemins de fer roulaient sur une voie étroite, et il nous fallait changer de train au milieu de la nuit pour emprunter le train de Calcutta qui circulait sur une voie large. À moitié endormis, on nous portait à travers le quai en robe de chambre jusque dans nos nouveaux compartiments. Le lendemain matin, nous nous réveillions à Calcutta. Là, nous passions généralement deux nuits dans notre maison, « Woodlands », avant de continuer sur Madras, où nous restions quelques jours à l'hôtel Connemara. Encore une nuit de train nous amenait sur les contreforts des Nilgiris. La toute dernière étape consistait en un parcours de trois heures en voiture, en grimpant et zigzaguant dans les montagnes, qui s'élèvent à environ deux mille huit cents mètres au dessus du plateau brûlant. Et puis subitement nous étions arrivés, nous demandant, comme tous ceux qui arrivaient à Ootacamund, ou Ooty comme tout le monde l'appelait couramment, si ce paysage agréable et verdoyant se trouvait vraiment en Inde, ou si ce n'était pas un morceau d'Angleterre transporté tel quel avec ses petites maisons anglaises portant des noms tels que « Cedarhurst » ou « Glen View », agrémentées de pignons victoriens ou de fantasques petites tourelles en terre cuite, et possédant des jardins remplis de roses trémières, de campanules, d'orchidées, et des vergers plantés de pommiers et de poiriers anglais.

J'ai un souvenir d'Ooty, pour le moins sentimental. C'est là que mon futur mari, le Maharajah de Jaipur, nous rendit visite pour la première fois. J'avais cinq ans, et ne ressentais pas le moindre intérêt pour ce jeune garçon rondelet de treize ans qui avait écrit à Ma pour s'inviter à déjeuner, en ajoutant une requête pressante que l'on lui servît un menu indien et non anglais. Il se souciait beaucoup plus d'obtenir un repas correct et appétissant (ses précepteurs s'efforçaient de lui faire suivre un régime en lui servant de la nourriture simple anglaise) que des fillettes de la maison. (Ma reçut plus tard une lettre du tuteur du Maharajah, lui demandant de ne plus jamais servir de repas indien à ce dernier.)

En dépit du charme de la campagne autour d'Ooty et de la pureté inégalée de l'air de la montagne lors de nos promenades matinales à cheval, je préférais de loin Darjeeling, la villégiature dans l'Himalaya où nous commençâmes à passer l'été lorsque j'eus douze ou treize ans. Cette ville enchanteresse, perchée à plus de trois mille mètres d'altitude, se situait en dehors des frontières de l'État de Cooch Behar, mais pendant des siècles, elle avait été en grande partie la propriété personnelle des Maharajahs de Cooch Behar. Lorsque le gouvernement britannique de Calcutta avait commencé à s'y rendre pendant les mois d'été, mon grand-père lui avait fait don d'un terrain pour ériger le palais du gouvernement. Notre propre résidence à Darjeeling se nommait « Colinton » et avait été construite par lui au milieu du XIXe siècle. Située plus haut que l'ensemble de la ville, à l'extrémité d'une avenue de magnolias, et dotée d'un grand jardin qui se joignait, au nord, à la forêt, « Colinton » était magnifiquement située, et jouissait d'une vue superbe sur l'Himalaya.

C'était la campagne qui offrait les promenades les plus spectaculaires et merveilleuses ainsi que des sites enchanteurs pour les pique-niques. Parfois, très tôt le matin, nous allions jusqu'à Tiger Hill à cheval, un point de vue surplombant Darjeeling, afin de regarder le soleil se lever sur le Mont Everest. Parfois nous allions visiter des monastères bouddhistes ou des petits sanctuaires qui parsemaient toutes les collines de la région et qui étaient recouverts de minuscules drapeaux flottants. Une foule de Tibétains et de Bhoutanais, aux grands bonnets de fourrure et aux bottes brodées, emplissait toujours la place du marché au centre de Darjeeling, vendant des chapelets ou des fruits et des légumes aux passants.

J'adorais me promener à Darjeeling, regardant les autochtones et m'entretenant avec eux, bien que je fusse attristée par leur pauvreté et les vêtements misérablement déchirés et rapiécés que portaient leurs enfants. Une fois, je leur donnai un de nos coûteux lainages importés de chez *Fortnum and Mason*, de Londres, ravie de me débarrasser de ces vilains vêtements qui irritaient désagréablement la peau.

Mes souvenirs de Darjeeling sont pleins de petits drames familiaux qui se mêlent à l'impression nette de la liberté et de la joie de nos journées passées là-bas. Par exemple, une des rares pratiques religieuses que Ma exigeait voulait que Ila, Menaka et moi observions de manière systématique le Shiv Puja. Il consistait en prières et offrandes faites au dieu Shiva pour obtenir un bon mari, ce qui en soi ne posait pas de grandes difficultés. Mais cela impliquait également jeûner toute la journée les lundis, du lever du soleil au coucher du soleil, sans rien manger ni boire, ce qui était d'autant plus difficile que nous étions toujours censés faire du cheval, assister à nos cours et nous comporter en gros comme si c'était un jour comme les autres. Je me souviens clairement d'être entrée dans la salle à manger à « Colinton » un lundi et d'avoir vu la table mise pour le thé ; et là, présidait d'une manière alléchante les restes d'un magnifique gâteau au chocolat. La tentation fut trop forte pour moi, et j'en dérobai un morceau. Mais ce que j'ignorais, c'était qu'Indrajit m'avait suivie sans faire de bruit jusqu'à la salle à manger et avait assisté à toute la scène furtive sans faire le moindre geste pour m'arrêter. Il s'abstint de rapporter, mais pendant plusieurs jours, il put me faire faire tout ce qu'il voulait. Et personne dans la famille ne comprit pourquoi je lui obéissais ainsi au doigt et à l'oeil.

Cet incident était assez caractéristique d'Indrajit. Je me souviens que lorsque nous étions à Londres, nous recevions à domicile des bandes dessinées pour enfants, comme *Tiger, Tim* et *Puck*. Elles coûtaient alors deux pence chacune, et Indrajit, qui s'arrangeait toujours pour s'en emparer le premier, faisait payer à Menaka et moi un penny à chacune d'entre nous pour avoir le privilège de les lire. Il prétendait que dans cette affaire, nous y gagnions tous : Menaka et moi obtenions pour un penny des bandes dessinées qui valaient deux pence, pendant que lui-même faisait un bénéfice de deux pence. Nous étions incapables de trouver la moindre faille dans cette logique. Même Ma s'était fait avoir une fois par la tournure d'esprit astucieuse d'Indrajit. Ce dernier lui avait écrit de son école : « Vous serez contente d'apprendre que j'ai été second à l'examen de mathématiques. » Mais lorsqu'elle reçut son bulletin scolaire et avec celui-ci sa place dans la classe, Ma s'aperçut qu'il était en réalité l'avant-dernier. À ses reproches, Indrajit répondit allègrement : « Mais je n'avais pas dit à partir de quel bout de la liste j'étais second. »

À Darjeeling, nous menions tous une vie vigoureuse en plein air. Les routes, à cette époque-là, étaient jugées trop raides et dangereuses pour les voitures. De nos jours, bien sûr tout le monde voyage en Jeep, mais quand j'étais enfant, les déplacements en automobile étaient interdits, et nous nous déplacions à pied, à cheval ou en pousse-pousse. Toutes les familles princières qui y séjournaient en été possédaient leurs propres pousse-pousse officiels, avec leur enseigne peint sur les côtés. Trois ou quatre coolies les tiraient, tandis que deux ADC chevauchaient en avant-garde. Nous, les enfants, faisions chaque jour des kilomètres à cheval ou à pied. Lors de nos sorties au Gymkhana Club deux fois par semaine pour faire du patin à roulettes, par exemple, nous parcourions toujours dans les deux sens les sept kilomètres qui nous séparaient du club.

Au grand désespoir de Ma, je justifiais ma réputation de garçon manqué en passant le plus clair de mes journées à faire de l'escalade sur les collines sinistres, entraînant parfois Menaka ou un de mes cousins de Baroda malgré leur réticence. Mais j'avais plus de témérité que de talent. Bien souvent, il m'arrivait d'être coincée dans une position dont je ne parvenais à me tirer qu'après de longs efforts, rentrant à la maison trempée jusqu'aux os et les chaussettes pleines de sangsues. La seule ombre sur cette vie sportive et libre, quant à moi en tout cas, c'était que Ma exigeait que nous portions des casquettes solaires lorsque nous sortions à cheval. Je détestais mon casque colonial encombrant et en jetai même un dans la cascade de Darjeeling, mais l'approvisionnement de Ma en couvre-chef semblait malheureusement illimité.

En tant que famille, nous adorions tous les animaux, et avions réuni toute une ménagerie. Ma possédait un dalmatien irascible, Indrajit, un héron dont il ne se séparait jamais, à l'exaspération de tous, tandis que moi, je possédais toute une série de chiens ainsi que deux bébés panthères. Nous avions tous nos singes, et Ma possédait deux petits ouistitis. Ila, qui était admirablement douée avec les animaux, recueillait toutes sortes de bêtes blessées ou abandonnées. Elle avait une biche dont une patte était cassée ; alors que tous estimaient que la bête allait sûrement mourir, Ila insista qu'elle pouvait être sauvée et l'amena à la maison où elle la soigna jusqu'à sa guérison. Plus tard, lorsque Ila partit étudier à Paris, cette biche fut donnée au zoo de Calcutta, et à son retour, sa première visite, avant même d'aller à « Woodlands », fut au zoo. Elle avait été absente pendant deux ans et demi, mais la bête la reconnut aussitôt et vint jusqu'à à la barrière lui caresser la main de son museau. Une fois, lorsqu'un des chevaux de chasse anglais de Ma se blessa à la tête et fut considéré comme perdu, Ila refusa qu'on l'abatte et passa la nuit entière à l'écurie pour le calmer, ce que même les palefreniers n'avaient pas réussi à faire. À la surprise générale, le cheval était dès le lendemain matin sur la voie de guérison.

Outre nos séjours dans les stations de montagne, au fur et à mesure que nous grandissions, nous nous rendions souvent dans d'autres États princiers, principalement au palais de nos grands-parents à Baroda. Je me souviens également d'être allée à Bhopal, dans l'Inde centrale, où Bhaiya et Ila firent des parties de hockey et d'autres jeux avec les trois filles du *nawab*, et d'avoir une fois accompagné Ma à une chasse à la grouse impériale à Bikaner.

Mais ce sont les étés passés à Darjeeling qui se dessinent dans ma mémoire comme les moments les plus merveilleux, et toutes sortes de détails insignifiants, mais engageants, de notre vie là-bas me reviennent à l'esprit aujourd'hui. Lorsque je fus allée voir mon premier film parlant, par exemple, dont je ne saisis pas un seul mot à cause du martèlement de la pluie tombant sur le toit de zinc. Mes sorties au Gymkhana Club, dont mon grand-père avait été le premier président, patinant au son de l'orchestre avec nos amis, et je me souviens combien Indrajit était particulièrement doué, et qu'il était toujours élu pour valser avec le professeur, de comment Ila imitait malicieusement l'abominable hindi employé par nos visiteurs anglais pour parler à leurs domestiques. Je me souviens de comment Ma, comme d'habitude, était continuellement au milieu d'un important groupe d'invités. Je me souviens aussi d'avoir eu froid – ce qui n'arrivait nulle part ailleurs en Inde – et d'avoir fait toute une histoire parce qu'il fallait mettre une tunique de soie pour aller au cours de danse, ou parce qu'il fallait prendre des bains. À « Colinton », comme partout en Inde, il n'y avait pas de baignoires de type occidental. On s'asseyait sur un banc de bois, un grand récipient d'argent rempli d'eau placé devant nous. On devait se savonner et se rincer avant d'entrer dans la baignoire. Ma insistait que ce système était bien plus hygiénique que celui qui consiste à se laisser tremper dans une baignoire, mais à Darjeeling, il faisait en plus beaucoup plus frais.

Cela fait des années que je ne suis pas retournée à Ooty ou à Darjeeling, et je n'éprouve pas vraiment l'envie d'y retourner. J'imagine que ce sont aujourd'hui de petites villes plutôt déprimantes et ternes, maintenant que ni les gouvernements des États ni les familles princières ne se déplacent plus pour passer l'été à la montagne. Mais rien ne changera la splendeur de l'Himalaya, et rien n'effacera jamais de mon souvenir ces promenades à cheval à l'aube en compagnie de mes frères et soeurs, où nous allions regarder le soleil se lever sur les neiges éternelles.

CHAPITRE 6

L'Angleterre, le Continent, et Calcutta

Quand j'eus neuf ans, nous retournâmes en Angleterre pour la première fois depuis la mort de mon père. Ma s'inquiétait que si Bhaiya restait à Cooch Behar, il serait sûrement gâté. Même avant la mort de notre père, Bhaiya s'était montré conscient de sa position et aimait qu'on l'appelle Yuvraj, ou « prince héritier », ce qui amusait beaucoup nos parents. Après qu'il devint Maharajah à l'âge de sept ans, personne n'osait le contrarier, et il n'en faisait plus qu'à sa tête.

Il y avait un terrain de jeu dans le parc du palais où le public venait jouer au hockey, au cricket et au football avec les membres de notre famille. Bhaiya y jouait au cricket avec les garçons de la ville et Ma remarqua que lorsque c'était son tour de manier la batte et qu'il était de toute évidence hors jeu, aucun des joueurs ne le signalait à l'arbitre en criant de la manière habituelle « How's that ? » et l'arbitre restait muet.

Pour Ma, ce fut la goutte qui fit déborder le vase. Tant de déférence, pensait-elle, ne pouvait que lui gâter le caractère et il ne fallait pas qu'il restât à Cooch Behar. Mais elle était très indécise quant à ce qu'il convenait de faire, car notre père, qui avait étudié à Eton, lui avait dit qu'une éducation anglaise ne convenait guère à un Indien, et que, dans son propre cas, cette éducation l'avait rendu trop ignorant du pays qu'il devait gouverner. Il avait toujours dit qu'il souhaitait que ses fils soient éduqués en Inde.

Finalement, Ma consulta le vice-roi, Lord Irwin, dont les fils fréquentaient un lycée privé anglais nommé Saint Cyprian à Eastbourne. Les conseils qu'il lui donna durent faire impression sur elle, car peu de temps après, Bhaiya fut lui aussi inscrit dans cette école, et s'embarqua par bateau pour l'Angleterre, où nous le rejoignîmes bientôt, car Ma ne voulait pas briser la famille.

Ila fut envoyée à Ravenscroft, une autre pension à Eastbourne, Indrajit fréquenta l'école Gibbs à Londres, tandis que Menaka, moi-même et Bébé, la fille de Nawab Khursu Jung qui vivait avec nous la plupart du temps, fûmes inscrites dans un externat de Londres appelé Glendower. Le premier jour que nous y passâmes fut des plus alarmants. Nous nous sentions mal à l'aise dans nos nouveaux uniformes pourpres bien bizarres, et comme nous étions les premières élèves indiennes que cette école n'avait jamais connues, nous étions l'objet d'une grande curiosité. Ignorant totalement les manières des écoles anglaises, nous avions beaucoup de mal à suivre la routine et à comprendre ce qu'on attendait de nous. Je me creusais la tête pendant des semaines au sujet d'un mot mystérieux que chaque élève répétait le matin en guise de réponse au moment de l'appel, lorsqu'elle entendait son nom ; je finis par découvrir que c'était « présente, Miss Heath ». Mais, aussi maladroites que nous fussions dans tous les domaines, nous parvînmes à nous racheter en excellant aux jeux.

Bien plus intéressante que l'école était toutefois la vie en dehors de celle-ci. La vie sociale de Ma à Londres était extrêmement remplie. Nous avions une maison dans South Audley Street, et il nous arrivait souvent, au moment de partir pour l'école, de la croiser dans l'entrée, revenant d'une soirée. Pendant les vacances d'hiver, on louait une maison à Melton Mowbray, où Ma chassait avec les équipages de Quorn et de Cottesmore. Elle acheta un cheval de chasse au Prince de Galles, et raconta avec tristesse comment elle avait fait une chute en le montant à l'essai. À Pâques, nous allâmes chasser dans New Forest, mais il y faisait si froid et horrible que Ma annonça bientôt que c'était impossible, et que nous ferions mieux d'aller en France. Nous partîmes aussitôt par un avion affrété pour Le Touquet.

Ma était déterminée à faire de sorte que nous eussions tous un goût sans préjugés mais avisé, et la première chose qu'elle fit après que nous fûmes arrivés en France fut de nous persuader de goûter aux cuisses de grenouilles, en nous disant qu'il s'agissait de jeunes poulets. Théoriquement, notre vie au Touquet se concentrait sur la plage, accompagnée de beaucoup de saines activités de plein air, tandis que Ma se concentrait sur les tables de jeux, où elle apportait une note d'exotisme éblouissant. Une de ses amies, Mme Evelyn Walsh, de Philadelphie, la décrivit ainsi « le charme et la grâce personnifiés, une princesse des Mille et Une Nuits ». Elle me raconta dans une de ses lettres comment elle avait vu Ma pour la première fois, au casino du Touquet :

> *« La jeune Indienne la plus fabuleusement belle, tenant*
> *le plus long des fume-cigarettes, que je n'aie jamais*
> *aperçu auparavant, vêtue d'un sari de soie étincelant et*
> *couverte de perles, d'émeraudes et de rubis. Son visage*
> *était impassible, mais devant elle, une pile de jetons*

témoignait de ses succès ; et pour couronner le tout, elle avait une petite tortue vivante, dont la carapace était incrustée de trois bandes d'émeraudes, de diamants et de rubis et dont elle se servait de toute vraisemblance comme un talisman. De temps en temps, la petite bête s'éloignait en rampant à travers la table mais chaque fois elle la rattrapait. La foule des gens était totalement fascinée par elle ».

Comme d'habitude, la vie mondaine de Ma nous intriguait énormément – elle semblait tellement plus amusante que la nôtre. L'après-midi, elle expérimentait sur nous une de ses martingales qu'elle inventait pour gagner au chemin-de-fer ; et lorsqu'elle était partie au casino, nous continuions à jouer, en mangeant des chocolats, bien après l'heure à laquelle nous étions censés nous coucher. Même la femme de chambre de Ma suivait avec un intérêt avide sa chance au jeu. Elles avaient un code selon lequel, si la soirée avait été heureuse, Ma posait ses chaussures sens dessus dessous devant sa porte comme signe de son succès.

Hélas, la chance de Ma ne dura pas bien longtemps ; et cette vie charmante et surprenante prit fin bien trop vite. Un soir elle perdit une somme importante et conclut que nous ne pouvions plus rester au Touquet. Nous décollâmes par une de ces journées d'avril où le ciel est couvert et où le vent souffle par fortes rafales, que j'associerai toujours aux plages anglaises et à celles du nord de la France. Il semblait impossible que notre petit avion puisse décoller. Quand enfin il y parvint, nous fûmes secoués dans tous les sens pendant plusieurs heures d'incertitude effrayante avant d'atterrir finalement à Croydon. Même le pilote était ébranlé. Ma était la seule à être demeurée imperturbable et elle se montra même vaguement mécontente de notre retard.

Au début de l'année suivante, Menaka souffrit d'une espèce d'infection glandulaire dont les médecins craignaient qu'elle ne fût le signe avant-coureur de la tuberculose ; aussi fut-elle envoyée à un sanatorium à Leysin, en Suisse. Bébé et moi l'accompagnâmes et fûmes inscrites dans une école à proximité appelée *Les Noisetiers*, tandis qu'Ila et les garçons demeuraient dans leur école en Angleterre. Ma nous embarqua avec de nombreuses instructions, nous recommandant d'étudier assidûment, d'apprendre le français et d'être sages, et nous devions insister pour prendre un bain tous les jours. Et, surtout, nous ne devions pas laisser l'école nous servir du bœuf, qui est interdit à tous les Hindous.

En fait, les bains et le bœuf ne posèrent aucun problème ; mais il n'en fut pas de même pour nos camarades de classe. À l'époque, nous ne parlions que l'anglais et le bengali, et notre unique interprète était un petit rouquin irlandais plutôt dur. Notre premier jour à l'école, il me coinça contre un mur et, aux cris de « demande-lui ça » des autres enfants, il me soumit à un interrogatoire sévère. Étais-je vraiment une princesse indienne ? Si c'était bien le cas, pourquoi n'étais-je pas arrivée à dos d'éléphant ? Combien avais-je d'éléphants ? Combien de bijoux ? Et ainsi de suite. La seule chose qui les fit croire à mes réponses était le fait que l'on nous servit du poulet au déjeuner au lieu du ragoût de bœuf ; ils présumaient que c'était dû à notre statut royal.

Aussi amusants, exaspérants ou intéressants que fussent nos diverses expériences dans des écoles et des pays différents, je souhaitais vivement retourner en Inde. Ce n'était pas tellement que j'avais le mal du pays – celui-ci était toujours là où se trouvait Ma – mais je sentais d'une manière quelque peu amorphe que ma « vraie » vie était en Inde, et qu'après cet interlude européen elle ne reprendrait son cours que lorsque j'y retournerais.

À ma grande joie, l'année suivante, alors que j'avais onze ans, Ma décida de me ramener en Inde. Elle souhaitait y rentrer elle-même à temps pour assister à un *keddah*, une battue d'éléphants, qui devait avoir lieu à Mysore ; aussi prit-elle l'avion, me laissant voyager en bateau sous la responsabilité de ma grand-mère de Baroda, qui passait ses vacances en Europe à ce moment-là. À cette époque, prendre l'avion, était le fait des aventureux uniquement, pour ne pas dire des imprudents, et Ma s'embarqua sans avoir rien dit à sa mère, laissant le soin à un ADC de faire part de la nouvelle à cette dernière une fois qu'elle aurait décollé. Ma grand-mère fut bien entendu horrifiée lorsqu'elle entendit ces propos et les larmes aux yeux, elle accusa le pauvre ADC de Cooch Behar de ne pas s'être occupé de Ma comme il fallait. Le lendemain matin, la une de tous les journaux anglais annonçaient la nouvelle que l'avion de Ma s'était écrasé dans la mer quelque part au nord de la Libye. Tous les passagers avaient dû sortir de l'avion et se hisser sur le fuselage en attendant les secours. Cette aventure ne sembla pas avoir modifié de manière perceptible l'attitude de Ma envers les transports aériens.

Mon propre voyage de retour aurait pu sembler bien plus sage à certains, car j'étais sur un bateau, dûment chaperonnée par ma grand-mère de

Ci-dessus : Nous, les trois soeurs.
Ci-contre Haut de page : Ma lors d'une «tea party» à Calcutta.
Ci-contre Bas de page : Bhaiya et son équipe de cricket à Calcutta.

Ci-dessus : *Mes grands-parents de Baroda, ma mère, mon frère et mes soeurs après une audience avec le Pape au Vatican, (les années 1930).*
Ci-contre Haut de page : *Ma arrivant à Londres, (les années 1920).*
Ci-contre Bas de page : *Avec Ma à Venise, (les années 1930).*

Baroda, mais pour moi, il représentait le goût de la liberté la plus effrénée que je n'eusse jamais connue. Jusqu'alors je m'étais toujours trouvée soit à l'école, soit sous la surveillance d'une gouvernante chargée de veiller à la correction de ma tenue vestimentaire, à ce que je mange mes repas, et ainsi de suite. Mais là, à bord, je disposais d'une cabine de première classe avec une salle de bains pour moi toute seule, je circulai partout sans être surveillée, et dépensai mon argent de poche en citronnades pour les autres enfants. La seule personne qui s'occupât de moi quelque peu était le vieux valet fidèle de Bhaiya, Ijahar, qui rentrait lui aussi en Inde pour y passer ses vacances.

Une fois que nous fûmes arrivés à Bombay, les restrictions qui me furent de nouveau imposées me semblèrent presque insupportables, mais nous partîmes bientôt pour Calcutta. Ce fut au cours de cet hiver-là que je commençai à réellement apprécier notre demeure là-bas et la vie qu'elle nous offrait. « Woodlands » était véritablement la « troisième » résidence de Calcutta, surclassée en matière de statut seulement par le « Belvédère » comme se nommait la demeure du vice-roi, et l'hôtel du gouvernement. C'était une vaste construction de stuc blanc, érigée par les colonisateurs britanniques dans le style classique de la Compagnie des Indes orientales, comportant des colonnes de style ionique flanquant les profondes vérandas qui entouraient la maison, des fenêtres à guillotine bien aérées, et des pièces gracieuses aux proportions harmonieuses. Les fils du sultan Tipu, ce souverain de Mysore qui se révolta contre les Anglais et fut tué en 1799, y furent un temps emprisonnés, et l'on disait qu'ils hantaient encore les appartements. Un été, on entendait continuellement des bruits bizarres, la nuit, venant du toit, et lorsque personne dans la famille ni le personnel ne pouvait trouver la moindre explication à ces bruits, Ma convoqua un exorciste. Un petit bonhomme tout à fait inattendu se présenta, coiffé d'un topi, et s'affaira avec efficacité. Quelle que fût la nature de sa recette de contre-magie, elle réussit et nous n'entendîmes plus les fantômes.

Mon grand-père de Cooch Behar avait acheté « Woodlands » aux Anglais une centaine d'années après l'époque du sultan Tipu, et l'avait transformé aussitôt en un des pôles de la vie mondaine de Calcutta, tradition que Ma, bien entendu, perpétua avec brio. « Woodlands » se trouvait dans un quartier résidentiel de Calcutta, situé dans un parc si vaste qu'aucune autre construction n'était visible de la maison. Dès qu'on était entré par la grande grille de fer arborant l'écusson de Cooch Behar, et qu'on empruntait la longue

Mon grand-père de Baroda, ma mère et mes frères.

allée de gravier rouge, on était entouré de grands arbres étalés et de bosquets d'arbustes et de buissons d'ornement. Il y avait également des plates-bandes méticuleusement entretenues, ornées de toutes les espèces de fleurs tropicales : jasmin, frangipane, roses, poinsettias, et *bakus*, des fleurs blanches en forme d'étoile, au parfum très pénétrant. Dans le parc se trouvaient également un terrain de cricket, une piste cavalière et deux courts de tennis.

Derrière le bâtiment principal se trouvaient les quartiers du personnel et les écuries. Nous gardions environ six poneys pour les enfants, trois ou quatre chevaux pour Ma, et une douzaine d'autres montures pour les hôtes éventuels et les ADC. Dans les garages, M. Davidson, notre chauffeur anglais, régnait sur une collection de voitures allant de la dernière berline de Ma jusqu'à d'anciennes voitures de sport qui avaient appartenu à mon père. M. Davidson avait la réputation d'avoir été le premier à avoir conduit une automobile à Calcutta, et je passais des moments passionnants à parler avec lui, au garage. Sa fille était une de mes grandes amies ; par ailleurs, la maison de M. Davidson était le point de rassemblement des jockeys, ses conseils portant sur les chevaux à la saison des courses étaient donc excellents et bien fondés. Je devins par conséquent une fournisseuse bien avisée de tuyaux de course de M. Davidson auprès des invités de Ma. Le premier à suivre mes conseils à ce sujet fut Lord Rattendon, le fils du vice-roi, qui s'excusa un jour de manquer le déjeuner, expliquant à Ma qu'il allait placer un pari sur un cheval nommé Royal Air Force, dont j'avais assuré qu'il remporterait la coupe du vice-roi cet après-midi-là. Ma protesta que je ne pouvais strictement rien savoir sur le sujet, mais Lord Rattendon suivit quand même mon conseil, ce qui fut bien judicieux de sa part car cet après-midi-là Royal Air Force gagna bel et bien la course, ce qui fit grande impression sur Ma.

À l'intérieur de la maison, elle avait donné libre cours à son imagination, et avait décoré chaque pièce dans un style différent. Celui du salon s'inspirait d'un très beau paravent chinois en bois incrusté de jade et de quartz rose alors que les autres pièces étaient meublées dans le style français, anglais ou italien. Sa propre chambre était la plus orientale de toutes les pièces de la maison, remplie de divans et de tapis persans, et dominée par un fabuleux lit d'ivoire sculpté, avec d'énormes défenses d'éléphants qui dépassaient dangereusement aux pieds. Ce lit se trouve aujourd'hui dans le musée de la famille à Baroda. Mais le centre de la vie sociale à « Woodlands » était la large véranda donnant sur la pelouse où Ma aimait réunir ses hôtes et sa famille autour d'elle. Je crois bien que ce fut le premier endroit à Calcutta qui eût été meublé dans le style nouveau des années 30. À l'époque, on le considérait très avant-garde et insolite, avec ses tables modernes à dessus de verre, et tout son mobilier d'aspect carré et trapu (quoique très confortable). Nous en étions très fiers. Chose curieuse, d'ailleurs, ce décor s'harmonisait parfaitement avec le salon classique contigu.

« Woodlands » débordait toujours de monde. Lorsque nous étions en Inde, nous y passions la saison de Noël, période particulièrement importante, car c'était celle où le vice-roi avait l'habitude de venir de Delhi pour une quinzaine de jours. Comme en général il n'y avait pas assez de place dans la maison pour tous nos invités, certains étaient logés dans des tentes qu'on montait dans le jardin. Dans mon enfance, Lord Willingdon était le vice-roi, et il y avait un va-et-vient incessant entre le « Belvédère » et « Woodlands » lorsqu'il était là. Un de mes souvenirs les plus embarrassants concerne une garden-party à « Woodlands », tenue sous une immense tente dressée sur la pelouse, lors de laquelle Menaka et moi devions danser devant Lady Willingdon. Le simple fait d'avoir à danser était déjà en soi une idée qui nous était pénible, mais, pire encore, nous devions lui offrir des fleurs à l'issue de notre représentation. Sa préférence pour la couleur mauve était connue de tous, mais par suite d'une confusion, les domestiques me remirent un bouquet de roses rouges pour le lui offrir, tandis que Menaka reçut les pois de senteur mauve destinés à l'épouse du gouverneur. Je n'oublierai jamais l'angoisse et mon embarras lorsque j'entendis, au-dessus de moi, la voix de Lady Willingdon, qui me disait d'un ton ferme : « Non, ma chérie, je ne pense pas que celles-ci soient pour moi ».

Théoriquement, recevoir les vice-rois exigeait la perfection, mais dans la pratique, les tentatives d'atteindre un tel objectif aussi inaccessible aboutissaient au désastre, et à « Woodlands », il semblait y avoir toujours quelque petit incident. Le plus inexplicable, et le plus contrariant pour Ma concernait le menu d'un dîner important. Après qu'elle eut passé des jours à le mettre au point, le menu fut enfin imprimé en français, sur de beaux cartons arborant sur la partie supérieure l'écusson de Cooch Behar. Mais le soir du dîner, le chef russe de Ma, qui avait été lieutenant dans l'armée du tsar, servit un dîner somptueux dont pas un plat ne correspondait à ceux du menu tel qu'il avait été imprimé. Je pense que Ma fut la seule à le regretter, mais elle en fut sans conteste très contrariée.

Parmi les nombreux hôtes de « Woodlands », certains m'ont laissé un vif souvenir, comme le Maharajah du Cachemire, qui venait toujours chez nous pour les courses et y logeait parfois ses chevaux ; le prince Aly Khan, qui, comme les autres amis musulmans de Ma, était intrigué par mon prénom musulman ; et le très séduisant Douglas Fairbanks Sr., le célèbre acteur de films de cape et d'épée. Je me rappelle qu'il était attendu à « Woodlands » en début de soirée, et depuis deux jours je vivais dans un état d'agitation silencieuse dû à ma crainte qu'il n'arrive en retard et qu'on ne m'envoie au lit avant qu'il ne fût arrivé. Lorsque arriva enfin le soir attendu, cette sombre perspective semblait de plus en plus vraisemblable à mesure que les minutes passaient, mais par bonheur on m'accorda un sursis. Il s'avéra qu'il avait été intercepté par des « fans » au pont de Howrah, qui était alors le seul pont sur la rivière Hooghly qui traverse Calcutta. Lorsqu'il arriva enfin à « Woodlands », ses boutons avaient tous été arrachés comme souvenirs. Je le rencontrai bien, et il était infiniment charmant. Il nous donna à chacun une photo de lui-même dédicacée. Sur la mienne, il avait écrit : « Rappelez-vous du 23 mai », et je pouvais à peine croire à cette merveilleuse coïncidence qui voulait que nos anniversaires fussent à la même date. J'ai toujours cette photographie. Plus tard, il vint à Cooch Behar pour participer à une chasse, et j'eus un coup de chance encore plus inattendu. Je saignais du nez, et Douglas Fairbanks s'occupa de moi et me glissa une clef dans le dos pour arrêter le saignement.

Mais aux yeux des jeunes membres de ma famille, le visiteur le plus prestigieux de tous fut le Maharajah de Jaipur, qui vint séjourner chez nous pendant les vacances de Noël de l'an 1931, alors que j'avais douze ans.

CHAPITRE 7

Le Maharajah de Jaipur

Une semaine avant l'arrivée du Maharajah de Jaipur pour la saison de polo à Calcutta, Ma annonça que Menaka et moi devrions lui céder nos chambres car « Woodlands » était comme d'habitude rempli de monde. Cet inconvénient nous semblait insignifiant par rapport à la perspective d'une visite d'un pareil héros.

Une écrivaine anglaise, Rosita Forbes, le décrivant à peu près à la même époque, a écrit :

> *« En raison de sa prestance et de son charme, de sa fortune et de ses performances de cavalier, ce jeune homme extrêmement beau, célèbre sur trois continents pour ses prouesses sportives, occupe dans l'imaginaire du grand public indien une place comparable à celle qu'occupait le Prince de Galles dans l'esprit de la classe ouvrière (en Angleterre). Je ne vois aucune autre manière pour expliquer l'universelle popularité, conjuguée à une curiosité impatiente à l'égard de ce qu'il pourrait faire ensuite, qui entoure ce jeune roi, le plus renommé des souverains de l'Inde. »*

Nous étions bien naturellement enviés par tous nos amis et l'excitation fut à son comble lorsque soixante de ses superbes poneys de polo, avec leurs palefreniers portant des flamboyants turbans rajputs, arrivèrent de Jaipur. Et enfin, il arriva lui-même tard un après-midi, plein d'allant, au volant de sa Rolls-Royce verte.

Jai comme l'appelaient ses amis, devait avoir vingt et un ans à l'époque, et venait de terminer sa formation à l'Académie militaire de Woolwich, en Angleterre. Il était très mince et beau, et impeccablement vêtu, quoique d'habitude décontracté et informel. Ses ADC, au contraire, étaient toujours vêtus de manière formelle, et ses palefreniers portaient l'uniforme de l'État accompagné de turbans orange vif. Tout le monde à Calcutta le trouvait charmant et décontracté, et cependant il émanait de lui un air de confiance gracieux qui en imposait. Il riait et plaisantait avec tous, de sa voix basse au débit traînant, et il était très dragueur, ce qui le rendait d'autant plus séduisant. C'était son humour, auquel il ajoutait de la sympathie qui m'attirait vers lui d'une manière extrêmement puissante. Néanmoins pendant toute mon enfance, je me référais toujours à lui en employant son titre de Maharajah de Jaipur, et je m'adressai à lui en disant « Votre Altesse », alors que mes frères l'appelaient Jai Dada (frère Jai).

À mes yeux de sportive, son charme tout particulier découlait du fait qu'il était le premier joueur de polo de l'Inde. Il avait mis sur pied l'équipe de Jaipur peu après son retour de Woolwich, avec le célèbre joueur de polo, Rao Raja Hanut Singh, son frère Rao Raja Abhey Singh, et Prithi Singh de Baria. Ils amorçaient tout juste l'étincelante carrière qui allait rendre leur équipe célèbre mondialement. De 1933 à 1939, l'équipe allait gagner la coupe du Championnat de l'Association indienne de Polo tous les ans, sans interruption, et en 1933, lorsque Jai mena ses joueurs en Angleterre, ils gagnèrent tous les tournois auxquels ils participèrent, et le handicap personnel de Jai était monté à neuf.

Le polo occupait en Inde une place comparable à celle du football en Angleterre et aux États-Unis à l'heure actuelle. Aussi Jai fut-il un héros très populaire tout au long des années trente. Chaque fois qu'il se rendait à un match, il fallait que la police fraye un chemin à sa voiture à travers la foule, et lorsque l'équipe de Jaipur gagnait, ses admirateurs envahissaient par milliers le terrain de polo pour lui effleurer les pieds en signe d'hommage. De nombreux membres de la communauté des affaires de Calcutta venaient du Rajputana (aujourd'hui Rajasthan) et, toute fidélité locale mise à part, considéraient les gros paris qu'ils faisaient sur l'équipe de Jaipur comme un investissement sûr et rentable.

Quant à moi, depuis le moment, en 1931, où Jai séjourna pour la première fois avec nous à Calcutta, je m'étais mise à rêvasser – à l'envers du classique conte de fées – que, d'une manière quelconque, je serais miraculeusement transformée de princesse en palefrenier, pour pouvoir tenir la bride de son cheval et lui tendre sa cravache, et, par inadvertance, il pourrait finir par m'effleurer la main. Dès le début, il prêta beaucoup plus d'attention à Menaka et à moi-même que ne le faisaient la plupart des hôtes de « Woodlands ». Dans le monde de Ma, nous n'avions généralement qu'une place de spectatrices, nous n'étions pas confinées à la garderie, mais on ne nous encourageait pas pour autant à nous mêler aux conversations ni à embêter les gens. Mais Jai, lui, ne nous traitait pas comme des enfants ne présentant aucun intérêt pour les adultes.

Les après-midi où il ne se trouvait pas au terrain de polo, il venait jouer au tennis avec nous, choisissant un ADC ou quelque autre membre de son entourage pour que nous fassions un double. Je ne m'aperçus pas qu'il s'efforçait à jouer un jeu qui soit suffisamment facile pour que Menaka et moi puissions y jouer jusqu'au jour où il défia Ma de faire un set. Ma jouait assez bien à cette époque-là, et je la rassurai à propos du match : « Tu gagneras facilement, Ma. Il n'est pas très fort. »

Ma dit, « Tu es sûre ? Il est pourtant jeune et très sportif. »

« Oh, repris-je d'un ton léger, il est peut-être merveilleux au polo et à cheval, mais au tennis il n'est pas terrible. »

Contre Ma, Jai joua son jeu normal, et la battit à plate couture. Elle ne gagna pas un seul jeu. Ma était furieuse contre moi. Elle dit, « Mais comment as-tu pu me dire qu'il ne jouait pas bien ? Tu ne t'es donc pas aperçue qu'en jouant avec vous il ne donnait pas sa mesure ? »

Un peu plus tard, Jai pensa sans doute qu'il n'avait aucune raison de me laisser gagner chaque fois. Menaka, Baby et moi avions fondé un club, « le Club du défi », dont la règle était de nous mettre au défi d'accomplir des choses dangereuses, comme par exemple de grimper sur le toit. Nous avions fondé ce club dans la salle de billard, et je m'étais mis de la craie bleue sur le bout du nez pour indiquer que j'en étais la présidente. Lorsque Jai m'aperçut, il me demanda ce que je faisais donc avec du bleu sur le nez. Je lui parlai du club du défi et aussitôt il me défia à une course à bicyclette. Il me battit sans difficulté – pourtant je me considérais plutôt comme une coureuse rapide et téméraire. Ramenée ainsi à plus de modestie, je vis bien qu'aussi gentil qu'il se montrât à mon égard, j'appartenais toujours au groupe des enfants, et que Jai était bien en dehors de mon orbite.

L'année suivante, il revint à Calcutta pour la saison d'hiver et gagna de nouveau le championnat de l'association indienne de polo. Au milieu de toutes les félicitations enthousiastes qui l'entouraient, Ma lui dit sans réfléchir qu'il pouvait avoir « tout ce qu'il voulait ». Étonnée et éblouie, je l'entendis répondre aussitôt qu'il souhaitait que je vienne au dîner pour célébrer la victoire de son équipe chez Firpo, le restaurant le plus en vogue de Calcutta.

Surprise plus grande encore, Ma donna son accord. On me trouva un sari – je portais encore le pyjama et la tunique habituels des enfants de notre région en Inde – mais il fut plus difficile de me trouver des pantoufles de soirée. La femme de chambre de Ma et moi dûmes faire le tour du Nouveau Marché pendant des heures avant d'en dénicher à la bonne pointure.

Chez Firpo, Jai insista pour que je m'assisse à côté de lui et me pria de choisir mon autre voisin de table. Je désignai un de ses ADC qui n'avait que dix-sept ans, qui bavardait souvent avec nous, et participait à nos jeux, de sorte qu'il m'intimidait moins que les élégants partenaires du polo de Jai. On nous servit des perdreaux, que je ne savais pas découper, et Jai vint à mon aide. Puis, après le dîner, le chauffeur me reconduisit à la maison, encore éblouie et doutant de ce qui venait de m'arriver.

Peu de temps après cette soirée extraordinaire, Ma fit une autre concession inouïe. Jai souffrait alors d'un épanchement de synovie et ne pouvait sortir. Un soir, il demanda à Ma si Menaka et moi pourrions dîner avec lui alors que les autres sortaient dîner. Elle accepta. Nous étions en train de nous amuser prodigieusement quand, à 9 heures pile, notre gouvernante vint nous chercher pour nous conduire au lit. Jai dut voir notre déception, car il la persuada habilement de nous laisser rester un peu plus longtemps, en prétendant – ce qui était complètement faux – que Ma nous avait donné la permission de nous coucher tard. Il gagna encore plus d'estime à notre regard lorsqu'il jeta un morceau de toast dans le dos de la gouvernante qui quittait la pièce, puis nous proposa de goûter du champagne dans son verre afin de boire au succès de l'équipe de Jaipur. Je répondis d'un air guindé que je ne buvais jamais dans le verre d'autrui, et, à la fureur contenue de Menaka, il me proposa alors un verre pour moi toute seule.

Nous étions fascinées par tout ce qui concernait Jai, et peu à peu nous en vînmes à connaître un peu sa vie. Jai n'était pas né Maharajah, mais était le second fils d'un noble de Jaipur apparenté à la famille royale. Alors qu'il avait deux ans, racontait-on, la mère de Jai le regarda jouer un jour, les larmes aux yeux. On lui demanda pourquoi elle pleurait et elle répondit qu'elle avait eu une prémonition qui l'avertissait que son fils lui serait enlevé, car il était destiné à de plus grandes choses.

Il s'avéra que le Maharajah de Jaipur de l'époque, Sawai Madho Singh II, n'avait pas d'héritier, et en vieillissant, il pensa que le temps était venu de choisir son successeur. Il convia Jai et son frère aîné, les fils de son cousin, le Thakur d'Isarda, à venir à la ville de Jaipur rendre hommage au souverain. Il leur donna audience au City Palace, et chacun des deux garçons lui tendit dans ses mains jointes, conformément aux pratiques formelles, une pièce d'or que le souverain accepterait en signe de reconnaissance de leur allégeance. La légende de Jaipur raconte que, tandis que son frère restait debout à attendre, comme il convenait, Jai, qui n'avait que dix ans, s'impatienta de la lenteur du Maharajah à accepter le tribut ; il laissa tomber ses bras et empocha la pièce d'or. Cet acte de la part de Jai fit une si grande impression sur le Maharajah, qui vit là un signe de l'indépendance et du caractère qui seyaient à un prince, qu'il décida d'adopter le plus jeune des deux frères.

Quatre mois après cette visite fatidique à la capitale, Jai fut réveillé en pleine nuit, et on lui dit tout simplement qu'on l'emmenait faire un voyage. Tout cela était très mystérieux, et le pauvre enfant était tout abasourdi et malheureux. Ce n'est qu'à son arrivée à Jaipur qu'il découvrit que le Maharajah allait l'adopter comme héritier et qu'il deviendrait alors le Maharajah Kumar, ou héritier apparent, de Jaipur. Tout cela n'avait pas grand sens pour un petit garçon qui avait été subitement séparé de sa famille, de ses amis et de ses compagnons, et remis à la garde de la première épouse du Maharajah dans le vaste City Palace à Jaipur. On lui expliqua que de grandes précautions s'imposaient car une autre famille prétendait à la succession au trône, mais cela n'atténua en rien son mal du pays. Si grande était la crainte qu'une quelconque personne puisse essayer de lui nuire qu'on lui permettait rarement de franchir les grilles du palais.

Il réclamait souvent que sa propre famille soit autorisée à lui rendre visite, et celle-ci venait le voir, mais ces réunions le rendaient mal à l'aise. On introduisait sa famille dans une pièce où Jai était assis. Bien sûr, il se levait pour embrasser sa mère et saluer ses frères et soeurs. Puis tout le monde s'asseyait et l'atmosphère devenait cérémonieuse. La différence était grande entre cette réception semi-officielle, dans un salon, et une vraie réunion de famille, avec les enfants jouant autour de leurs parents. Il n'était toujours qu'un enfant, après tout, et la légère déférence que devaient lui manifester les membres de sa famille en tant qu'héritier apparent du Maharajah, le mettait mal à l'aise. Ses soeurs restaient tranquillement assises, d'une retenue inaccoutumée. Il n'y avait plus de bavardages familiers ni de plaisanteries car les dames de la zénana étaient présentes et parfois des Maharanis, et rien de tout cela n'incitait aux échanges libres et simples avec sa famille qu'il désirait ardemment, aux espiègleries exubérantes dont ses cousins et lui avaient l'habitude, aux jeux, à la pratique du polo sur des poneys imaginaires, à son expérience générale d'une vie de famille simple et heureuse. La cour de Jaipur était régie par un cérémonial si rigoureux que toute réunion de cette nature était impossible. Des années plus tard, il me raconta que ces années-là furent les plus malheureuses de sa vie, bien qu'il fût très gâté par les dames de la zénana qui lui donnaient bien trop de bonbons et qui le choyaient, s'occupaient de lui et s'efforçaient d'être aimables avec lui. Mais pour un jeune garçon sportif et espiègle, c'était bien naturellement une vie solitaire et désagréable, et il devenait de plus en plus gros et de plus en plus malheureux.

Un mois après son arrivée à la zénana eut lieu son adoption officielle et cette occasion lors de laquelle Kumar Mor Mukut Singh d'Isarda devint Maharajah Kumar Man Singh de Jaipur donna lieu à de grandes jubilations partout dans l'État. Pendant les mois qui suivirent, les mesures de sécurité furent peu à peu relâchées, et il put participer à des chasses et à d'autres sorties ; il entreprit également ses autres devoirs princiers et assista aux cérémonies officielles d'État, et parfois remplaça même le Maharajah.

En 1922, un an après que l'on eut amené Jai au City Palace, le Maharajah tomba malade. Homme courageux et réaliste, et sachant sa mort proche, il prit toutes les dispositions nécessaires pour le gouvernement de l'État pendant la longue minorité de Jai qui allait suivre. Le règne du Maharajah Sawai Madho Singh prit fin le 7 septembre 1922. Il avait régné depuis le début du siècle, avait acquis une popularité très large et avait beaucoup fait pour la modernisation de l'État de Jaipur. Il était resté toutefois un strict observateur de toutes les coutumes et croyances hindoues traditionnelles. Peu après son accession au trône, il avait été convié au couronnement du roi Edouard VII à Londres. Pour lui, c'était un problème épineux, car tout en ne voulant pas offenser le roi-empereur, il croyait à l'ancienne croyance hindoue selon laquelle un voyage à travers les mers risquait de le polluer au regard des dieux – ainsi qu'à celui de ses propres sujets.

Après des consultations avec des pandits, on parvint à trouver un compromis acceptable. Le Maharajah se rendit effectivement en Angleterre et assista au couronnement dans l'abbaye de Westminster, mais on dut prendre auparavant les précautions les plus minutieuses. Avant qu'il embarquât à Bombay, des offrandes d'or, d'argent et de soie furent jetées dans l'eau du port pour se concilier la mer. Le navire était lui-même un paquebot tout neuf spécialement

Ci-dessus : Jai avec son premier tigre, (les années 1910).
Ci-dessous : Jai à l'âge de dix ans.

affrété de chez P.&O., dont les aménagements avaient été modifiés de manière à répondre à ses besoins. Ces modifications comprenaient également une pièce conçue pour le culte de la divinité qu'il révérait. On chargea le navire de nourritures spécialement préparées et cuites selon les prescriptions de la religion, et l'on porta à bord de l'eau du Gange dans d'immenses jarres d'argent fabriquées spécialement pour cette occasion, et plus hautes qu'un homme. Le Maharajah et sa suite restèrent en Angleterre pendant six mois, et occupèrent trois maisons à Kensington. Pendant tout ce temps, de l'eau du Gange leur fut régulièrement expédiée depuis l'Inde. Les grands récipients d'eau en argent se trouvent aujourd'hui encore au City Palace.

Cinq jours après le décès de son père adoptif, Jai monta sur le trône de Jaipur. Les Anglais consultèrent les ministres du Maharajah défunt ainsi que les nobles de l'État de Jaipur, et établirent à la suite de ces consultations un conseil de minorité pour gouverner l'État jusqu'à ce que Jai devînt majeur. Le résident britannique, qui devint un des tuteurs, prit toutes les dispositions nécessaires pour que Jai emménageât dès que possible à Rambagh, un palais situé hors des murs de la ville. Une école y fut ouverte, et les fils de la noblesse de Jaipur, ainsi que le propre frère de Jai, Bahadur Singh, y vinrent partager les leçons avec lui. Sa vie commençait à suivre un tour plus agréable.

Les deux frères furent ensuite envoyés au collège Mayo, à Ajmer, une école fondée par le vice-roi, Lord Mayo, à l'intention des fils de familles nobles. Il avait toujours souhaité que les « fils de l'aristocratie indienne » puissent bénéficier d'un « Eton en Inde ». Mais il n'était guère facile de transplanter la conception d'un pensionnat anglais en Inde, et pour les premiers maîtres, la tâche fut sans doute ardue. À cette époque-là, chaque élève était officiellement autorisé à n'amener que trois valets personnels avec lui, à l'exclusion des palefreniers. Mais dès le début, cette règle ne fut généralement pas respectée et nombre d'élèves vivaient dans des maisons particulières avec une suite de domestiques, et possédant des écuries de plusieurs douzaines de chevaux. On était bien loin des conditions de vie rigoureuses des dortoirs communs des écoles anglaises.

Un autre problème perpétuel qui irritait les enseignants du collège Mayo était de réussir à faire retourner les élèves à l'école à l'issue des vacances, car dans de nombreux cas, les garçons s'absentaient pendant une année scolaire entière. Mais si les autorités s'étaient au cours des premières années de l'histoire de l'école trouvées dans l'incapacité d'exercer la discipline souhaitable dans un internat calqué sur le modèle anglais, les choses avaient

J'ai âgé de vingt et un ans.

bien changé lorsque Jai commença à le fréquenter. Les parades matinales et le sport étaient obligatoires. Il fallait obligatoirement porter le turban dans toutes les classes, et les *achkans*, les longues jaquettes indiennes, habit formel des hommes, devaient être boutonnées jusqu'au cou, sauf pendant la semaine des examens. Néanmoins, comme c'était le cas pour tous les Maharajahs et leurs héritiers, Jai était autorisée à vivre dans une maison à part, avec un personnel composé de plusieurs domestiques, et ses tuteurs indiens et anglais. Le collège Mayo s'était acquis une réputation dans le domaine du sport et ce fut là que Jai commença tout d'abord à jouer véritablement au polo. Son tuteur indien, Donkal Singh, était un des meilleurs joueurs de l'Inde, de sorte que Jai eut la chance de bénéficier dès le début d'un entraînement de première classe.

Avant sa mort, le Maharajah Sawai Madho Singh avait arrangé deux mariages pour Jai, tous les deux aux princesses de la maison de l'État rajput voisin de Jodhpur. Le Rajputana n'était pas bien différent de l'Écosse, avec ses clans, et le souverain de Jaipur était le chef du clan Kachwa des Rajput. Les fiançailles de Jai avec les princesses du Jodhpur étaient donc, dynastiquement parlant, tout à fait appropriées.

Peu après que Jai commença à suivre ses études au Collège Mayo, il fut marié à sa première femme. C'était en 1923 et il avait douze ans. Sa fiancée était la soeur du Maharajah de Jodhpur, et elle était bien plus âgée que lui, mais il n'y avait pas eu jusque-là un Rajput d'un rang suffisamment élevé pour qu'elle se marie avec lui, de sorte que cette alliance avait été décidée avec la Maison royale de Jaipur. Jai et sa suite s'étaient rendus au grand fort de Jodhpur pour le mariage, une manifestation éclatante à l'occasion de laquelle tous les nobles parurent dans leurs habits de cérémonie, et des processions d'éléphants, de chevaux et de chameaux se succédèrent dans les rues de la ville. Au milieu de tout cet apparat, le jeune homme rencontra son épouse pour la première fois. Une spectatrice observait tout cela avec un grand intérêt : la nièce princesse de la mariée âgée de cinq ans, qui avait été elle aussi fiancée à Jai et qui deviendrait un jour sa seconde épouse. Bien des années plus tard, elle me raconta qu'on lui désigna Jai comme son futur mari le jour même du premier mariage de ce dernier, et que bien qu'elle ne comprît pas très clairement ce que tout cela voulait dire, ses cousins la taquinèrent sans répit à ce propos.

Après le mariage, la première épouse de Jai l'accompagna à Jaipur et fut installée dans les appartements de la zénana au City Palace. Jai lui-même continua à vivre à Rambagh. De temps en temps au cours des années qui suivirent, lorsqu'il se rendit au City Palace pour présenter ses respects aux veuves du Maharajah Madho Singh, on l'emmenait aussi voir sa propre femme. En juin 1929 naquit leur premier enfant, une fille, suivie deux ans plus tard par un fils dont la venue suscita une joie immense. C'était le premier héritier mâle à naître à un Maharajah régnant de Jaipur depuis deux générations, et la quantité de champagne qui coula pour célébrer l'événement fut telle que le petit garçon fut surnommé « Bubbles » par sa nurse anglaise. Sa famille et ses amis l'appellent toujours Bubbles et il n'utilise son vrai nom, Bhawani Singh, que pour les occasions officielles. Sa soeur, Prem Kumari, reçut également un surnom de sa nurse, et elle est restée « Mickey » pour la plupart des gens.

Le deuxième mariage de Jai eut lieu en 1932, peu après sa visite à « Woodlands » pour la saison de polo de Calcutta. À Cooch Behar, nous étions tous extrêmement curieux de savoir à quoi ressemblait sa nouvelle femme. C'est à ce moment-là que je tuai ma première panthère. Lorsque nous télégraphiâmes à Ma à Delhi pour lui faire part des bonnes nouvelles, elle dut en fait part à Jai, car, chose presque aussi grisante que mon succès lui-même, je reçus de lui un télégramme de félicitations. Je saisis cette occasion pour lui demander en le remerciant, de nous envoyer des photos de son mariage et de sa nouvelle épouse. Il ne le fit bien sûr jamais, mais Ma la rencontra peu après et nous raconta combien elle était petite et jolie, et gaie et vive. J'écoutai cette description avec un intérêt énorme.

Plus tard, au cours de ce même hiver, lorsque Jai fut revenu en Inde après une tournée triomphale en Angleterre avec son équipe de polo, nous à Cooch Behar étions programmés pour faire un de nos séjours périodiques à Baroda, et, sur le chemin, Ma projetait de passer voir Indrajit au collège Mayo. Ajmer se trouvant à proximité de Jaipur, elle décida que nous rendrions également une courte visite à Jai. Nous étions toutes remplies d'enthousiasme face à cette perspective, bien qu'Indrajit eût écrit une lettre pressante à Ma la suppliant de ne pas nous amener, Ila, Menaka et moi-même à Mayo, car les soeurs de la plupart des autres garçons étaient dans le *purdah* et n'y venaient jamais. Nous arrivâmes à Jaipur le matin de bonne heure et Jai nous attendait à la gare, superbe dans son uniforme militaire, flanqué d'ADC aux tenues impeccables, de son secrétaire militaire et d'un parc de voitures brillantes. Nous traversâmes lentement Jaipur sur le chemin qui menait à son palais. À cette heure de la journée, elle avait une qualité extraordinaire toute dans les nuances pastel, créant une atmosphère de conte de fées, quelque chose de

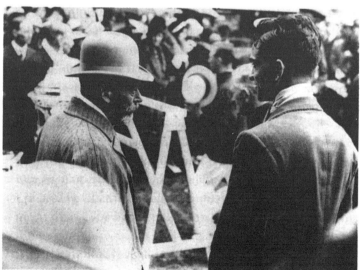

Ci-dessus : *La célèbre équipe de polo de Jaipur, (les années 1930).*
Ci-dessous : *Jai avec le Roi George V*

Un portrait de Jai

bien différent de tout ce que j'avais vu auparavant.

La ville est située dans une plaine, entourée de collines brunes et dénudées, sur lesquelles serpentent fortifications et murailles. La capitale en elle-même était la plus jolie que je n'aie jamais vue – une forêt de dômes et de tours, de treillages et de vérandas, avec tous les bâtiments colorés du rose foncé des fleurs de laurier. Dans les rues larges et bien dessinées, les femmes étaient habillées en jupes, corsages et châles, au lieu des saris, et tous les hommes arboraient des turbans aux couleurs extrêmement vives – rouge, magenta, jaune jonquille, et un certain rose indescriptible, à la fois pâle et perçant. Tout cela créait un effet dramatique, ce rose dessiné sur le paysage désertique et le ciel bleu. Mais je pense que ce qui me frappait le plus c'était le contraste le plus total de tout cela avec Cooch Behar – la langue, le climat, le paysage, tout. À Jaipur, les gens parlaient le jharshahi (un dialecte local du Rajasthan). L'air était vif et sec, alors qu'à Cooch Behar il était chaud et humide. De tous côtés, on apercevait de magnifiques vues interminables et une quantité presque stupéfiante de bâtiments, construits en grès de la région. À Cooch Behar, étant donné ses tremblements de terre et inondations, les gens construisaient en chaume et en bambou dans le but de faire face au strict essentiel, tandis qu'à Jaipur avaient été construits certains des plus magnifiques palais et temples en pierre de toute l'Inde.

Le palais de Jai, Rambagh, était à cinq minutes de route de la ville, au-delà des anciennes murailles. Il n'avait été à l'origine qu'une série de pavillons de loisir entourés de jardins et de bassins limpides, où les dames de la zénana venaient, accompagnées de leurs servantes, faire des pique-niques, se promener dans la fraîcheur du soir et s'évader des confins du City Palace. Par la suite, le grand-père adoptif de Jai s'en était servi en tant que pavillon de chasse, puis il avait ajouté aux pavillons des chambres, des salons et d'autres aménagements qui étaient indispensables pour loger les Maharajahs en visite et d'autres hôtes importants. Pendant que Jai se trouvait à Woolwich, il avait fait agrandir Rambagh, tout en conservant le même style que celui des constructions de la ville de Jaipur, avec des arches festonnées, des vérandas et des coupoles disposées autour de patios, et peintes de couleur blanche. Il avait l'intention de faire de Rambagh sa résidence, plutôt que de vivre au City Palace. Tout ce qui se trouvait à l'intérieur avait été modernisé et mis au goût du jour. Tous les domestiques portaient de larges ceintures dorées et des turbans élégamment noués, tandis que les ADC portaient des jodhpurs et des jaquettes boutonnées d'uniformes militaires. Les neuf entrées des terrains du palais étaient contrôlées par les gardes personnels de Jai.

Un peu plus tard dans la journée, Jai nous emmena visiter l'ancienne capitale à Amber, située dans une gorge à dix kilomètres de Jaipur dans les montagnes dominant le col vers l'est. Nous parcourûmes en tous sens le palais déserté, qui avait été conçu pour loger une cour très nombreuse, et avait été entièrement autosuffisant au-dedans des murs de la forteresse. Il était très vieux, un souvenir du passé guerrier des Rajputs, et Jai nous raconta que, lorsque ses ancêtres se rendirent pour la première fois à Jaipur, ils capturèrent le fort d'une tribu locale. On pouvait voir dans le vaste complexe des constructions comment l'extrême simplicité des parties les plus anciennes firent place, au fur et à mesure que les rois d'Amber connaissaient une sécurité plus grande, au luxe des parties construites pendant la période moghole, minutieusement décorées de peintures murales et de miroirs.

Dans l'après-midi, Ila, Menaka et moi-même, accompagnâmes Ma pour visiter la zénana, où les épouses et les soeurs de Jai vivaient dans le *purdah*, et je vis les épouses de Jai pour la première fois. Nous entrâmes dans les appartements de la zénana dans le palais de Rambagh, et fûmes reçues dans le salon de la plus jeune des deux Maharanis. Ma me l'avait décrite avec exactitude – elle était vraiment très petite et fort jolie. Mais pour une raison quelconque je ne m'étais pas attendue à la voir maquillée, avec des cheveux courts et parlant couramment l'anglais. Pas plus que je n'avais imaginé que ses appartements seraient meublés dans le style contemporain avec un tel raffinement ; on aurait pu se croire n'importe où, en Angleterre, en Europe ou à Calcutta et seules la vue à partir des fenêtres grillagées sur les cours intérieures fermées et les écrans d'arbres dans les jardins de la zénana nous rappelaient le lieu où nous nous trouvions.

Ce fut toutefois l'aînée des Maharanis qui s'avança pour accueillir Ma tout d'abord et se faire ensuite présenter à tous les membres de notre groupe. Elle était petite, pleine de dignité et beaucoup plus âgée. Elle ne portait pas de maquillage et n'affectait aucune prétention au modernisme, mais ses manières étaient absolument royales et impeccables. Elle s'assit auprès de Ma et s'entretint presque exclusivement avec elle. Ce fut la plus jeune des Maharanis qui était pleine de vivacité, de gaieté et de bavardages – commandant du thé, des boissons fraîches et tout ce que nous désirions, et agissant plus ou moins en hôtesse. Tout cela me faisait sentir très jeune et maladroite, et tandis que les groupes se formaient sur les chaises et les fauteuils, j'étais soulagée que les deux Maharanis ne s'occupent pratiquement que de Ma et d'Ila, nous laissant, Menaka et moi, en compagnie des jeunes princesses de Panna, les nièces de Jai, dont l'âge correspondait mieux au nôtre.

L'après-midi suivant, il eut lieu dans la zénana une garden-party encore plus importante et grande. Un grand nombre d'épouses de fonctionnaires, Indiennes aussi bien qu'Anglaises, avaient été invitées, de même que de nombreuses femmes de nobles de Jaipur. Des rafraîchissements furent servis, et un orchestre jouait pour nous divertir. Il y avait un court de badminton, où je me souviens d'avoir fait une agréable partie avec les plus jeunes filles. Jai fit une apparition pendant quelques minutes, et les nurses anglaises amenèrent ses enfants. J'aurai toujours en mémoire l'image de Jai jouant avec Bubbles, le lançant en l'air, lui enlevant son chapeau - un de ces chapeaux ronds typiques retenus par un élastique passant sous le menton, comme en portaient alors les enfants – qu'il faisait danser en l'air juste hors de portée de Bubbles. Il s'entretint avec un petit nombre d'invitées, et se retira bientôt, et quoique la réception fût charmante et merveilleusement organisée, elle perdit pour moi dès son départ une partie de son éclat.

Le deuxième jour, Jai demanda à Ma s'il pouvait m'emmener faire une promenade à cheval, et elle y consentit. Hors de la ville, il n'y avait plus d'autres bâtiments que les palais et c'était un terrain merveilleux pour faire du cheval où l'on pouvait galoper pendant des kilomètres. On voyait partout des antilopes et des paons, car les terrains autour de la ville étaient la réserve du Maharajah et personne n'avait le droit d'y chasser. Jai m'impressionnait beaucoup et j'étais très intimidée par sa présence à mes côtés. Lui, comme toujours, était parfaitement à l'aise. Il était curieux de voir si je montais bien, et plusieurs fois corrigea mon assiette et la position de mes mains. Lorsque nous fûmes de retour, il dit à Ma que j'étais une assez bonne cavalière, mais que je n'avais pas prêté la moindre attention aux quelques conseils qu'il m'avait donnés. Ma me demanda pourquoi je n'avais pas tenu compte de ses conseils d'expert, et je lui répondis à contrecœur: «Je ferai ce qu'il me dit, mais pas en sa présence.»

J'avais quatorze ans à ce moment-là et quoique confuse dans mes rêveries, une chose cependant devenait claire même à mes yeux. Je tombais amoureuse de Jai. Et je n'avais pas le moindre espoir que mes sentiments puissent aboutir sur quoi que ce soit.

CHAPITRE 8

Mes Fiançailles

Peu de temps après notre visite à Jaipur, Ma me dit que Jai avait déclaré qu'il voulait se marier avec moi quand je serais grande, et qu'elle lui avait répondu « je n'ai jamais entendu une telle stupidité sentimentale ! »

Je ne pouvais me faire à l'idée que quelqu'un d'aussi éloigné de moi, un héros à la vie remplie et fascinante puisse être sérieux à mon propos. Mais pourquoi l'aurait-il dit s'il ne l'avait réellement pensé ? Plus je me posais la question, plus l'idée me paraissait absurde. Je nourris mes propres sentiments en lisant tout ce que pouvais trouver à son propos – et il était fort présent dans les nouvelles. Lorsque quelqu'un l'évoquait, j'écoutais avec grand intérêt. Tout ce qu'il portait paraissait correct à mes yeux. Tout ce qu'il disait devait être copié. J'aimais la façon dont il parlait. J'aimais tout à son propos.

Je commis des enfantillages sentimentaux. Par exemple, Jai portait toujours un bandage autour de son poignet quand il jouait au polo. Un jour, je découvris l'un de ses bandages usagés. C'était le seul objet que je possédais de lui. Je pris quelques fils et les enfermai dans un médaillon que je portais partout où j'allais.

Tout au long des années qui suivirent nous entendîmes beaucoup parler de Jai. Il vint à Calcutta tous les ans pour la saison. Ma le rencontrait souvent à Delhi, où les parades de chevaux et les parties de polo se tenaient en février et mars. Ma nous rapportait ce qu'il avait dit et fait, et ses servantes, qui toutes l'adoraient parce qu'il riait et plaisantait avec elles, me disaient parfois qu'il avait dit des choses comme « Oh, votre petite princesse ! Comme elle marche d'un pas bruyant dans le palais ! N'a-t-elle donc aucune féminité ? » Mais lorsque nous nous rencontrâmes il ne me traitait jamais autrement que comme une amie très proche, et c'était bien suffisant pour faire battre mon coeur.

À cette époque-là, Bhaiya était rentré de Cambridge après avoir fini son année. Il était amèrement déçu de ne pouvoir poursuivre, mais le Vice-roi, Lord Willingdon, était sur le point de quitter l'Inde et avant de partir il voulait transmettre personnellement à Bhaiya les pleins pouvoirs. Ainsi notre frère revint à 19 ans pour acquérir une formation administrative. Pour Menaka et moi c'était merveilleux de l'avoir à nouveau à Cooch Behar. Si Jai était un héros à mes yeux, Bhaiya en était un autre ; en effet, ils avaient beaucoup en commun et étaient de très bons amis. J'admirais Bhaiya, si avenant, si bon en sport, si bon à tout ce qu'il faisait. En même temps il était gentil et affectueux, drôle et espiègle et nous faisait mourir de rire avec les surnoms sournois qu'il donnait aux dignitaires. Le rire semblait jaillir tout autour de lui. Et pourtant, quand il le voulait, il pouvait encore nous captiver avec son stock impressionnant d'anecdotes historiques.

Lorsque j'eus quinze ans, Ma décida que nous ne parlions pas assez bengali (à Cooch Behar nous parlions un dialecte), et elle nous envoya donc, Ila, Baby et moi à Shantiniketan, l'école tenue par le poète et Prix Nobel Rabindranath Tagore. Shantiniketan était située dans la campagne proche de Calcutta et était considérée à la fois comme très progressiste et centre du meilleur de la tradition indienne. Indira Nehru y avait récemment fait ses études. Nos cours avaient lieu dehors, à l'ombre des arbres, plutôt que dans les salles de classe. Ila s'inscrivit dans la section des arts, tandis que moi, je poursuivis mes études secondaires, que je n'avais pas encore achevées. Nous allions à l'école accompagnées d'un ADC, de sa femme et de ses enfants, ainsi que d'une servante.

Au début nous fûmes traitées comme des princesses par les autres filles, qui s'adressaient à nous par la formule cérémonieuse bengali, *apni*, au lieu du plus familier *tumi*. Heureusement, mon mode de vie à Shantiniketan rendit impossible que ces formalités durent trop longtemps. Si Ila disposait de sa propre chambre, je dormais dans un dortoir avec d'autres filles.

Rabindranath Tagore, que nous appelions Gurudev, était un personnage imposant dans sa robe safran et sa longue barbe blanche. Il avait alors déjà arrêté d'enseigner, mais nous le voyions encore assez souvent. Il vivait dans une hutte charmante où il écrivait et peignait, exposant ses œuvres sur un arbre du campus. Ses seules apparitions régulières avaient lieu lors des réunions de prières hebdomadaires, mais il était toujours accessible et paraissait tout connaître des élèves dans le moindre détail. J'avais l'habitude d'aller à vélo le voir à chaque fois que j'en avais envie, et une fois à ma grande consternation, il me demanda si mon écriture s'était améliorée – je n'arrivais vraiment pas à me faire au 'S' bengali qui doit se dessiner à l'envers. Il envoya également un message à Ila et à moi-même, nous demandant d'arrêter de suivre la *Shiv puja*, avec ses prières et ses jeûnes, sur laquelle Ma avait beaucoup insisté. Gurudev ne croyait pas au culte des idoles. Une autre fois, après un fort orage, il me demanda si j'avais eu peur. Quand je répliquai que je n'avais pas eu peur, il me dit que c'était merveilleux quand une jeune fille est effrayée par l'orage. Il me demanda aussi une fois pourquoi j'avais arrêté la danse. Je me demande jusqu'à quel point il savait à propos de l'affection grandissante d'Ila pour un camarade, le cousin du Maharajah de Tripura.

Nous restâmes presque un an à Shantiniketan. En 1935, je revins à Cooch Behar pour passer l'équivalent du baccalauréat. Les épreuves eurent lieu à l'université de Cooch Behar et pendant toute leur durée, Bhaiya passa et repassa sous les fenêtres dans sa Bentley toute neuve, tout en agitant sa main pour m'encourager. Je suis convaincue que cette sollicitude fraternelle joua son rôle dans ma réussite à l'examen, avec une mention très bien. Après cela, Ma ne savait pas trop quoi faire de moi. Elle était toutefois déterminée à ne pas me laisser oisive. Finalement elle décida que je devrais finir mes études en Suisse, alors qu'Ila irait suivre des études d'art à la Sorbonne. Ainsi, au début du printemps 1936, nous nous lançâmes dans des préparatifs pour partir en Europe. Ma grand-mère de Baroda emmena Ila et Menaka avec elle en bateau, tandis que Ma et moi partîmes en avion un peu plus tard.

Juste après leur départ, quelqu'un demanda à Ma lors d'une soirée à Calcutta s'il était vrai que sa fille aînée avait épousé un cousin du Maharajah de Tripura. Ma démentit énergiquement la rumeur, ajoutant qu'on se demandait vraiment ce que les gens allaient encore inventer. Toutefois, afin d'être sûre et d'apaiser sa légère inquiétude elle fit une petite investigation et découvrit qu'Ila avait en effet épousé Romendra Kishore Dev Varma, chez un notaire de Calcutta.

Scandale assuré. Ma fut très choquée, insistant que c'était très différent de son propre mariage avec notre père. Elle avait au moins demandé l'autorisation de ses parents, et son mariage avait eu lieu de manière totalement officielle même s'il n'était pas approuvé. Mais Ila avait pris les devants et s'était mariée de manière totalement clandestine. Bien entendu, Ma ne pouvait plus y faire grand-chose à présent, mais elle estima que nous devrions gagner Paris aussi tôt que possible pour ramener Ila en Inde pour qu'elle ait un véritable mariage hindou à Cooch Behar. Elle ne pouvait tout simplement pas concevoir un mariage de princesse indienne auprès d'un notaire. A ses yeux le mariage était à peine valide.

À notre arrivée à Paris, Ila, l'air joyeux, nous attendait avec ma grand-mère de Baroda, dont la mine était sévère. Rien ne fut dit jusqu'à ce que nous arrivions à la maison de mes grands-parents sur l'avenue Van Dyck, qui donnait sur le Parc Monceau et toutes les trois s'isolèrent. Notre cousin Udai Singh Rao Gaekwad attendit anxieusement dans le hall pendant tout l'entretien, espérant qu'Ila ne passait pas un moment trop dur. À sa grande surprise, elle réapparut avec le sourire, tandis que de la pièce derrière elle montait le son d'une dispute violente. En réponse à ses questions pressantes Ila décrivit de manière hautaine comment elle avait orienté la conversation vers le propre mariage de Ma, et à présent Ma et ma grand-mère revivaient progressivement et avec force le conflit, et avaient déjà tout oublié d'Ila.

À mes propres questions déconcertées sur pourquoi elle avait choisi de faire une chose si extraordinaire aussi furtivement, Ila m'expliqua comme si c'était la chose la plus évidente du monde qu'elle était tellement certaine que Ma n'aurait pas approuvé son mariage avec Romendra Kishore Dev Varma car il était encore étudiant et qu'il vivait toujours avec sa famille, qu'elle estima qu'il était préférable de se marier d'abord et de demander la permission ensuite. Et s'il y avait des étincelles et qu'on leur interdisait finalement leur union, elle pourrait toujours dire, « eh bien, de toute façon nous sommes déjà mariés, alors pas besoin d'en faire une histoire. » Après avoir fait leurs démarches peu orthodoxes chez le notaire, Ila était rentrée calmement à Cooch Behar et son marié réintégrait l'université de Tripura pour y passer son examen final. Et normalement, ils n'auraient rien dit, continuant à vivre séparément attendant le moment où ils auraient le courage de se déclarer ou jusqu'à ce que Romendra Kishore Dev Varma eût atteint une position qui l'autorisât à demander officiellement la main d'Ila. Mais les évènements en avaient décidé autrement.

Nous passâmes quelques semaines à Paris dans la maison de ma grand-mère, qui était d'une élégance dont seule peut vanter une résidence française, et Ma commença à s'occuper du mariage d'Ila et à acheter son trousseau. De là nous gagnâmes Londres où Ila et Ma résidèrent à l'hôtel *Dorchester* et continuèrent leurs achats, et Menaka et moi fûmes installées dans un appartement sur Pont Street, aux bons soins d'une baronne allemande. Nous aurions sans doute apprécié de retourner à Londres, à faire les boutiques et aller au cinéma, mais cette visite restait pour moi très spéciale du fait de la présence sur le même sol de Jai, qui jouait au polo avec l'équipe de Sir Harold Wernher. Comme je ne pouvais entrer à l'école suisse avant septembre, avec quatre mois devant moi, Ma était déterminée à ne pas me laisser oisive. Lady Zia Wernher recommanda une école de perfectionnement appelée the Monkey Club, - club des singes - où elle venait juste d'envoyer sa propre fille. Ma m'y emmena aussitôt pour m'y inscrire.

Dès mon premier contact avec les filles du Monkey Club, je sus que je n'y serai jamais à l'aise. Elles semblaient toutes tellement sophistiquées et confiantes et avisées, et je ne fus pas vraiment rassurée lorsque la directrice me salua avec la remarque « Vous êtes le premier singe indien que nous ayons eu ici. » Mais les choses s'améliorèrent bien vite, les filles se révélant bien plus simples et amicales qu'elles ne m'avaient semblées à l'origine, et la fille des Wernher, Gina, qui connaissait Jai, était quelqu'un avec qui je pouvais parler de lui assez naturellement. Les filles du Monkey Club jouaient au tennis à Roehampton, où se trouvait aussi un terrain de polo et tous les jours où nous faisions du tennis j'y allais en espérant apercevoir Jai. Elles essayèrent de me persuader de l'inviter à dîner, mais je n'eus jamais le courage de le faire.

En mai, Ma rentra à Cooch Behar avec Ila pour son mariage, nous laissant Menaka et moi dans l'appartement de Pont Street, entre les mains de la baronne et de ma grand-mère, qui occupait sa suite habituelle au Dorchester Hotel. A plusieurs occasions, Jai tenta de me rencontrer avec la permission de mes chaperonnes, mais toutes ses tentatives échouèrent. Ma grand-mère de Baroda était toujours sévère et sans compromis. Une fois Jai nous invita Menaka et moi aux finales de la coupe de Westchester, un tournoi de polo entre l'Angleterre et les États-unis, qui avait lieu dans chaque pays de manière alternée. Nous désirions ardemment y aller, et fûmes très déçues lorsque notre grand-mère nous en interdit, considérant que l'affaire était close. Mais Jai, avec sa ressource habituelle, convainquit son ami et camarade de jeu, Hanut Singh de Jodhpur, de nous inviter à sa place. Cette fois, ne voyant pas de danger dans l'invitation, notre grand-mère accepta de nous laisser aller. Une fois là-bas, je partis bien entendu avec Jai pour voir le match.

Lorsque le semestre prit fin au Monkey Club, Menaka et moi dûmes aller à Dinard pour les vacances, après quoi je devais entrer à une école ménagère appelée Brillantmont à Lausanne. Peu de temps avant de partir pour la France, j'allai sur une impulsion consulter une diseuse de bonne aventure. Elle me dit que mon destin était inextricablement lié à un jeune homme qui allait devoir partir en avion et que je devais entrer en contact avec lui avant que je ne parte. Le seul jeune homme que je connaissais susceptible de prendre un avion était Jai, donc je lui téléphonai sous prétexte que Menaka et moi devions partir bientôt et que je voulais lui dire au revoir.

« Ça te dérangerait de venir seule ? » demanda-t-il. « Il y a quelque chose que j'aimerais te dire. »

Il me dit de venir au Dorchester Hotel. Jai vint me chercher à la réception et m'emmena faire un tour en voiture autour de Hyde Park. De but en blanc, et comme si cela allait de soi, il me dit « Tu sais, j'ai dit à Ma il y a déjà longtemps que j'aimerais t'épouser quand tu serais adulte. »

Je ne dis rien, n'osant pas imaginer ce qui allait suivre.

« Tu n'as que seize ans à présent, mais je dois planifier un tel évènement et faire de nombreux préparatifs, aussi j'aimerais savoir si tu voudrais m'épouser. » Il gardait les yeux sur la route, louvoyant adroitement dans la circulation. « Avant de présenter ma demande à Ma et de lancer toutes les formalités, j'aimerais savoir ce que *toi* tu ressens. Souviens-toi que je pratique le polo et monte à cheval et que je pilote, et qu'il peut m'arriver un accident terrible ; malgré cela, veux-tu te marier avec moi ? »

« Oui », répondis-je aussitôt, trop accablée pour élaborer une réponse.

Pour la première fois il parut un peu décontenancé. « Ne réponds pas immédiatement », dit-il. « Réfléchis-y un moment. Tu dois encore terminer tes études. Tu as le temps ; tu ne dois pas dire 'oui' si tu ne le penses pas vraiment. »

« Oh, mais je le pense vraiment. »

« Je veux dire que si quelque chose m'arrivait et que j'étais mutilé ou quoi que ce soit d'horrible, je ne t'en tiendrais pas rigueur de ne pas te tenir à ce que tu me dis là. »

« Oh non ! » insistai-je. « Peu m'importerait ce qui te serait arrivé, je voudrais quand même t'épouser. »

120

Jai se montra très pragmatique et me suggéra d'écrire à Ma et de lui dire tout, après quoi il lui parlerait à son tour lorsqu'il reviendrait en Inde. Cependant, pour le court laps de temps qu'il nous restait avant que Menaka et moi allions à Dinard, nous décidâmes de garder notre secret de nos aînés mais de tâcher de nous voir tous les jours.

Ma grand-mère et la baronne étaient de très consciencieuses chaperonnes, mais en dépit de leur vigilance, Jai et moi parvînmes à nous rencontrer tous les jours, habituellement à l'hôtel *Berkeley*. L'intérêt de Jai à mon égard était à présent évident, et le maître d'hôtel prit un plaisir de conspirateur à notre romance. Longtemps après, lorsque Jai eut quitté Londres, chaque fois que je dînais au Berkeley avec un groupe d'amis avant d'aller à un bal, il murmurait, « Ce n'est pas la même chose quand Son Altesse n'est pas là, n'est-ce pas ? » Un autre souvenir qui me reste de cet été, avec ses joies et ses frustrations, c'est la cabine téléphonique de Pont Street d'où j'avais l'habitude d'appeler Jai. Dans l'appartement la baronne écoutait toujours mes conversations sur l'autre ligne, trahie par un petit déclic.

Au téléphone, Jai demandait, « Peux-tu sortir, cet après-midi ou ce soir ? »

Et je répondais, « Oui, je vais me débrouiller. Viens me chercher à six heures. » Puis je rentrais à l'appartement et annonçais informellement que j'allais au cinéma ce soir-là avec l'une de mes amies.

Derrière Pont Street se trouve un parc appelé Wilton Crescent. Jai venait en voiture et se garait. Je quittais l'appartement, habillée comme pour une soirée ordinaire, descendais la rue jusque Wilton Crescent, montais dans la Bentley, et nous nous mettions en route. Une fois il oublia notre discrétion et me déposa directement à la maison devant la porte sur Pont Street. Menaka, nous voyant arriver depuis une fenêtre à l'étage, me salua (sans se faire entendre de la baronne) avec un « depuis quand ton amie possède-t-elle une aussi belle Bentley ? »

Il avait lui-même un emploi du temps très chargé à Londres, jouant au polo et menant une vie sociale bien remplie, aussi était-il presque aussi difficile pour lui de s'isoler que pour moi. Parfois nous ne réussissions qu'à nous ménager un déjeuner sur le pouce au *Berkeley Buttery* et parfois nous nous rencontrions à *Harrods' Bank*, à deux pas de Pont Street. Nous prétendions ne pas nous connaître quand nous nous rencontrions à la banque. Il sortait alors le premier et je le suivais, et nous ne disions pas un mot jusqu'à ce que nous soyons dans la Bentley. A ce moment-là j'étais un peu moins timide avec Jai, bien que tout de même impressionnée, mais je me souviens que nous riions beaucoup, et nous avions déjà nos propres plaisanteries, et être amoureux amène un flot inouï de paroles. Chacun parle sans fin de soi et écoute, captivé, jusqu'au plus petit détail de la vie et des opinions de l'autre.

Parfois, Menaka, Baby ou Indrajit – tous ceux qui étaient dans la conspiration – et moi annoncions que nous allions au cinéma ensemble. Jai nous rejoignait, et lui et moi partions passer du temps de notre côté, tandis que les autres regardaient le film. Nous les récupérions à la fin de la séance. Ils étaient tous très chouettes dans cette affaire et me racontaient attentivement l'histoire et tout ce que je devais savoir sur le film en rentrant.

Rétrospectivement, je vois combien ces temps furent tellement plus amusants que ne l'aurait été une cour officiellement permise. Le défi d'être sans cesse plus malins que nos aînés, nos rencontres arrangées secrètement, comment poster nos lettres sans que les ADC, les gouvernantes ou les employés ne le sachent, qui ordinairement se chargeaient de ce genre de choses. Et par-dessus tout il y avait le merveilleux sentiment de liberté insouciante d'une sortie à la campagne avec Jai, d'un dîner volé au *Bray*, ou d'une sortie en barque sur la rivière. L'un dans l'autre, c'était une période merveilleuse et empoisonnée. Nous scellâmes notre union en achetant des anneaux d'or pour chacun d'entre nous avec nos noms gravés à l'intérieur. J'avais soigneusement économisé mon argent de poche pour pouvoir lui acheter le sien.

Paraître courageuse lorsque je parlais à Jai était facile, mais seule face à la tâche d'écrire à ma mère comme je l'avais promis, je fus absolument incapable de rédiger une lettre aussi terriblement contraire aux usages. Cela équivalait à dévoiler à Ma toutes les ruses que nous avions utilisées pour nous rencontrer et passer du temps ensemble, et tous les mensonges que j'avais proférés. D'ailleurs, ce n'était pas convenable pour une jeune fille d'arranger son propre mariage. Je ne fis que repousser et repousser encore la rédaction de cette lettre.

Lorsque nos vacances à Dinard prirent fin et que j'arrivai à Lausanne pour entrer à l'école, j'en étais encore à me demander comment rédiger la lettre et quel genre de fusée j'obtiendrais en réponse. Puis, à mon grand effroi, je reçus un câble de Jai disant, NE COMPRENDS PAS POURQUOI TU N'AS PAS ENCORE ÉCRIT À MA. QUE SE PASSE-T-IL DONC ? Il avait parlé à Ma, mais elle lui avait dit qu'elle n'avait rien entendu de ma part. j'étais convaincue qu'il devait penser que j'avais changé d'avis. Je me sentis misérable et n'avais pas la moindre idée de quoi faire ensuite.

Ce même jour, comme je marchais avec d'autres filles de Brillantmont, une voix m'interpella soudain. Il y avait là, à ma grande surprise, le valet indien de mon grand-père de Baroda. Il me dit que mon grand-père séjournait au Beau Rivage à Lausanne. Bien sûr je m'y rendis aussitôt que possible pour le voir, et à ma grande joie, il y avait dans sa suite un ancien et cher ami, le Dr. Chandra Chud. Je lui déballai toute l'histoire, ma détresse et la détresse de Jai, ainsi que ma plus grande détresse à l'idée de la détresse de Jai, un fouillis incohérent, qui devait ressembler à quelque chose comme ceci :

« Doc, je suis dans une terrible situation et je ne sais que faire et le Maharajah de Jaipur m'a demandé de l'épouser et j'ai dit 'oui' et j'étais supposée écrire à ma mère et je ne l'ai pas fait et ne sais tout simplement pas quoi lui dire et je suis si anxieuse et maintenant il m'a envoyé un câble et il pense que je ne veux pas vraiment l'épouser, et pour l'amour du ciel, ne dites rien à mon grand-père. »

Le Dr. Chandra Chud m'écouta avec une admirable patience, puis, avec quelques mots d'encouragement, il m'aida à composer un télégramme pour Jai : TU M'AS MAL COMPRISE. J'ÉCRIS. Simple et suffisant, mais je n'aurais jamais pu être aussi directe de moi-même. Il faut se souvenir que j'étais une jeune fille mal dégrossie de tout juste dix-sept ans, encore très impressionnée par l'image d'homme du monde de Jai, et encore incrédule quant à ses intentions. Je ne pouvais même pas l'appeler Jai dans mes conversations avec d'autres personnes, je l'appelais encore 'le Maharajah de Jaipur' ou 'Son Altesse'.

Le Dr. Chandra Chud m'aida également à rédiger le brouillon d'une lettre pour Ma disant notamment « Je pense que le Maharajah de Jaipur a dû te parler. J'espère que tu ne nous en veux pas d'avoir décidé cela sans t'en avoir d'abord fait part. Lorsque Son Altesse m'a demandé directement de l'épouser, je ne pouvais rien faire d'autre que d'accepter. »

À Jai j'écrivis : « Je sais que j'aurais dû écrire à Ma il y a longtemps

Jai et moi dans une boîte de nuit.

Jai et moi, (les années 1930).

mais je n'ai pas trouvé le courage et je ne savais quoi dire. Mais maintenant je l'ai fait, et j'espère que tu n'es pas fâché avec moi. Je ne voudrais pas que tu penses que je ne souhaite pas t'épouser, car je le désire vraiment. »

Affaiblie mais soulagée, je donnai les trois messages au Dr. Chandra Chud pour qu'ils les envoie, afin qu'ils ne passent pas entre les mains des autorités de l'école. Ma, avec son habituelle habitude de non-engagement, répondit que Jai et moi devrions attendre et voir ce que seraient nos sentiments dans un an ou deux.

J'étais heureuse à Brillantmont, j'aimais skier et pratiquer d'autres sports, et j'écrivis un nombre incalculable de lettres à Jai, et attendais impatiemment le facteur qui m'amènerait ses réponses. Cet hiver-là il avait eu un accident de polo et avait été gravement blessé à son dos. Il était parti à Vienne pour se faire soigner et après sa longue convalescence, vint me voir à Lausanne. J'étais, bien sûr, extrêmement heureuse de le revoir, mais ma terreur de ses parties de polo date de cette époque, combinée à ma connaissance de ce que ce jeu signifiait pour lui.

Les élèves de Brillantmont n'étaient autorisées à sortir de l'école qu'avec des membres de leur famille. Je dis à la directrice que Jai était mon cousin, et tremblai de nervosité jusqu'à ce qu'il n'arrive, craignant que l'on ne se rende compte d'une manière ou d'une autre qu'il me soit interdit de sortir avec lui. Après une éternité, il arriva en voiture à Brillantmont. La moitié de l'école était pendue aux fenêtres pour regarder. Jai et moi passâmes la journée ensemble et le soir, nous dînâmes au Palace Hotel. Nous étions si absorbé l'un par l'autre que Jai faillit manquer son train, et j'arrivai à l'école à dix heures au lieu de huit. Peu de temps après, il y eut des photos des enfants de Jai dans les pages mondaines des journaux, avec des légendes expliquant qui ils étaient et qui étaient leurs parents. Je fus convoquée dans le bureau de la principale et questionnée sur mes relations à ces enfants. Crânement, je répondis qu'ils étaient mes cousins et me sentis assez fière d'être capable de mentir sans le moindre tressaillement. La directrice ne dit rien sur le coup, mais quelque chose dans mon attitude – peut-être mon sang-froid peu naturel en lui-même – avait dû me trahir, car à partir de ce moment-là, toutes mes lettres furent ouvertes.

C'est à Brillantmont que j'entendis l'émouvant discours d'Edouard VIII lorsqu'il abdiqua le trône d'Angleterre pour « la femme que j'aime ».

J'avais les larmes aux yeux en l'écoutant, car Ma avait souvent parlé de lui comme d'un ami cher.

Georges VI fut couronné cet été-là, et tous les élèves du Commonwealth de Brillantmont reçurent douze jours de vacances pour l'occasion. De nombreux princes indiens s'étaient rassemblés à Londres pour le couronnement, et j'y rejoignis Ma, Bhaiya et Indrajit dans la maison qu'elle avait louée à Connaught Square pour toutes les soirées et réjouissances qui accompagneraient cet évènement royal. À un certain moment au milieu de tout cela, Ma découvrit que les sièges qui nous avaient été assignés à elle et moi à Westminster Abbey se trouvaient derrière un pilier. Bien évidemment elle décida de ne pas aller du tout au couronnement. Nous partîmes pour le Dorchester et avec mes cousins de Baroda, suivîmes toute la cérémonie à la radio et regardâmes la procession depuis les fenêtres dominant Hyde Park. Plus tard nous apprîmes que les arrangements pour appeler les voitures afin de ramener l'élite chez elle depuis l'abbaye avaient tourné au fiasco. On put voir ducs et duchesses, parés d'hermine et en robes, descendre Whitehall en courant dans la fine bruine, essayant de trouver des taxis. Mes grands-parents de Baroda furent déposés à la maison par quelque dignitaire anglais, dont la voiture avait réussi à se tirer du chaos des marches bondées de l'abbaye. Ma grand-mère ne put s'empêcher de faire remarquer que dans une province indienne ce genre de confusion ne serait jamais arrivé. Tout aurait été bien mieux organisé.

De mon côté, tout ceci aurait pu être un moment délicat et source de problèmes. J'aperçus rarement Jai seul. Sa seconde épouse, ainsi que ses enfants étaient à Londres avec lui. Elle avait droit à plus de liberté que ce qu'elle pouvait avoir en Inde et nous rendit plusieurs fois visite à Connaught Square. Indrajit devint l'un de ses favoris ; ils allèrent souvent au théâtre et au cinéma ensemble, et à part cela, elle était très entourée par ses parents de Jodhpur qui étaient aussi à Londres pour le couronnement. Cela aurait pu être une situation embarrassante pour moi, mais Jai, avec son tact habituel, régla parfaitement ces relations.

L'attitude de Ma était énigmatique et je réalisai plus tard que non seulement elle éprouvait des sentiments mêlés à notre propos, mais qu'elle était aussi soumise à une forte pression de la part d'amis et de membres de la famille qui avaient eu vent de commérages à propos de la situation. D'un côté, Ma adorait Jai et aurait été enchantée par l'idée de l'avoir comme gendre. De l'autre, elle n'aimait pas que je devienne la troisième épouse de quelqu'un, ou que la seconde femme de Jai, pour qui elle avait de l'affection, puisse être attristée.

Peu de gens envisageaient une heureuse coexistence entre Jai et moi, et comme la nouvelle commençait à se répandre, les gens prévinrent Ma que ma vie en tant que troisième Maharani pourrait être très difficile. Au début, Ma pouvait encore se détacher de ce qu'elle considérait comme une infatuation d'écolière de ma part, et une affection ordinaire d'un bon ami de la famille à l'égard de Jai. Mais plus tard, lorsqu'il devint clair que nous étions assez sérieux l'un et l'autre, Ma fut forée d'écouter ce que les gens disaient. On lui dit que je serais gardée au *purdah* pour le restant de mes jours, ou que Jai pourrait se marier encore une fois. Jai rassura Ma, disant qu'il n'avait pas l'intention de me garder au *purdah* et qu'il voulait que je sois pour lui sa compagne et son hôtesse, mais même si elle le crut, elle gardait inévitablement des appréhensions en cette affaire. Elle aurait tout simplement préféré que j'épouse un célibataire. Sa ligne était de ne s'engager à rien, de ne pas encourager nos rencontres mais sans pour autant les interdire expressément, en me gardant occupée à de multiples activités, et espérant que le temps et la distance auraient un effet, et que je finirais par tomber amoureuse de quelqu'un d'autre.

Toutefois, lorsque le reste du semestre à l'école arriva à sa fin et que je rejoignis Ma à Cannes, je découvris que Jai y passait aussi quelques jours. Tous les matins nous nous levions de bonne heure, avant que Ma ne se réveille, et nous allions ensemble prendre un bain de mer. Nous passions la plus grande partie de la journée ensemble, même si nous étions aussi accompagnés d'autres amis. Menaka et moi étions toujours considérées comme trop jeunes pour être intégrées au rythme constant des soirées et visites au casino qui occupaient les soirées de Ma et de Jai. D'habitude nous restions à la maison et jouions aux boules avec la femme de chambre de Ma et le chauffeur de Jai.

Ce fut à Cannes que Jai et moi eûmes notre première dispute. Un jour que Jai allait se baigner dans la mer, il retira l'anneau que je lui avais donné à Londres et le donna à Menaka pour qu'elle le lui tienne. Je fus prise de jalousie car il l'avait donné à elle plutôt qu'à moi, et j'arrachai l'anneau de ses mains pour le jeter dans la mer. Jai me prit par les épaules et marcha avec moi jusqu'au bout de la jetée, m'expliquant qu'il n'avait pas voulu me causer de peine. Au moment où je me calmai, que mes sentiments blessés s'apaisaient, il me poussa tout à coup dans la mer, toute habillée.

J'émergeai de l'eau, furieuse, et jetai ses chaussures dans l'eau pour me venger. J'arrivai en retard au dîner ce soir-là, mes cheveux encore trempés, portant un short et furieuse. Menaka, qui était à cet âge très guindée, fut consternée au plus haut point. Mais si j'avais espéré trouver une quelconque satisfaction dans une fureur égale de Jai, j'en fus pour mes frais. Le seul commentaire qu'il fit, avec la plus exaspérante gaieté, fut que ses chaussures lui allaient bien mieux maintenant qu'elles avaient rétréci ; elles avient été une pointure trop grande auparavant. Cependant, nos disputes étaient rares et les séparations d'avec Jai devenaient de plus en plus pénibles. Lorsqu'il quitta Cannes je courus tout le long du quai, tenant sa main alors que le train prenait de la vitesse. Il alla à Biarritz et m'appela tous les jours. Ses appels avaient lieu le soir et, puisque nous ne voulions pas qu'ils fussent contrôlés, je passais des heures à attendre, assise sur le plancher de la cabine téléphonique du hall de l'hôtel, pour que personne ne pût me voir attendre que l'appel vienne.

À l'automne, Jai retourna en Inde, et Menaka, la baronne et moi nous installâmes dans un nouvel appartement de Grosvenor Place à Londres. Je fus inscrite au London College of Secretaries. Jai était à l'origine de ce choix. Il craignait que si je rentrais en Inde, je puisse me trouver tout à coup impliquée dans des fiançailles arrangées par mes aînés, avec quelqu'un que je ne connaîtrais pas, et que les pressions familiales aient raison de ma résistance. De même, il ne souhaitait pas que je fasse à Londres mes débuts dans le monde de crainte de me voir assister à trop de soirées et de danses.

En tout cas, j'allais à bon nombre de soirées. Beaucoup de mes amies anglaises faisaient leurs débuts cette année-là et il y avait beaucoup de danses et de réceptions organisées pour eux. Indrajit était en ville, ainsi que mes cousins de Baroda, qui arrivaient de Cambridge où ils suivaient leurs études. Mes oncles Victor et Dhairyashil de Baroda m'incluaient à leurs activités. J'allais ainsi fréquemment assister à des matchs de cricket au Lord's ou au Indian Gymkhana sur Great West Road, et le soir, on m'amenait au restaurant, au cabaret, ou à l'un ou l'autre des nombreux cocktails ou dîners ou bals qui étaient donnés en l'honneur de mes amies.

Je me retrouvai à mener une sorte de double vie. Pendant la journée durant six heures j'étais connue comme Mlle Devi, apprentie sténographe, tapant de la comptabilité, de la correspondance d'affaires, et autres choses utiles. Il était entendu que moi, tout comme les autres, me formais à un métier et je peux me souvenir de mon embarras lorsque j'eus un entretien avec la Directrice et qu'on me demanda si je préférerais être la secrétaire d'un médecin, d'un politicien, ou d'un artiste. Ces questions étaient posées aux élèves pour leur trouver un travail adapté. Réfléchissant aussi vite que possible pour surmonter le sérieux de cette question bien intentionnée, je répondis que je n'avais pas vraiment besoin de travail dans ce pays, et j'ajoutai que « ma mère prend part à beaucoup de travail social en Inde, et c'est pourquoi je suis ce cours – être en mesure de l'aider. » Même en disant cela, j'eus la vision de Ma me grondant : « Mais qu'est-ce qu'il te prend, occupée à du travail tout au long de la journée ? »

Toutes les autres à l'école étaient extrêmement sérieuses. La plupart d'entre elles étaient issues d'un milieu ouvrier et j'étais fascinée par elles. Personne ne savait qui j'étais, jusqu'au jour où parut dans la presse une photo de moi à une soirée de débutante parut dans les journaux. Alors elles commencèrent à me questionner, du style, « Tu es vraiment une princesse ? » Mais je constatai avec plaisir que cela ne changeait pas grand-chose à nos déjeuners toutes ensemble, ou à nos échanges quant à notre avenir. Je portais des vêtements à l'occidentale, voyageais en bus et en métro, je pouvais dire en toute honnêteté que j'aimais faire quelque chose de concret, j'aimais travailler régulièrement et dur dans un genre d'école et en compagnie de gens que je n'avais jamais connus avant. J'aimais le côté absolument pratique, l'atmosphère « au contact de la vie ordinaire de tous les jours » dans laquelle nous travaillions. À l'occasion, l'une ou l'autre m'invitait pour un thé.

Pendant les cours je devais rassembler tous mes efforts pour rester en contact avec elles, et comme les autres je courais au kiosque pour prendre une copie du *Pitman's Journal*, lecture obligatoire de toute secrétaire. Je téléphonais souvent en raison de quelque obligation sociale pour avoir une excuse pour quitter les cours une heure plus tôt – comment s'occuper des impôts – et je regrette aujourd'hui. C'était pour moi une source de fierté que d'être bonne en sténographie – je le suis encore aujourd'hui – et pendant la guerre j'étais suffisamment habile pour noter les nouvelles à la radio et les lire à Jai plus tard. Après notre mariage je découvris aussi à quel point ma compétence en sténographie et en comptabilité m'étaient utiles. Ma correspondance d'affaires et ma comptabilité étaient presque parfaites. Dans l'ensemble, même si Jai me manquait, ce fut un hiver heureux, culminant à Noël que je passai à skier avec mes cousins à Engelberg.

Le mois de juin suivant, Ma et mes deux frères étaient en Europe, et je voyageai avec eux dans des pays et des villes que je n'avais jamais visités jusque là : Carlsbad, Prague, Vienne, et Budapest. Partout nous retrouvions la même anxiété des peuples à propos de Hitler et des nazis, à propos de l'Anschluss, du futur de l'Europe et de la menace de la guerre. Mais en dépit des nouvelles inquiétantes et de l'atmosphère tendue que nous rencontrions aux soirées, un sentiment du temps qui passe, je m'en souviens comme d'un été enchanteur. Cela car Jai nous rejoignit à Budapest.

La ville était resplendissante, avec des fleurs partout et des soirées emplies du son harmonieux, tour à tour plaintif et joyeux, de la cithare. Il y avait un grand tournoi de tennis, et nous allâmes y assister. J'en ai conservé des photos, de Jai assis à mes côtés, tous les deux jeunes et heureux. Nous allâmes nager. Nous allâmes voir des chevaux et des concours hippiques, que nous aimions tous. Nous parcourûmes la campagne en nous arrêtant dans des auberges et des restaurants, tous gais et fleuris, emplis de musique tsigane. Nous bûmes les vins locaux et fîmes de longues promenades au cours des longues soirées estivales européennes. Je me souviens encore de mon unique moment d'angoisse un soir où les garçons demandèrent à l'orchestre de jouer la valse de la *Veuve Joyeuse* et ils me dirent alors sous forme de plaisanterie que ce serait bientôt la guerre et que je serais bientôt la Veuve joyeuse de la chanson.

Cela semble à présent inintéressant quand je le raconte. Je suppose que tout cela était pour moi magique uniquement parce que j'étais entourée par toutes les personnes que je chérissais le plus, et plus que tout, parce que j'étais jeune et amoureuse, avec Jai en permanence près de moi. Même avec le rose que mon bonheur peignait sur tout, il était toutefois difficile d'ignorer plus longtemps, durant la fin de l'été 1938, la menace de la guerre, et bientôt Ma sentit qu'il était temps pour nous de regagner Londres. Appréhensive comme elle l'était, je ne pense pas que ni elle, ni aucun d'entre nous ne

Ci-dessus : *Ma dans les années 1930.*
Ci-contre : *Jai et moi avec son chien.*

pouvait imaginer ce qu'une nouvelle guerre apporterait à chacun d'entre nous personnellement. Nous sentions tous une tragédie imminente pour l'Europe, et peut-être nous sentions inconsciemment que nos propres vies, en ce qui concernait nos visites en Europe tout du moins, allaient changer irrévocablement. Mais nous ne pensions pas du tout que la guerre allait devenir mondiale et qu'elle entraînerait tant de changement pour l'Inde aussi.

Lorsque nous sommes rentrés à Londres à la mi-septembre nous avons trouvé mon grand-père de Baroda très malade. Son unique soucis dans l'état désespéré où il était, consistait à pouvoir rentrer à Baroda, quelles qu'en soient les conséquences. Ma et ma grand-mère rentrèrent avec lui par un vol affrété. Peu de temps après, Menaka et moi reçûmes la triste nouvelle du décès de notre bien-aimé grand-père.

Quelques semaines plus tard, Menaka et moi partîmes en bateau pour l'Inde. Lorsque nous atteignîmes Bombay, Ma était sur la jetée pour nous accueillir, et à ma plus grande joie, Jai était à ses côtés. Le même soir, je reçus bien nettement mon premier rappel que j'étais de retour en Inde. J'allais juste partir pour les dépendances de Jaya Mahal, le palais de Baroda à Bombay où nous logions, lorsque Ma m'arrêta et me dit que cela ne se faisait pas qu'une jeune fille sorte sans être accompagnée en Inde. Nous étions partis depuis deux ans et j'avais presque oublié les règles qui menaient nos vies. Même si nous étions plus libres que la plupart des princesses indiennes et que nous n'étions pas tenues de rester au *purdah*, nous allions devoir ne plus aller au cinéma et aux restaurants sans accompagnement, et même pour aller faire de simples achats, nous devrions faire appel à notre gouvernante ou à un ADC. A l'écoute de toutes ces restrictions, je ressentis un vif tiraillement de nostalgie pour la liberté de ma vie à Londres – pour les bus et le métro et pour le fait d'être juste anonyme parmi la foule aux heures de pointe.

Plus tard durant la même soirée, alors que je commençais à me désoler de mon sort, Ma nous dit de nous vêtir et de mettre nos plus beaux saris car nous allions nous rendre au Willingdon Club, et Jai viendrait nous chercher. Je revins immédiatement à la vie et fouillai ma garde-robe pour y trouver le plus seyant de mes saris. Je n'avais jamais été au Willingdon Club en tant qu'adulte. Mes seuls souvenirs de ce lieu étaient ceux d'une enfant regardant le polo, aussi le fait d'y aller, et avec Jai, me rendit inhabituellement attentive à mon apparence.

Le Willingdon tenait une place assez particulière dans la vie de Bombay. Ce fut le premier club vraiment élégant qui fut ouvert aussi bien aux Indiens qu'aux Anglais, et où l'élite des deux sociétés se mêlait à pied d'égalité. Le club possédait de nombreux équipements pour toutes sortes de sports et de vastes terrains et de gazons surmontés des couleurs éblouissantes des fleurs tropicales, illuminées durant les soirées. Dans la journée les gens se rencontraient au très distingué Harbour Bar du Taj Mahal Hotel pour boire un verre avant le déjeuner, mais pendant les soirées, toute la haute société de Bombay se réunissait au Willingdon pour y boire un verre, assis dans les fauteuils en osier disposés sur les pelouses, sachant qu'on y rencontrerait ses amis et que les tables seraient poussées et agrandies au fur et à mesure que de nouveaux invités arriveraient. Les serveurs dans leurs longues tuniques blanches aux larges ceintures verts et turbans voletaient entre les tables tout en servant des consommations et de délicieux hors d'œuvre épicés.

Une fois arrivés, les nombreux amis de Ma et de Jai vinrent à leur rencontre pour les saluer ou pour rester en leur compagnie en buvant un verre. Notre table s'agrandit peu à peu. Tout ceci était très glamour, les femmes en saris magnifiques, les hommes en *achkans* ou en tenue de soirée, à pied d'œuvre pour la soirée, d'autres encore en tenue de sport, revenant tout juste d'une partie de golf ou de tennis après le travail. Pour moi il y avait aussi une part d'intrigue secrète, car au fur et à mesure que les gens se joignaient à nous, Jai et moi tâchions de rester assis l'un à côté de l'autre tout ce temps.

Notre séjour à Bombay fut court, et Ma nous amena à Calcutta où la saison allait juste commencer. J'y allai assez joyeusement car je savais que Jai nous y rejoindrait très bientôt. Nous nous installâmes dans le luxe familier de 'Woodlands' et nous préparâmes à ce que la saison batte son plein lorsque Lord Linlithgow, qui venait juste de remplacer Lord Willingdon en tant que Vice-roi, arriva avec sa famille pour passer leurs habituelles semaines à Calcutta.

Pour moi cet hiver-là fut la plus délicieuse saison à Calcutta dont je me souvienne. C'était la première fois qu'à 'Woodlands' j'étais considérée comme une adulte et même si je n'étais pas autorisée aux mêmes libertés que d'autres filles de mon âge, ce qui m'irritait tout particulièrement quand je voyais mes frères s'apprêtant pour une soirée en ville, il y avait tant de réjouissances auxquelles je pouvais assister avec Ma comme chaperonne. Comme d'habitude, la clé de mon bonheur était la présence de Jai à nos côtés, et je le vis constamment et presque à tous les repas. La plupart du temps nous étions en compagnie de tous les autres, mais à l'occasion nous parvîmes à nous échapper et il m'autorisa plusieurs fois à conduire sa voiture. Et bien entendu, tous les matins de bonne heure nous allions ensemble faire du cheval.

Jai, Bhaiya et Indrajit, très demandés, sortaient souvent ensemble. Ils avaient l'air si beaux, parés de leurs vestes boutonnées et de leurs *Jodhpur*. Tous étaient très grands, fins et beaux et on les prenait souvent pour des frères.

À eux tous, ils firent de 'Woodlands' un lieu plus vivant que jamais. À présent mes frères et sœurs, ainsi que Ma, invitaient des amis à séjourner. C'était un centre pour amateurs de sports. Bhaiya, qui jouait dans le championnat de tennis de l'East India, invita ses adversaires. Il organisa aussi des matchs de cricket sur le terrain du jardin, invitant l'équipe du Vice-roi et le Middlesex Cricket club, entre autres, à venir jouer. Beaucoup des amis de Bhaiya et d'Indrajit étaient des officiers de cavalerie de l'armée des Indes, et ils vinrent à Calcutta pour le polo et s'installèrent dans des tentes plantées dans notre jardin. L'un d'entre eux eut la surprise de sa vie alors qu'il rentrait dans la nuit à sa tente après une partie tardive, il se retrouva nez à nez avec un énorme éléphant mâle apparemment prêt à charger. Le jour suivant, il ne savait plus s'il avait eu une hallucination ou s'il avait réellement échappé à un danger terrifiant. Nous ne lui révélâmes jamais que nous connaissions l'éléphant en question. Il avait été ramené de Cooch Behar pour l'offrir à mon grand-père de Baroda pour son Jubilée de diamant. Ses défenses avaient été ornées de diamants, et il avait été rebaptisé Hira Prashad ('offrande de diamant') et amené au port pour être embarqué sur un navire en partance pour Baroda. Hélas, la grue qui le hissait céda. Il tomba sur le quai et se brisa une patte. Après cet incident il fut impossible pour lui de voyager jusque Baroda, et nous le gardâmes à 'Woodlands' dans des quartiers spéciaux, entouré d'un grand confort, tandis que sa patte se remettait.

'Belvedere', la résidence officielle du Vice-roi, se situait juste de l'autre côté de la rue de 'Woodlands', et nos voisins nous proposaient souvent à Bhaiya et à moi de venir jouer au tennis. Cela fut pour moi une nouvelle épreuve, car personne ne songea à m'informer que le Vice-roi ne changeait jamais de côté quand son partenaire servait. Je me souviens être restée hésitante sur la ligne de touche, me demandant quand est-ce qu'il se résoudrait à bouger et si j'aurais le courage de commencer à servir. Finalement il se retourna et me demanda, « Allez, Ayesha, qu'est-ce qui vous arrive ? Vous n'allez donc jamais commencer ? » Bhaiya, qui connaissait cette habitude du Vice-roi, se tordait de rire de l'autre côté du filet.

Pour une certaine occasion lui et moi fûmes invités à dîner au 'Belvedere' par la fille du Vice-roi, Lady Joan Hope. Ce fut la première fois que je dînai à la résidence du Vice-roi et je n'étais pas préparée au moment où, à la fin du dîner, les dames se retirèrent. La Vice-reine conduisit la cérémonie qui sortit de la salle à manger, et fit une profonde révérence à son mari sur le trajet. Les autres dames suivirent par deux, chacune se courbant vers le sol en une parfaite composition, tandis que je me demandais, paniquée, ce qu'il fallait que je fasse. Quand j'atteignis la porte je joignis simplement mes mains en un *namaskar*, espérant que le Vice-roi considérerait ce geste comme suffisamment respectueux.

Les soirées, les parties de tennis, l'équitation, assister aux matchs de polo, explorer tout ce qui composait semble-t-il la vie des adultes – tout ceci constitua les éléments qui parsemèrent ma vie à Calcutta, et je me réjouissais de tous ces moments. Tout de même, lorsque le temps fut venu de rentrer à Cooch Behar, chacun de nous apprécia de la même façon ce joyeux sentiment de rentrer chez soi que Cooch Behar nous donnait toujours. En tant que groupe, nous étions, frères et sœurs, très gais. Nous trouvâmes toujours des loisirs et des centres d'intérêt où que nous allions, en Europe ou en Inde. Mais Cooch Behar était l'endroit que nous préférions, et à cette occasion précise je le trouvai encore plus attractif qu'habituellement.

Ma n'était plus régente car Bhaiya était à présent en âge de régner, aussi passa-t-elle une bonne partie de son temps loin de nous à visiter Delhi, ou plus particulièrement Bombay, pour être auprès de ma grand-mère. En son absence j'agissais comme l'hôtesse de Bhaiya. C'était vraiment très drôle d'avoir à distraire des invités avec lui, à planifier les choses que nous ferions, à discuter des sorties que nous ferions peut-être. J'avais l'habitude d'écouter ses conversations avec les officiels et les conseillers, et j'offrais parfois mes suggestions. Il m'écouta toujours attentivement, même s'il souriait et qu'il me taquinait à propos des suggestions les plus folles et les moins réalisables.

Durant les soirées, après m'être baignée et habillée, au lieu d'aller dans la chambre de Ma comme j'avais l'habitude de le faire quand j'étais enfant, j'allais voir Bhaiya, même quand Ma était en résidence. J'attendais qu'il soit prêt puis allais avec lui au salon, marchant sur ses pas. En fait j'allais partout où je pouvais avec Bhaiya, avec une telle constance qu'Ila me surnomma 'l'ombre'. Je trouvais tout cela aussi réjouissant que notre saison à Calcutta, je préférais même la vie détendue, informelle de la campagne à Cooch Behar, à la vie sociale des grandes villes.

La vie à la campagne avait toutefois ses moments privilégiés. Un jour je me trouvai sans l'avoir voulu chargée d'une battue. Un tigre avait semé la panique parmi les villageois en tuant leur bétail, aussi Bhaiya et un ami anglais, Sir Robert Trockmorton, décidèrent d'aller l'abatrre. Ils s'installèrent toute une nuit dans un *machan*, sorte de plateforme placée haut dans un arbre, mais ne parvinrent qu'à blesser le tigre. Bhaiya devait partir le lendemain pour assister à une session à la Chambre des Princes, une assemblée de tous les dirigeants des États qui se rassemblait tous les ans à Delhi pour discuter de leur problèmes communs et consulter et informer le Vice-roi à l'égard de la situation dans leurs États. Il ne pouvait échapper à cette important rendez-vous et il dû nous quitter avec entre les mains un tigre qui était à la fois mangeur d'hommes et blessé. Sir Robert, Baby et moi, avec l'ADC en charge de la chasse, le maître de chasse du personnel de Cooch Behar, et un autre chasseur expérimenté, nous mîmes tous en route pour traquer le tigre. Nous avions besoin de deux éléphants, Baby et l'ADC montés sur l'un d'entre eux, Sir Robert et moi sur l'autre, et huit autres éléphants pour nous accompagner, et nous pénétrâmes prudemment dans la petite portion de jungle où le tigre avait été repéré.

Nous progressions en une longue ligne très étendue, chevauchant nos montures avec chacun un fusil de chaque côté. Nous étions tous aussi silencieux que possible, et la tension montait à chaque pas des éléphants. Et soudain les éléphants détectèrent le tigre et se mirent à barrir. Le tigre poussa un feulement terrible, chargea tout à coup depuis le sous-bois et attaqua l'éléphant le plus proche, qui se trouvait transporter le maître de chasse. L'éléphant fit une embardée, mettant à bas l'homme, et s'enfuit dans la jungle avec le *mahout* qui essayait désespérément de le contrôler. Le tigre battit en retraite dans la jungle, nous laissant incertains de l'endroit où le chasseur était tombé ou s'il avait été tué. L'effroyable silence se prolongea pendant environ une demi-heure, sans qu'aucun d'entre nous n'ose faire un mouvement. Puis le tigre chargea à nouveau, cette fois-ci contre l'éléphant transportant Baby et l'ADC, qui fuit dans la jungle avec ses passagers, me laissant moi, extrêmement tendue, en charge du premier coup de feu. À mon grand soulagement, Sir Robert parvint à abattre le tigre alors qu'il se lançait dans sa dernière charge, le chasseur ne fut pas gravement blessé et le jour s'acheva avec les villageois qui entouraient joyeusement le tigre mort qui leur avait causé tant de tourments.

En avril 1939, Ma loua une maison au Cachemire. Avec son énergie habituelle elle se mit à la décorer entièrement, même si nous n'étions là que pour huit mois. Elle semblait connaître, par je ne sais quel sixième sens, les meilleurs endroits où acheter les plus beaux tapis et accessoires, où trouver les plus talentueux artisans et les meilleures boutiques. Elle n'était satisfaite de rien de ce qu'elle trouvait déjà prêt et, au lieu de cela, elle commandait des meubles en noyer finement façonnés, des coussins brodés, et un grand drap de laine blanche pour sa chambre. Notre été passa plaisamment, marqué par les matchs de polo, les tournois de badminton, les pique-niques et les visites aux amis. Bhaiya, qui était alors rattaché au Septième Light Cavalry Regiment, vint nous ravir de sa présence et prendre part aux tournois de polo. Indrajit, qui était alors à la Military Academy à Dehra Dun, nous rejoignit également pour le polo. Ila, à présent mère d'un petit garçon et d'une fille, vint habiter la *houseboat* que Ma avait louée pour elle. Ma grand-mère avait aussi pris une maison à Srinagar, la capitale du Cachemire, et avait amené avec elle sept de nos cousins de Baroda. Pour ajouter à notre cercle social, le Nawab de Pataudi, le célèbre joueur de cricket, vint au Cachemire pour sa lune de miel après son mariage avec la princesse de Bhopal et organisait souvent des matchs de cricket et de hockey auxquels nous participions tous avec enthousiasme.

Le Cachemire est une région incroyablement belle et nous pique-niquions souvent dans les jardins ornementaux de Shalimar et de Nishat Bagh, où nous nous rendions dans ces barques en forme de gondoles (*shikara*) qui portaient des noms tels que 'Sweet Honymoon' ou 'Lovers' Nest'. Et quand septembre vint, Jai arriva à Srinagar pour rendre une visite officielle au Maharajah du Cachemire dans son palais et vint habiter avec nous par la suite. À partir de ce moment-là je vécus sur un petit nuage car nous allions ensemble tous les matins faire de l'équitation, et avec Baby et Menaka comme chaperonnes nous allions à la chasse à l'ours ou pour des pique-niques ou des promenades en *shikara*. Je me souviens de toute cette période comme la dernière idylle de mon enfance.

Jai ne resta que peu de temps, car avec la menace de la guerre il dut retourner à ses devoirs à Jaipur, pour former ses troupes et préparer l'état de guerre. Peu après, j'étais assise sur le quai d'embarquement sur le bord de la rivière près du Srinagar Club après une partie de tennis et j'appris que la guerre avait été déclarée en Europe. Même si nous nous y attendions d'une certaine manière, nous en fûmes tous choqués. Pour nous l'impact le plus immédiat de cette nouvelle fut que tous les officiers en permission durent retourner tout à coup dans leurs régiments. Nous restâmes dans un Srinagar à demi déserté, encore pris dans nos habitudes d'un été sans soucis.

La première nouvelle déchirante qui me frappa vint un après-midi de novembre alors que nous rentrions du golf pour trouver un message urgent. L'avion de Jai s'était écrasé. Il était inconscient et gravement blessé. Je sentis mon cœur s'arrêter de battre. J'avais souvent lu dans des romans à l'eau de rose comment le cœur de l'héroïne manquait de battre pour un instant à un moment particulièrement intense, mais je n'avais jamais imaginé de vivre une réaction aussi improbable. Ce fut alors pour la première fois que je compris pleinement à quel point je l'aimais. Cette nuit-là je ne pus fermer l'œil ; au lieu de cela je restai assise, désespérée, sans pouvoir même pleurer, mais incapable de penser à autre chose qu'à Jai et à ne souhaiter qu'être là près de lui. Ma fut très compréhensive mais fut très claire sur le point qu'une jeune fille non mariée ne pouvait aller seule à Bombay. Le jour suivant un télégramme nous parvint, nous disant que s'il était encore sérieusement blessé, il était considéré comme hors de danger.

Accablée de soulagement, j'écoutais le récit de l'accident. Alors que l'avion de Jai survolait Bombay, un vautour avait heurté une aile. Le pilote ne tint pas compte de cet incident et à son approche de l'aéroport de Bombay, l'avion tomba comme une pierre d'une hauteur de 500 pieds. Le pilote fut tué sur le coup, et Jai fut tiré de la carcasse de l'appareil, inconscient et avec les chevilles brisées. Le Gouverneur de Bombay, Sir Roger Lumley insista que Jai fût transporté de l'hôpital, auquel il avait été emmené, au Government House où il fut surveillé par une équipe de médecins et d'infirmières.

Je continuai à être obsédée par l'état de santé de Jai après avoir quitté le Cachemire pour New Delhi et même après que Jai soit assez remis pour regagner Jaipur. Ma lui rendit visite, et j'attendis anxieusement une lettre ou un télégramme. Au lieu de cela, Ma m'appela au téléphone et me dit que Jai voulait me voir et envoyait une voiture pour m'amener de New Delhi à Jaipur. Sur le chemin j'étais très nerveuse, me demandant dans quel état j'allais trouver Jai à mon arrivée. Il marchait à l'aide de béquilles, mais son moral était au plus haut. Je ne restai que deux jours – il n'aurait pas été correct de rester plus longtemps – mais ce fut suffisant pour me prouver que Jai allait mieux et plus optimiste que jamais. Au moment où je partais, nous nous promîmes de nous écrire tous les jours – ce que nous fîmes, jusqu'à ce qu'il vienne auprès de nous à Calcutta pour la saison de polo, cette fois en qualité de spectateur. Son infirmité eut pour moi certains avantages. Il devait être aidé en tous ses mouvements, et j'étais autorisée, à ma grande fierté, à le conduire un peu partout dans sa nouvelle voiture de sport à deux places.

Avant que Jai ne quitte Calcutta, il dut subir une discussion sérieuse avec Ma à propos de notre futur. Je pus y assister en tant que spectatrice silencieuse. Jai soutint que même si les deux années prescrites par elle n'étaient pas encore arrivées à leur terme, la guerre avait poussé les évènements à un point critique, et il convainquit Ma que le mariage était maintenant inévitable. Ma, je le pense, avait abouti aux mêmes conclusions. Elle dit tout juste, « D'accord, le mariage aura lieu dans un an ». Mais en mon for intérieur je n'étais pas convaincue qu'elle le pensât vraiment, et Jai devait partager mon scepticisme. Il m'offrit une magnifique bague de diamants et il me dit que je ne devais laisser personne savoir qu'il s'agissait d'un cadeau venant de lui, mais je devais la porter en permanence.

Je ris et lui dis que personne ne pourrait croire que je sois sortie pour m'acheter une telle bague. Il se mit à rire lui aussi, et nous décidâmes que je ne devrai la porter que la nuit au moment d'aller dormir. Je savais que Ma n'aurait pas apprécié de savoir que j'avais accepté une telle bague aussi visiblement précieuse de la part de Jai ; personnellement je n'accordais pas tant de valeur aux bijoux à cette époque et je me serais contentée de n'importe quel bibelot que Jai m'aurait offert. J'éprouvais même un certain plaisir à la garder pour moi-même et je l'admirais à mon doigt quand j'étais seule.

Plus tard dans l'année, lorsque Ma partit pour sa visite annuelle à Delhi, Jai l'y rencontra et la persuada que les noces ne pouvaient vraiment pas attendre la fin de l'année. Il voulait se marier dès que possible. Au mois de mars 1940, à quelques mois de mon vingt-et-unième anniversaire, elle nous donna sa bénédiction et son approbation, mais tout devait rester secret jusqu'à ce que Jai en informe sa famille et vienne à Cooch Behar pour la cérémonie de fiançailles. Finalement les pandits, les prêtres brahmanes et les experts furent consultés et décidèrent d'une date auspicieuse pour notre mariage : le dix-sept avril.

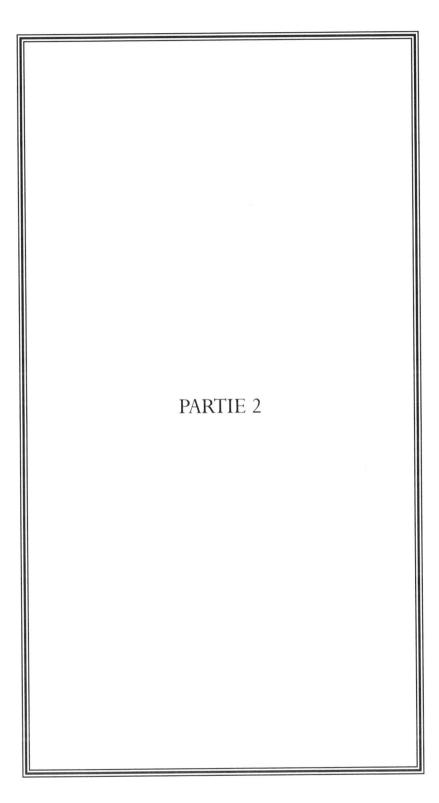

PARTIE 2

CHAPITRE 9

Notre Mariage

La nouvelle de mes fiançailles provoqua dans le cercle familial beaucoup de commérages et de prédictions sinistres, ainsi que des inquiétudes sincères. À la fierté suscitée par mon mariage avec le prestigieux Maharajah de Jaipur se mêlait de réels soucis quant à mon statut de troisième épouse.

Ila fit remarquer que je manquais tellement de cran en présence de Jai qu'elle ignorait complètement comment j'allais ménager le caractère flirteur de Jai. Indrajit exprima en badinant son regret que Jai, son héros, se soit abaissé à une alliance avec « le manche à balai ». Ma prédit d'un air morose que je ne serais tout simplement que « la dernière arrivée dans la nursery de Jaipur ».

Bhaiya, le plus inquiet d'eux tous, me fit monter dans sa chambre pour s'entretenir avec moi en privé. Après un long préambule, il en vint au point véritable de son discours: il me fallait assumer le fait que Jai était fort séduisant auprès des femmes, et que les femmes, pour leur part, l'attiraient elles aussi énormément, et que je ne devais pas en faire une montagne ni lui faire des scènes de jalousie à ce sujet.

Il s'efforça de me rendre les choses bien claires, prenant son propre exemple : « Tu sais que j'ai beaucoup d'amies — cela ne représente rien de sérieux — mais les hommes sont souvent comme cela. Et Jai, lui aussi, craque pour les femmes. Ce n'est pas tout simplement parce qu'il t'épouse qu'il faut t'attendre à ce qu'il renonce à toutes ses amies. »

Je me souviens d'en avoir été indignée : « Mais si, je m'y attendrai très certainement. Après tout, s'il m'épouse, pourquoi aura-t-il donc besoin de toutes ces autres filles?»

« Écoute, reprit Bhaiya patiemment, c'est la guerre. Il se peut que Jai ou moi soyons envoyés n'importe où. Quand je me rends à un nouveau lieu et que je rencontre de nouvelles filles, j'aime sortir avec elles. Jai ne va pas arrêter d'aimer les filles ou de sortir avec elles, tout simplement parce qu'il s'est marié avec toi. Et vraiment, il ne faut que tu t'en fasses. »

« Mais si justement, ça va me faire de la peine. »

« Mais tu ne devrais pas — ce ne sera pas du tout avec l'intention de te faire de la peine. »

« Je ne peux pas le croire. Si je suis sa femme, pourquoi aura-t-il besoin d'amies ? »

« Mais enfin, écoute, Ayesha. Je ne suis pas un mauvais homme, n'est-ce pas ? Je ne ferais pas intentionnellement de peine à quelqu'un, non ? »

« Non, bien sûr que non. »

« Mais est-ce que tu comprends qu'il se peut que je continue à avoir des copines même si j'étais marié?»

« Vous êtes différents », répondis-je, sachant par intuition fraternelle que Bhaiya ne changerait jamais d'habitudes, mais refusant d'admettre que Jai pût être comme lui. »

Exaspéré, Bhaiya haussa le ton : « Mais il faut tout de même que tu te rendes compte que Jai aussi est un homme. Il a beaucoup d'amies. Et cela ne veut strictement rien dire ! »

« Alors, pourquoi est-ce que moi aussi, je ne devrais pas faire pareil ? » rétorquai-je avec rancune, tout en sachant que j'étais bien trop amoureuse de Jai pour pouvoir envisager le moindre flirt avec un autre. »

« Ah non, non ! Bhaiya semblait presque choqué. Les filles sont différentes. »

« Elles le sont certainement, consentis-je émue. Quand Jai sera absent, il me manquera et je resterai probablement là à broyer du noir. »

« Mais les hommes ne font pas cela. Je t'en prie, essaie de comprendre. Il est fort probable que Jai t'aime effectivement et qu'il veut t'épouser, mais cela n'a rien à voir avec le fait qu'il soit attiré par d'autres filles. Les hommes sont comme cela. Cela n'a strictement aucune importance. »

« Pour moi, cela en aurait beaucoup. Je ne pourrais pas le supporter ! » répondis-je.

Bhaiya poussa un profond soupir et reprit son sermon depuis le début. Jai, m'expliqua-t-il, était d'un naturel chaleureux et démonstratif. Il ne pouvait pas s'empêcher de le montrer, et – il faut l'admettre – c'est bien vrai qu'il aimait les femmes, et il était bien attiré par elles, comme elles par lui. Je continuai à insister que rien de tout cela serait vrai après que nous serions mariés ; il m'aimait et rien au monde le persuaderait de me tromper avec une autre, peu importe le nombre de femmes qui se jetteraient sur lui. Bhaiya conclut, d'une voix désespérée : « Ne viens surtout pas me dire après que je ne t'ai pas prévenue. »

Même à ce moment-là, en dépit de mes protestations, quelque part je savais que Bhaiya avait raison. Et en effet, après notre mariage, Jai et moi avions régulièrement des querelles explosives à propos de son habitude désinvolte de dire : « Bonjour, beauté » ou « Comment va mon ensorceleuse ? » à des femmes que nous connaissions, et de les embrasser sur la joue. Ces querelles se terminaient toujours par mes paroles froissées pleines de dépit : « Il n'y a rien à faire. Je ne comprends vraiment pas. »

En raison de la guerre, Jai dut repartir pour Jaipur immédiatement après nos fiançailles, tandis que nous retournions à Calcutta. Tôt le lendemain matin, lorsque Ma vint me réveiller pour sortir à cheval – nous faisions toujours une promenade à cheval à l'aube sur le terrain de course, quittant « Woodlands » alors qu'il faisait encore sombre – elle me trouva affligée d'un mal de gorge douloureux et d'une température élevée. Un docteur fut convoqué et diagnostiqua une diphtérie. Nous étions juste à un mois de mon mariage.

Tout au long de ma convalescence, des lettres impatientes me parvinrent de Jai. Il ne voulait rien entendre du conseil du médecin, comme quoi nous devions attendre plusieurs mois avant de nous marier, ce qui me donnerait assez de temps pour la longue convalescence que nécessitait la diphtérie. Il était décidé à ce que le mariage eût lieu le 17 avril, comme l'avaient suggéré les astrologues. Lorsque Ma lui expliqua que j'étais très faible et qu'il ne fallait pas que mon coeur se fatigue, mais au contraire que je devais prendre du repos, du repos, et du repos, Jai répliqua qu'il n'était pas un sauvage ; il prendrait soin de moi et veillerait à ce que je ne fasse rien qui me fatigue. Et, comme d'habitude, il obtint ce qu'il voulait.

Les préparatifs de notre mariage commencèrent aussitôt. Ma, avec sa remarquable prévoyance, avait déjà acheté une bonne partie de mon trousseau en Europe, sachant qu'il était peu vraisemblable que nous y retournions avant un certain temps. Elle avait commandé des draps et des serviettes à Florence et en Tchécoslovaquie, des chaussures et des sacs assortis chez *Ferragamo* à Florence, des chemises de nuit en mousseline de soie à Paris, et une foule d'autres choses encore. Tout aussi typique de Ma, elle avait oublié le trousseau quelque part en Europe et ni elle ni personne d'autres ne pouvait se rappeler où il se trouvait. Finalement, on le découvrit au *Ritz* à Paris et il finit par arriver une semaine environ avant le mariage, par la mer.

Il fallut acheter le reste de mon trousseau à Calcutta mais je me trouvais à cet âge contrariant où je refusais de m'intéresser à tout autre chose qu'à mes vêtements de sport. Les seuls endroits où je consentisse à me rendre étaient deux magasins anglais où je pouvais commander des pantalons et des chemises de tennis. Ma réussit finalement à me persuader de commander quelques saris, mais ce fut une vraie catastrophe. Je me rendis dans une boutique, une boutique de saris – *Glamour* – dont je connaissais le propriétaire depuis toujours. Pendant que je faisais mes achats à toute allure et sans la moindre attention, son visage ne cessait de s'allonger. À peine étais-je partie qu'il téléphona à Ma, la suppliant de se rendre à la boutique pour voir ce que j'avais choisi. Elle arriva dans un état d'esprit judicieux, mais lorsqu'elle vit ce que j'avais mis de côté, elle ne put plus se contenir. « N'importe quoi, c'est vraiment du n'importe quoi ! », s'exclamait-t-elle devant chacun des saris que j'avais sélectionnés. Elle quitta le magasin d'un air impérieux, observant que l'unique avantage de ma sélection était qu'il pouvait avoir du succès au Rajputana, où les gens pourraient trouver un certain plaisir dans leurs couleurs éclatantes et criardes. Mais pour elle et sa fille, il n'en était pas question. Elle s'engagea à faire elle-même les achats et lorsqu'elle eut terminé, je me trouvais en possession de plus de deux cents saris de divers genres, en mousseline unie ou imprimée, avec ou sans bordures, certains brodés à la main, d'autres comportant les motifs en appliqué, quelques-uns brodés d'or et d'autres en soie simple et épaisse. Chacun était superbe et au cours des années qui suivirent, je fus profondément soulagée que ma propre sélection ait été rejetée.

D'autres préparatifs pour mon mariage continuaient à se faire pendant ce temps à Cooch Behar. On ne put inviter autant de parents et d'amis que nous eussions aimé, car beaucoup de trains avaient été réquisitionnés pour la guerre : cela aurait été difficile pour nos invités de voyager parmi la foule qui s'entassait dans les wagons restant à la disposition des civils. Deux cents personnes environ étaient attendues – un petit nombre selon les normes des maisons princières – qui arriveraient accompagnés de leurs domestiques. Il faudrait les loger et les nourrir pendant une semaine au moins. Comme le palais et les trois hôtels d'État ne suffisaient pas pour héberger un nombre si important de personnes, on dressa des tentes luxueusement aménagées et l'on transforma en dortoirs des écoles et bâtiments publics de la ville pour loger les membres de différents personnels.

Jai était censé se déplacer à Cooch Behar avec une suite d'une quarantaine de nobles, dont chacun amènerait ses propres domestiques. Il fallait donc organiser la restauration à une très vaste échelle. Outre les hôtes du palais, tous les dignitaires de la ville devaient être conviés aux repas, et il fallait en outre envoyer des mets spéciaux aux Brahmanes, aux pauvres et aux prisonniers, ainsi qu'aux gardes du palais et à notre personnel.

Toute la ville de Cooch Behar prit un air de fête. On illumina tous les bâtiments publics et toutes les demeures privées. On érigea des arcs de triomphe dans les rues par lesquelles le marié allait passer. Afin de divertir les citadins et les villageois qui viendraient pour l'occasion, un spectacle spécial de feu d'artifice avait été prévu, suivi, deux jours plus tard, par un match de hockey avec Jai et Bhaiya chacun à la tête d'une équipe.

Tous les préparatifs s'achevèrent et le groupe de mes parents de Baroda arriva le premier avant les autres invités. Nous allâmes à Calcutta à leur rencontre. Nous avions prévu de nous mettre en route pour regagner Cooch Behar lorsqu'un accident effrayant survint. Le frère préféré de Ma, mon oncle Dhairyashil, tomba dans les escaliers et se fractura le crâne. Cette nuit même, il mourut à l'hôpital. Nous tous, mais surtout Ma, étions effondrés. Il avait été tant aimé de tous et chacun que son décès emplit toute la maisonnée d'une profonde tristesse, et nous avions à peine le cœur de continuer les préparatifs de mon mariage. Nos parents de Baroda repartirent chez eux pour assister à l'incinération et observer la période de deuil. Ma ne les accompagna pas. La cérémonie du mariage et tous les préparatifs furent remis à plus tard et les pandits furent convoqués pour se prononcer de nouveau sur la prochaine date propice pour notre mariage. Ils indiquèrent le 9 mai.

Même un tel drame, qui me touchait de si près, ne pouvait abattre complètement mon émotion à propos d'être, au moins, mariée à Jai. Au fur et à mesure que la date du mariage approchait, je commençai à recevoir de magnifiques présents. Mon favori était une superbe Bentley noire offerte par le Nawab de Bhopal. Lorsque je la vis pour la première fois traverser la ville, je présumai qu'elle était destinée à l'usage personnel du Nawab pendant son séjour à Cooch Behar. Quand il m'en fit officiellement présent, il me demanda avec hésitation si elle me plaisait vraiment ou si peut-être je ne préférerais pas un bijou. Je lui répondis catégoriquement qu'il n'y avait pas le moindre doute dans mon esprit. Et cette voiture me permit en outre de goûter le plaisir supplémentaire de pouvoir triompher auprès d'Indrajit, qui trouvait vraiment excessif qu'une « simple fille » possédât une Bentley. Même Jai manifesta un intérêt excessif pour ma Bentley, et j'eus la faiblesse de consentir à l'échanger contre une Bentley bleue plus ancienne qu'il avait à Jaipur. Deux autres cadeaux tout à fait grisants que je reçus étaient un Packard à deux places, offert par un des nobles de Jaipur, et une maison à Mussoorie, dans les contreforts de l'Himalaya, de ma grand-mère de Baroda. Par comparaison, tous les autres cadeaux, aussi magnifiques qu'ils fussent semblaient moins impressionnants – pour la plupart des bijoux. Ma propre famille m'offrit un jeu de bijoux en rubis, spécialement commandé de Chinmanlal Manchand, un bijoutier célèbre de Bombay. Ces bijoux comprenaient un anneau de nez monté en clip, un compromis ingénieux, car les filles sont en effet censées porter un anneau de nez après leur mariage, mais ma narine n'était pas percée pour que je puisse en porter un du modèle habituel. Jai ne m'offrit son cadeau - un collier de diamants - qu'après notre mariage.

Trois jours avant la cérémonie du mariage, je dus me soumettre à tous les préparatifs traditionnels. Je dus me baigner dans des huiles parfumées, et me frotter la peau avec de la pâte de curcuma pour la rendre plus belle. Je dus accomplir toutes les dévotions et les prières prescrites, et par la suite faire un jeûne pendant les vingt-quatre dernières heures. Bhaiya était celui qui allait me donner en mariage et il dut jeûner également. Je passai la nuit précédant le mariage à discuter avec Menaka et Baby.

Jai devait arriver le matin, et devait être logé dans une pension de famille avec sa suite. Le premier signe que j'eus de son arrivée me parvint lorsque j'entendis le tir des dix-neuf coups de canon en signe d'hommage. Et ce fut seulement à ce moment-là que j'éprouvai enfin la certitude qu'après toutes ces années d'attente, j'allais véritablement épouser mon bien-aimé.

Peu de temps après l'arrivée de Jai, on apporta en procession au palais les cadeaux habituels du mariée à sa future épouse, qui furent disposés cérémonieusement dans la salle du durbar. Ils comprenaient des bijoux et ornements traditionnels du Rajputana destinés à la mariée, et en outre de cela, dix ou douze ensembles de tenues qu'impose également la tradition, et d'innombrables plateaux de fruits secs, de noix, de raisins ainsi que d'autres aliments propices.

Puis on plaça différents objets sur mes genoux, une tradition particulière à Cooch Behar (j'étais censée les tenir pendant toute la journée jusqu'à la fin de la cérémonie du mariage) – une conque liée par l'argent, un petit miroir d'argent avec un paquet contenant du bétel et de la noix d'arec serré au poing, une poignée de riz mélangé à de la poudre rouge propice que nous appelons *kumkum*, emballée dans une feuille de bananier – toutes ces choses étaient des symboles de bonne chance, de longévité pour mon époux et de fécondité pour moi. Ainsi chargée, j'allai réciter les prières spéciales de la mariée et faire des offrandes à ce dieu de l'universelle bienveillance, Ganesha à la tête d'éléphant, et puis je m'installai pour une attente qui me sembla interminable.

J'appris, plus tard, que Jai avait téléphoné à Ma, lui demandant s'il pouvait venir prendre l'apéritif avant le déjeuner, et qu'elle avait répondu : « Certainement pas ! Avez-vous oublié que c'est le jour de votre mariage ? Personne d'entre nous ne doit vous voir avant la cérémonie ! »

Pendant des jours et des jours, le palais avait bourdonné d'activité alors qu'on sortait toutes les parures traditionnelles des noces et qu'on rassemblait toutes les choses convenables. Sous l'oeil exigeant de Ma, il y eut des répétitions, auxquelles j'avais assisté, de sorte que je savais exactement comment le lent déroulement de mon jour de mariage aurait lieu. On entendait partout de la musique depuis l'aube, qui continua dans l'après-midi également, atteignant son apogée le soir lors de la véritable consécration du mariage. Le son grave et pénétrant des conques et la musique plus légère et plus gaie des instruments de roseau qu'on appelle *shehnai* ponctuée par le rythme des tambours emplissaient l'air.

Je fis tous les cérémoniaux nécessaires pour être habillée et ornée de bijoux. J'ai horreur qu'on soit aux petits soins pour ma personne, mais je me forçai à rester debout tranquillement pendant qu'on accomplissait cette partie essentielle du rituel. En Inde, parer la mariée est une cérémonie en elle-même et un groupe de femmes mariées jacassantes me préparèrent sous le regard de mes amies qui m'encourageaient en souriant. Dans l'agitation et la confusion, mes cous-de-pied se trouvèrent teints de henné, je fus revêtue de mon sari et ornée de mes bijoux, et l'on me passa un par un les bracelets d'ivoire des mariées du Rajputana. Finalement, on me décora le front avec de la pâte de santal et je fus enfin prête.

Tout à coup, on entendit le grondement des canons et l'orchestre commença à jouer pour accueillir Jai. C'était le signe que la procession du marié était arrivée aux portes du palais et en un rien de temps, toutes mes compagnes filèrent pour assister à son arrivée. Grâce à mes souvenirs des répétitions, je pouvais imaginer sans difficulté la splendeur du spectacle. Tout d'abord, quelques « messagers » défileraient dans la longue allée, suivis

Jai arrivant à notre mariage.

La cérémonie du mariage.

d'une troupe de danseuses, puis d'une procession de quarante éléphants et de nombreux chevaux ; derrière venaient les orchestres, et finalement le marié, suivi de ses invités, les nobles de Jaipur, et le reste de sa suite.

En passant le seuil, Jai leva son épée pour toucher le linteau pour signifier qu'il venait en tant qu'époux. Il fut alors accueilli dans la salle du durbar par les dames du palais, les membres de la famille et les épouses des nobles, des courtisans et des amis invités. Elles portaient des plateaux d'argent contenant les offrandes appropriées : du *kumkum*, du curcuma, une noix de coco, des piments et d'autres épices, et une petite lampe à huile pour représenter le feu sacré. Elles balançaient lentement ces plateaux devant Jai en un mouvement de va-et-vient en chantant des prières.

On m'avait laissée seule dans le dressing-room, me sentant trop nerveuse pour même m'asseoir pendant que tous les autres s'agitaient autour du marié. Finalement quelques-unes des femmes revinrent tout de même pour apporter les touches finales à mes vêtements et à mon apparence et pour m'escorter jusqu'au palanquin d'argent dans lequel je devais être assise lorsque les hommes de ma famille me porteraient dans la cour.

Sur le fond sonore pénétrant de la musique et des psalmodies du prêtre, la cérémonie du don de la mariée eut lieu. Auparavant, comme c'est la coutume à Cooch Behar, Jai et moi avions échangé des guirlandes de fleurs. Le pavillon de noces ou le *mandap* comme on l'appelle traditionnellement, avait été érigé dans la cour principale. Au moment de son installation, des prières et des offrandes appropriées avaient été faites. Mon frère aîné, Bhaiya, accomplit la cérémonie de don de la mariée. Les mariages hindous durent très longtemps et le prêtre n'en finissait pas et ne donna aucun signe de vouloir en finir, et j'entendis Jai murmurer à Bhaiya : « Est-ce qu'on pourrait demander à ces rigolos quand ils comptent achever leur spectacle ? » Il semblait tout aussi fatigué et impatient que moi-même.

Finalement, les dernières réponses furent faites, les dernières prières furent prononcées, et nous quittâmes le pavillon dans la cour pour nous rendre à l'étage où la famille nous attendait. Nous devions effleurer les pieds de tout le monde, un moment bizarre pour Jai, car il devait faire preuve de son obéissance même à Indrajit, qu'il avait toujours traité comme un jeune frère insignifiant qu'il pouvait taquiner à volonté. En lui touchant le pied, il lui murmura : « Pour la première et la dernière fois ! »

Nous partageâmes ensuite le *thal* traditionnel et je lui offris la première bouchée de riz avec mes doigts, et il fit de même à son tour pour moi. Nous avions prévu une bouteille de champagne reposant sur un lit de glaçons pour accompagner ce repas rituel. Après cela, Jai partit rejoindre les autres hommes, tandis que mes amies et soeurs restèrent auprès de moi, et Indrajit faisait de temps en temps des apparitions pour voir comment je me sentais.

Lorsqu'il me fut permis de me changer, j'avais de la peine à croire qu'il ne s'était écoulé que quelques heures depuis que j'avais été revêtue dans toute ma splendeur. Je ne me sentais pas encore vraiment mariée ; j'avais si peu vu Jai. Toutefois, énormément soulagée que tout se soit bien passé, je pouvais enfin me détendre et attendre le moment où Jai en aurait terminé avec sa part des cérémonies, et où nous pourrions enfin nous retrouver seuls.

Le lendemain de notre mariage, il y eut un banquet pour les hommes au cours duquel Jai, Bhaiya et Indrajit devaient tous prononcer des discours, et leurs amis et eux étaient divertis par de la musique indienne et des danseuses. Entre-temps, nous prîmes pour notre part un dîner entre femmes. Pendant la journée, il y avait eu des manifestations sportives et des tournois spéciaux tenus pour le divertissement des visiteurs. Les célébrations continuèrent toute la semaine à Cooch Behar, mais dès le troisième jour, Jai et moi partîmes en voyage de noces, une coutume européenne que nous avions décidé d'adopter.

Quitter Cooch Behar était bien triste. Les servantes étaient toutes en larmes tandis que Ma, encore bouleversée par le décès de mon oncle, semblait tout à fait inconsciente du fait que je quittais la maison pour de bon. Ce mélange de pleurs et d'indifférence me rendit triste, peu sûre et proche des larmes.

Au départ, Jai et moi avions projeté de nous rendre à Ceylan, car ni lui ni moi n'y avions jamais été, mais finalement, en raison de la difficulté de voyager en temps de guerre, nous fixâmes sur Ooty, une station de montagne dans le sud de l'Inde. Indrajit, qui rejoignait son régiment, nous accompagna jusqu'à Calcutta.

Ce fut au cours de ce voyage que j'eus ma première expérience avec le *purdah*. Lorsque nous arrivâmes à la gare de Calcutta, notre wagon fut entouré d'écrans de toile. Puis une voiture s'avança vers le quai, munie de rideaux séparant le chauffeur des sièges des passagers et masquant toutes les vitres à l'arrière. On me poussa du wagon du train jusqu'à la voiture, cachée

Une photo des nouveaux mariés.

Jai et moi au Palais de Cooch Behar.

à la vue de tous les passants. Indrajit m'accompagnait à la demande de Jai, et il me demanda tout bas si Jai avait l'intention de me maintenir de cette manière claustrophobe tout le temps. Vu qu'un des membres de la suite de Jaipur était assis sur le siège avant, je ne pus que mettre un doigt sur les lèvres et hausser les épaules. Nous devions passer la nuit à « Woodlands », et là aussi dès notre arrivée, le groupe de Jaipur écarta fermement tous les domestiques de sexe masculin bien que je connusse la plupart d'entre eux depuis toujours. Le lendemain, lorsque Indrajit partit, j'avais l'impression que mon dernier allié me quittait et ne pus plus retenir mes larmes. Jai, avec sa bonne humeur habituelle, fit remarquer simplement qu'il avait cru comprendre que j'avais voulu l'épouser de mon propre gré.

Mais dès le lendemain, lorsque nous partîmes pour Madras, j'avais retrouvé le moral, même si je restai consciente d'une manière légèrement troublée que ma brève expérience du *purdah* n'était que la première des nombreuses situations intimidantes qui m'attendaient. J'étais toujours très impressionnée par Jai et restais désespérément anxieuse de tout faire de manière appropriée, tout en étant souvent incertaine de ce qu'exigeait l'étiquette. Par exemple, lorsque les neveux de Jai vinrent nous rendre visite dans notre compartiment, je me trouvai dans l'embarras, me demandant s'il serait inconvenant de leur parler, ou si le silence serait au contraire jugé grossier.

Une fois que nous arrivâmes à Ooty, tout devint intime et facile. Nous séjournions dans l'annexe de la grande maison qui appartenait à la famille de Jodhpur, celle dont étaient issues les deux premières épouses de Jai. Quelques-uns des jeunes enfants de Jodhpur logeaient dans la maison principale, et ils venaient prendre le goûter avec nous. Nous jouions au tennis avec leur personnel et tout semblait très amical et naturel. Étant toujours en convalescence de ma diphtérie, je me promenais moins que d'habitude à cheval, mais de temps en temps nous suivions une chasse, et faisions de nombreux pique-niques. Jai adorait les pique-niques et pendant ce mois nous dûmes visiter tous les sites remarquables de la région. Certains de nos amis se trouvaient aussi à Ooty, et souvent nous les recevions ou bien fûmes reçus par eux – il s'agissait toujours de soirées tout à fait informelles pour l'apéritif ou pour le dîner. Lorsqu'il y avait un dîner ou une réception officielle à l'hôtel du gouvernement, Jai s'y rendait seul. Bien que je ne fusse pas exactement dans le *purdah*, Jai préférait ne pas courir le risque, aux réceptions, où pouvaient

Un portrait photographique de Jai et moi, (les années 1930).

se trouver des princes plus âgés, aux idées plus orthodoxes, de me mettre dans la situation embarrassante d'être la seule Maharani à montrer son visage en public. Il m'avertit qu'il en serait de même à Jaipur, au début, parce que je n'avais rencontré personne. Mais il ajouta : « Il n'est pas question que tu restes toute ta vie dans le *purdah*. On attendra un an ou deux. Lorsque les gens se seront peu à peu habitués à cette idée, tu pourras le laisser tomber complètement. »

Mon vingt-et-unième anniversaire tomba alors que nous étions toujours en lune de miel et comme il y avait toutes sortes de princes et leurs suites à Ooty pour y passer la saison, nous les conviâmes à fêter mon anniversaire – du moins les plus jeunes. J'étais lamentablement timide, et c'était la première fois que j'étais l'hôtesse d'une réception donnée par le très célèbre et très admiré Maharajah de Jaipur. Je ne voulais pas avoir l'air de me mettre en avant, et lorsque les invités prirent congé, je m'abstins de les raccompagner. Je manquais d'assurance pour les reconduire jusqu'à la porte.

Jai, en tout cas, n'éprouva aucune timidité pour me faire part de sa désapprobation : « Qu'est-ce que tu as ? » demanda-t-il, « ta mère a des manières si parfaites. On aurait pu penser que tu aurais pris quelques leçons de ta mère. Pour qui diable te prends-tu à rester ainsi au salon, sans raccompagner tes invités ? »

Je n'avais rien à répondre, sinon promettre que la prochaine fois je m'y prendrais mieux. Mais ce n'était là qu'un incident mineur, comparé à l'épreuve troublante de diplomatie délicate qui m'arriva à la fin de notre voyage de noces.

Jai me laissa à Ooty pendant qu'il allait jouer au polo à Bangalore, et y resta avec sa seconde femme et tous ses enfants. Il me dit d'attendre jusqu'à ce qu'il m'écrivît pour me dire s'il fallait le rejoindre ou s'il reviendrait me chercher. Pendant les quelques jours qui suivirent, je ne quittai pas l'annexe, attendant le courrier, me demandant avec mélancolie ce qui se passait à Bangalore. Je reçus bientôt une lettre rassurante de Jai où il me disait que je lui manquais et que je devais venir à Bangalore aussitôt que possible.

Je descendis d'Ooty au volant de ma voiture, sur un coup de nerfs. Ç'allait être ma première rencontre avec la seconde épouse de Jai depuis mon mariage. Lorsque j'y arrivai enfin, Jai était au polo et le seul membre de la famille à voir était Pat, son fils de cinq ans, qui tournait en rond sur son tricycle devant la maison, en m'attendant pour voir à quoi je ressemblais. À l'intérieur, un ADC apparut pour me conduire aux appartements que je partagerais avec Jai.

Au bout d'une demi-heure environ, l'ADC réapparut pour m'annoncer que la seconde Maharani était au salon et serait heureuse que je l'y rejoigne pour y prendre le thé avec elle. Ma m'avait bien dit que quand je la verrais, je devais lui toucher les pieds, mais comme ce n'était pas la coutume au Rajputana, je me contentai de joindre les mains. Elle devait avoir été sans doute aussi nerveuse que moi, mais avec un impressionnant sang-froid, elle engagea la petite conversation, me demandant si je trouvais ma chambre confortable et si j'aimerais l'accompagner au polo le lendemain.

Enfin, Jai rentra de son jeu, joyeux comme d'habitude et se comportant de façon si normale et naturelle que toutes les tensions se dissipèrent et que nous prîmes tous une boisson ensemble avant de monter nous changer pour le dîner. Bhaiya fit une apparition plus tard et ses façons enjouées et ses taquineries fraternelles rendirent les choses encore plus faciles. Il dîna avec Jai, la seconde Maharani et moi. Au cours du repas nous résolûmes mon problème immédiat à savoir comment je devais l'appeler en décidant pour Didi, « sœur aînée ». Jai l'appelait toujours Jo, car, de même que Jai était la première syllabe de Jaipur, son État, Jo était l'abrégé de Jodhpur. Finalement, elle devint Jo Didi pour moi.

Le lendemain matin, on nous porta le petit déjeuner dans notre chambre, et avec lui vinrent les enfants de Jai. Subitement la chambre fut remplie de cris, hurlements, bousculades d'enfants faisant les malins, exigeant qu'on s'occupe d'eux et se jouant des tours. Bubbles, l'aîné des garçons, continuait à saisir sans arrêt de petits bouts de beurre alors que Jai essayait vainement de l'en empêcher. Bubbles avait à l'époque neuf ans, sa sœur Mickey en avait onze, et les deux fils de Jo Didi, Joey et Pat, avaient respectivement sept et cinq ans.

Notre vie quotidienne à Bangalore était en un sens à peu près semblable à celle que j'avais connue au cours de mes précédents séjours. Nous allions au polo et aux courses, et fréquentions beaucoup d'amis que je connaissais depuis l'enfance. Outre Bhaiya, il y avait plusieurs membres issus d'autres familles princières avec lesquels nous jouions presque tous les jours au tennis, et le plus important de tout, ma grand-mère de Baroda séjournait elle aussi à Bangalore. Je me rendais au polo avec Jo Didi dans une voiture fermée, mais c'était la seule occasion où j'observais le *purdah*. En tout cas, il n'y avait guère de réceptions officielles et la plupart du temps nous nous recevions les uns les autres par petits groupes amicaux. J'accompagnais Jai chaque fois qu'il y avait un dîner, et c'était moi qui jouais le rôle d'hôtesse chaque fois que nous recevions. Bien que je sentisse que Jo Didi devait être indignée par ma présence, elle ne le manifesta jamais et peut-être, après tout, n'y avait-il pas tellement de quoi en être indignée. Même avant que je ne me mariasse avec Jai, elle avait vécu toute sa vie dans le *purdah*. Elle n'allait même pas chez la coiffeuse ; c'était celle-ci qui venait chez elle. Toute son existence était centrée sur les enfants, et consistait à diriger la maison, à se promener en voiture, à aller voir le polo et à recevoir ses amies. Tout cela demeurait inchangé. Elle restait dans son propre appartement comme elle l'avait toujours fait, et menait le même type de vie qu'elle avait toujours menée. Lorsqu'il n'y avait que la famille, nous prenions nos repas ensemble, mais dès qu'il y avait des invités, elle mangeait dans sa salle à manger personnelle.

À Bangalore, une nouvelle restriction me fut imposée – j'étais accompagnée partout par une demoiselle d'honneur, sauf lorsque j'étais avec Jai. Ma grand-mère de Baroda le regardait fixement de ses petits yeux perçants, impatiente que nous soyons enfin seules. Finalement, ne pouvant plus attendre de me soumettre à un interrogatoire, elle envoya des instructions à Jai comme quoi je devais désormais lui rendre visite sans être accompagnée de la demoiselle d'honneur. Lorsque nous fûmes seules, elle me demanda comment je m'en tirais avec toutes les restrictions qui témoignaient du manque d'émancipation qui entravaient ma nouvelle existence et m'avertit que les règles seraient encore plus rigides et contraignantes une fois à Jaipur. Elle me fit ensuite un long discours sur comment être une Maharani. Il impliquait entre autres choses de ne jamais aller à un cocktail, de ne permettre à personne de vous appeler par votre prénom, comme ma mère s'abaissait à le faire, et de ne jamais porter, comme je venais de le faire, des émeraudes avec un sari vert, car le rose les mettait bien mieux en valeur.

Je devenais de plus en plus inquiète quant au comportement qui seyait à une Maharani de Jaipur. Par exemple, même lorsque Jai me disait de mettre des shorts pour jouer au squash, j'étais tellement préoccupée de ce que pourraient penser les domestiques de cette exhibition éhontée de mes jambes, que j'enfilais un pantalon par-dessus les shorts et ne les enlevais qu'une fois dans la sécurité du court. Mais rien, en fait, ni les conseils de ma

Le Palais de Cooch Behar par la nuit.

grand-mère, ni mes timides conjectures, rien ne me prépara réellement à ma nouvelle vie à Jaipur.

Jo Didi, avec sa gentillesse, m'avait fait sentir qu'elle était une alliée et non une concurrente, et elle m'avait au moins instruite sur les rites que j'aurais à accomplir en arrivant. Elle devait, quant à elle, rester comme d'habitude avec les enfants dans l'agréable climat de Bangalore et ne devait rentrer à Jaipur qu'après la chaleur insupportable de l'été.

Durant notre voyage en train à Jaipur, Jai et moi changeâmes de train à Sawai Madhopur, où il possédait un pavillon de chasse, et prîmes un wagon officiel de l'État de Jaipur sur la ligne à voie étroite du chemin de fer de l'État de Jaipur. Tandis que Jai me désignait les endroits marquants du parcours, dont Isarda, le village où il naquit, et que je regardais le paysage que les pluies avaient coloré d'un vert vif, ma surexcitation et mon appréhension augmentaient toutes deux. À quoi ressemblerait ma vie quotidienne ? Jai et moi serions-nous souvent ensemble ? Comment m'entendrais-je avec les femmes de Jaipur, et en particulier avec la première épouse de Jai ? Qui m'expliquerait en l'absence de Jai ce qu'on attendait de moi ? Je savais que mon mariage n'était pas très populaire auprès des parents de Jai ainsi que de la noblesse de Jaipur. Les deux autres Maharanis étaient apparentées à la plupart des familles princières rajputes, mais moi, j'étais une étrangère absolue. Allait-il en résulter des tensions avec les autres États du Rajputana ?

Plus nous approchions de Jaipur, plus je me sentais terrifiée et peu sûre de moi-même. Je m'efforçai désespérément de ne pas montrer ces sentiments, mais je pense que Jai comprit comment je me sentais. Lorsque nous entrâmes dans la gare, les domestiques tirèrent les rideaux autour de notre compartiment, et Jai me dit avec beaucoup de douceur qu'il fallait me couvrir le visage.

CHAPITRE 10

La Vie au Palais de Jaipur

Bien que mes deux visites précédentes à Jaipur aient eu un caractère privé et informel, je n'avais pu m'empêcher d'être frappée par la grandeur cérémoniale de la cour de Jai. Mais j'allais la voir maintenant dans tout l'éclat de sa splendeur, car le palais se préparait à m'accueillir en tant que nouvelle épouse du Maharajah.

Notre wagon se détacha du train et s'arrêta sur une voie spéciale qui se situait dans un vaste bâtiment en pierre ciselée de Jaipur. C'était Viman Bhawan, où descendaient les membres de la famille royale et les invités de marque. Une suite de chambres confortablement meublées donnait sur le quai de Viman Bhawan; elle se composait d'un salon et de deux chambres pourvues de salles de bains. On pouvait y changer de vêtements et faire sa toilette ; on pouvait donc paraître à la réception officielle prévue dehors convenablement vêtu.

Bien entendu, je n'avais pas emporté tous les vêtements de mon trousseau lors de mon voyage de noces. On les avait tous envoyés de Cooch Behar à Jaipur, et mes femmes de chambre s'étaient également rendues à Jaipur. Elles m'attendaient à Viman Bhawan, avec les femmes de chambre de Jo Didi, pour m'aider à revêtir une des tenues de Rajputana qui m'avaient été offertes en cadeau de mariage par la famille de Jaipur.

Dès que nous descendîmes sur le quai de Viman Bhawan, nous vîmes que les deux soeurs mariées de Jai, la Maharani de Panna et Rani Ajit Singh de Jodhpur nous y attendaient avec un groupe d'épouses et de filles de la noblesse pour nous accueillir.

C'était la première fois que je rencontrais mes belles-soeurs. Le visage soigneusement dissimulé par l'extrémité de mon sari, je rendis hommage à mes belles-soeurs, et l'on me conduisit ensuite dans une des deux chambres, où les gouvernantes m'aidèrent à changer de vêtements, tandis que Jai se rendait à l'autre chambre dans laquelle ses valets avaient préparé ses vêtements.

Au Rajputana, les femmes ne portent pas le sari, donc je mis une longue jupe qui m'arrivait jusqu'aux chevilles, un corsage court attaché dans le dos par de fines cordelettes de soie, et une jaquette qui se portait au-dessus du corsage. Puis le voile fut drapé sur ma tête et retenu au niveau de la taille. Les bijoux assortis à ces vêtements étaient traditionnels, un collier ras de cou tel que devait porter toute femme mariée, un pendentif rond porté sur le front, consistant d'un gros diamant entouré de nombreuses petites émeraudes, attaché à une cordelette d'or qui suit la raie des cheveux, des boucles d'oreille, des bracelets de cheville, le clip pour le nez que Ma avait commandé spécialement pour moi à Cooch Behar, et, le plus essentiel pour une mariée, les bracelets d'ivoire qui recouvrent les bras du poignet jusqu'au coude.

Au Rajputana, les vêtements sont toujours de couleurs vives. Les miens, à cette occasion, vu que j'étais une jeune mariée, devaient obligatoirement être rouges, et l'ensemble tout entier était brodé de paillettes et de fils d'or de sorte qu'il scintillait à chacun de mes mouvements.

Lorsque je fus habillée et parée, nous quittâmes Viman Bhawan dans une voiture *purdah* aux rideaux tirés, par des rues que je ne pouvais voir mais qui, d'après le bruit que j'entendais, étaient bondées. Nous roulâmes vers l'ancienne capitale, Amber, à douze kilomètres, où Jai m'avait emmenée plusieurs années auparavant. Il me dit que chaque fois qu'il quittait son État, quelle que soit la durée, la première chose qu'il faisait dès son retour était de se rendre au temple de la déesse Shila Devi. Nous y offrîmes des prières et implorâmes la bénédiction de la déesse, avant de regagner le palais de Rambagh, un très joli bâtiment situé hors les murs de la ville, au milieu de jardins.

À Rambagh, nous fûmes reçus par mes belles-soeurs et les membres de la famille de Jaipur, les épouses des nobles et celles du personnel du palais, alors que Jai me montra mes appartements. Ils étaient beaucoup plus modernes que ceux que je partageais avec Menaka à « Woodlands » ou à Cooch Behar. Ils avaient auparavant servis de suite à Jai, mais il l'avait fait redécorer pour moi par une firme de Londres. J'étais enchantée. Il y avait une chambre à coucher dotée d'un plafond très haut, très aérée, toute en rose, avec des rideaux de voile de couleur claire, des divans pastels, et des chaises longues ; une salle de bains ovale, dont la baignoire était installée dans une alcôve ; un bureau à panneaux ; et un grand salon rempli d'objets d'art provenant de la collection de Jaipur. Dans des vitrines étaient exposés de petits animaux de jade et de quartz rose incrustés de pierres précieuses, des poignards recourbés aux manches en jade blanc sculpté, figurant des têtes d'animaux aux yeux de pierres précieuses. Des coffrets de jade incrustés de pierres semi-précieuses dans des motifs floraux contenaient des cigarettes, et des bols de cristal lourds étaient remplis de fleurs. Jai s'était également souvenu de ma passion pour les gramophones et m'en avait offert un des derniers modèles, conçu pour prendre plusieurs disques à la fois, et les retourner.

Devant mes appartements courait une véranda qui surplombait la cour centrale du palais. C'était là que se tenaient, à tour de rôle, mes femmes de chambre de Cooch Behar, prêtes à répondre à mon appel. De l'autre côté, un petit vestibule me séparait des appartements de Jai, qui avaient également été rénovés et possédaient maintenant un mobilier ultramoderne. Je me sentis particulièrement touchée que Jai ait accordé autant de délicatesse et d'attention à ce qui me plairait et cela avant même que notre mariage fût décidé.

Mais je n'avais pour le moment pas le temps de profiter des plaisirs et des conforts de mon nouveau domicile car un autre rendez-vous m'attendait. Mes femmes de chambre m'aidèrent à me changer rapidement pour revêtir une autre tenue rajasthani – toujours dans des tons propices de rose, rouge, et orange – et à me parer de davantage de bijoux, sans oublier des douzaines de bracelets d'ivoire. Dès que je fus prête, on me conduisit, le visage de nouveau voilé, à une cour jardin dans la partie zénana de Rambagh où la soeur aînée de Jai, la Maharani de Panna, donnait une réception en notre honneur. Là, je dus affronter une succession apparemment sans fin de regards curieux qui s'efforçaient de percer mon voile afin de voir quel air j'avais. Je tenais la tête baissée la plupart du temps, autant par embarras que pour manifester la modestie bienséante que j'étais censée manifester. Les plus jeunes des femmes vinrent échanger quelques mots avec moi, et, suivant leur exemple, je restai à l'écart, évitant les plus âgées.

Seuls quelques hommes étaient présents, tous de proches parents qui conversaient exclusivement entre eux, sauf Jai qui se rendit sur le côté du jardin réservé aux femmes pour parler et plaisanter avec ses soeurs et les autres. Il était facile de voir qu'elles l'adoraient toutes. Bientôt, les danseuses et les chanteuses de la cour firent leur apparition, et pendant le spectacle, on nous passa des sorbets et du champagne frappé.

Le lendemain soir, l'autre soeur de Jai, Rani Ajit Singh de Jodhpur, donna une réception semblable, suivie d'une autre encore le surlendemain soir, et ainsi de suite pendant huit ou dix jours. Toute cette première période de ma vie à Jaipur avait un caractère irréel, et je me trouvais à accomplir des actions comme en état de transe, changeant de vêtements sans arrêt, m'asseyant hébétée parmi des groupes successifs de beaux-parents, et répondant, présentations après présentations, aux épouses et filles de nobles et de fonctionnaires. De tout ce temps, je ne me souviens que de quelques incidents isolés – comme, par exemple, ôter les bracelets d'ivoire qui devenaient de plus en plus douloureux et comment Jai, qui était beaucoup plus doux que toutes mes femmes de chambre le faisait pour moi. Je me souviens de la chaleur étouffante des nuits, malgré le fait que les pluies avaient déjà commencé. Nous dormions sur le toit, abrités par une coupole, et je restais des heures sans parvenir à m'endormir. Une nuit, j'entendis au loin le tintement léger de bracelets de cheville, et Jai me dit que c'était un fantôme, mais j'appris bientôt qu'il ne s'agissait que des gousses d'un flamboyant, agitées par le vent nocturne.

Par un jour que les pandits avaient déclaré propice, on m'emmena en voiture faire le trajet de dix minutes jusqu'à l'immense City Palace, un complexe déroutant de cours communiquant entre elles, de pavillons, d'appartements de zénana complètement isolés, d'appartements des hommes, de salles d'audience, de salles d'armes, de grands et petits salons, de salles à manger, de salles de banquets, de bureaux, et encore des pièces et des pièces à n'en pas finir. C'était la résidence officielle du Maharajah de Jaipur. Je m'y rendis dans une voiture *purdah* aux rideaux tirés, escortée par la garde personnelle de Jai, l'escadron Bhoop de la cavalerie Kachwa, monté sur des chevaux noirs superbes et portant des tuniques blanches, des culasses, des bottes noires, et des turbans bleu et argent à cocardes d'argent. De nouveau, je sentais la masse déferlante des gens dans les rues tout au long de la route à partir de Rambagh, mais comme la fois précédente, je n'osai pas regarder à travers les rideaux.

Lorsque nous atteignîmes les portes extérieures du palais, je fus transférée dans un palanquin et portée à travers un labyrinthe de corridors et de cours. Puis on me posa à terre et, en tant que nouvelle épouse, je dus accomplir une cérémonie de prières sur le seuil pour marquer mon entrée dans la demeure de mon époux. Après la prière, il y eut un durbar de femmes, au cours duquel les dames qui résidaient dans la zénana et celles des familles aristocrates défilèrent une par une devant moi soulevant mon voile pour contempler le visage de la mariée et déposant un cadeau sur mes genoux après avoir eu un premier aperçu de ma personne. Les plus âgées faisaient divers commentaires, tels que : « Quelle jolie mariée », ou « Comme sa peau est claire » ou « Elle a un tout petit nez » ou « Laissez-moi regarder vos yeux ». Heureusement, Jo Didi m'avait avertie que cela se passerait de cette manière et m'avait conseillé de garder les yeux modestement et en permanence baissés, et de résister à la tentation de dévisager à mon tour les dames.

Dès le moment où j'entrai dans le City Palace, il me fascina. Situé au coeur de l'ancienne ville fortifiée, c'est presque une ville en soi, avec des jardins, des écuries, et un enclos destiné aux éléphants entourant de nombreux bâtiments et s'étendant sur plus de quinze hectares. Comme la ville qui l'entoure, le City Palace fut construit pendant la première moitié du XVIIIe siècle dans le plus pur style de l'architecture rajputana, avec d'élégantes arcades dentelées portées par de fines colonnes, des écrans de marbre treillagés, des galeries et des peintures murales d'une grande délicatesse. L'ensemble de ce lieu avait un caractère onirique ; chacune de ses cours et des pièces qui l'entouraient recelait encore des surprises.

Un peu plus tard, lorsque toutes les cérémonies prirent fin, Jai me fit visiter les cours et les salles publiques, magnifiques et imposantes, que je n'aurais pas été autorisée à voir seule car elles se trouvaient toutes dans la partie du palais réservée aux hommes. De la première cour, avec sa salle cernée de hauts murs jaunes, nous entrâmes dans la Chambre du Conseil, munie de sa propre cour entièrement colorée en rose. De la chambre du conseil, des portes de cuivre travaillé, hautes de six mètres, ouvraient sur la salle de durbar. Une autre porte de la salle de durbar conduisait à un pavillon d'audience, qui ressemblait plutôt à une immense véranda, dont les fresques et les portes incrustées d'ivoire étaient des chefs-d'oeuvre de l'artisanat local. Ce pavillon, à son tour, donnait sur un jardin enclos de murs au centre duquel se dressait le temple de Govind Devji, ou du Seigneur Krishna. Jai m'expliqua que, traditionnellement, tous les Maharajahs de Jaipur gouvernaient leur État en son nom. Et nous continuâmes ainsi, cour après cour, de pavillon en galerie, de galerie en chambre, de chambre en vestibule, de vestibule en jardin, jusqu' à ce que je ne pusse m'empêcher de penser que tout cela n'était qu'un décor pour quelque fabuleux conte de fées.

La partie du palais réservée à la zénana se répartissait en une série d'appartements indépendants. Le mien, décoré dans des tons de bleu et vert, était assez semblable aux autres, avec une petite cour carrée et une salle de durbar privée comportant des lampes de verre bleu, de laquelle donnaient d'autres pièces intérieures. J'en fis plus tard connaissance de manière beaucoup

Ci-dessus : Mickey et moi avec une dame d'honneur
Ci-contre Haut de page : Le Palais de Rambagh, (les années 1930).
Ci-contre Bas de page : Une procession d'État à Jaipur.

plus intime, car nous nous rendions au palais pour toutes les cérémonies et y demeurions parfois jusqu'à quinze jours. L'année de mon mariage, il y avait encore environ quatre cents femmes qui vivaient dans la zénana. Parmi eux se trouvaient des parents, des veuves et leurs filles ainsi que leurs domestiques et tout leur personnel. Il y avait aussi la Maharani douairière et sa suite de dames d'honneur, de femmes de chambres, de cuisinières et d'autres servantes. Des suites comparables étaient prévues aussi pour chacune des trois épouses de Jai ; il y avait aussi tout le personnel des autres épouses du Maharajah défunt. L'unique épouse survivante de l'ancien Maharajah régnait sur toutes ces personnes. Nous l'appelions Maji Sahiba, et lui manifestions la plus grande déférence. En tant qu'une des épouses de Jai, je ne pouvais presque jamais découvrir mon visage couvert en sa présence, et devais toujours m'asseoir à quelques pas sur sa gauche.

Bien que nous eussions des rapports très cérémonieux, elle me témoignait beaucoup de gentillesse. Un de ses gestes me toucha beaucoup. Elle savait que j'avais été élevée en partie en Angleterre, et que j'avais mené ce qui représentait à ses yeux une vie occidentale très émancipée, et elle était soucieuse que je m'ennuie et que je sois malheureuse dans le monde entièrement clos de la zénana. Elle laissa des instructions à ses dames d'honneur pour imaginer et jouer des saynètes pour me distraire. Je me souviens d'avoir, pendant la guerre, lutté entre le fou rire et les larmes de gratitude, tandis que ces dames, déguisées en soldats, jouaient des scènes où Jai, victorieusement et apparemment à lui tout seul, triomphait des forces allemandes au Moyen-Orient. Ces spectacles naïfs mis à part, les activités de Jai étaient étroitement suivies à la zénana avec une attention extrême, et pleine d'affection, et chacun de ses succès était immédiatement fêté. Par exemple, lorsque l'équipe de Jai remporta le championnat du polo de l'Inde, les jupes et les châles furent brodés de crosses de polo ; lorsqu'il eut son brevet de pilote, toutes les femmes, qui n'avaient jamais mis le pied dans un avion – et ne le mettraient probablement jamais – ornèrent fidèlement leurs vêtements de motifs d'avions.

Pendant ces premiers temps, au centre de toutes les soirées et réceptions réunissant les membres de la famille, les amis, les nobles, les ministres et les fonctionnaires du gouvernement et leurs épouses, je pensais que jamais je ne parviendrais à me souvenir d'aucun nom, ni même à connaître qui était qui dans la cour. Je souhaitais vivement que tout fût terminé et que

Jai et moi puissions mener une vie normale. Le seul membre de la famille qu'il m'était interdit de rencontrer était le père de Jai. La coutume au Rajputana interdisait qu'une épouse soit présentée aux hommes plus âgés de la famille de son mari, et je ne pus donc que l'apercevoir à travers un écran ou bien de loin. C'était un très beau vieil homme qui était toujours vêtu dans le style traditionnel de jodhpurs, d'une veste à boutons dorés et coiffé d'un turban ; il portait de grandes boucles d'oreilles en or, ainsi que des colliers de perles et des bracelets de cheville. Il possédait une maison de ville à Jaipur et venait assez souvent à Rambagh, mais un ADC me prévenait toujours de son arrivée, afin que je puisse me retirer dans la zénana. La mère de Jai à laquelle il était très attaché, préférait rester à Isarda. Je ne la rencontrai qu'une seule fois, et avait été fort séduite par sa personnalité douce. À cette occasion-là, elle eut besoin d'une pièce d'or à donner à quelqu'un et puisqu'elle ne portait pas d'argent, elle me demanda de lui en trouver une. Je me souviens de m'être sentie fière d'avoir été choisie pour lui rendre ce menu service, bien qu'il y eût plusieurs autres personnes qui étaient présentes, dont ses propres filles.

Enfin, les festivités et les cérémonies liées à notre mariage prirent fin, et nous pûmes reprendre une routine habituelle. Ce ne fut qu'après tout cela que j'eus enfin le temps de faire un peu le tri de mes impressions, d'étudier les contrastes entre la vie et le décor de mon enfance et ceux de ma nouvelle position de femme mariée et d'une des Maharanis de Jaipur. Dès le début, j'avais été extrêmement impressionnée par les espaces et le dessin grandiose des palais et de la ville elle-même. De place en place, il y avait des éclats de couleur des arbres en fleurs – l'écarlate des flamboyants, le bleu féerique des jacarandas, le jaune brillant des acacias – mais la terre ne demeurait verte que pour un temps très court après la pluie, tandis qu'à Cooch Behar, situé au pied de l'Himalaya, elle était verdoyante tout au long de l'année, même pendant la saison chaude car le climat était humide et l'air y était humide, tout à fait différent de la chaleur sèche de Jaipur.

À Cooch Behar, tout se passait à une échelle beaucoup moins importante ; par exemple, beaucoup de cérémonies officielles et de durbars avaient lieu dans le palais même où nous vivions. À Jaipur, quoique nous vivions dans le palais de Rambagh que nous considérions être notre « vraie » résidence, toutes les cérémonies et les événements officiels avaient lieu au City Palace, et la tradition exigeait que Jai accomplisse ses devoirs religieux en dehors de la ville au temple de Kali dans le palais de ses ancêtres, les rois d'Amber, lors de certaines occasions précises telles que son retour à Jaipur après qu'il en était parti ou au moment de son départ en voyage. Pour moi, Rambagh signifiait un lieu où je menais une vie agréablement informelle et où on ne s'attendait pas à ce que je pratique le *purdah*, mais lorsque je me rendais au City Palace, on m'y conduisait toujours en voiture fermée, et là, je devais me comporter en reine. Chaque cérémonie devait être méticuleusement accomplie, chaque formalité observée et je devais m'assurer que tout se passe correctement et qu'il n'y ait aucun impair. Je me rendais compte que, lors des durbars, mon comportement serait épié non seulement par les membres de la famille et leurs suites, mais aussi par les nombreuses dames de la noblesse. À Jaipur, il y avait de nombreuses familles nobles, dont certains membres étaient propriétaires de territoires si étendus qu'ils étaient considérés comme des princes de second rang. Lors des premières années de mon mariage, j'étais constamment effrayée à l'idée de commettre une inconvenance ou un impair. Je n'aurais pas pu m'en tirer si Jai n'avait pas été à mes côtés à m'encourager, à rire de mes doutes et à minimiser mes erreurs.

Peu à peu je commençai à découvrir de nouveaux aspects de la personnalité de Jai et de son monde. Ce n'étaient souvent que des découvertes mineures : celle, par exemple, de ses talents étonnants auprès des animaux. Je savais qu'il comprenait et maniait admirablement les chevaux ; mais je voyais maintenant que même les oiseaux de toutes sortes, depuis les moineaux jusqu'aux paons, reposaient une confiance mystérieuse en lui. Lorsque nous prenions notre petit déjeuner dans le jardin au bord de la piscine, il leur donnait à manger, et en un rien de temps, même les plus craintifs venaient picorer dans sa main.

Certaines des autres qualités de Jai m'apparurent de façon indirecte. J'avais souhaité apprendre le hindi pour pouvoir communiquer avec les épouses et filles des nobles ou des fonctionnaires du gouvernement. Beaucoup d'entre elles ne parlaient pas l'anglais, et le bengali était la seule langue indienne que je connusse, mais Jai refusa de me permettre d'apprendre le hindi. C'était, me dit-il, pour ma propre protection. Il me décrivit certains des problèmes que je pourrais rencontrer dans la vie dans les deux palais où j'allais vivre. Il insista sur le fait que tout le monde suivait attentivement ma personne et mon comportement. Si je semblais avoir des favorites – ce qui pourrait très bien arriver si, en toute innocence, j'aimais mieux parler à certaines personnes qu'à d'autres – ce serait le point de départ de rumeurs et d'intrigues. On s'efforcerait de me monter contre mes « favorites » en me racontant par exemple que ces personnes qui cherchaient à s'insinuer dans mes bonnes grâces s'étaient auparavant prononcées contre mon mariage. De même, il y avait le danger que toute personne qui avait, pour une raison quelconque, encouru le mécontentement de Jo Didi, pourrait essayer de gagner ma faveur et de semer la mésentente entre nous. Et il y aurait encore celles qui voudraient tout simplement me faire du mal, ou qui tenteraient par la flatterie ou des cadeaux, ou d'autres moyens, de gagner à travers moi les faveurs de Jai.

Je fus très touchée que Jai, connaissant la vie de famille très simple que j'avais toujours menée, tout à fait éloignée des intrigues de palais, eût compris combien j'étais vulnérable, et qu'il fît tout ce qui était en son pouvoir pour me protéger. Chaque fois qu'il s'absentait de Jaipur, il me confiait aux bons soins de deux de ses officiels les plus dignes de sa confiance pour m'aider à résoudre tout problème qui pourrait se présenter, et il déléguait son frère, Bahadur Singh, pour m'accompagner dans mes promenades matinales.

Il y avait aussi des relations délicates où ne pouvait intervenir aucune personne étrangère, fût-elle digne de confiance. Il est très difficile de décrire aux lecteurs occidentaux l'attitude générale de nombreuses familles hindoues à l'égard de la polygamie. Les Occidentaux ont tendance à supposer que l'antagonisme, l'hostilité ou la jalousie doivent exister entre les épouses d'un même homme en raison de la nature même de la situation, et qu'une épouse précédente se sent nécessairement humiliée ou rejetée lorsque son mari se remarie. Or, en fait, ce n'est pas tout à fait vrai, et de ma propre expérience, j'ai appris que des relations parfaitement civilisées et courtoises peuvent s'établir entre les épouses d'un même homme, et qu'une profonde amitié peut même s'instaurer entre elles, comme ce fut le cas entre Jo Didi et moi.

Ce n'était en rien une situation inhabituelle pour les deux premières épouses de Jai. Toutes deux venaient de familles dont les hommes avaient pris plus d'une épouse. La polygamie était en effet une coutume tellement courante. À Jaipur, il allait de soi que la première femme de Jai, qu'on appelait Son Altesse Première, aurait la priorité sur Jo Didi et moi lors de toute cérémonie officielle, tout comme Jo Didi elle-même l'aurait sur moi. Toutes deux, chacune à sa manière, me vinrent en aide. Son Altesse Première, petite et réticente, aux goûts simples, et plus âgée que Jai, m'enseignait la façon correcte et orthodoxe de me conduire et de m'habiller – quelles couleurs, par exemple, étaient appropriées à quelles occasions. Je suivis ses conseils.

À Jaipur avec un poney de polo.

Jai et moi.

Une lutte aux éléphants à Jaipur.

Haut de page : Une cérémonie religieuse à Jaipur.
Bas de page : Après une partie de tennis.

En échange, je l'aidais à rédiger ses lettres et ses télégrammes.

Son Altesse Première passait la plupart de son temps auprès de sa famille à Jodhpur, de sorte que Jo Didi, qui était plus moderne, prenait charge de la majeure partie du travail impliqué dans la direction de la zénana au City Palace où elle passait beaucoup plus de temps que moi. J'ai appris énormément à regarder et à écouter Jo Didi. Par exemple, un message nous parvenait d'un des secrétaires, nous informant que c'était l'anniversaire de quelqu'un et que les astrologues avaient calculé avec précision le moment où les festivités devaient commencer et prendre fin, et l'heure exacte à laquelle devait avoir lieu le durbar des femmes et jusqu'à quand il devait durer. Jo Didi prenait alors en main l'organisation de cette occasion : elle donnait des ordres, veillait à ce que les invitations fussent envoyées à toutes les personnes appropriées.

Au palais de Rambagh, Son Altesse Première et Jo Didi avaient leurs propres appartements, avec leurs propres cuisines et leurs services de maison, leur propre personnel de servantes et de dames d'honneur. Elles vivaient dans la partie zénana du palais, possédaient leurs propres jardins et ne s'aventuraient jamais au-delà. Je vivais dans l'ancienne suite d'appartements de Jai qu'il avait, comme je l'ai dit, fait redécorer pour moi et bien évidemment je vivais en dehors de la zénana. J'étais libre de circuler partout où je voulais dans le palais et les jardins. La seule restriction qui m'était imposée était l'obligation de me faire accompagner quand je souhaitais franchir les limites des jardins.

Mes jours à Jaipur prirent un cours qui n'était guère différent de celui de ma vie à Cooch Behar, sauf que je devais m'habituer à vivre selon des conventions particulières, à moitié soumise au purdah et à moitié libérée de cette pratique. Chaque matin, Jai et moi faisions une promenade à cheval dans la campagne, puis nous rentrions nager dans la piscine et prenions notre petit déjeuner à côté. Jai passait généralement le reste de la matinée dans son bureau, à s'entretenir avec ses ministres et conseillers et traiter des affaires de l'État, me laissant à mes propres occupations. Je rencontrais parfois les ministres s'ils restaient déjeuner avec nous, et je leur posais des questions. Cela les amusait énormément et un jour, l'un d'entre eux donna un coup de coude à un de ses collègues, et lui dit : « Vous feriez bien de faire attention. Il suffirait que vous tourniez la tête, et elle vous prendrait votre portefeuille. »

Je commençai à voir combien les devoirs de Jai en tant que Maharajah étaient plus complexes que ceux de Bhaiya. Cooch Behar était entouré par l'Inde britannique, et par conséquent Bhaiya n'avait à traiter qu'avec un seul gouvernement lorsque surgissait un problème qui pouvait avoir une incidence sur un territoire en dehors de son État. Par contre, Jaipur avait d'autres États Rajput de tous les côtés, de sorte que des conventions concernant par exemple les voies navigables impliquaient des négociations plutôt délicates avec les autres princes. Jaipur possédait son propre réseau ferroviaire, et là aussi des dispositions acceptables s'imposaient pour assurer les correspondances avec les autres réseaux de transport. De telles préoccupations, ainsi que celles, plus courantes, de la détermination du budget de l'État et de la gestion des demandes de création de routes, d'écoles, d'hôpitaux, de bureaux de poste et autres, occupaient la plus grande partie des journées de Jai. Il était à cette époque-là un souverain absolu. Il nommait ses propres ministres, et il n'y avait pas d'élections. Le gouvernement anglo-indien n'interférait pas avec son administration de l'État sauf dans des cas évidents de mauvaise administration.

Pendant ces premiers mois, malgré les intérêts de ma nouvelle vie, je connus de longues périodes de solitude. Après avoir été la quatrième enfant d'une grande famille informelle, bruyante et insouciante, dans la liberté de Cooch Behar, il m'arrivait parfois de trouver l'ambiance de la vie du palais à Jaipur formelle au point d'être étouffante. On me traitait avec un tel respect et en marquant une telle distance qu'il était impossible de tenir des conversations naturelles. Je priai les dames de la zénana qui connaissaient l'anglais de me parler librement, de discuter avec moi, et même de m'appeler Ayesha dans l'intimité mais, souriantes et déférentes, elles n'en tenaient aucun compte. Une fois, la jeune sœur de Jai s'était aventurée à exprimer son désaccord avec moi au sujet d'un point trivial quelconque ; elle essuya de tels reproches de la part de Jo Didi, qu'elle osa à peine, ensuite, m'adresser la moindre parole. Je sentais aussi qu'on me considérait plus comme une Occidentale que comme une Indienne – impression que j'étais dans l'impossibilité de corriger puisque Jai ne me laissait pas apprendre correctement le hindi.

Étant donné tout cela, il n'était pas surprenant que je recherche souvent la compagnie de Jo Didi, avec qui j'avais plus de points communs. Peu à peu, au cours des mois où l'on se voyait tous les jours, j'appris à mieux la connaître. Elle n'avait que vingt-quatre ans lorsque j'arrivai à Jaipur, à peine trois ans de plus que moi, et bien que ses intérêts fussent plus vastes que ceux des autres femmes de la zénana – elle était l'une des rares à avoir reçu une instruction formelle – je me rendis compte tout de même, au fur et à mesure que je la connaissais davantage, à quel point nos vies, et les attitudes qu'elles avaient développées en nous, étaient fondamentalement différentes. Elle avait été élevée en partie au fort de Jodhpur, et en partie à Jamnagar chez son oncle, le célèbre joueur de cricket Ranjit Singh, très protégée dans ces deux résidences, et soumise aux coutumes de la vie princière orthodoxe.

Lorsqu'elle arriva à Jaipur pour la première fois, son isolement des hommes avait été si rigide que lorsqu'elle tomba malade, le médecin dut établir le diagnostic en se tenant dans le couloir à l'extérieur de sa chambre, prenant connaissance des détails de ses symptômes – sa température et son pouls – par l'intermédiaire de ses servantes. (Elle découvrit sans tarder les avantages qu'elle pouvait tirer de ce système et, chaque fois qu'elle voulait échapper à un rendez-vous ennuyeux, elle trempait le thermomètre dans l'eau chaude et envoyait sa femme de chambre le montrer au docteur.) Un autre avantage, que je partageais quelquefois avec elle, était le confort d'aller au cinéma en pyjama et robe de chambre, sachant que personne ne verrait comment nous étions habillées.

Bien que fiancée à Jai depuis l'âge de cinq ans, elle ne l'avait jamais rencontré ni lui avait adressé la moindre parole avant leur mariage. Lorsqu'il était en visite à Jodhpur, me dit-elle, il lui faisait passer des billets par un de ses confidents, et la nuit, ils entretenaient de brèves «conversations» l'un avec l'autre en morse, se servant de lampes de poche pour envoyer des signaux, puisque Jo Didi avait péniblement essayé de maîtriser le morse à partir d'un code de l'armée britannique. Après qu'ils furent mariés, les familles de Jodhpur et de Jamnagar avaient le droit de rendre visite à Jo Didi dans la zénana à leur gré, ainsi que d'autres membres plus éloignés de sa famille et plus tard, mes frères y furent aussi admis. Au moment de mon arrivée à Jaipur, de nombreux fonctionnaires du palais et leurs épouses étaient également invités à des soirées auxquelles Jo Didi était présente. Cet élargissement du cercle de ses fréquentations l'enchanta. C'était une femme naturellement sociable et chaleureuse et elle se réjouissait de voir ses appartements remplis de visiteurs.

Elle me raconta un jour, presque comme une plaisanterie, que lorsque Jai lui avait communiqué pour la première fois son intention de m'épouser, il avait organisé le soir même une petite réception en son honneur pour l'égayer. Je ne pus que penser qu'en de telles circonstances, en ce qui me concernait, la dernière chose que j'aurais souhaitée aurait été une soirée gaie où j'aurais été obligée de sourire, de bavarder et de paraître gaie pendant toute la soirée.

Notre existence se trouva tout naturellement divisée en deux parties : la vie intime et la vie familiale. Lorsque j'eus fait connaissance de tous les membres de sa famille et de ses proches parents, Jai veilla à ce que je fasse connaissance de ses ADC et leurs femmes, et que quelques-unes des plus jeunes parmi les femmes de la noblesse fussent invitées à nos pique-niques ou à nos sorties. Je fus touchée par cette prévenance mais n'arrivai cependant pas à nouer des relations véritablement amicales avec aucune d'entre elles. Aucune d'entre elles ne pratiquaient aucun sport, alors que j'étais de nature sportive, et en fin de compte, mon cercle d'amis était essentiellement constitué par les amis de Jai, joueurs de polo pour la plupart, et par leurs femmes, avec lesquels nous passions d'agréables soirées intimes, ou chez qui nous allions prendre le thé après une promenade à cheval.

La formalité et la grandeur durent avoir un effet sur moi. Lorsque Indrajit vint séjourner à Rambagh, un an environ après mon mariage, il fut étonné par ma transformation et, avec sa franchise habituelle et fraternelle, il s'écria : « Mais pour qui diable te prends-tu ? La reine Mary ? »

Bien sûr, les plaisirs et les découvertes dont je me souviens le mieux de mes premières années à Jaipur, sont ceux que j'ai partagés avec Jai. De temps en temps, il m'emmenait à la découverte, à cheval ou en voiture. Il possédait plusieurs forts situés à la campagne aux environs de la ville de Jaipur et nous nous rendions souvent à l'un ou l'autre d'entre eux pour y pique-niquer. Une de ces visites dont je garde un souvenir très précis nous emmena au fort de Nahargarh datant du XVIIIe siècle, juché au sommet d'une montagne dominant la ville. De là, nous suivîmes à cheval la crête des collines rocheuses qui entourent Jaipur pour atteindre un autre fort – Jaigarh – situé à environ deux cents mètres au-dessus du palais d'Amber. Ce palais possédait une haute tour de guet scrutant les plaines vers le nord, et c'était là qu'était enfermé le fabuleux trésor de Jaipur, sous la garde vigilante d'une tribu de guerriers de l'État. Seul le Maharajah pouvait pénétrer dans la tour et contempler le trésor. J'attendis devant les murs menaçants pendant que Jai entrait à l'intérieur. Mais, fidèle à la tradition, il ne me fit jamais aucune description du trésor, et la seule preuve que je n'aie jamais vue de son existence était un magnifique oiseau orné de joyaux, dont les yeux étaient composés de deux énormes rubis et dont le bec tenait une magnifique émeraude, qui ornait la cheminée du salon à Rambagh.

Des vérandas de Rambagh, j'avais souvent admiré un petit fort, Moti

De gauche à droite : Joey, Mickey et Bubbles enfants.

Doongri, perché haut sur un promontoire rocheux, et dont les créneaux dentelés étaient parsemés de bougainvilliers. De loin, il ressemblait à un jouet travaillé de façon exquise. Jai m'y emmena un matin et quand je lui révélai combien il me plaisait, il répondit simplement : « Alors, il est à toi » ; et c'est ainsi que Moti Doongri devint ma propriété spéciale. Jai en fit rénover l'intérieur à mon intention, et nous échappions souvent à la cérémonie et à la pompe de Rambagh, pour y profiter de déjeuners ou de dîners tranquilles, souvent en tête-à-tête, et parfois avec des amis. J'ai toujours associé cet endroit à une ambiance chaleureuse et intime toute particulière.

Les chasses au gros gibier étaient organisées à Sawai Madhopur. La première qui suivit notre mariage demeure particulièrement gravée dans ma mémoire. Jai y avait fait construire un petit pavillon de chasse, à proximité dans les montagnes au sud-ouest de Jaipur, dominées par le célèbre fort de Ranthambor dont les créneaux et les remparts s'étendent sur des kilomètres. Alors que Jai et moi restions au pavillon de chasse, nos invités étaient hébergés dans un camp plus luxueux encore que ceux que j'avais connus dans mon enfance, équipés de tentes pourvues de tout le confort possible.

Les parties de chasse étaient également bien différentes de celles de Cooch Behar. À Jaipur, nous ne tirions pas depuis le dos d'éléphant, mais depuis des plates-formes élevées appelées *machans*. Le gibier était tout aussi abondant : tigres, panthères, ours, nilgauts, sambars, et de nombreuses espèces de cerfs s'y trouvaient en quantité. C'est là que nous reçûmes bien plus tard Lord et Lady Mountbatten de Birmanie ainsi que la Reine et le prince Philip.

Pour les week-ends à l'improviste, nous nous rendions souvent à Ramgarh, une confortable maison de campagne que Jai avait fait construire au bord d'un lac entouré de collines. C'était un lieu idéal pour des pique-niques et pour faire du canoë.

Enfin, il y avait le polo, élément qui ponctuait bien souvent notre vie. Dès la fin des pluies, la saison du polo commençait, et tous les deux jours, il y avait des sessions d'entraînement sur les terrains de polo de Jaipur, considérés comme parmi les meilleurs du monde. L'obsession de Jai pour le polo avait commencé alors qu'il n'était encore qu'un petit garçon, et s'était développé quand il était au collège Mayo. Son précepteur me raconta un jour que même âgé de dix ou onze ans, Jai roulait son matelas pour en faire un « cheval » et, à califourchon, armé d'un quelconque bâton, il s'entraînait avec assiduité aux coups droits et aux revers.

À Jaipur, nos journées tournaient autour du polo. En fin d'après-midi, après que la chaleur du jour se fut atténuée, j'allais voir Jai jouer ou s'entraîner. J'emportais toujours mon tricot avec moi et, m'asseyais sur le siège avant de ma voiture décapotée, regardant fixement le terrain de polo et les gracieuses volte-face des poneys et de leurs cavaliers, et m'occupant les mains avec ma laine et mes aiguilles dans une vaine tentative de calmer mes nerfs et mon anxiété face aux dangers que comportait ce jeu. Malgré cette tension, je ne pouvais m'empêcher de constater – avec le même sentiment de surprise renouvelée à chaque fois – à quel point le jeu était beau, et comment l'élégance des mouvements parfaitement synchronisés des chevaux et des cavaliers haussait ce sport au niveau de l'art.

Les jours où il n'y avait pas de polo, nous jouions au tennis, et nous invitions souvent les ministres de Jai à se joindre à nous. Nos déplacements hors de Jaipur étaient dictés en grande partie par le début de la saison de polo dans les différentes villes. Nous nous rendions à Calcutta en décembre et en janvier, à Bombay ou à Delhi pour des tournois particuliers, ainsi que dans d'autres États princiers, et nous allions en Angleterre pendant l'été. Dans chacun de ces endroits, ma propre vie, en tant qu'épouse de Jai, était remplie d'amusements, de sensations, de réceptions et de sorties, et bien que je comprisse qu'il y avait de bonnes raisons pour qu'un grand nombre de personnes pensent que Jai était tout simplement un joueur de polo plein de charme, frivole et ne paraissant jamais sans une jolie femme à chaque bras – en effet, c'est vrai qu'il correspondait à cette image aux yeux de la plupart des étrangers – je commençais peu à peu à comprendre que sa vraie vie était à Jaipur et qu'il ressentait un souci profond du bien-être et du gouvernement équitable de ses sujets, et qu'il tentait de cacher ce souci en prenant des manières enjouées, frivoles et amicales. À Jaipur, il parlait le dialecte local et riait et plaisantait avec tous – paysans, commerçants, enfants rencontrés dans la rue – et son attitude envers tous ces gens était à mille lieues du style en usage au palais. Un jour, je me souviens, je sortais avec Jai en Jeep, quand un groupe de jeunes garçons nous arrêta devant les grilles de Rambagh. L'un d'entre eux dit à Jai, sur un ton plein de reproche : « Vous n'êtes pas venu hier, et nous avons tous été en retard à l'école. »

Jai s'excusa, mais le garçon insista :

« Mais vous n'êtes pas venu. Est-ce que vous serez là demain ? »

« Oui, je te promets, je serai là demain. », répondit Jai de manière rassurante, et nous continuâmes notre chemin. En guise de réponse à mes questions perplexes, Jai m'expliqua que lorsqu'il se rendait le matin au terrain de polo pour sa promenade à cheval habituelle, ces enfants venaient le regarder ; après quoi, il les déposait à leur école, qui se trouvait juste en face de notre portail d'entrée. La veille, Jai n'était pas sorti faire sa promenade à cheval et les garçons l'avaient attendu, sûrs et certains que leur Maharajah les conduirait comme d'habitude à l'école ; mais il n'était pas venu, et ils l'avaient tant attendu qu'ils étaient tous arrivés en retard à l'école.

Une autre fois, je sortais du portail au volant de ma voiture lorsque j'entendis un tumulte. Je mis quelques minutes pour comprendre ce qui s'était passé. Apparemment un enfant était poursuivi par un singe au moment où Jai passait en voiture, son chien assis comme d'habitude sur le siège arrière. Alors qu'il ralentissait pour se porter au secours de l'enfant, le chien sauta de la voiture et se mit à poursuivre le singe, qui s'affola et mordit l'enfant. Jai me dit avec un sentiment d'urgence de prendre l'enfant dans ma voiture et de le conduire à l'hôpital. Ce fut seulement lorsque j'y fus arrivée et que je vis la stupéfaction se peindre sur les visages du personnel hospitalier que je me rendis compte de l'étrangeté du spectacle que je leur offrais – leur Maharani arrivant en pantalon, au volant d'une voiture de sport, un petit garçon assis sur le siège à côté d'elle. J'emportai l'enfant à la salle des urgences, attendis jusqu'à ce que l'on le soignât, et ramenai enfin l'enfant chez lui. Jai n'avait pas hésité une seconde quant à l'ordre de ses priorités entre le besoin d'un de ses sujets et l'image publique de son épouse.

Tous les habitants de Jaipur semblaient sentir un lien tout particulier et intime avec leur Maharajah. Jai n'arborait jamais de fanion sur aucune de ses voitures ni même se servait des plaques d'immatriculation rouges auxquelles il avait droit, sauf en cas de cérémonie officielle. Mais tous les citadins reconnaissaient sa Bentley et sa Jeep, et savaient qu'ils pouvaient l'arrêter dans la rue, au terrain de polo ou aux portes du palais – n'importe où en fait – s'ils avaient une plainte quelconque dont il voulait lui faire part, ou s'ils souhaitaient attirer son attention sur un problème quelconque, ou tout simplement prendre des nouvelles de sa famille et l'informer de la leur. C'était une curieuse relation – c'était le cas à Cooch Behar également – que ce mélange de souci, d'intimité et de respect que ressentaient les peuples issus des États princiers vis-à-vis de leurs souverains. Jai incarnait à leurs yeux les qualités d'affection, d'attitude protectrice et de justice bienveillante qu'ils

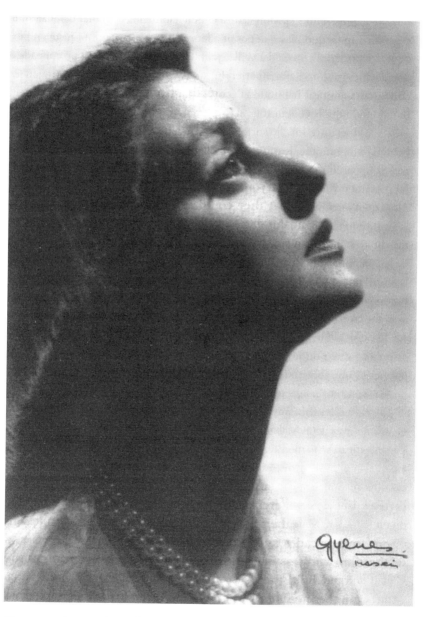

Un portait photographique de moi-même, (années 1940).

associaient au père idéal. C'est une relation qui n'existe plus nulle part dans l'Inde moderne et indépendante.

À certaines époques déterminées, Jai était à la fois souverain et simple membre de la population de Jaipur ; c'était lors des fêtes, de véritables occasions d'apparat traditionnel que menait Jai et auxquelles participaient tous les habitants de la ville ainsi qu'un grand nombre d'habitants des villages environnants. Dans certains cas, il s'agissait de grandes fêtes religieuses et dans d'autres de cérémonies d'État officielles. Lors de ces occasions, Jai et ses nobles revêtaient leurs plus beaux bijoux, leurs jaquettes de brocart, leurs grands turbans et leurs épées d'apparat. Les femmes des familles nobles portaient leurs costumes aux couleurs vives du Rajasthan et leurs plus beaux bijoux. Défilés et processions parcouraient les rues de la ville, et dans le palais se succédaient cérémonies et festins. En ces occasions, les femmes organisaient leurs propres réjouissances dans la zénana, séparément de celles des hommes, mais Jai abandonnait toujours ses nobles et ses ministres pour nous y rejoindre pour une partie de la journée. À mesure que se déroulaient ces fêtes de leur rythme millénaire, on pouvait se croire revenu au XVIIIe siècle, sous le règne du grand Maharajah Jai Singh II, qui bâtit la ville moderne de Jaipur, et qui était réputé pour la splendeur de sa cour et la sagesse de son gouvernement.

La première fête à laquelle j'assistai à Jaipur fut Teej, célébrée en l'honneur de la déesse Parvati, épouse du Seigneur Shiva. Cette fête avait une signification toute particulière à la zénana car d'après les histoires de la mythologie hindoue, Parvati médita pendant des années et des années afin de gagner le Seigneur Shiva en tant qu'époux. Par conséquent, les jeunes filles célibataires priaient Parvati de leur accorder un époux qui fût aussi bon que Shiva, tandis que les femmes mariées la suppliaient d'accorder beaucoup plus d'années de vie à leurs époux afin qu'elles puissent rester toujours « vêtues de rouge » plutôt que du blanc monotone réservé aux veuves. Nous autres trois Maharanis étions censées accomplir les cérémonies de prières et d'offrandes devant l'autel du City Palace. Mais lors de cette première occasion, les deux autres épouses de Jai étaient sorties de l'État, et l'on me dit que je devais accomplir à trois reprises chaque partie de la cérémonie, une fois pour Son Altesse Première, une fois pour Son Altesse Seconde, et une fois pour moi-même.

Par bonheur, Jo Didi, étant donné sa gentillesse habituelle, m'avait expliqué ce que j'aurais à faire et comment je devais me conduire lorsque nous nous étions vues à Bangalore. À mon grand soulagement – c'était la première occasion formelle importante que je présidais à Jaipur – tout se passa sans aucun problème ; je récitai les prières et fis les offrandes aux divinités selon les conventions.

Après les prières au City Palace, la statue de la déesse était sortie de la zénana et portée en procession à travers les rues de la ville. Pour que les dames de la zénana puissent assister à ce spectacle, les eunuques du palais les conduisirent par un parcours accidenté dans un labyrinthe de tunnels et de passages obscurs, jusqu'à une galerie surplombant la rue principale, située au côté nord-ouest du palais. Nous avions dû parcourir plus de sept cents mètres, tournant sans arrêt à la suite des eunuques, dans ce dédale à peine éclairé. Je perdis toute notion de temps et d'orientation, n'étant consciente que du bruissement de la soie et du tintement des bracelets de cheville pendant que nous nous dépêchions de nous rendre à destination. Lorsque nous émergeâmes enfin à la lumière, je vis Jai siégeant en grande pompe dans un autre pavillon, entouré de ses nobles. À travers l'écran de marbre dentelé et ciselé de notre pavillon, nous jouissions d'une vue parfaite sur la vaste arène qui s'étendait à nos pieds, prévue à l'origine pour les combats d'éléphants, sport favori des ancien chefs rajputs. Cette arène était utilisé comme champ de foire par les citadins, et était très fréquentée par les visiteurs, parmi lesquels certains étaient des habitants de la ville, mais la plupart étaient les paysans de la campagne autour de Jaipur.

Le spectacle était exubérant et joyeux. Il y avait des balançoires, des manèges, une grande roue, et d'innombrables rangées d'étals où l'on vendait diverses babioles, des friandises et de petites poupées d'argile, au milieu de l'aimable bousculade d'une foule indienne, parée de ses plus beaux atours pour la visite au palais, avec les enfants courant dans tous les sens, hurlant de joie en ce jour de fête. Nous étions bouche bée d'admiration en voyant la cavalerie de Jaipur exécuter d'un côté de l'arène un exercice méticuleusement réglé de saut et de l'érection des tentes, tandis que de l'autre, une tribu du désert d'ascètes guerriers exécutait une danse du sabre d'une dextérité stupéfiante. Les éléphants étaient rangés en ligne, leurs howdahs drapés de satins et de velours somptueux ; les soldats étaient impeccablement alignés, leurs ornements d'argent et leurs uniformes brillaient au soleil ; et tout autour d'eux se bousculait la foule aux turbans éclatants et aux habits multicolores.

J'observai la scène avec ravissement, pendant près d'une heure. Puis le signal fut donné et je me levai avec regret pour me faire reconduire à travers les passages sans fenêtres menant à la zénana. Pendant ce temps, les hommes, Jai en tête, se rendaient au temple, et se réunissaient par la suite dans un pavillon dans les jardins du City Palace pour boire un verre ensemble et se faire divertir par des musiciens et des danseuses.

Lorsque l'effigie de la déesse fut enfin ramenée au palais pour y reprendre sa place dans l'autel jusqu'à l'année suivante, j'accomplis de nouveau la cérémonie de prières. Ce premier jour, toutes les dames du palais, à l'exception des veuves, étaient vêtues de rouge. Le deuxième jour nous portions toutes le vert. Nous regardions attentivement à travers les écrans des galeries surplombant les rues pour observer la foule et la gaieté qui y régnaient. Les marchands sur le trottoir étalaient leurs marchandises, constituées principalement de petites idoles de Shiva et Parvati en argile, qui étaient très demandées. Des groupes de femmes chantaient des chansons pour le divertissement des passants, et une de leurs chansons, me dit-on, faisait la louange de la nouvelle épouse du Maharajah, qui avait amené la pluie à la campagne desséchée. J'étais contente d'apprendre qu'au moins une partie du public m'aimait bien, quelque injustifiée qu'en fût la raison.

La grande occasion suivante après les pluies fut l'anniversaire de Jai. Le matin, un salut de dix-neuf coups de canons fut tiré, on distribua de la nourriture aux pauvres, des prisonniers furent libérés, et un congé public fut déclaré. Il y eut des défilés militaires officiels et des prières furent offertes à la fois à l'intérieur et à l'extérieur de la zénana. Les deux premières épouses de Jai revenaient toujours à Jaipur pour assister à cette occasion, de même que Jai, où qu'il eût été avant son anniversaire. À la zénana, la Maharani douairière présidait le durbar des femmes, et c'était la seule occasion où nous, les épouses de Jai, avions le droit de laisser nos visages à découvert en sa présence.

Jai tenait de son côté un durbar à part, grandiose, dans la salle d'audience du City Palace, où il était assis sur le trône ancestral, entouré de part et d'autre de ses assistants personnels, et les membres de la noblesse, les fonctionnaires de l'État et les officiers rangés sur les deux côtés. Les danseuses et les musiciens donnaient un spectacle à l'autre bout de la salle, en face du trône, tandis que, un par un, dans l'ordre de l'ancienneté, les courtisans venaient offrir à Jai le témoignage de leur allégeance. Les officiers de l'armée tiraient à demi leurs sabres des fourreaux, et Jai en effleurait la garde, en signe de reconnaissance de leur loyauté. Tout était d'une précision et d'un panache tels que je n'avais jamais connu auparavant. Plus tard, Jai se rendait à la zénana assister au durbar des femmes où il s'asseyait à la gauche de la Maharani douairière.

Jai et moi en train de déjeuner à l'indienne.

Dans toutes les fêtes, c'était le Maharajah qui jouait le rôle principal. Dussehra était la fête la plus importante pour les Rajput, et en tant que chef du clan Kachwa, Jai témoigna de sa révérence aux armes et véhicules de guerre, qui comprenaient carrosses, chars à boeufs, chevaux, et éléphants. J'observai ces cérémonies en compagnie des autres dames de la cour de Jaipur de derrière des fenêtres grillagées en pierre, gardant pour moi seule ma grande fierté face à la splendide figure publique que présentait Jai. Après la cérémonie, Jai se rendait, en carrosse doré tiré par six chevaux blancs, à un lieu tout particulier éloigné de cinq kilomètres, utilisé uniquement pour le durbar de Dussehra. Les cérémonies publiques étaient parfaitement organisées, magnifiques d'allure, et laissaient les sujets de Jai profondément rassurés et impressionnés. Les troupes ouvraient la procession avec la cavalerie, les chars à boeufs et les chameaux, tous accompagnés de fanfare ; venait ensuite la garde personnelle de Jai, montée sur des montures noires parfaitement assorties, précédant la carrosse de Jai. Derrière lui venaient les membres de la noblesse à cheval, vêtus de leurs habits en brocart, leurs montures splendidement caparaçonnées. (Il y avait parmi eux de piètres cavaliers et les rires et les moqueries allaient bon train parmi les dames de la zénana pendant que la procession défilait sous nos fenêtres.) Tout au long de la route royale, Jai recevait d'immenses acclamations, et les gens s'entassaient à toutes les fenêtres et aux balcons, ainsi qu'à tous les endroits d'où l'on pouvait le voir et crier à son approche : « *Maharaja Man Singhji ki jai* » (Victoire pour le Maharajah Man Singhji).

Diwali, le nouvel an hindou, est célébré pendant la nuit la plus noire de l'année qui, selon le calendrier lunaire, se situe vers la fin octobre ou début novembre. C'est la période où les marchands et hommes d'affaires arrêtent les livres comptables de l'année écoulée et se préparent à engager de nouvelles dépenses et transactions. Chacun prie pour une nouvelle année bénéfique. À Jaipur, le palais et toute la ville étaient illuminés, et prenaient l'allure d'une fantaisie de conte de fées. Les forts sur les montagnes au-dessus de la ville étaient également illuminés, et semblaient alors miraculeusement suspendus dans l'air. En dessous, à même le flanc des montagnes, le profil de la déesse Lakshmi, dispensatrice des richesses, apparaissait, dessiné par des lumières, tandis que dans la ville, tous les palais, les bâtiments publics et les maisons privées étaient décorés. Rambagh et le City Palace étincelaient de milliers de petites lampes faites de petits pots d'argile remplis d'huile et pourvus d'une mèche, et dans la cour du City Palace, les danseuses offraient des spectacles.

Jai s'y rendait en visite cérémoniale, vêtu d'une jaquette noire et coiffé d'un turban noir et or, et, accompagné de ses nobles, il offrait des prières à Lakshmi, tandis que les danses et les chants continuaient. L'ensemble touchait son apogée avec une démonstration extravagante de feux d'artifice.

Jai conviait toujours de nombreux invités à ces fêtes de Diwali, et les incitait à jouer au bridge ou à la roulette, ou à n'importe quelle forme de jeu de hasard, pour accueillir le nouvel an. Nous, les femmes, ne nous joignions pas à eux. Nous nous habillions toutes de bleu foncé, couleur appropriée pour Diwali, nous regardions les feux d'artifice d'une autre terrasse, et retournions ensuite à Rambagh pour un grand dîner de famille, suivi de notre propre démonstration de feux d'artifice.

La cérémonie la plus belle de toutes, à mon avis, avait lieu deux semaines avant Diwali lorsque la pleine Lune brille de son éclat le plus brillant, et qu'un durbar est alors tenu en plein air pour célébrer la fête de Sharad Purnima. Il ne se passe pas grand-chose, mais Jai et tous ses courtisans paraissaient à ce durbar vêtus d'un rose des plus pâles, leurs épées et leurs joyaux étincelant au clair de lune. À mes yeux, ce spectacle paraissait extraordinaire et presque d'un autre monde, et reste gravé à jamais dans mon souvenir.

Les fêtes à Jaipur se déroulaient à peu près comme ce que j'avais connu à Cooch Behar ; certaines, pourtant, avaient des aspects peu engageants. Holi, qui à Cooch Behar était tout simplement la manifestation d'une joie exubérante à l'arrivée du printemps, qu'on exprimait en se jetant des poignées de poudre rouge les uns sur les autres, s'accompagnait à Jaipur d'un cérémonial plus important. Ce premier Holi après notre mariage, Jai parcourut les rues à dos d'éléphant, suivi en cette occasion de Bhaiya qui nous rendait alors visite. Holi est en fait une mêlée générale, et les gens se bombardaient avec des projectiles de cire gros comme des balles de tennis, remplis d'eau et de poudre colorée. Tandis qu'ils parcouraient les rues, Jai et Bhaiya étaient les cibles faciles pour les citadins entassés sur les toits, aux fenêtres et aux balcons. Bhaiya me confia plus tard que ce fut l'épreuve la plus pénible qu'il n'eût jamais subie. Jai, qui savait fort bien ce qui l'attendait, avait emporté des munitions, et s'était armé à titre de précaution supplémentaire d'une lance à eau pourvue d'un compresseur, pour tenir la foule à distance. Malgré l'épreuve qu'ils venaient d'affronter ensemble, Jai et Bhaiya, de retour au City Palace « jouèrent » encore à Holi, mais plus calmement, autour de la fontaine, avec les nobles et les fonctionnaires en costume de cour.

Dans une autre partie du palais, dans une cour dépendant d'un des appartements de la zénana, Jo Didi et moi « jouâmes » également à Holi avec les autres femmes, qui portaient des tenues traditionnelles rajputes et, à ma grande surprise, leurs bijoux de cérémonie. Ces dames étaient des joueuses expertes, et Jo Didi et moi étions leurs cibles principales. Non seulement elles nous lançaient leurs douloureuses pelotes de cire, mais encore elles nous arrosaient d'eau colorée qu'elles prenaient dans des récipients d'argent ou de cuir, et nous fûmes bientôt trempées de manière douloureuse et colorées jusqu'à la peau. À mon grand désespoir, Jai, après avoir fini de jouer au Holi avec les hommes, nous rejoignit dans la zénana, et le jeu reprit avec une vigueur renouvelée.

Dans les années qui suivirent, Holi devint beaucoup moins dangereux car le jeu eut lieu dans nos jardins privés, mais de temps en temps, un coup bien porté faisait toujours aussi mal, et les taches étaient tout aussi permanentes. Je me souviens de la situation embarrassante d'une de nos amies, qui devait reprendre son travail à Londres aussitôt après Holi. Elle arriva en retard à son bureau, couverte de teinture jaune, et ne réussit à apaiser son patron qu'en invoquant une mauvaise jaunisse contractée en Inde, dont elle se remettait à peine.

Ces premiers mois à Jaipur, avec toute leur étrangeté, leurs plaisirs, leurs soucis, leurs moments d'embarras et leurs joies, m'apprirent les devoirs et les responsabilités, les plaisirs et les contraintes qui entouraient la vie d'une Maharani d'un État important. Ils me révélèrent également que c'était possible de se sentir seule tout en étant entourée de gens, et malgré tout, heureuse, même sous le voile étouffant du *purdah*.

Dit de manière plus simple, je pense que j'étais en train de devenir adulte. Sans doute aurais-je pu continuer de cette manière confuse pendant des années, me réjouissant des occasions spéciales, me trouvant souvent ennuyée ou souffrant du désœuvrement dans ma vie quotidienne, entourée de luxe mais manquant totalement de fournitures intérieures pour ce qu'il faut appeler, je suppose, mon âme, ne voyant jamais Jai suffisamment et m'inquiétant lorsque je n'étais pas avec lui, me contentant de la compagnie que je pouvais trouver dans la zénana, et tout à fait incapable de mesurer vraiment les profondes satisfactions que pouvait procurer une telle vie.

Mais la guerre, une fois qu'elle démarra de manière active, exigeait la coopération de l'Inde, et elle transforma ma vie comme elle transforma bien d'autres choses encore.

CHAPITRE 11

La Guerre

Jai était un soldat enthousiaste. C'était après tout une partie cruciale de l'héritage de ses ancêtres rajputs et il voulait bien naturellement prendre personnellement part au service actif dès que possible. Mais pour cela il était obligé tout d'abord de se conformer au souhait du Vice-Roi que les princes indiens restent en Inde et qu'ils dirigent les efforts déployés pour la guerre dans leurs États. Avant que la guerre n'éclate, Jai avait déjà réorganisé les forces armées de l'État de Jaipur et avait fondé un bataillon spécial, les Sawai Man Guards, dont il avait lui-même formé les officiers. À l'heure du besoin, deux bataillons des forces armées de Jaipur étaient déjà prêts au service actif. Bientôt, le premier bataillon d'infanterie de Jaipur partit pour le Moyen-Orient, et les gardes furent placés sur la frontière du nord-ouest, cette frontière avec l'Afghanistan rendue célèbre par Kipling et Yeats-Brown, où il fallait incessamment contenir les tribus nomades guerrières par la force, afin d'éviter qu'elles viennent piller les villages indiens. Par la suite, les gardes furent aussi envoyés outre-mer.

L'Inde, à cette époque, se trouvait plongée dans une polémique politique aussi sérieuse que complexe. Le Parti du Congrès et ses leaders – Mahatma Gandhi et Pandit Jawaharlal Nehru notamment, faisaient face à un curieux dilemme. L'influence profonde et étendue de Gandhi sur la population de l'Inde était irréfutablement fondée sur sa foi, à laquelle il tenait avec un zèle de missionnaire, en suivant le principe de la non-violence. C'est en raison de cette foi qu'il avait recueilli le soutien de millions d'Indiens, avait réduit au désespoir les fonctionnaires britanniques qui ne voyaient d'autre solution pour le contenir que de le mettre en prison, chose qui ne troublait nullement Gandhi, et dont le seul résultat était d'accroître encore le nombre de ses partisans parmi le peuple indien.

La guerre en Europe devait produire un nouveau type de réponse de la part de Mahatma Gandhi et de ses partisans au Parti du Congrès. Il était très clair sur un point : il haïssait le fascisme et il était de tout coeur avec ceux qui le combattaient. Mais, selon ses propres termes, était-il possible pour les esclaves de venir à l'aide de leurs maîtres dans un combat contre la tyrannie ?

Quelle position l'Inde devait-elle adopter ? Contre le fascisme, sans aucun doute, bien entendu. Mais comment devait-elle manifester sa position ? Et l'Inde devait-elle choisir ce moment d'affaiblissement de la Grande-Bretagne pour lui arracher des concessions ?

Non, déclara Gandhi. Nous devons maintenir nos principes sans pour autant handicaper les Anglais dans leur effort de guerre. Certains leaders du Parti du Congrès désignés iraient en prison pour les actes de désobéissance civile, comme symbole de leur résistance à la poursuite du règne britannique en Inde, mais le reste de la population indienne devait obéir à sa conscience et garder à l'esprit qu'aucun d'entre nous ne souhaitait gêner les efforts de la Grande-Bretagne dans une juste guerre.

Mais certains faits spécifiques compliquaient le problème. Le Parti du Congrès pensait que Lord Linlithgow, le Vice-Roi britannique de l'Inde, aurait dû consulter l'opinion politique indienne avant d'engager le pays dans une guerre étrangère. Or, il ne l'avait pas fait, et les membres du Congrès siégeant dans les assemblées législatives de tout le pays lancèrent une campagne de non-coopération à l'égard des Anglais. Un gros titre du journal de l'époque raconta l'entretien de Mahatma Gandhi avec le Vice-Roi, où ce premier déclarait que, tout en déplorant l'agression nazie en Pologne, il était impuissant à convaincre son parti d'accorder son aide aux Anglais dans leur position.

En dépit de tous les risques politiques et de toutes les réticences encourus, la contribution indienne à l'effort de guerre des Alliés fut remarquable. Deux millions et demi d'hommes et de femmes s'engagèrent dans les forces armées et dans les services annexes, tandis que plusieurs millions d'autres étaient engagés dans différents travaux liés à la guerre. Les troupes indiennes jouèrent un rôle primordial dans les victoires remportées par le commandement du sud-est asiatique, et la célèbre XIVe Armée était constituée de neuf divisions indiennes, trois divisions anglaises, et trois divisions africaines. Les États princiers soutinrent cet effort de guerre par tous les moyens possibles.

Finalement, Jai fut affecté au treizième Régiment de Lanciers, qui était posté à ce moment-là à Risalpur, près de la frontière nord-ouest. J'eus le bonheur et le soulagement de pouvoir l'accompagner, et c'est alors que je pus mesurer combien pesaient sur moi les apparats du pouvoir et les devoirs d'une Maharani. C'était, pour moi, le comble du bonheur de pouvoir vivre, comme n'importe quelle épouse d'officier, dans un petit bungalow de cantonnement, de faire tourner moi-même la maison et d'être directement responsable du bien-être de mon mari – de choisir les menus, faire les courses, tenir les comptes, et taper les lettres de Jai. Je ne jouissais d'aucun privilège ni d'égards particuliers : j'étais juste la femme d'un capitaine, et je devrais ajouter, impressionnée par l'épouse du colonel.

Jai aimait tout autant que moi la vie militaire. Lorsqu'il n'était pas de service, nous nous promenions à cheval ou jouions au squash ensemble, nous recevions d'autres officiers et leurs épouses et nous étions nous-mêmes souvent invités. Le club était le centre de nombreuses activités conviviales. Comme le 13ᵉ Lanciers était un régiment de cavalerie, le polo y était d'un excellent niveau et tout comme les autres officiers, Jai avait amené ses propres chevaux à Risalpur. J'assistais aux réunions de travail qu'organisaient les femmes et par-dessus tout il y avait cette liberté la plus totale d'être soi-même sans aucune contrainte.

L'air vif et frais de ce paysage beau et rude contenait également un soupçon continu de danger que je trouvais plutôt passionnant. Jai ne me laissait jamais sortir seule, car les hommes des tribus frontalières étaient perpétuellement sur le pied de guerre, et attaquaient les imprudents, arrêtaient les voitures, et volaient les vêtements et les biens à leurs occupants. Mais je réussis tout de même à voir en la compagnie de Jai quelques-uns des sites célèbres aux alentours de Risalpur : le magnifique fort d'Attock, la Khyber Pass, Peshawar, la ville frontalière qui garde l'extrémité sud du col, et Mardan, où la Guides Cavalry entretenait un mess réputé dont elle était fière à très juste titre.

D'ordinaire, Jai rentrait à la maison le soir, et me racontait les incidents de sa journée. Il y en avait de divertissants. Par exemple, le 13ᵉ Lanciers suivait des cours de mécanique, mais tous ces cavaliers étaient manifestement bien plus à l'aise sur leurs chevaux que sur des chars d'assaut, et Jai me raconta comment les moins sophistiqués d'entre eux s'efforcèrent, dans une situation d'urgence, d'arrêter leur char en tirant de toutes leurs forces sur le volant.

Pour ma part, grâce à des notes prises en sténo, je lui rendais compte de toutes les nouvelles internationales diffusées par la radio. Pour cela et en tapant les lettres confidentielles de Jai, je découvris que ma formation à l'école de secrétariat avait été très utile. Le temps que j'avais passé en Suisse à suivre les cours de l'école ménagère se révélait lui aussi tout aussi utile. Je savais quels ingrédients faisaient partie de la nourriture que nous mangions et je pouvais m'assurer que nous n'achetions que la quantité suffisante afin d'éviter le gaspillage. Je savais également commander des repas équilibrés et tenir tous mes comptes ménagers.

Comme les familles des autres officiers, nous disposions d'un petit nombre de domestiques : un cuisinier, un maître d'hôtel, un domestique pour nettoyer la maison, une femme de chambre pour moi, un valet pour Jai et son ordonnance. Il y avait aussi, bien entendu, des palefreniers pour les huit poneys de Jai et ses deux autres chevaux.

Je me rappelle un incident fort embarrassant qui m'arriva, au début de notre séjour, lorsqu'un jour, j'avais eu l'idée de préparer du fondant. Je n'ai jamais été bonne cuisinière – pratiquement tous les plats auxquels je m'essaye sont généralement ratés – mais cette fois-là le fondant fut parfait, et je le plaçai sur la table pour le petit groupe d'invités que nous attendions ce soir-là. Le fondant connut le plus grand succès, et une des épouses d'officier me demanda où j'avais réussi à en trouver. Assez fièrement, je lui avouai l'avoir fait moi-même, et je ne pouvais pas comprendre pourquoi les visages de tous et chacun s'assombrirent. Plus tard, une des jeunes femmes me prit à part et me dit : « Vous ne savez pas que le sucre est rationné ? Nous ne recevons tous que ce qu'il faut pour en mettre dans notre thé. Comment en avez-vous eu assez pour faire du fondant ? »

Je me souvins alors que, ne trouvant pas assez de sucre dans la cuisine pour préparer le fondant, j'avais envoyé le domestique m'en acheter. Il avait fait ce que je lui avais demandé de faire, et avait dû acheter du sucre au marché noir. C'était la première fois que je m'apercevais de l'existence du rationnement et, après cet incident, je fus extrêmement prudente dans la rédaction des listes d'achats que je faisais pour le cuisinier.

Nous n'avions amené qu'une seule voiture à Risalpur, et elle fut immobilisée pendant quelques jours, après notre arrivée. Lors de notre trajet jusqu'à Risalpur, Jai avait été très fatigué et m'avait demandé de conduire. Il me demanda de me dépêcher comme il voulait trouver une bière fraîche à Rawalpindi, et je ne pris pas le temps de rapprocher mon siège du volant. Je me débrouillais assez bien sur ces routes sinueuses de montagne, et Jai somnolait sur le siège à côté du mien. Puis, ayant pris un virage un peu trop vite que je n'aurais dû, je percutai un troupeau d'ânes, dont l'un atterrit sur le capot de la voiture. Jai ouvrit les yeux à ce spectacle surprenant, et n'arrêta jamais de me taquiner à ce sujet par la suite. Les ânes étaient indemnes mais il fallut remplacer les phares de la voiture. Je fus la seule à en être dérangée d'ailleurs, car Jai se rendait toujours à son travail à bicyclette, me laissant la voiture pour les courses et pour assister aux diverses activités organisées par les femmes d'officiers.

Cet heureux interlude domestique ne se termina que trop vite. Peu avant Noël de l'an 1941, il y eut des incidents avec les tribus afghanes. Le régiment fut envoyé à la frontière, et les épouses ne pouvaient pas suivre. M'efforçant avec difficulté de retenir mes larmes, je me retrouvai avec les autres épouses, agitant la main en signe d'au revoir, tandis que le régiment défilait. J'avais vivement souhaité rester au cantonnement, mais Jai exigea que je retourne à Jaipur comme il ignorait quelle serait la durée de son absence, et ne voulait pas que je reste toute seule dans cette région inhospitalière.

C'était le premier Noël que je passais à Jaipur. Jo Didi était là avec tous les quatre enfants, et en raison de la présence de la gouvernante et des nurses anglaises, nous eûmes un vrai Noël tout à fait occidental, avec tout ce qui était de rigueur, un arbre immense, et des cadeaux pour tout le monde. Et le soir, lors de la grande fête des enfants, le père Noël fit son apparition parmi les cris de joie, monté sur un éléphant d'apparat.

Jai me manquait de façon terrible et constante. Mais durant ce séjour à Jaipur, j'eus la première opportunité de nouer amitié avec ses enfants. Ils étaient très ouverts et prirent un grand intérêt à mon égard. Bientôt je me trouvai à leur disposition permanente, requise pour les promenades à bicyclette avec eux, jouant au ping-pong, les accompagnant pour des sorties à cheval ou à la chasse. Ils adoraient sortir avec moi dans ma voiture, parce qu'ils trouvaient que je conduisais dangereusement vite. Donc, comme avait prédit Ma, je passai en effet une grande partie de mon temps dans la nursery de Jaipur.

Mickey, l'aînée et la seule fille de son Altesse Première, avait onze ans à cette époque, ma cadette de dix ans seulement. Elle était constamment chez moi, fascinée par mes vêtements, examinant et touchant tout, depuis les saris et les pantalons jusqu'aux chemises de nuit et à la lingerie. Elle voulait mettre exactement ce que je portais, et harcelait sa gouvernante pour que celle-ci me demande où l'on pourrait trouver des vêtements identiques à sa taille. Finalement, j'achetai moi-même tous les vêtements de Mickey. Avec Bubbles, son jeune frère, elle restait debout près de moi à me regarder lorsque j'étais devant ma coiffeuse. Je me maquillais à peine, ce que Bubbles trouvait d'une grande excentricité. « Pourquoi ne te mets-tu pas de rouge à lèvres ? » demandait-il. « Pourquoi n'en mets-tu pas plein *plein* ? »

Joey, le fils aîné de Jo Didi, était le plus espiègle de la famille, il disposait d'un répertoire impressionnant de farces, posait d'innombrables questions indiscrètes et n'était pas du tout timide. Son jeune frère Pat, le même enfant qui avait fait des tours de bicyclettes à Bangalore, en attendant l'occasion de pouvoir m'examiner à son aise lorsque j'y arrivai d'Ooty, était encore trop petit pour se joindre à la plupart des jeux et activités des autres enfants.

Ma propre famille se trouvait à Calcutta, comme d'habitude, pour passer l'hiver, et Ma écrivit à Jai pour lui demander la permission de me laisser les y rejoindre. Je m'arrangeai pour arriver à « Woodlands » le 1ᵉʳ janvier, car je ne souhaitais pas assister aux fêtes du réveillon du nouvel an sans Jai. Ma m'avait écrit pour me dire que cette année-là, elle projetait marquer l'occasion du réveillon en mettant en place une fête particulièrement splendide à « Woodlands » en vue de recueillir des fonds destinés à l'effort de guerre. Elle transforma tout le jardin en un immense champ de foire et obtint en une seule soirée près de 100 000 roupies. Lorsque j'arrivai, tout le monde parlait toujours avec enthousiasme de la fête de Ma, et je regrettais à demi de l'avoir manquée.

Cette saison fut aussi gaie et active que toutes les autres saisons dont je me souvenais. Peut-être avions-nous conscience d'une manière non exprimée qu'avec l'intensification de la guerre notre vie sociale serait sévèrement limitée, et ne redeviendrait peut-être plus jamais telle que nous la connaissions. Tout au long de mon séjour à Calcutta, je me sentais très incertaine par rapport à ce qu'exigeait de moi précisément la position d'épouse de Jai, et à ce qu'il m'était permis ou non de faire. Je n'étais pas au *purdah*, mais le *purdah* était très répandu selon les coutumes de l'époque, non seulement au Rajputana, mais dans la plupart des États de l'Inde, et même dans le reste de la société indienne, très rares étaient les femmes qui sortaient sans être accompagnées par un parent ou un chaperon. Mon mariage avec Jai avait fait beaucoup de bruit et j'étais le point de mire du regard public. J'avais l'impression d'être continuellement observée par des yeux qui n'étaient pas toujours bienveillants, avides de découvrir dans mon comportement quelque signe dénotant que notre bonheur n'était pas ce qu'il paraissait être. Je parvins toutefois à survivre à tout cela, et, très encouragée par les lettres de Jai qui m'exhortaient à me distraire, réussis à éviter tout faux pas.

La dernière de toutes les célébrations que nous organisâmes à « Woodlands » fut à l'occasion des fiançailles d'Indrajit et de la princesse de Pithapuram. Singapour était tombée aux mains des Japonais en février et la guerre était tout à coup beaucoup plus proche de l'Inde. « Woodlands » fut converti en un hôpital, et Ma et Bhaiya occupèrent les logements des chauffeurs lorsqu'ils venaient à Calcutta. Mais Bhaiya était obligé de passer presque tout son temps à Cooch Behar, qui était très proche de la zone des combats. Une base de l'armée américaine y avait été installée, et la fameuse route de Birmanie traversait Cooch Behar. Ces deux faits transformèrent la ville en un centre international bourdonnant d'activités qui fut bientôt surnommé le « Shangrila des G.I. ». Nous pensions nous réinstaller à « Woodlands » après la guerre, mais lorsque celle-ci prit fin, trop de choses avaient changé et trop d'événements se passaient alors en Inde. Le pays était sur le point de gagner son indépendance, les États princiers envisageaient leur fusion avec l'Union Indienne et plus spécifiquement, « Woodlands » était dans un triste état. Bhaiya vendit la propriété, et aujourd'hui il y a de nombreuses maisons et une clinique là où l'on vivait jadis. Le quartier est aujourd'hui encore connu sous le nom de Woodlands.

Au bout de deux mois, Jai revint de la frontière nord-ouest, à temps pour accueillir Indrajit et sa jeune mariée à leur retour à Cooch Behar après leur mariage chez les parents de celle-ci. Jai était agité et irritable, toujours très impatient de prendre part au service actif au Moyen-Orient, tandis que le Vice-Roi était tout aussi décidé à ce que les princes restent dans leurs États. Finalement, Jai écrivit au secrétaire personnel du roi George VI pour demander s'il pouvait rejoindre le régiment des Life Guards, auquel il avait été assigné pendant un certain temps en 1936, et l'autorisation lui fut finalement accordée.

Jai était euphorique, mais à Jaipur, la nouvelle de son départ pour le Moyen-Orient souleva l'opposition anxieuse de sa famille et de ses ministres. Il expliqua que c'était la tradition des Rajputs de se rendre sur le terrain des opérations, et qu'il était contraire à leurs principes que le Maharajah restât chez lui pendant que ses hommes se battaient. Il me rappela que son ancêtre direct, Raja Man Singh, avait été le plus grand général de l'empereur Akbar.

Il était si excité et si persuasif que je ne pu m'empêcher de prendre sa défense chaque fois que j'entendais la moindre critique sur sa décision de quitter son État et ses devoirs dans son État. Je fis moi-même ses valises, avec une compétence dont j'étais excessivement fière, car je parvenais toujours à faire entrer deux fois plus de choses dans les valises qu'aucun de ses valets. Après toute une série de fêtes de départ à Jaipur, offertes par la famille, la noblesse et le public, j'accompagnai Jai pour rendre visite à ma grand-mère de Baroda, pour qu'il lui dise au revoir. Elle restait à Mahabaleshwar dans un centre de villégiature situé dans les monts aux environs de Bombay, où elle voyait chaque matin Mahatma Gandhi pendant sa promenade quotidienne. Mais elle ne savait pas que, bien que Jai n'avait jamais rencontré le Mahatma, une fois en 1937, il avait été prié par les autorités britanniques de le faire arrêter lors de son passage à Jaipur. Il n'y eut aucune suite à cette affaire, mais Mahatma Gandhi accueillit Jai d'un ton taquin avec ces mots : « Ah, alors c'est vous le méchant garçon qui avez essayé de m'arrêter ? Je fais enfin votre connaissance. »

Ma grand-mère, qui tenait à les voir en bons termes, était plongée dans la confusion par ce premier contact, mais ni le Mahatma ni Jai ne paraissaient considérer cette conversation autrement que comme une plaisanterie.

Le 9 mai, premier anniversaire de notre mariage, le bateau de Jai partit de Bombay. Ma et moi l'accompagnâmes pour lui dire au revoir, et puis je partis tristement avec Ma pour Kodaikanal, une très belle station de montagne au sud de l'Inde. Maintenant que j'étais mariée, même mon ancienne vie de famille n'était plus la même. J'étais exclue des excursions et des parties organisées par Menaka et Baby. J'aurais été ravie d'y participer, mais leurs amies me considéraient en femme mariée, et donc trop âgée pour participer à leurs activités. Au lieu de cela, je passais mes journées à faire d'interminables parcours de golf en solo, à m'occuper du berger allemand de Jai, son préféré parmi les nombreux chiens que nous avions à Rambagh, et à épier anxieusement à la radio la moindre nouvelle du bateau de Jai.

Ma donna une fête pour mon vingt-deuxième anniversaire, mais bien qu'elle ait été superbement organisée comme toutes ses fêtes, aucun des invités n'avait moins de cinquante ans ; tous les hommes jeunes que nous connaissions étaient mobilisés, et la plupart des jeunes femmes, si elles n'étaient pas impliquées dans le travail pour la guerre, ne passaient pas en tout cas leur été à la montagne. Seuls les couples retraités et les plus âgés des amis de Ma étaient disponibles pour les soirées, et au club, on assistait au déprimant spectacle de voir des femmes danser avec d'autres femmes.

Ma seule consolation n'advint que lorsque les lettres de Jai se mirent à me parvenir. Il me fit part de sa déception quand il apprit qu'il venait de manquer son régiment, qui avait été envoyé de manière inattendue pour une mission d'urgence. On l'envoya alors dans la zone de Gaza rejoindre les Royal Scots Greys, où il retrouva beaucoup de ses amis joueurs de polo et partagea sa tente avec le très fameux Humphrey Guinness. Peu après, il fut muté au Caire, et il m'écrivit de là-bas en me demandant de lui envoyer les journaux indiens afin qu'il puisse se tenir au courant des développements politiques en Inde. Il fut nommé officier de liaison des forces armées des États indiens, un poste qui lui plaisait bien quoiqu'il lui accordât quelques moments d'embarras ; lorsqu'il accompagnait un général pour une visite auprès d'un régiment indien, c'était plutôt à Jai et non au général que l'accueil enthousiaste était réservé.

Je fus ravie qu'il ait été nommé à ce poste, sachant combien il se préoccupait du bien-être des troupes de cette armée, et plus encore parce que cette nomination aurait pour conséquence de lui faire passer un certain temps en Inde, principalement à New Delhi, ce qui lui donnerait chaque fois la possibilité de passer quelques jours à Jaipur. Le premier de ces retours eut lieu début septembre 1942. On envoya notre avion privé, un Dakota, pour le chercher et je décidai d'en profiter pour aller à sa rencontre, accompagnée seulement du berger allemand de Jai. Jo Didi m'avertit que j'attirerais certainement des ennuis, car Jai nous interdisait strictement de nous déplacer toute seules. À mon grand soulagement, il parut très content de me voir. Malgré cela, dès que nous arrivâmes à Jaipur, les règles du *purdah* entrèrent de nouveau en vigueur et je fus obligée de débarquer à une extrémité de la piste, et de monter de suite dans une voiture *purdah*, tandis que l'avion emportait Jai à l'autre bout de la piste, pour être reçu par ses ministres, les membres de la noblesse, le personnel du palais et la moitié de la population de Jaipur qui était venue l'accueillir.

Alors que la guerre entraînait pour bien des gens des privations de toute sorte, pour moi à Jaipur, elle apporta un certain degré de liberté. Jai m'encouragea à travailler pour l'effort de guerre, et je commençai aussitôt par participer aux réunions de travail de la Croix-Rouge tenues au club des femmes. J'y rencontrai toutes sortes de femmes : des enseignantes, des médecins, des épouses de fonctionnaires. Leur compagnie était bien plus stimulante que celle des femmes du palais écrasées par le *purdah*, et en outre, j'éprouvais le sentiment d'apporter un soutien, fût-ce de manière indirecte, à mes proches qui prenaient une part active dans la guerre : à Jai, bien sûr, à Bhaiya, qui était particulièrement vulnérable maintenant que les Japonais avançaient à l'intérieur de la Birmanie, ainsi qu'Indrajit qui servait en outre-mer.

Jo Didi et moi organisâmes des séances de travail de tricot et de couture au bénéfice de la Croix-Rouge à Rambagh, pour les femmes plus orthodoxes, et j'arrivai même à persuader certaines des femmes du City Palace que tricoter des vêtements banals tels que des chaussettes ou des chandails n'était pas indigne de leur rang, car elles apportaient ainsi leur aide à leur Maharajah. À côté de ce genre de travaux sédentaires, je consacrai nombre de mes efforts à rassembler des fonds en organisant des pièces et des fêtes au club des femmes, afin d'acheter toutes sortes d'équipements pour les forces de l'État de Jaipur au Moyen-Orient.

Ayant encore de l'énergie à dépenser, et dotée d'encore plus de confiance vu que mon travail de guerre avait l'air de porter des fruits, tant sur le plan financier que sur le plan social, je commençai à prendre en main l'administration de la maisonnée à Rambagh. La suggestion vint de Jai que je m'en occupe puisque son intendant anglais nous avait quittés pour intégrer l'armée, et je me rendis compte alors que, même si j'avais vécu principalement à Jaipur depuis mon mariage, je ne m'étais jamais souciée le moins du monde de savoir comment les choses étaient organisées, mais que je m'étais contentée, comme tous les autres, de jouir du haut degré de confort que l'on nous y proposait. Il y avait plus de quatre cents domestiques à Rambagh, et tout en voulant éliminer toute prodigalité superflue, Jai possédait un oeil de militaire pour tous les détails et s'attendait à ce que tout fût parfait. Par exemple, les gardes stationnés aux neuf portes du palais étaient sujets à des inspections à intervalles réguliers. Tous les jardins devaient être impeccablement entretenus. En différents endroits de tout le palais, des équipes de jeunes garçons étaient postées avec pour mission d'empêcher les nombreux pigeons de causer des dégâts aux bâtiments.

La maisonnée et son administration relevaient de deux départements d'ordre général. L'intendant avait pour fonction de commander les provisions et de gérer les resserres, de préparer les menus et de distribuer les provisions pour répondre aux besoins de chaque jour. Il était également chargé du linge, des uniformes du personnel compris. C'était en quelque sorte un superintendant, veillant à l'administration générale du palais. Il avait plusieurs assistants pour le seconder dans son travail, chargés de surveiller des tâches

Avec Jai et Indrajit avant la Deuxième Guerre Mondiale, Budapest.

telles que s'occuper de la buanderie, ou aller chercher les légumes, le lait et les oeufs à la ferme qui pourvoyait aux besoins de Rambagh.

L'autre département de la maisonnée avait à sa tête le secrétaire militaire. Ses responsabilités consistaient à garder les bâtiments en parfait état, à faire exécuter les réparations nécessaires, à veiller sur les terrains et les jardins, qui devaient être aussi impeccablement tenus que les bâtiments. Il était responsable des voitures qui servaient au flot contant de visiteurs que nous recevions à Rambagh, quoiqu'il y eût un assistant pour veiller à l'entretien des garages et des véhicules, et un autre dirigeait le travail quotidien dans les jardins. Lorsque nous recevions des hôtes – ce qui arrivait très fréquemment – le secrétaire militaire devait coordonner avec l'intendant pour assigner les chambres aux invités, veiller aux repas, placer les gens à table, et leur organiser des activités. Les ADC recevaient leurs ordres également du secrétaire militaire pour leurs horaires de service ou leur affectation à tel ou tel noble en visite ou à un de nos hôtes. Jai lui-même avait toujours trois ADC à son service. Jo Didi et moi en avions chacune un à notre disposition pour la journée et un pour la nuit. Tous ces horaires étaient mis au point par le secrétaire militaire.

Enfin, en dehors de la maisonnée elle-même, il y avait encore des gens chargés des chasses, qui s'occupaient de choses telles que trouver les appâts pour les tigres et rassembler les rabatteurs sur le lieu de la chasse. Là, également, il y avait d'autres services, et lorsque je pris en main l'administration de Rambagh, je m'aperçus bientôt qu'au moins deux des chefs de service relevant de l'organisation de la chasse se considéraient comme étant à la tête de services rivaux. Le général Bhairon Singh, qui s'occupait des équipements extérieurs tels que tentes et mobilier de camping, et le colonel Kesri Singh, qui était chargé des fusils et d'autres équipements de tir, n'étaient d'accord sur rien et semblaient presque prendre plaisir à refuser de coopérer. J'imaginai un plan plein de tact pour résoudre leur différend et les persuadai de faire une partie d'échecs dont le gagnant aurait à l'avenir le dernier mot en ce qui concernait les dispositions à prendre pour l'organisation des chasses et du campement. Je fis même faire un jeu d'échecs spécial, chacun des rois sculpté de manière à ressembler à l'un des adversaires, et les autres pièces représentant les membres de leurs personnels respectifs. Le colonel Kesri Singh gagna, mais cette partie qui devait régler une fois pour toutes leurs désaccords ne modifia en rien la manière dont ils se comportèrent lors de la chasse suivante que nous organisâmes.

Ce qui me surprit le plus, toutefois, c'était l'extravagance des réserves de Rambagh. Lorsque j'y jetai un coup d'oeil pour la première fois, je fus sidérée. On se serait cru dans quelque fantastique parodie de *Fortnum & Mason*. Tout était de première qualité, et les commandes n'avaient pas été faites par caisses, mais par des douzaines de caisses, « afin d'être assurés, Altesse, de ne jamais nous trouver à court », m'expliqua un assistant, voyant ma stupéfaction. Il y avait de quoi subsister des années – des vins, des liqueurs, des cigarettes, du thé, des biscuits, des shampooings, des « crackers » de Noël, et ainsi de suite, toutes les caisses rangées parfaitement et soigneusement étiquetées. La moitié de ces réserves devait être là depuis des années, et il y avait un gâchis épouvantable d'articles périssables.

Lorsque je demandai les noms des gens qui avaient accès aux réserves, je découvris qu'il n'y avait pas la moindre tentative de contrôle quant à qui se servait de quoi. Le palais était le fournisseur de tout le personnel, des invités, et des ADC et de leurs familles, et de quiconque se trouvait avoir envie de quelque chose. Lorsque je fis mon compte-rendu à Jai, cela mit fin à au moins l'une de ses illusions. Pendant des années, il avait été touché par un petit geste de prévenance dont il témoignait à toutes les réceptions auxquelles il avait assisté à Jaipur – ses hôtes lui offraient toujours sa marque favorite de cigarettes égyptiennes, qui était loin d'être facile à se procurer. Il apprenait maintenant, grâce à mes recherches, que les cigarettes sortaient tout droit de ses propres réserves. Jo Didi fut également choquée d'apprendre que l'eau d'Evian qu'elle aimait tant et qui était importée spécialement à son intention était aussi couramment bue par ses femmes de chambre et même par les chiens de la gouvernante.

L'extravagance dans la cuisine allait de pair avec celle des réserves. Le moment auquel le chef pour la cuisine occidentale comprit enfin qu'il fallait me prendre au sérieux, lorsque je parlais de mettre un terme au gaspillage insensé et au détournement des provisions du palais, à des fins privées, se produisit, de manière assez ridicule, au sujet de la recette de la crème brûlée. Jai avait invité son nouveau Ministre de l'Éducation et son épouse à déjeuner, et il souhaitait un repas tout simple pour nous quatre. De toute évidence, le chef ignorait que j'avais pris des cours d'art ménager, et pensait qu'il serait facile de me berner. Il commanda deux livres de crème pour sa crème brûlée. Horrifiée, je lui signalai que tant de crème gâcherait le plat, mais il répliqua de manière grandiose que pour le Maharajah, aucune quantité de crème n'était trop importante. Voyant que j'insistai, il se plia à contrecœur à mes exigences, et à partir de ce moment, tous nos neuf cuisiniers – quatre pour les repas occidentaux et cinq pour la cuisine indienne – prêtèrent attention à mes instructions.

Quiconque venait au palais, et cela pouvait signifier des douzaines de personnes chaque jour, se voyait toujours offrir une boisson par les ADC. Durant les mois chauds de l'été, on préférait du café glacé. Nous disposions de notre propre ferme et de notre laiterie, mais l'une de mes autres découvertes qui me mit en rage fut que l'on coupait notre propre lait parce que nous n'en produisions pas assez pour subvenir aux besoins du réfectoire des ADC. Lorsque j'insistai sur le fait qu'une si extravagante générosité devrait prendre fin car elle était déplacée en période de guerre, je devins bien entendu très impopulaire. Les domestiques se vengèrent en interprétant volontairement mes ordres avec un excès de zèle. Lorsque le Ministre de l'Intérieur arriva un jour pour rencontrer Jai et demanda un verre de café glacé en attendant, il fut informé de façon mordante que « son Altesse Troisième a interdit que l'on serve des boissons contenant du lait aux visiteurs ». De même, quand la gouvernante anglaise demanda du papier toilette, on lui répondit qu'elle devait attendre mon retour de la chasse et que je signe un ordre, car j'avais donné instruction qu'aucun approvisionnement d'aucune sorte ne devrait être distribué sans mon consentement. J'étais, toutefois, satisfaite qu'en dépit de tout le ressentiment que je provoquai, je réussis en un an à faire baisser les dépenses de Rambagh de moitié ou presque – et cela sans entraîner de sacrifices dans le domaine du confort ou de l'hospitalité.

J'avais conscience d'être la cible d'une foule de critiques et après toutes ces années de prodigalité sans contrôle au palais, de nombreuses personnes s'en ressentaient de ma façon de gérer les choses, mais du moment que Jai était satisfait de moi, je ne m'en faisais pas trop de ce que l'on pouvait dire. Je n'avais pas réalisé pourtant à quel point mes activités, à la fois à l'intérieur et à l'extérieur du palais, avaient causé de commentaires jusqu'à ce que je lise un article écrit plusieurs années plus tard par Mme Bharthiya, qui avait été l'Inspectrice des Écoles de Jaipur à cette époque.

La nouvelle Maharani faisait des choses inimaginables : elle avait commencé à visiter les cuisines et à les superviser, elle allait jouer au badminton et au tennis dans les champs, elle s'était fait couper les cheveux, portait des pantalons, conduisait la voiture, assistait aux matchs de polo, et on pouvait la voir chevauchant, non seulement sur les terrains du palais de Rambagh, mais aussi sur les routes, aux côtés du Maharajah. On m'a dit que les officiers et les employés de maisonnée étaient sur des charbons ardents en raison du regard vigilant et judicieux de cette impossible « Elle ». Elle faisait une tournée d'inspection, elle vérifiait les comptes, elle allait faire rénover le palais de Rambagh, elle changeait l'agencement des pièces, elle exigeait ceci, elle détruisait cela. En bref, 'Elle' était un phénomène, qui était apparu sur la scène d'une insouciance placide, apportant avec elle des bouleversements. Maharani Gayatri Devi, qui était constituée différemment, ne pouvait et ne voulait pas accepter un état statique des affaires. Maharani Gayatri Devi commença à explorer les possibilités et son premier pas fut de rendre visite au Club des femmes et de rencontrer d'égale à égale des dames issues des milieux les plus divers. Son exemple fut bientôt suivi et grâce à ses efforts personnels et sa persuasion, les *Asurya Sparshas* – les femmes qui suivaient la règle du *purdah* – condescendirent à se montrer. Les dames Rajputes au sang bleu, les intellectuelles et les femmes du commun toutes ensemble commencèrent à patronner le Club des femmes... Très vite, le Club des femmes devint le centre d'activités fébriles et sous son égide, des jeux, des sports, des réunions sociales, des activités culturelles et des fêtes furent organisées, auxquelles toutes participaient avec le même enthousiasme.

Avant notre mariage, Jai m'avait dit qu'il espérait que j'encouragerais les femmes de Jaipur à sortir du *purdah*, au moins un petit peu. Nous savions tous les deux que les traditions profondément enracinées depuis des siècles ne peuvent s'effacer du jour au lendemain. Je comprenais bien aussi qu'il était indispensable pour moi d'observer le *purdah* à Jaipur, lorsque je me trouvais en public, si je voulais éviter de choquer et de m'alénier une noblesse profondément   attachée aux traditions. Mais Jai m'avait souvent dit qu'il espérait un jour supprimer totalement le système du *purdah* à Jaipur. Il avait essayé d'offrir des soirées auxquelles les hauts fonctionnaires et les ministres de l'État étaient invités, en leur demandant d'amener leurs épouses avec eux, mais très peu de femmes vinrent. Elles maintenaient le *purdah* avec rigueur.

Je pensai que la création d'une école pour les filles serait peut-être un premier jalon sur la longue route de l'émancipation. Aujourd'hui, l'idée peut paraître évidente et assez anodine : mais dans les année 40, la chose soulevait d'innombrables problèmes et se heurtait à des obstacles inattendus. Je décidai d'ouvrir une école destinée principalement aux filles issues des familles nobles et des classes privilégiées de la société, car c'était leurs membres féminins qui observaient les règles du *purdah* de la manière la plus stricte. Les filles des classes moyennes commençaient déjà à recevoir une certaine instruction, mais la noblesse avait des conceptions différentes et restait infiniment plus rétrograde. Nombre d'entre les nobles possédaient des propriétés gigantesques. Leurs femmes vivaient toutes dans les zénanas, et la plupart de leurs filles ne recevaient aucune instruction et n'avaient qu'à attendre de grandir pour être mariées à un mari convenable du choix de leur père. Aussi, elles étaient nombreuses à vivre dans des parties reculées de l'État et ne verrait sans doute jamais la ville, et passaient toute leur vie, d'abord dans une zénana, puis dans une autre. Si elles venaient à mon école, pensais-je, en l'espace de dix ans nous verrons un changement qui sera initié par elles-mêmes.

Il est difficile pour les Occidentaux de comprendre comment la plupart de ces femmes conservatrices étaient parfaitement contentes d'une existence qui, vue de l'extérieur, paraît désespérément ennuyeuse et renfermée. Mais en fait, leur vie au *purdah* était bien plus remplie et plus active qu'on ne l'imagine. À part le fait de diriger une vaste maisonnée, une femme, entourée de nombreux enfants, de petits-enfants et de la famille, était le point central de toute la famille. En tant que petite fille dans sa propre famille, on lui avait appris les connaissances de base que l'on estimait indispensables à toute jeune fille hindoue : la cuisine, la couture, et comment s'occuper des enfants. Plus tard, en tant que jeune mariée, elle apprenait les manières de la famille de son mari et, finalement, en tant que mère et grand-mère, elle voyait s'accroître son autorité et ses responsabilités. Le plus important de tout, c'est qu'en toute probabilité, elle ne manquerait jamais de compagnie et on aurait toujours besoin d'elle. La vie dans la zénana, malgré toutes ses contraintes, comportait de solides et profondes compensations également. Beaucoup de ces femmes se seraient senties perdues et menacées si elles s'étaient trouvées subitement confrontées au monde extérieur sans cette protection sur laquelle elles s'étaient habituées à compter.

Ci-dessus : Mon frère Indrajit avec sa jeune épouse.
Ci-dessous : Ma sœur Menaka avec son mari.

Ci-dessus : Jai s'adressant aux soldats : la Deuxième Guerre Mondiale.
Ci-dessous : Jai avec les Sawai Man Singh Guards, (années 1930).

C'était parmi de telles familles que j'espérais recruter les premières élèves de l'école Maharani Gayatri Devi, sachant que si je réussissais avec elles, les autres suivraient d'elles-mêmes. Je réussis à persuader quelques nobles d'y inscrire leurs filles, et me mis alors à la recherche d'une personne convenable pour diriger ce qui n'était encore qu'une proposition pour une école. Avec l'aide du Ministre de l'Éducation de l'État de Jaipur, nous distribuâmes des annonces pour pourvoir le poste de directrice, écrivîmes à des personnes qui nous avaient été recommandées, et en interviewâmes d'autres. Mais dès l'instant où nous rencontrâmes Miss Lillian Donnithorne Lutter, nous sûmes qu'elle était la personne idéale pour ce poste, et que nulle autre qu'elle ne ferait l'affaire.

Miss Lutter était originaire d'Édimbourg, et avait enseigné en Birmanie pendant quelques années avant la guerre. Quand les troupes japonaises y pénétrèrent, elle conduisit ses élèves, environ huit d'entre elles, sur le long chemin à travers la jungle birmane jusqu'à la frontière indienne sans qu'il n'y eût un seul incident pendant leur périple. Elle était si manifestement gentille, sensée et efficace, que je n'eus pas un instant d'hésitation à la nommer à la tête de mon école et je partis enchantée de notre entretien pour faire part à Jai de notre chance.

En 1943, l'école Maharani Gayatri Devi ouvrit ses portes à Jaipur avec quarante élèves. Leurs familles étaient loin d'être rassurées, et j'étais moi-même assaillie de nombreux doutes et d'incertitudes. Je ne pensais pas vraiment que l'école puisse tenir au-delà de son premier trimestre. Dans les premiers temps, il m'arrivait de me rendre sur place pour observer certains cours. Je me souviens en particulier d'une classe de gymnastique, où j'eus le sentiment qu'il serait impossible pour quiconque de discipliner ce groupe de filles qui gloussaient, et toutes incapables de comprendre l'intérêt de devoir passer par toute une série d'exercices. Mais avec un tact, une patience et une persévérance infinis, Miss Lutter mena son école jusqu'au terme de sa première année, pour en faire par la suite une des meilleures institutions en Inde. Aujourd'hui, elle attire les élèves de toutes les parties du pays, et même des communautés indiennes établies à l'étranger. Elle prépare à l'heure actuelle les filles à devenir médecins, juristes ou professeurs et à pouvoir accéder à toutes les universités majeures de l'Inde.

Toutes mes activités croissantes à Jaipur étaient entrecoupées par les retours de Jai à Jaipur et à Delhi, et je laissais alors tout tomber pour passer autant de temps que possible avec lui. En 1943, Delhi était devenu un centre militaire important ; le commandement de l'Asie du sud-est en avait fait son quartier général, et le service de renseignements interallié, l'U.S. Tactical Transport, le district de Delhi, et le haut commandement indien s'y étaient également établis. Notre propre résidence dans la capitale, Jaipur House, avait été affectée aux WRENS. Partout dans la ville, des constructions provisoires avaient surgi, pour héberger le nouveau personnel ainsi que les camps de transit destinés aux unités militaires de passage. Tout cela détruisait la beauté de la conception de Edwin Lutyens pour la capitale. Beaucoup des amis de Jai se trouvaient momentanément affectés à Delhi ou bien y faisaient de brefs séjours sur la route de différents théâtres d'opération de la guerre. L'ambiance qui y régnait était trépidante et avait quelque chose d'irréel. Je me rappelle notamment avoir entendu des officiers d'un régiment dire à Jai qu'ils emportaient leurs équipements de polo en Extrême-Orient. Deux mois plus tard, nous apprîmes que la plupart d'entre eux avaient été capturés par les Japonais et étaient dorénavant prisonniers de guerre. Je me rappelle également que ce fut pendant cette période que je rencontrai pour la première fois Lord et Lady Mountbatten, si frappants par leur belle apparence, ainsi que par leur air de confiance si rassurant. Lord Mountbatten était alors commandant en chef des forces alliées en Asie du sud-est, et deviendrait, après la guerre, le dernier Vice-Roi de l'Inde.

Malgré les devoirs qui lui étaient imposés par la guerre, Jai parvenait, lors de ses brefs passages à Jaipur, à se tenir au courant des besoins et des développements et à poursuivre le long programme de construction et d'amélioration dans l'État. Une grande partie de la ville moderne de Jaipur est le résultat de son œuvre : les casernes Sawai Man Singh, qui abritent aujourd'hui le Secrétariat ; l'hôpital Sawai Man Singh ; les nouveaux bâtiments qui furent érigés pour la Maharaja University et la Maharani University ; et une large partie des nouveaux quartiers résidentiels. Il recherchait constamment les services des administrateurs les plus capables et, en 1942, amena Sir Mirza Ismail à Jaipur et le nomma son Premier Ministre.

À cette époque, le revenu de l'État de Jaipur venait principalement des impôts agricoles. Ceux-ci étaient prélevés de plusieurs manières différentes. Dans certains cas, l'État avait directement affaire à un propriétaire terrien, ou bien, à travers celui-ci, à des fermiers locataires. Dans d'autres cas, de petits fermiers indépendants versaient directement à l'État un pourcentage de leur récolte ou du revenu qu'ils en tiraient. L'impôt sur le revenu n'existait pas, et tous les agriculteurs étaient autorisés à faire paître leurs troupeaux sur les terres de l'État sans aucun paiement. Le chemin de fer de l'État apportait également une certaine quantité de revenu, comme le faisaient les droits de douane et les droits d'accise sur les produits importés. Un huitième environ de toutes ces sommes perçues était versé dans la Cassette du Maharajah et le reste était déposé au Trésor de l'État.

Pendant les quatre ans qu'il passa avec nous, Sir Mirza Ismail alloua une partie importante des revenus de l'État au financement de vastes programmes de développement de l'éducation et l'amélioration du service de santé, ainsi que d'autres secteurs de l'administration. Il jouissait de l'appui total de Jai pour toutes ces réformes, et lorsque plusieurs années plus tard, il écrivit ses mémoires, il fit l'éloge de Jai ainsi : « Un souverain éclairé qui, fidèle à sa promesse, m'accorda son soutien total. Ce que j'appréciai par-dessus tout à Jaipur, fut l'absence d'intrigues. Son Altesse ne laissait aucune intrigue de n'importe quel genre montrer son hideux visage. Il formulait son propre jugement, sans jamais se laisser influencer par les importuns et agissait en conséquence. »

Il est fort probable que les changements les plus significatifs qu'apportèrent Jai et Sir Mirza au cours de ces années instables furent dans le domaine de la réforme constitutionnelle. Jusque-là, la gouvernance de l'État avait été assurée par le Maharajah lui-même, assisté d'un conseil des ministres qui servaient de conseillers. Jai était d'accord que désormais c'était au Premier Ministre et non au Maharajah qu'il reviendrait de présider ces réunions du cabinet, bien que le Maharajah dût être consulté, bien entendu, avant l'entrée en vigueur des décisions importantes. Plus décisive encore fut l'institution en 1944 de deux corps élus : un Conseil Législatif et une Assemblée Représentative. Le Conseil était habilité à discuter et à voter le budget, soumettre des questions au gouvernement, et adopter des résolutions concernant les questions juridiques et le maintien de l'ordre, et d'autres sujets d'intérêt général. L'Assemblée était un corps plus étendu conçu en vue d'entendre les griefs du public et d'exprimer des avis sur les questions que lui soumettait le gouvernement.

Ces réformes n'étaient peut-être pas très radicales en elles-mêmes et elles ne diminuaient pas l'importance du rôle du Maharajah dans la vie de ses sujets, et ne le rendaient pas non plus moins accessible à son peuple. Mais elles plaçaient bien Jai, avec son consentement, un peu dans la situation d'un monarque constitutionnel, et elles marquèrent bien le début de ce que Sir Mirza appela un lent processus de démocratisation, sans que la tradition ne fût heurtée, ni l'efficacité compromise. Ce processus continua à se mettre en place jusqu'en 1949, date à laquelle l'État de Jaipur fusionna finalement dans l'Union du Rajasthan, au sein de l'Inde indépendante.

Durant les années de guerre, mon propre intérêt et mon investissement dans les affaires de Jaipur augmentaient au fur et à mesure que ma vie publique s'amplifiait. Mais subitement, à la Noël 1944, mes responsabilités au sein de la famille s'accrurent à la suite du décès de la première épouse de Jai. Celui-ci était sorti de l'État à ce moment-là, et j'avais amené les garçons, Bubbles, Joey et Pat, sur un terrain de chasse situé à cent cinquante kilomètres de Jaipur. Avant de partir, nous étions tous allés au palais de la cité prendre congé de son Altesse Première. Nous avions gravi l'un des étroits escaliers de la zénana menant à son salon, dont les portes-fenêtres cintrées ouvraient sur une véranda surplombant une des cours, d'où l'on avait une vue admirable sur les montagnes au-delà d'Amber. Ses meubles occidentaux étaient bien intégrés, même si les appartements étaient construits dans le style traditionnel de Jaipur.

Nous savions qu'elle n'avait pas été très bien en raison d'une maladie chronique au foie qu'elle supportait depuis longtemps, mais nous la trouvâmes habillée et assise sur un canapé. Elle m'avait parlé pendant que les enfants couraient et jouaient. Quand il fut temps pour nous de partir, elle dit aux enfants « Et maintenant faites bien attention à tirer avec précision, et ramenez-moi quelques perdrix ». Rien ne pouvait me faire penser qu'elle fût aussi gravement malade. Le lendemain matin, on m'annonça qu'elle était décédée, en me priant instamment, de la part du tuteur des garçons, de ne pas leur en souffler mot pour le moment.

Je les ramenai à Jaipur, leur donnant quelque piètre excuse qui me vint à l'esprit, et appelai immédiatement Jo Didi qui vivait au City Palace à ce moment-là. Je la priai de venir à Rambagh, mais elle refusa, aussi restai-je seule à m'occuper des enfants. Joey, qui était d'habitude si gai et enjoué, remarqua que c'était là une veillée de Noël bien terne, et demanda si nous allions avoir la fête et les cadeaux habituels. Bubbles, j'en suis convaincue, se doutait de quelque chose, car il était très calme et ne demandait aucune explication. Je pensais qu'il me fallait lui dire quelque chose, et finalement je lui dis que nous étions rentrés à Jaipur parce que sa mère était très malade et que peut-être nous ne la reverrions jamais. Le pauvre enfant, je crois bien qu'il le savait déjà.

Le lendemain matin, on habilla Bubbles et Joey de vestes blanches et de turbans kaki, et nous les amenâmes au City Palace. Pat, le plus jeune, vint dans ma chambre et dit, d'une voix perplexe : « Je ne sais pas ce qu'il se passe, mais Bubbles et Joey portent des vêtements bizarres et ils sont partis quelque part. ils n'ont pas voulu m'emmener avec eux ». Aussi doucement que je le pus, j'essayai de lui expliquer ce qui était arrivé. Il était trop jeune pour comprendre, mais sa seule remarque fut incrédule : « Tu dis qu'on ne la reverra plus jamais ? »

Bubbles, en tant que fils aîné, devait accomplir les rites de crémation, mettre le feu au bûcher funéraire, une tâche terrifiante pour un garçon de treize ans. Puis les garçons rentrèrent de leur lugubre office et se présentèrent à ma chambre. Joey essaya avec beaucoup de peine de sourire et même de faire des plaisanteries, mais Bubbles resta silencieux. Mon cœur fondit à le voir dans son état de choc et de tristesse, et je me promis que quoi qu'il arrive à l'avenir, je m'occuperais de lui. Mickey, la sœur de Bubbles, rentra d'une partie de chasse où elle s'était rendue avec des amis, un jour avant le retour de Jai à Rambagh. Elle passa cette nuit-là dans ma chambre à me demander à quoi les morts ressemblaient. Ce ne fut que lorsque Jai rentra et annonça brusquement que nous allions ramener tous les enfants au pavillon de chasse que nous commençâmes tout juste à nous sentir un peu mieux et à réaliser que la vie reprendrait finalement son cours normal.

L'année qui suivit amena une autre tragédie familiale. J'étais à Darjeeling avec Ma lorsqu'elle reçut un télégramme disant qu'Ila était tombée gravement malade à la suite d'une intoxication alimentaire à la ptomaïne. Nous l'attendions à Darjeeling et j'avais particulièrement hâte de la voir arriver car la vie était bien plus amusante quand elle était là. Nous fûmes bien sûr alarmées à l'annonce de sa maladie, mais nous ne pouvions réaliser à quel point elle était grave. Ma prévoyait d'envoyer notre propre docteur de Cooch Behar pour l'assister et l'emmener dans les montagnes quand elle serait un peu rétablie. Aussi accueillîmes-nous avec incrédulité et un choc assourdissant la nouvelle qu'elle était morte.

C'était le premier décès dans le cercle de notre famille proche. Mes deux frères qui servaient dans l'armée nous rejoignirent. Bhaiya vint du front de Birmanie, Indrajit de son travail administratif dans le sud de l'Inde. Aucun de nous ne pouvait croire qu'Ila, qui avait toujours été pleine de vitalité et d'entrain, n'était plus. Elle n'avait que trente ans. Ses trois petits enfants vinrent habiter avec nous à Darjeeling. Personne n'avait eu le cœur de leur dire ce qui était arrivé, et nous ne pûmes non plus le faire. Plus tard, je ramenai les deux enfants les plus âgés avec moi à Jaipur, et progressivement, sans que je leur donne d'information directe, ils semblèrent comprendre que leur mère était partie pour de bon.

En dépit de ces tragédies personnelles et des devoirs militaires de Jai pendant les années de guerre, nous conservâmes nos contacts avec les autres États princiers. Lorsque Jai était à Jaipur, les réceptions occupaient une grande partie de notre temps et toute visite d'une famille princière impliquait un important cérémonial, pour autant que les circonstances le permissent. Bien que je me fusse mise à circuler seule et assez librement dans Jaipur, dans les occasions officielles, je me tenais encore à l'arrière-plan, sauf lorsque la maharani en visite, avait elle-même abandonné le *purdah*.

Jai allait accueillir nos hôtes à l'aéroport ou à la gare, accompagné de ses ministres et de nobles, tous dans leurs habits de Cour. On jouait l'hymne de Jaipur et celui du prince invité, on passait la garde d'honneur en revue, puis une voiture découverte conduisait les deux souverains à Rambagh.

En ces temps-là, aucun Maharajah, à moins qu'il ne soit d'une parenté proche en visite informelle, n'arrivait avec moins d'une trentaine de personnes dans sa suite, et bien souvent il y en avait beaucoup plus. Il y avait toujours au moins l'un des ministres du gouvernement de l'État, l'intendant de la maison de Son Excellence, plusieurs nobles, des ADC, des valets, les ADC des valets, et parfois même les valets des valets. Aussi commode que pouvait être Rambagh, il n'y avait souvent pas assez de chambres pour tous, et les pelouses de chaque côté du palais étaient couvertes de tentes pour loger les visiteurs. Pendant la saison de polo au mois de mars, le terrain de Rambagh devenait un camp permanent, et la maison d'hôtes de l'État qui disposait de chambres pour plus de deux cents personnes était également remplie.

Nous rendions également des visites dans d'autres États. Nous allions fréquemment à Jodhpur, berceau de ses deux premières épouses, dont le Maharajah se montrait extrêmement gentil à mon égard et m'accueillait comme l'une de ses filles. Jai l'aimait beaucoup et l'appelait « Monarque » avec toute l'affection joyeuse du monde. Le Maharajah m'emmena assister au « pig-sticking », ce dangereux sport qui consiste à transpercer des sangliers à la lance à dos de cheval, pour lequel Jodhpur était célèbre. Une fois nous sortîmes dans le désert pour chasser le coq impérial. Je me souviens combien j'étais fière de moi pour avoir abattu trente-cinq oiseaux, avant d'apprendre plus tard que personne n'en avait eu moins de deux cents chacun. Mais le Maharajah réprimanda Jai pour m'avoir équipée d'un calibre 16, qui, disait-il, était trop gros pour chasser des oiseaux, et il m'offrit de sa propre main, un splendide calibre 20 que je conserve encore aujourd'hui et auquel j'attache le plus grand prix.

En 1943, nous fûmes invités, ainsi que la famille royale de Jodhpur, à nous rendre officiellement à Udaipur, État considéré comme le premier des États rajputs, dont le Maharana avait la préséance sur tous les autres princes rajputs. C'était la toute première fois que je m'y rendais, et j'attendais impatiemment de voir ses monuments historiques, comme le Lake Palace, qui est construit de telle manière qu'il semble flotter sur l'eau, ou la grande et ancienne capitale fortifiée de Chittor. Mais je n'étais pas préparée à la rigueur du *purdah* que toutes les femmes étaient tenues d'observer à Udaipur. Jo Didi et moi voyageâmes par le train, dans le wagon des Chemins de Fer de l'État de Jaipur, tandis que Jai nous avait précédé par avion.

À notre arrivée à la gare d'Udaipur, le wagon fut aiguillé sur une voie *purdah* spéciale où nous attendait la Maharani. Nous nous rendîmes immédiatement compte que nous serions totalement dérobées aux regards publics. À Jaipur, les rideaux d'autrefois dans nos voitures *purdah* avaient été remplacés par du simple verre fumé sur les vitres ; mais à Udaipur, nous découvrîmes que l'on attendait de nous de voyager dans les voitures munies de lourds volets de bois, nous enfermant dans une boîte aveugle et dépourvue d'aération.

Lorsque nous fîmes une promenade en bateau sur le lac, notre bateau était complètement voilé par des rideaux, et l'appareil de photo que j'avais apporté avec moi se révéla à la fois inutile et quelque peu embarrassant. Pendant le trajet, j'avais soulevé avec précaution un coin de rideau et essayé de prendre une photo. Ce geste irréfléchi était sans doute venu à la connaissance du Maharana, car plus tard, au moment de notre départ, il me fit cadeau d'un album de photos. Je fus personnellement mise à rude épreuve lorsqu'on demanda aux dames s'il leur plairait de tirer un sanglier. La Maharani de Jodhpur et Jo Didi eurent la sagesse de refuser, mais n'eurent pas eu le temps de me faire signe de m'abstenir avant que je j'eusse accepté l'offre avec enthousiasme. Elles me dirent alors que l'honneur de Jaipur se verrait horriblement compromis si je ratais la cible, risque qui était loin d'être exclu, car partout où nous allions, nous étions entourées par une cinquantaine de femmes se bousculant et jacassant. Tout cela constitua un moment de suspense, parce qu'il me fallait réussir du premier coup. Sans tenir compte des usages de la politesse, je me poussai sans vergogne à l'avant de notre groupe, et à mon grand soulagement, j'abattis du premier coup un gros mâle adulte.

Je me rappelle ces visites officielles de la période de la guerre avec une parfaite clarté, parce qu'avec la fin de la Deuxième Guerre Mondiale, nous sentions tous, comme le sentaient également tous les autres princes de l'Inde, que de grands changements étaient imminents pour l'Inde toute entière, et pour nous en particulier. L'indépendance prenait déjà forme, et peu à peu nous nous rendions compte que dans le nouvel ordre, les États princiers ne pourraient plus conserver leur ancienne identité.

CHAPITRE 12

L'Indépendance

Au mois de mars 1947, Lord Mounbatten rejoignit l'Inde en tant que Vice-roi, apportant avec lui le mandat du gouvernement britannique pour conduire l'Inde à l'indépendance aussi vite que possible. Il commença à travailler d'arrache-pied et fit même imprimer à l'attention des fonctionnaires de haut rang un calendrier spécial où l'on pouvait lire « Cent cinquante jour avant l'Indépendance, cent quarante-neuf jours... » et ainsi de suite pour donner à tous son propre sens de l'urgence.

C'était une époque extraordinaire, et partout en Inde régnait une atmosphère tendue, pleine d'attente et de suppositions ; après presque un siècle et demi, le règne britannique allait prendre fin. Quel type de nation allait en émerger ? Jai et moi attendions impatiemment l'indépendance de notre pays, ainsi que les autres Maharajahs que nous connaissions, même si nous ne pouvions qu'imaginer les changements que celle-ci apporterait à nos vies.

Ma, je m'en souviens, disait toujours que l'avenir de l'Inde résidait dans la fusion de tous les petits royaumes en une seule et puissante nation. Même durant notre enfance à Cooch Behar nous avions soutenu l'idée de l'indépendance, Mahatma Gandhi et Jawaharlal Nehru avaient été les héros de nos salles de classe, et nous récitions souvent les slogans du Congrès. Suivant l'exemple de Gandhi, nous avions chacun notre propre petit rouet et nous filions notre propre coton, sans pour autant totalement comprendre ce que Gandhi voulait symboliser. Quand Bhaiya partit pour Harrow, nous étions tous excités par l'idée qu'il puisse hériter de la chambre utilisée par Jawaharlal Nehru, avec l'espoir de voir le nom du grand leader gravé sur le lit.

L'Inde finit par obtenir son indépendance le 15 août 1947. Même si Jai et moi n'étions pas ensemble en ce jour mémorable – Jai était parti à Londres, pour y conduire Bubbles et Joey à l'école à Harrow – nous entendîmes tous les deux les paroles émouvantes et inoubliables de Pandit Nehru : « Il y a de nombreuses années, nous avions fixé un rendez-vous avec le destin, et l'heure est maintenant venue de tenir notre promesse. » Depuis Londres, Jai envoya ce message à son peuple :

Une Inde indépendante nous apportera de grandes responsabilités ; et j'ai la conviction que nous, à Jaipur, saurons assumer avec joie notre part de ces responsabilités et assisterons, avec le meilleur de nous-mêmes, à la création d'une Inde qui prendra sa juste place parmi les nations libres du monde.

Pour l'Inde britannique, c'est-à-dire la partie du territoire qui ne relevait pas des gouvernements princiers, le passage à l'indépendance aurait dû se traduire par une transmission du pouvoir en douceur entre les mains des ministères du Congrès dirigés par Pandit Nehru et assistés par le très efficace Indian Civil Service (administration indienne), s'il n'y avait eu, simultanément à l'indépendance, la partition du pays entre l'Inde et le Pakistan. Sur l'insistance de la Ligue Musulmane et à la grande tristesse de Mahatma Gandhi, le partage se fit sur des critères religieux. Les parties du pays – l'extrême nord-ouest et l'extrême est – possédant une population majoritairement musulmane formèrent le Pakistan occidental et oriental, tandis que l'entièreté du bloc central du sous-continent situé entre les deux Pakistan, restait l'Inde et, plus important encore, demeurait un État laïque. Pour moi, qui avait grandi à Cooch Behar où 40 pour cent de la population était musulmane, il paraissait affreux de diviser l'Inde de cette façon, quand nous savions par expérience qu'il était parfaitement possible aux hindous et aux musulmans de vivre pacifiquement ensemble. Cooch Behar se trouva bordé de trois côtés par le Pakistan oriental (aujourd'hui Bangladesh). Au milieu de terribles bains de sang et de souffrances, des millions de réfugiés passèrent la frontière, paniqués par la crainte des persécutions accompagnant la naissance d'une nouvelle Inde dans l'agonie aussi bien que dans le triomphe.

Dans les États princiers, pour les souverains comme pour les populations, l'indépendance signifiait quelque chose de différent et de plus complexe. La manière la plus simple de l'exprimer est peut-être la suivante : si vous aviez demandé à un ressortissant de l'Inde britannique avant 1947 par qui il était gouverné, sa réponse aurait été selon toute probabilité, simplement, « les Anglais ». Si vous aviez posé la même question à quelqu'un venant d'un État princier, la réponse aurait presque certainement été « le Maharajah. » Car pour eux, la présence des Anglais était incarnée uniquement par le Résident,

Jai reçoit le salut des Forces armées de l'État de Jaipur, (années 1940).

Haut de page : Les Hazari Guard Trumpeteers.
Bas de Page : Jai et moi avec les Mountbatten, Jubilé d'argent.

qui assurait le lien entre l'État princier et le gouvernement à Delhi et qui n'exerçait pratiquement aucune influence sur leurs vies.

Depuis quelques années avant l'indépendance, le Congrès avait préconisé la démocratie et l'autonomie dans toute l'Inde, et c'est en partie pour répondre à ce climat politique que Jai avait encouragé ses premiers ministres, tout d'abord Sir Mirza Ismail et puis Sir V. T. Krishnamachari, à mettre en oeuvre leurs programmes de réforme constitutionnelle à Jaipur. Cependant, dès le départ, il était bien évident que les États princiers ne pourraient rester tels qu'ils étaient une fois que l'Inde indépendante. Même les souverains les plus conservateurs reconnaissaient le fait que, à moins que leurs États soient intégrés au reste du pays, la nouvelle nation serait irrémédiablement morcelée. Il y avait, après tout, plus de six cents États princiers en Inde, certains d'entre eux n'étant que des îlots entourés par l'Inde britannique, alors que d'autres avaient des frontières communes et représentaient tous ensemble presque la moitié du territoire et de la population de l'Inde.

Bien que j'eusse accepté l'idée que nous ferions d'une manière ou d'une autre partie de l'Inde indépendante, il ne me vint jamais réellement à l'esprit que nos vies changeraient de manière aussi radicale une fois que nos États perdraient leurs identités particulières. Pour une raison quelconque j'avais imaginé que nous maintiendrions toujours notre relation particulière avec les peuples de nos États et que nous continuerions à avoir un rôle public à jouer.

Au cours des semaines précédant l'indépendance, Sardar Vallabhai Patel, Ministre de l'Intérieur du gouvernement central de l'Inde, avait dirigé son attention sur le problème épineux de la détermination précise de la place que devraient occuper les États princiers dans le pays émergeant. Homme doté d'un esprit brillant, il argumenta avec force ainsi et tact en faveur de l'intégration des États princiers dans le reste de l'Inde. Au début, les princes ne furent tenus de rendre des comptes au gouvernement central qu'en matière de défense nationale, de politique étrangère, et de communications. Mais Sardar Patel ne tarda pas à convaincre nombre de souverains de fusionner aussi leurs États sur le plan administratif avec la nouvelle nation, donnant du même coup un engagement solennel inscrit dans la Constitution, de leur garantir les cassettes du souverain et certains privilèges de rang à perpétuité. Chaque État avait une convention légèrement différente avec le gouvernement indien, mais d'une manière générale, la cassette du souverain fut fixée à environ un dixième du revenu pour les petits États et à un huitième dans le cas des États plus grands.

Je me souviens d'avoir éprouvé une grande tristesse en apprenant que ces États seraient englobés dans l'Union, mais j'étais loin d'avoir l'esprit politique et n'en compris certainement pas toutes les implications. Jai était bien sûr concerné de manière plus personnelle. Il signa lui-même l'Acte d'Accession le 12 août 1947, rattachant ainsi son État à la nouvelle Inde, mais il en resta toujours le Maharajah.

Outre l'imprécision de mes notions politiques, un autre facteur m'empêcha d'imaginer des changements importants immédiats dans notre position vis-à-vis de notre peuple. Jai et Bhiya étaient tous les deux devenus souverains de leurs États en 1922 et ils fêtèrent leurs jubilés d'argent à quelques mois d'intervalle. Les célébrations eurent lieu à Jaipur en décembre 1947, quatre mois à peine après l'indépendance. L'État tout entier était en fête, il y avait partout des décorations et des drapeaux et des guirlandes de drapeaux, et la nuit tous les bâtiments publics, les forts et les palais furent illuminés. Les réjouissances se prolongèrent pendant des semaines car toutes les différentes sections de la population souhaitaient tenir des réceptions en l'honneur de leur souverain. Il y eut des réceptions officielles et un carrousel militaire. On pesa Jai en public avec de l'argent provenant des réserves du Trésor que l'on distribua par la suite aux pauvres. Jo Didi et moi fûmes également pesées avec de l'argent, mais uniquement en présence des dames de la cour de Jaipur, vêtues pour l'occasion de leurs habits les plus ornés et les plus colorés.

Quatorze princes régnants, la plupart accompagnés de leurs Maharanis, rendirent visite à Jaipur à l'occasion du jubilé et toutes nos maisons d'hôtes, le City Palace et le palais de Rambagh étaient complets. Jai, Mickey et moi emménageâmes à Moti Doongri, le petit fort que Jai avait fait réaménager pour moi, tandis que Jo Didi et nombre de nos parentes s'installaient au City Palace, afin de libérer Rambagh pour les invités. Même la demeure dans laquelle le Résident britannique vivait et qui était vide depuis le jour de l'indépendance fut convertie en maison d'hôtes. J'avais pour tâche de réarranger et de remeubler les chambres pour nos très nombreux invités, et d'aider Jo Didi à recevoir les Maharanis et leurs suites. Les moments forts des célébrations furent un banquet d'apparat à Rambagh, les longues tables décorées des trésors de Jaipur, auquel assistaient Lord et Lady Mountbatten, et un durbar particulièrement grandiose au City Palace lors duquel Lord

Haut de page : Une cérémonie religieuse. Jubilé d'argent.
Bas de page : Bhaiya arrivant pour le Jubilé d'argent.

Avec Jagat, âgé de quatre ans, (années 1950).

Mountbatten conféra à Jai le G.C.S.I. (Grand Commandeur de l'Étoile de l'Inde).

Nos journées furent pleines de réjouissances et de divertissements, ne nous laissant aucun moment pour parler de choses sérieuses, mais je remarquai que souvent au cours des soirées des groupes d'hommes se rassemblaient, parlant sur des tons inquiets de l'avenir ou répétant les nouvelles entendues à la radio concernant les conséquences de la partition ; des récits épouvantables de carnage et de massacres nous parvenaient de tout le nord de l'Inde, au fur et à mesure que la tension religieuse se répandait d'une région à l'autres, en une traînée de manifestations de violence. Chaque jour nous lisions dans les journaux à propos de nouvelles atrocités et de nouveaux actes de violence.

Dans la ville de Jaipur, un tiers de la population était musulmane et nous comptions parmi le personnel du palais nombre de Musulmans, et donc la possibilité de voir se développer des antagonismes hindou-musulmans était très forte. Il était bien naturel pour les Musulmans de craindre que les représailles exercées contre les communautés minoritaires dans d'autres régions s'étendent à Jaipur. Mais Jai était décidé à protéger ses sujets musulmans et il veilla personnellement à leur sécurité.

Tous les soirs après le dîner, il quittait le palais et patrouillait les rues de la ville dans une Jeep découverte, accompagné du colonel d'un de ses régiments, un Musulman, assurant les Musulmans de sa protection et menaçant des peines les plus sévères tout Hindou qui lèverait la main sur eux. Le colonel lui demanda un jour si sa présence à ses côtés n'était pas une source de gêne pour Jai. « Ne soyez pas stupide, lui répondit Jai, vous êtes la preuve que pour moi il n'y a aucune différence entre un Hindou et un Musulman. »

Le Mahatma Gandhi, ayant prévu la confusion et l'effusion de sang que déchaînerait la partition, s'était fermement opposé à l'acceptation indienne de l'indépendance si celle-ci devait entraîner la division du pays. Il fut assassiné le 30 janvier 1948. Ironie de l'histoire, son assassin était un membre de l'extrême-droite hindoue, qui considérait que Gandhi trahissait la cause de l'Hindouisme authentique en faisant preuve d'une trop grande bienveillance envers les Musulmans. Il mourut toutefois fidèle à lui-même, au moment où il se rendait à une de ses célèbres réunions de prières où se mêlaient les prières hindoues, chrétiennes, musulmanes et bouddhistes, et ses dernières paroles furent : « Hey Ram », le nom de la divinité que chaque Hindou espère invoquer sur son lit de mort, nom qu'il prononça en signe de révérence à Dieu et en signe de pardon pour ses meurtriers.

Au milieu du choc provoqué par cette tragédie et le sentiment profond de perte d'un des leurs que ressentirent tous les Indiens, qu'ils aient réellement connu ou non le Mahatma, il n'y avait qu'un seul élément légèrement apaisant : au moins son assassin n'était pas musulman. On n'ose imaginer quels bouleversements sauvages et chaotiques auraient pu s'ensuivre, rendant ces mois-là plus terribles encore que ce qu'ils étaient déjà.

Bientôt, il fallut nous occuper des flots de réfugiés hindous arrivant en grand nombre du Sind et de la partie du Pendjab inclue désormais à l'intérieur des frontières du Pakistan. Le gouvernement de l'État de Jaipur dut se mettre à dresser des plans afin de faire face à ce subit afflux de gens et leur fournir un hébergement convenable.

Plusieurs semaines après le jubilé d'argent de Jai, nous nous rendîmes tous les deux à Cooch Behar pour aider Bhaiya à fêter à son tour son jubilé d'argent. Là-bas également, une grande partie de la population était musulmane, et le fait que Cooch Behar était limitrophe du Pakistan était une raison d'inquiétude supplémentaire. Mais Bhaiya, comme Jai, avait usé de son autorité personnelle pour garantir la sécurité de la minorité musulmane, et à Cooch Behar non plus il n'y eut aucune éruption de violences entre Hindous et Musulmans. Je me souviens qu'une partie des fêtes du jubilé d'argent consistait en une de ces chasses au tigre qui faisait la réputation de l'État. Comme nous nous étions mis en route pour la chasse, quelques-uns des sujets musulmans de Bhaiya l'entourèrent et, les mains jointes et les larmes aux yeux, lui demandèrent ce qu'ils devaient faire : demeurer à Cooch Behar ou partir pour le Pakistan. Bhaiya, l'air grave et triste, leur assura qu'ils seraient en sécurité s'ils souhaitaient rester et, brusquement accablé par le pathétique de cette rencontre, il remonta précipitamment dans sa voiture et continua son chemin.

Mon frère avait souhaité marquer l'occasion de son jubilé d'argent par la construction d'une école d'agriculture dont l'État avait grandement besoin. Jai en posa la première pierre. Elle est toujours là, avec le squelette de l'école qui devait la surmonter. Après la fusion de Cooch Behar avec l'État du Bengale occidental, le nouveau gouvernement arrêta les travaux de construction, et malgré les treize millions de roupies que Bhaiya a laissées exclusivement pour le développement d'un tel projet dans son État, l'école n'est toujours qu'une coquille inutile de maçonnerie sans toit.

Haut de page : Dans notre maison en Angleterre, (années 1950).
Bas de page : Avec le Président de l'Inde le Dr. Rajendra Prasad, et Lady Mountbatten.

Avant que ne se produisent ces événements tragiques, avant même que nous n'eussions commencé à constater l'érosion progressive de notre mode de vie et l'affaiblissement de notre identité avec notre État – et en fait, de l'identité de l'État lui-même – nous eûmes l'occasion de profiter de deux événements joyeux. Le premier fut le mariage de Mickey avec le Maharaj Kumar de Baria, un État situé dans la province du Gujarat, dans la partie occidentale de l'Inde. Comme elle était l'unique fille de Jai, et la première princesse de Jaipur à se marier depuis plus d'un siècle, le mariage, les processions, les banquets et les spectacles qui l'accompagnèrent furent d'un luxe inégalé. Ce fut peut-être la dernière manifestation grandiose de l'apparat de l'Inde princière.

Comme la famille régnante de Jaipur était apparentée à toutes les grandes familles rajpoutes, la liste des invités était extrêmement longue. Il y avait en tête les parents de Son Altesse Première et de Jo Didi, venus de Jodhpur et de Jamnagar, et y compris les membres de ma propre famille de Cooch Behar, il y avait à peu près huit cents invités, en comptant les suites, les ADC, les dames d'honneur, les domestiques particuliers et des douzaines d'autres membres des différents entourages. Certains des princes arrivèrent dans leurs avions personnels, d'autres dans leurs wagons particuliers, et d'autres encore dans des flottilles de voitures. Ils furent tous reçus soit par Jai lui-même ou, lorsque deux invités étaient attendus en même temps, par un autre membre de notre famille. Chaque groupe d'invités se vit attribuer une voiture et eut un ADC de Jaipur à son service, tâche qui fut assignée aux fils de la noblesse de l'État.

Nous déménageâmes tous de Rambagh au City Palace, y laissant suffisamment de place pour héberger quelque quatre-vingts invités, sans compter leurs suites. Des tentes avaient été érigées dans les jardins pour les membres des entourages, et on avait prévu un campement séparé destiné exclusivement au marié et ses parents proches masculins. L'organisation et les dispositions prises pour la restauration furent quelque chose de prodigieux. Le manuel d'instruction que l'on distribua à notre propre personnel et à tous les jeunes nobles qui nous prêtaient assistance faisait quatre centimètres d'épaisseur et détaillait chaque réception, fête, cérémonie et spectacle, et contenait les programmes prévus pour chaque groupe d'invités et leurs suites. Même les menus des domestiques et les endroits qui leur étaient attribués pour regarder les processions avaient été soigneusement prévus.

Les festivités s'étalèrent sur deux semaines. Les fêtes avaient lieu chaque soir, en général sur la terrasse du City Palace surplombant les jardins. Les jardiniers avaient travaillé depuis des mois pour s'assurer qu'il y aurait suffisamment de fleurs pour décorer chaque chambre d'invité et même pour décorer le wagon qui emmènerait les jeunes mariés, sans pour autant déparer les couleurs et l'allure des jardins.

Après l'apéritif, les membres masculins de la proche famille descendaient rejoindre les autres hommes pour le dîner. Les femmes dînaient à part, beaucoup d'entre elles étant en *purdah*. Ce fut la seule fois que je vis le City Palace entièrement animé, rempli de monde et comblé de réceptions, tous les appartements de la zénana occupés, les couleurs vives des fleurs et des vêtements de femmes éclatant partout, sur fond de rires et de musique, et de tintement des bracelets de cheville des dames. Depuis les terrasses, nous pouvions avoir une vue de toute la ville jusqu'aux collines au loin, où se dessinait, grâce aux lumières, chacun des forts qui entouraient Jaipur.

Pour le banquet de mariage, de longues tables étaient décorées de fleurs et comme les repas étaient entièrement indiens, elles étaient chargées de curry à la viande, de plusieurs types de pilaf, et de sucreries recouvertes de feuilles d'or. D'un bout à l'autre des tables, il y avait le scintillement brillant de *thals*, de bols et de gobelets d'or et d'argent. Tout au long du repas, tandis que l'on remplissait et remplissait encore les *thals* de nouveaux relais de plats, les musiciens du palais jouaient leur musique.

La tâche de préparer le trousseau de Mickey m'avait été confiée mais comme je m'occupais de la supervision des dispositions qui se mettaient en place pour l'hébergement et le divertissement des dames qui seraient nos invitées, je n'eus tout simplement pas le temps de me rendre à Delhi ou à Bombay pour faire les achats. Au lieu de m'y rendre, les magasins les plus réputés vinrent à Jaipur munis de grandes quantités de vêtements et de tissus, de linge et de bijoux. Je choisis environ deux cents saris pour Mickey et le même nombre d'habits rajasthanis. En outre, il fallait lui donner plusieurs parures de bijoux traditionnels de Jaipur, dont l'exquis travail en émail et les beaux et délicats motifs de pierres précieuses, qui étaient tous les deux des spécialités de l'artisanat de Jaipur. Le cadeau de mariage de Jai pour Mickey consistait en une parure de diamants complète, comprenant un collier, des boucles d'oreilles, des bracelets, des bagues, et des bracelets de cheville, tandis que Jo Didi lui offrit une parure de perles.

Dans toute cette cohue et cette agitation, j'oubliai complètement

Un portrait de famille, (années 1950).

d'acheter mon propre cadeau pour Mickey. Tous ses cadeaux étaient exposés à l'intention de la famille du marié, et une liste fut établie avec les noms des donateurs et les présents leur correspondant. Avec embarras, je vis qu'il y avait un vide en face de mon nom sur la liste et j'y griffonnai rapidement « parure d'émeraude » puisque personne d'autre, apparemment, ne lui avait donné d'émeraudes. Lorsque je retrouvai Mickey après la visite officielle des cadeaux, elle était très ennuyée. « Tu sais, me dit-elle, lorsqu'on a lu la liste, j'ai entendu que tu m'avais offert une parure d'émeraude. C'est affreux mais je n'ai pas pu la trouver. Crois-tu que quelque chose ait pu lui arriver ? Je suis très inquiète ».

Je dus lui expliquer ce qui s'était passé, et lui promis que dès que j'aurais le temps je lui achèterais quelque chose, mais qu'en attendant j'avais juste voulu que mon nom soit sur la liste avec un présent indiqué en face de lui. Finalement, je lui offris de très jolies boucles d'oreilles ornées de perles en poire.

La cérémonie du mariage elle-même eut lieu dans la zénana du City Palace. Je n'oublierai jamais ce moment où le marié, ayant laissé derrière lui le groupe d'amis et de parents qui l'avait accompagné jusqu'au palais, se tint seul à l'entrée de la zénana. Je le plaignis tellement, figure solitaire venue se marier. Il avait l'air si vulnérable debout, là, dans sa tenue d'apparat, tout nerveux et muet, lorsqu'on souleva le rideau pour le laisser entrer.

Après cela, ce fut bien sûr partout joie et allégresse. Le grand banquet fut tenu ; il y eut un spectacle magnifique de feux d'artifice ; les brahmanes et les pauvres furent nourris ; quelques prisonniers furent libérés. Tout cela fut fait avec une véritable générosité royale. Le célèbre photographe français, Henri Cartier-Bresson vint faire des photographies à cette occasion, et les célébrations du mariage firent la Une de nombreux journaux. Dans *Le Livre des records Guinness*, il est cité comme « le mariage le plus coûteux du monde ».

Après le mariage, Jai et moi partîmes pour l'Angleterre – ma première visite depuis 1938, plus de dix ans auparavant, et notre premier voyage ensemble à l'étranger depuis notre mariage. J'étais ravie d'être de retour à Londres et passai le plus clair de mon temps à faire du lèche-vitrines, car, en dépit des commentaires étonnés de mes amis sur le fait que l'austérité était plus sévère encore durant ces années d'après-guerre qu'elle ne l'avait été pendant la guerre elle-même, les boutiques de Londres, comparées à celles de l'Inde, me paraissaient un miracle d'opulence. De l'Angleterre, nous continuâmes vers l'Amérique, la première fois que tous les deux, nous visitions les États-Unis. Ce fut une expérience merveilleuse, car nous ne rencontrâmes que des gens extrêmement chaleureux, accueillants et hospitaliers.

Nous avions embarqué sur le *Queen Elizabeth* qui venait d'être lancé, et nous nous émerveillâmes bien entendu à la vue de la statue de la Liberté et de la silhouette de Manhattan. Ni l'un ni l'autre d'entre nous n'avait jamais auparavant vu de gratte-ciels. Dès que le navire arriva à quai, nous fûmes assaillis par des journalistes, ce qui était également pour nous une expérience que nous n'avions jamais connue auparavant. Ils nous posèrent toutes sortes de questions, y compris portant sur le nombre des épouses de Jai. La première fois, cela nous amusa beaucoup Jai et moi, mais comme cette question revenait pratiquement partout où nous nous rendions aux États-Unis, cela finit par devenir agaçant.

Des amis nous avaient trouvé une maison à New York et avaient même trouvé une bonne pour moi, mais cette première nuit, je dormis à peine parce que j'étais incapable de quitter les fenêtres d'où je pouvais voir la ville briller de toutes ses lumières. J'étais énormément impressionnée par la richesse de tout ce que je voyais – la nourriture, les magasins, les vêtements que portaient les gens. Et je fus étonnée par l'efficacité du système téléphonique et la politesse des standardistes.

Une fois que nous commençâmes à circuler dans New York, je fus immédiatement charmée par la cordialité des gens. Cela me plaisait beaucoup de m'entendre appeler « Chérie » ou « Ma petite » par les vendeuses. Une fois, un chauffeur de taxi me demanda si je venais de Porto Rico, et lorsque je lui dis : « Non, de l'Inde », il se mit à m'expliquer tout ce que je pouvais faire et voir à New York sans dépenser un sou. « C'est gratuit », me répétait-il, en énumérant Central Park, le zoo, différents musées et beaucoup d'autres choses. J'imagine qu'il supposait que toute personne originaire de l'Inde devait forcément être pauvre. Et je me demandais si je n'avais pas l'air d'une réfugiée.

Jai retrouva beaucoup de ses amis joueurs de polo qu'il n'avait pas revus depuis la guerre et ils nous invitèrent à assister à un match de polo à Meadowbrook sur Long Island. Plus tard, nous nous rendîmes à Washington, où nous séjournâmes à l'ambassade de l'Inde chez notre ambassadeur, Sir Benegal Rama Rau. Washington me rappelait un peu New Delhi, mais en beaucoup plus grandiose. Finalement, en touristes ordinaires, nous nous rendîmes à Hollywood où nous passâmes une semaine extrêmement agréable, passablement ravis lorsque l'on nous présenta à un grand nombre d'acteurs de cinéma célèbres.

Peu de temps après notre retour en Inde, Jai fut plongé dans des négociations qui allaient changer nos vies et le visage de l'Inde de manière irrémédiable.

Chapitre 13

Le Rajpramukh du Rajasthan

Les longs dialogues qui devaient aboutir à la fusion de la plupart des États Indiens en un groupement administratif nouveau, au sein de la République Indienne, l'Union du Grand Rajasthan, tinrent Jai extrêmement occupé. En consultation avec son Premier Ministre, Sir V.T. Krishnamachari, il élabora les détails de la fusion de Jaipur. Il se révéla si compétent en la matière que les responsables du gouvernement indien lui demandèrent souvent de l'aide et des conseils quand il s'agissait de négociations avec les autres princes.

Bien que Jai eût essayé de me convaincre de la nécessité de ses mesures, l'idée qu'il ne fût plus le souverain de Jaipur me déplaisait profondément. Lorsqu'un des principaux représentants du gouvernement indien, responsable de la rédaction des nouveaux accords avec les États princiers vint nous rendre visite à Jaipur, comme il en avait souvent l'habitude, il avoua un soir qu'il trouvait épuisantes ces constantes allées et venues en avion en raison de telles missions politiques. Je me souviens tout particulièrement de cette occasion car je lui demandai, n'ayant pas pu me retenir, pourquoi, dans ces conditions, il ne nous laissait pas tranquilles et n'allait pas se reposer.

Pour Jai, évidemment, la fusion de Jaipur au sein de l'Union du Grand Rajasthan, était politiquement judicieuse et historiquement inévitable. Il n'aurait jamais pu soutenir la position d'être le seul État Rajput à résister – en vérité, il ne le souhaitait pas non plus. Il détestait l'idée de renoncer à Jaipur et à cette responsabilité envers son peuple, qu'il ressentait de façon si personnelle et si profonde. Mais il était très conscient que les intérêts du pays devaient passer avant ses propres sentiments.

Les soucis de Jai augmentèrent à ce moment-là, à cause d'un accident d'avion qui eut lieu en pleines négociations sur la fusion de Jaipur. Il devait aller à Delhi pour continuer les dialogues et il s'était rendu d'avance à notre aéroport pour inspecter un avion que quelques pilotes américains avaient ramené pour lui montrer. La particularité de cet appareil était le fait qu'il pouvait décoller et atterrir avec un seul moteur alors qu'il en avait deux. Les pilotes voulaient emmener Jai pour lui faire une démonstration. Le Premier Ministre de Jai le supplia de ne pas y aller car Jai lui avait promis de ne regarder la démonstration qu'à partir du sol. Mais, comme quiconque connaissant Jai aurait pu deviner, il ne put céder à la tentation.

Je devais l'accompagner à Delhi et fus assez surprise mais non vraiment inquiète, de ne pas le trouver à l'aéroport en y arrivant. Notre propre pilote me dit que Jai n'avait pas pu résister à l'invitation des pilotes américains et qu'il avait décollé avec eux. Nous sourîmes tous les deux, connaissant la passion de Jai pour l'aviation, quand, tout à coup, retentit le signal d'alarme et nous aperçûmes au loin un nuage de fumée. Le pilote de Jai et moi sautâmes dans une jeep et nous précipitâmes vers la carcasse fumante. Jai était étendu, inanimé, la tête posée sur les genoux d'un villageois, un filet de sang coulait du coin de sa bouche. Tout le monde était complètement bouleversé, et moi je ne pensais qu'à une chose – l'éloigner immédiatement de l'épave. Je demandai un lit, n'importe quoi qui puisse servir de brancard, dans une hutte d'un village tout proche. Le fermier m'offrit un de ces cadres tendus de ficelles que les villageois utilisent comme lit, et nous nous en servîmes pour transporter Jai et l'éloigner du lieu de l'accident.

Nous étions tout juste dans les temps. Une minute plus tard, il y eut une formidable explosion, et toute la zone entourant l'avion écrasé s'embrasa. J'emmenai Jai tout droit à l'hôpital et, le laissant aux soins des médecins, me rendis à Amber. Là, dans le palais de la vieille capitale, je priai pour sa guérison au temple de la famille. Par bonheur, les pilotes américains ne furent pas gravement blessés, mais les blessures de Jai étaient sérieuses et des semaines s'écoulèrent avant même qu'on pût le transporter jusqu'à Rambagh.

Il était encore en convalescence quand, en décembre 1948, le Congrès national indien, le parti qui avait mené la lutte pour l'indépendance de l'Inde, tint sa session annuelle à Jaipur. C'était un événement d'une importance toute particulière pour les États princiers, car nous allions y découvrir le projet général pour la République Indienne dans laquelle nos États allaient trouver leur place. Le pandit Nehru et Mme Sarojini Naidu, poétesse, une vielle amie, disciple de Mahatma Gandhi et un leader important de son propre droit du Congrès, logeaient chez nous. Je me souviens de la manière incisive et analytique dont parlait le pandit Nehru, nous exigeant, par le seul ton de sa voix, un enthousiasme égal au sien vis-à-vis du défi de la construction d'une nouvelle nation indépendante. Il nous raconta que lorsqu'on lui demandait quel était le moment le plus sensationnel de sa vie, il répondait au début que c'était la période initiale de la lutte pour l'Indépendance, ses séjours en prison, l'exaltation de participer à un mouvement important et juste. Il avait pensé ensuite que cela avait été le moment même où l'Inde obtint son indépendance, le moment où enfin le mouvement avait triomphé, lorsque pour la première fois, le tricolore indien fut enfin hissé sur le Fort Rouge à Delhi. Mais ce moment fut gâché par la partition sanglante de l'Inde, et peu après par l'assassinat insensé du Mahatma. Par la suite, il estima que le moment présent fut le plus beau, où nous allions tous faire partie de la tâche la plus importante et exaltante qui justifiait toutes ces années passées en prison, les meetings, les marches, toutes les manifestations et les discours. Maintenant, nous allions tous contribuer à la construction d'une grande nation libre et morale. Il appelait cela « la Grande Expérience ».

Au contraire, Sarojini Naidu était une personne spirituelle et irrévérencieuse, nous faisant rire avec ses anecdotes sur les autres leaders du Congrès – elle appelait Mahatma Gandhi « Mickey » à cause de ses grandes oreilles – et taquinait sans pitié Jawaharlal Nehru au sujet de sa belle mine et de sa coquetterie. Mais ses bavardages et commérages mis à part, elle travaillait, elle aussi, sérieusement pour le succès de « la Grande Expérience ». Elle quitta Jaipur, tôt un matin, me laissant une lettre de remerciement. Elle avait écrit, « Chère Petite Reine d'un pays de contes de fées ». Après m'avoir exprimé sa reconnaissance, elle me parlait de son affection pour ma grand-mère et ma mère, qui m'englobait désormais, ainsi que les deux jeunes enfants d'Ila. Elle espérait que je leur donnerais une maison heureuse, et elle termina la lettre avec le souhait que mes « yeux ne soient jamais brouillés par les larmes ».

Nous commençâmes à voir quelques facettes de la nouvelle Inde en mars 1949, quand les États Rajput de Jaisalmer, Jodhpur, Bikaner et Jaipur furent fusionnés dans la nouvelle Union du Grand Rajasthan, elle-même faisant partie de l'Union Indienne. Je me rendis compte tristement que l'identité de Jaipur en tant qu'État séparé était perdue pour toujours et que Jai n'était plus responsable du bien-être du peuple qu'il aimait tant et sur lequel il avait été destiné à régner. Il eut l'honneur, qui n'était guère une compensation, d'être nommé à vie Rajpramukh, ou 'Chef de l'État', de la nouvelle Union du Rajasthan, à vie. À ce titre, il aurait le contrôle sur l'ensemble de l'administration de la province entière.

La cérémonie modeste qui marqua l'inauguration de l'Union du Grand Rajasthan, et l'intronisation de Jai comme Rajpramukh, eut lieu au City Palace à Jaipur le trente mars. Huit des dix-neuf Maharajahs des États

Haut de page : Le Sardar Vallabhbhai Patel et Jai, (les années 1950).
Bas de page : Jai et moi en train de regarder le défilé cérémonial à Jaipur, (les années 1950).

qui avaient formé la vieille province du Rajputana assistèrent à l'inauguration. Nous étions quelque peu inquiets quant à la manière dont les choses se dérouleraient car quelques jours auparavant, un certain nombre de personnes m'avaient dit informée qu'ils étaient prêts à créer des troubles pour empêcher la cérémonie de se dérouler si Jai et moi le souhaitions. Je leur répondis d'un 'Non' horrifié mais cela m'intéressa de constater qu'elles aussi envisageaient la dissolution de Jaipur avec un courroux mêlé de craintes et de doutes. Une autre contrariété eut lieu le jour même de la cérémonie lorsque nous apprîmes, après un délai déconcertant, que l'avion qui amenait le Ministre de l'Intérieur, Sardar Patel, de Delhi, avait été contraint de faire un atterrissage forcé à soixante kilomètres de la ville de Jaipur. Mais quelque fût le sens de ces augures, la cérémonie même se passa sans incident avec les discours et les formalités. Je vis tout cela à travers un écran à croisillons, et j'appris plus tard que certains parmi les éminents visiteurs, avaient interprété cela comme un signe de désapprobation de ma part. La vraie raison était bien sûr, qu'à cette époque-là, je n'assistais jamais aux cérémonies publiques.

La ville de Jaipur fut désignée comme la capitale de la nouvelle Union, ce qui me semblait raisonnable vu sa situation centrale et son accessibilité par voie aérienne, par le chemin de fer et par la route et les nombreux bâtiments de gouvernement qui avaient été construits sous le règne de Jai. Nous continuâmes à vivre à Rambagh, qui était dorénavant désigné comme la résidence officielle du Rajpramukh. En vertu de ses nouvelles fonctions, Jai était le Gouverneur de l'ensemble de l'État du Rajasthan, mais ses devoirs avaient un caractère plus cérémonial – nominal presque – et beaucoup moins exigeants comparées qu'à l'époque que nous appelions déjà 'le bon vieux temps'. Il avait la charge d'ouvrir les sessions de l'Assemblée Législative de l'État, de recevoir les prestations de serment des ministres, et ce n'était qu'en cas d'impasse politique qu'il avait l'autorité d'essayer de résoudre les difficultés ou, avec l'accord du Gouvernement Central, de demander de nouvelles élections. Pour le reste, ses obligations sociales étaient sensiblement les mêmes que ce qu'il avait entreprises quand il était souverain. Le Maharajah de Kota fut nommé adjoint de Jai et il avait pour rôle de remplacer Jai comme Rajpramukh pendant son absence, et le Maharana d'Udaipur reçut, en tant qu'aîné de tous les princes, le titre de Maharajpramukh ; il avait la préséance sur Jai dans toutes les occasions officielles mais n'avait aucune fonction officielle à accomplir.

L'un des premiers devoirs de Jai fut de présider à la dissolution des forces armées du Rajputana qui englobaient bien évidemment les troupes de l'État de Jaipur. La première de ces cérémonies eut lieu devant le nouveau Secrétariat, le bâtiment que Jai avait fait ériger pour servir à l'origine de caserne pour ses troupes. Un vaste espace était réservé aux défilés sur le devant et c'est là que défila, dans un style impeccable, l'infanterie de Jaipur ; Jai reçut son salut et accepta les couleurs qui lui furent remises. Ensuite, les régiments de cavalerie dont les noms historiques évocateurs de courage remontaient à plusieurs siècles avant le Raj britannique – le régiment monté de Kachwa, les gardes Rajendra Hazari, ainsi que certains régiments de cavalerie appartenant à autres États, défilèrent, remettant l'un après l'autre leurs étendards à Jai.

Nous autres, les spectateurs, pouvions sentir les larmes nous monter aux yeux, mais Jai, l'air fier et sombre, regardait la parfaite prestation de ses hommes, saluait les couleurs et les acceptait au fur et à mesure que les officiers les lui tendaient. Seul le régiment favori de Jai, celui des gardes Sawai Man, qu'il avait lui-même fondé, conserva son nom lorsqu'on l'incorpora dans l'armée indienne. Il est connu aujourd'hui encore sous le nom de 17ème Rajputana Rifles (Sawai Man Guards). Tous les autres régiments de cavalerie de Jaipur ainsi que quelques-uns des régiments de cavalerie appartenant à d'autres États furent incorporés dans le 61ème régiment de cavalerie, aujourd'hui seul régiment de cavalerie restant en Inde.

Au printemps de 1949, alors que tous ces changements importants avaient lieu dans nos vies, j'avais une préoccupation et un espoir personnels qui devinrent plus importants que ces événements publics. Les médecins confirmèrent que j'étais enceinte et me recommandèrent de faire très attention car j'avais perdu, à deux reprises auparavant, l'enfant que je portais. Cet été-là, à cause de toutes les responsabilités que la nouvelle fonction de Jai entraînait, il était hors question qu'il se rendît à l'étranger. Nous passâmes la majeure partie de notre temps à Jaipur, et fîmes une escapade de quinze jours seulement au Cachemire pendant les grandes chaleurs du Rajasthan.

Au début octobre, je me rendis à Bombay où Ma possédait un appartement, afin d'attendre la venue de mon enfant, dans la demeure de ma mère comme le voulait la coutume. Mon fils naquit prématurément, avec deux semaines d'avance, juste avant les fêtes de Diwali, le nouvel an indien, cette fête saluée par les lumières et les feux d'artifices. Pendant ces premières journées de sa vie, son petit corps sursautait de peur chaque fois qu'un pétard de Diwali éclatait dans la rue sous mes fenêtres.

J'avais très peur car mon fils avait l'air si petit, et je craignais sans arrêt qu'il ne lui arrive quelque malheur. Ma remarqua mon anxiété et me dit, « Qu'as-tu donc ? Au lieu d'être heureuse d'avoir donné naissance à ton enfant, tu as l'air malheureuse. »

Quand je lui fis part de mes craintes, elle se mit à rire et m'expliqua que ce n'était pas parce qu'un enfant était petit qu'il était nécessairement faible. Elle m'assura en disant que mon bébé était parfaitement normal et en bonne santé. Bhaiya était particulièrement heureux d'apprendre la nouvelle de la naissance du bébé et vint à Bombay exprès pour voir son neveu.

Bien que Jaipur ne possédât plus le statut d'État indépendant, aux yeux du peuple, nous étions toujours la famille régnante. Il y eut de grandes réjouissances publiques pour fêter la naissance de mon fils, et une joie profonde parcourut l'ensemble de la famille. Le Gouvernement du Rajasthan déclara un jour férié dans la ville de Jaipur et salua la naissance du garçon au canon, tandis que le Ministre en Chef et d'autres responsables du gouvernement se rendirent à Rambagh pour féliciter Jai. Il était de coutume que la première personne à informer le Maharajah de la naissance de son fils reçût une bonne récompense. À Bombay, Baby et l'une de mes dames d'honneur qui se trouvaient alors avec moi se ruèrent au téléphone mais découvrirent qu'il était en dérangement. À Jaipur, ce fut l'un de nos ADC qui apprit la nouvelle de la naissance de l'enfant et entra en trombe dans la chambre de Jai pour la lui annoncer, et plus tard obtint une voiture neuve en récompense. Ma dame d'honneur fut la première à annoncer la naissance à Ma et reçut une paire de clips d'oreilles en diamants et rubis. Le pandit qui établit l'horoscope de notre fils nous dit qu'il fallait lui donner un prénom qui commençât par un R ou un J. Jai décida de l'appeler Jagat Singh, en mémoire d'un de ses illustres ancêtres.

Bubbles, en tant que fils aîné, était bien entendu l'héritier apparent. La tradition royale voulait que dans une telle situation, le souverain accorde à ses autres fils des domaines et des titres. Les deux fils de Jo Didi, Pat et Joey, avaient déjà reçu des terres et des titres, et Jagat fut également nanti. Quelques années plus tard, le frère aîné de Jai, Bahadur Singh, qui n'avait pas de fils, « adopta » Jagat pour qu'il pût hériter du titre d'Isarda de Raja et de ses domaines.

Ces nouvelles parurent dans les journaux sous le titre, « la Maharani fait don de son fils âgé de cinq ans, » et Jagat l'apprit d'une façon ou d'une autre soit de sa nurse ou du bavardage des domestiques. Pendant plusieurs jours, il

Bhaiya et moi en route à Londres, (les années 1950).

Jagat âgé de cinq ans avec son père.

fut inquiet et malheureux. Je ne pus savoir les raisons de son comportement et un jour on le persuada de me raconter l'histoire et il me demanda, « Toi et Papa, allez-vous vraiment me donner à mon oncle ? » Furieuse contre/envers ? le personnel de l'avoir mis dans cet état, je pus le convaincre enfin que ni Papa ni Maman n'auraient jamais l'idée de le« donner », mais que son oncle, qui n'avait pas de fils à lui, voulait lui faire un gros cadeau quand il serait grand, et que c'était tout. Il prit son temps mais à la fin parut convaincu.

Pendant les deux années qui suivirent la naissance de Jagat, notre vie ressemblait encore à celle d'avant-guerre. Le polo fut de nouveau à l'honneur et même si la disparition des États princiers et la mécanisation des régiments de la cavalerie de l'armée réduisirent l'envergure et le prestige du sport, Jai fut de nouveau un héros célèbre sur les terrains de Polo. En 1950, l'équipe d'Argentine vint jouer en Inde et nous eûmes trois mois de matchs merveilleux et passionnants à Bombay, Delhi et Jaipur. À part cela, Jai se mit bientôt à jouer en Angleterre où le Prince Philip, récemment rentré de Malte, insufflait une vie nouvelle à ce sport. Nous achetâmes une propriété près de East Grinstead nommée « Saint Hill » et louâmes un appartement à Grosvenor Square à Londres. Avec Bubbles, Joey, et Pat allant chacun leur tour à Harrow, l'Angleterre devint notre second domicile.

Une tragédie épouvantable ébranla le cours paisible de notre vie. En 1951, Indrajit trouva la mort dans un incendie quand la maison où il logeait à Darjeeling prit feu. Nous fûmes accablés par la nouvelle, comme l'était la peuple de Cooch Behar et même les populations des régions avoisinantes, dont certaines avaient été rattachées au Pakistan oriental. Indrajit était très aimé, et ces gens, comme ceux de Cooch Behar, fermèrent volontairement leurs boutiques et leurs commerces en signe de respect et d'affection.

Je fus profondément choquée et triste, mais lorsque la période de deuil eut pris fin, je dus reprendre mes activités quotidiennes. Je savais qu'on ne pouvait rien faire contre une si grande perte, si ce n'est se remettre à la besogne et laisser au temps le soin d'atténuer le chagrin ce qui à Jaipur, était chose facile.

Les premières années de la décennie pendant lesquelles Jai occupait la fonction de Rajpramukh continuèrent de nous impliquer dans de nombreuses réceptions officielles, et je fis la connaissance de plusieurs personnalités intéressantes qui venaient de l'étranger. Parmi les plus éminentes se trouvaient Lord et Lady Mountbatten. Lord Mountbatten connaissait bien Jai depuis que celui-ci jouait au polo en Angleterre. Jai avait rencontré Lady Mountbatten lors de sa visite à Jaipur en 1921 alors qu'il était encore adolescent, et qu'il représentait son père adoptif. Elle se souvenait de lui comme d'un charmant jeune homme et fit toujours preuve par la suite de beaucoup de gentillesse à son égard. Lady Mountbatten m'impressionna par son affection et l'intérêt qu'elle montrait pour toute chose – et ce n'était aucunement un intérêt passager. Par exemple, alors que je lui faisais visiter l'école Maharani Gayatri Devi, elle rencontra Mademoiselle Lutter, qui fit allusion, dans le cours de la conversation, au souci qu'elle se faisait au sujet d'une de ses anciennes élèves qui se trouvait en Birmanie. Dans l'espace d'une semaine, Lady Mountbatten veilla à ce que des enquêtes soient conduites et on transmit les nouvelles de cette élève à Mlle Lutter.

Le successeur de Lord Mountbatten comme Gouverneur-Général de l'Inde fut Chakravarty Rajagopalachari. Il nous rendit visite comme le fit Dr. Rajendra Prasad, le premier Président lorsque l'Inde opta pour devenir une république. Beaucoup d'autres dignitaires indiens et certains étrangers visitèrent Jaipur pendant cette période et ma mémoire est remplie de petits événements, certains touchants, d'autres déconcertants ou amusants pour moi. Je me souviens que Dr. Ambedkar, le leader des Harijans, me toucha profondément quand il me raconta qu'il avait une dette envers mon grand-père de Baroda, qui s'était occupé du financement de ses études alors qu'il était un enfant sans ressources, et lui avait offert la première occasion d'entrer dans la vie publique.

La visite de Mme Eleanor Roosevelt nous causa quelque embarras car elle devait arriver le jour même de la fête tapageuse de Holi. Jai prit le gouvernement central de changer la date en expliquant que ce jour-là le peuple de Jaipur « jouent » Holi avec le plus grand enthousiasme et qu'il était fort possible que Mme Roosevelt reçoive des projectiles de cire et soit éclaboussée avec de la poudre de couleurs et de l'eau. Mais le Gouvernement de l'Inde ne pouvait modifier la date et nous attendîmes avec appréhension l'arrivée de Holi ainsi que celle de Mme Roosevelt. Jai décida que la seule chose à faire, dès l'arrivée de celle-ci, était de colorier ses joues avec de la poudre rouge pour que l'on pense qu'elle avait déjà reçu sa ration de l'exubérance de Holi et qu'ainsi on la laisserait tranquille et que l'on chercherait une autre proie. Et ce fut exactement ce qui se passa. Mme Roosevelt arriva à Rambagh, les joues écarlates et quelque peu perplexe, mais saine et sauve.

Quand Boulganine et Khrouchtchev se rendirent à Jaipur, nous leur offrîmes un grand banquet au City Palace. Je me souviens de Boulganine qui, lorsqu'il vit la splendeur du décor, s'écria de joie, « C'est magnifique ! ». Pensant qu'il parlait très bien le français, j'essayai de lui parler directement dans cette langue, mais en vain, et je dus m'en remetrre aux interprètes pendant le reste du repas.

Jai ne m'avait jamais dit grand-chose de son travail et de ses fonctions officielles. Et à vrai dire, je n'eus jamais éprouvé un grand désir de connaître les détails complexes de l'art de gouverner. Jai me confiait ses lettres et rapports les plus confidentiels à taper et bien que je fusse fière de cette preuve de confiance, je n'étais pas trop concernée par les affaires de l'État.

Jusqu'au jour où Jai devint Rajpramukh, on ne s'était jamais attendu à ce que je fisse quoi que ce soit d'officiel – pas même pour recevoir. Je surprenais parfois des bribes de conversations concernant différents problèmes et j'étais contente de ne pas avoir à m'occuper de tout cela. Je n'avais aucune difficulté à croire que grâce à la réserve insondable de patience et de tact, Jai parviendrait à calmer les rivalités entre les États à l'intérieur de l'Union du Rajasthan, et même à s'acquitter de la tâche plus épineuse encore de répartir les responsabilités. Pat confirmait souvent ma foi en la compétence de Jai disant : « C'est le meilleur politicien parmi tous ces gens ». Ainsi, ce ne fut pas avant l'année 1952, lorsque les premières élections générales se déroulèrent en Inde, que la politique commença à occuper une place importante dans ma vie.

PARTE 3

CHAPITRE 14

Le Nouveau gouvernement de l'Inde

Naturellement, tous les Indiens s'intéressaient aux élections générales car c'était là leur première expérience de la démocratie, mais nous nous sentions concernés de façon plus personnelle car le jeune Maharajah de Jodhpur était candidat à l'Assemblée Législative de l'État du Rajasthan. C'était le cousin germain de Jo Didi et il se présentait dans la circonscription électorale de son propre État, avec pour adversaire le plus puissant leader du Parti du Congrès de Jodhpur, Jai Narain Vyas. Évidemment, notre soutien allait au Maharajah, mais nous ne pouvions rien dire ni faire. En tant que Rajpramukh, Jai devait se placer au-dessus de toute politique partisane.

À cette époque-là, aucun parti politique en Inde n'était en position de se mesurer au Parti du Congrès qui se présentait comme le parti 'du peuple', le parti qui avait mené avec succès la lutte pour l'indépendance. Les communistes ne représentaient pas vraiment une menace, pas plus que les candidats du parti réactionnaire et orthodoxe, Hindu Mahasabha. Quiconque s'opposait au candidat du Congrès faisait face à un adversaire redoutable. Et pourtant, le Maharajah eut le courage de se présenter, comme candidat indépendant, sans aucun appui d'aucun véritable parti politique, et avec cela, il suscita d'autres candidats pour contrer le Parti du Congrès au Rajasthan.

Le dynamisme du Maharajah et l'intérêt qu'il portait aux affaires publiques et politiques nous étaient connus de longue date. Il tenait absolument à mettre sur pied une forte opposition au Parti du Congrès au Rajasthan. La première étape consistait à placer le plus de candidats possible à l'Assemblée de l'État, afin de garder l'œil sur le Congrès et l'empêcher de gouverner à sa guise.

Le mois de janvier touchait à sa fin. Tandis que nous participions à un grand dîner à Rambagh, on appela Jai à part. Il ne revint pas à table mais m'envoya un message m'enjoignant de le rejoindre. Il me dit qu'il venait de recevoir une tragique nouvelle de Jodhpur. Le jeune Maharajah, qui était parti en avion pour se reposer après la dure campagne électorale, s'était écrasé et avait été tué sur le coup.

253

Nous fûmes profondément choqués. Le lendemain matin, Jai prit le vol pour Jodhpur accompagné de l'adversaire du Maharajah, Jai Narain Vyas. À Jodhpur, le palais était empli de gens bouleversés par la mort de leur souverain bien-aimé. Le bruit d'un possible sabotage se répandait, et dès que les gens aperçurent Jai Narain Vyas, ils commencèrent à se montrer menaçants. Ils déferlèrent à sa suite, et tentèrent de le suivre à l'intérieur du palais. Il leur échappa de justesse, honteusement, en passant par la zénana et en prenant la fuite dans une voiture couverte.

Deux jours plus tard, quand les résultants des élections furent déclarés, les gros titres des journaux annonçaient que le Maharajah de Jodhpur avait remporté une majorité de 10 000 voix. Jai Narain avait obtenu si peu de votes qu'il avait même perdu sa caution. Dans les alentours, trente-trois des trente-cinq candidats agréés du Maharajah avaient gagné. Ce fut avec une extrême tristesse que nous souhaitâmes qu'il fût vivant pour voir les fruits de ses efforts. Mais lors de l'élection partielle qui eut lieu après sa mort, Jai Narain Vyas, qui se retrouvait véritablement sans opposition, fut élu et devint le Ministre en Chef du Rajasthan. Sans le Maharajah, il n'y avait personne d'autre pour mener l'opposition.

Ce fut la mort effrayante et insensée du Maharajah de Jodhpur et les résultats de l'élection partielle qui me firent songer à la raison pour laquelle le peuple avait voté d'une telle manière. Quelle que fût la situation dans le reste de l'Inde, dans les anciens territoires princiers, les gens choisissaient leur candidat en fonction de la relation sentimentale qui les liait depuis des siècles à leur souverain. La plate-forme politique du moment était une considération secondaire. Les leaders du Congrès étaient tout à fait conscients de ces liens de loyauté ancestrale et ils firent tout pour solliciter l'appui des princes, en demandant aux membres des différentes familles royales de devenir candidats du Congrès. Ils savaient d'avance le succès qui attendait ces candidats, mais furent néanmoins contrariés lorsque les princes triomphèrent contre les candidats du Congrès aux élections. Leur mécontentement fut si grand qu'il les amena à lancer une campagne agressive dans laquelle ils prétendaient que les États princiers avaient souffert d'une mauvaise gouvernance.

Membre d'une famille royale moi-même, il m'est difficile de réfuter ces accusations sans me poser comme victime ou partisane. La plupart des princes de ma connaissance admettraient le fait que la qualité de l'administration dans les États variait énormément, et qu'il y eut certainement des cas de mauvaise gouvernance. Mais pour la plupart, les princes avaient fait de leur mieux pour leurs sujets et dans quelques États comme par exemple Mysore, Gondal et Baroda, l'administration s'était montrée plus efficace que dans les États environnants. Mais le fait qui peut-être les étonna le plus, et qui ressortit si clairement lors des élections générales, fut que les liens de respect et d'affection mutuelle existant entre la plupart des souverains et leurs sujets n'avaient certainement pas disparu lorsque les États princiers furent rattachés au reste de l'Inde.

En fait, les élections mises à part, je n'ai vu à Jaipur de preuve plus impressionnante et spontanée de loyauté et de chaleur que lors du premier anniversaire de Jai après la fusion de l'État. Le peuple se conduisait exactement comme si Jai était encore son souverain, l'acclamant sans fin à chaque fois qu'il apparaissait en public, le couvrant de vœux. C'est sans aucun doute de tels signes qui allaient mener le gouvernement à la prudence et à la méfiance vis-à-vis des princes au cours des années qui suivirent.

Tandis que ces événements m'assombrissaient l'esprit, j'étais encore trop prise par d'autres activités pour m'intéresser à la politique. Je venais d'être élue Présidente de l'Association Indienne de Badminton et je prenais mes devoirs au sérieux, voyageant pour participer aux réunions partout en Inde et même à l'étranger. J'étais aussi Vice-présidente de l'Association Indienne de Tennis, ce qui exigeait beaucoup de temps et de déplacements. À part mes activités sportives, je prenais beaucoup d'intérêt à la All-India Women's Conference, la plus importante organisation de femmes en Inde, dont ma grand-mère de Baroda avait été la Présidente. Cette organisation militait pour le progrès social et le développement de l'instruction, et quoique ses fonctions ne fussent pas vraiment politiques, il y eut des occasions – comme pour l'obtention du droit de vote pour les femmes – où ses activités touchaient en partie la sphère politique. Je me souviens bien d'une réunion particulière de la All-India Women's Conference à Delhi, car elle me montra clairement et intimement la manière curieuse, inégale, déséquilibrée, dont les idées du changement social arrivaient en Inde. À cette occasion, les déléguées, des femmes dynamiques et émancipées, se prononcèrent vigoureusement contre la répression des femmes par le vieux code hindou. Elles réclamaient le droit à l'héritage pour les femmes hindoues, le remariage des veuves, ainsi que le droit de recourir à la justice pour demander le divorce. Tout cela me semblait admirable mais j'étais accompagnée d'une de mes dames d'honneur et elle fut fort contrariée par tout ce qu'elle entendait. Pourquoi les déléguées veulent-elle introduire le divorce ? demanda-t-elle. Il ne faisait aucun doute que les femmes Indiennes se trouvaient mieux ainsi. Si elles divorçaient de leur mari, qui les épouserait ? Qui leur donnerait vêtements, nourriture et abri ? C'était à nouveau le vieil argument pro-zénana et à travers cette femme je pouvais entendre les mêmes plaintes de toutes les femmes du palais. Ce qui me fit penser à l'étrange mélange de femme que j'étais devenue, comprenant et sympathisant d'une part avec le mode de pensée de la zénana et de l'autre, véritable produit de l'éducation cosmopolite de Ma.

Lors de nos visites à Delhi, Jai et moi logions à Jaipur House. À une époque, toute la région sur laquelle New Delhi fut construite appartenait au domaine personnel des Maharajahs de Jaipur, mais la concession fut donnée au gouvernement, longtemps auparavant, par le père adoptif de Jai pour la construction de la nouvelle capitale, en échange de quelques villages au Pendjab. En souvenir de cet acte de générosité, seul un grand pilier de grès nous reste, devant le Palais du Président.

Tout autour de nous, dans le Delhi des années 50, la vie mondaine gagnait en importance et en animation car de plus en plus d'ambassades se faisaient accréditées par le nouveau Gouvernement de l'Inde indépendante. Jaipur House devint un lieu d'activité constante, et en tant qu'hôtesse, mes responsabilités sociales et la haute qualité des réceptions que Jai exigeait furent pour moi un défi et une préoccupation permanents. Il m'encourageait dans mes propres projets, par exemple, quand je décidai d'organiser une exposition d'œuvres d'art et d'artisanat de Jaipur à Delhi. Je lui demandai s'il pensait que le Premier Ministre, Pandit Jawaharlal Nehru, accepterait de l'inaugurer. Il me répondit vivement, « Eh bien, on ne sait jamais, il faut essayer ». Je fus surprise et soulagée quand Pandit Nehru accepta l'invitation et fus plus joyeuse encore quand il ajouta que d'ordinaire il ne faisait pas de telles choses mais qu'il ferait une exception à cette occasion.

Le jour de l'inauguration, j'étais dans tous mes états, terrifiée par le nombre de gens qui avaient répondu à l'invitation, et tout à fait épouvantée à l'idée du discours que j'allais devoir prononcer pour accueillir le Premier Ministre et lui demander d'inaugurer l'exposition. Quand il arriva, je me tenais debout à l'entrée et je parvins tout juste à lui dire que j'étais heureuse de le voir et que c'était vraiment très gentil de sa part d'avoir pris le temps de venir à mon exposition. Il fit distraitement un signe de la tête et me demanda ce qu'il devait faire. Je dis, « Ben... euh, je pense que – hum, déclarez simplement que l'exposition est ouverte. »

« Pourquoi pas ? dit-il, et il saisit les ciseaux que je lui donnai, coupa bien vite le ruban et annonça, « Je déclare cette exposition ouverte au public. »

Tout alla très vite et à ma grande surprise je m'en étais sortie sans avoir eu à faire de discours, et ainsi je pus me détendre en faisant la visite au Premier Ministre, lui montrant les magnifiques œuvres des artisans de Jaipur dont j'étais moi-même sincèrement fière. Il se montra un invité merveilleusement sensible, doté de beaucoup de charme et d'un enthousiasme presque enfantin. Durant cette période, Jai et moi le rencontrâmes assez souvent, dans le cadre de réceptions officielles et lors d'occasions plus informelles. Il aimait regarder les matchs de polo et nous eûmes toujours tous les deux une chaleureuse affection et un grand respect à son égard.

En octobre 1956, le Ministre de l'Intérieur du Gouvernement Central, le Premier Ministre, Pandit Nehru, et le Président de L'Inde, Dr. Rajendra Prasad, envoyèrent une lettre à Jai pour l'informer que, tout en appréciant la façon dont il avait « assumé les lourds devoirs de ses hautes fonctions, » la fonction de Rajpramukh allait devoir être supprimée. Cette nouvelle arriva à l'improviste. Jai n'avait à aucun moment été consulté ni même averti, et il en fut profondément affecté. Quand il avait été désigné Rajpramukh, on lui avait assuré qu'il conserverait son poste à vie, et la continuation de la fonction fut même inscrite dans la Constitution de l'Inde.

Dans sa lettre de réponse, Jai fit remarquer tout cela et ajouta, « Je trouve particulièrement pénible qu'en dépit d'une coopération sincère et de mon inébranlable loyauté tout au long des sept années passées, mes liens officiels avec l'administration de l'État cessent si abruptement. » Il avait compté sur le Gouvernement pour que la partie de l'accord qui lui revenait fût honorée.

Je me sentis très affectée pour Jai, même si, bien que profondément blessé, il ne prononça jamais un mot d'amertume même quand Pandit Nehru lui répondit sèchement avec un commentaire bref : « la Constitution ne saurait être pétrifiée. » Je commençai donc à douter de l'intégrité d'un gouvernement qui pouvait revenir, avec désinvolture, sur un accord préservé par la Constitution. Certainement, si c'était pour le bien du pays, des changements devaient être effectués, mais sûrement pas sans consulter toutes les parties impliquées.

C'est pendant cette période que notre fils Jagat rentra de l'école un jour, complètement dérouté. Les autres garçons lui avaient dit que son père n'était plus l'homme le plus important de Jaipur. Nous dûmes lui expliquer que son père avait été quelqu'un dénommé Rajpramukh, plus important qu'un Maharajah, mais qu'il n'allait plus y avoir de Rajpramukh, et qu'il y aurait un nouveau Gouverneur du Rajasthan, mais que la position de Papa parmi le peuple de Jaipur resterait la même. Combien il comprit de tout cela, je n'en ai aucune idée, mail il saisit très vite, et jusque dans leurs implications pratiques les autres changements que Jai était en train d'introduire. Jai avait décidé par exemple, que nous devions réduire nos dépenses et, comme première mesure, nous abandonnâmes notre avion privé. J'avais été plutôt gâtée depuis l'âge de vingt-et-un ans, ayant toujours eu un avion à ma disposition. Jagat qui avait 7 ans, me consola. « Ne sois pas triste, Maman. Toi et Papa, vous voyagerez toujours partout. Ceci n'affectera que Kismet et moi. » Kismet était le berger allemand de Jai, le tout dernier du véritable élevage de bergers allemands que Jai possédait. Le raisonnement logique de Jagat me ravit, et je me fis à l'idée de ne plus avoir d'avion privé.

Jai, avec son ressort habituel, se plongea dans d'autres entreprises. On l'invita à envoyer une équipe de polo en Angleterre pour participer à une série de matchs pendant l'été 1957. Ce fut le devoir de Jai, en tant que Président de l'Association Indienne de Polo, de sélectionner les joueurs et de faire tout ce qui était nécessaire. C'était la première fois qu'une équipe représentant l'Inde allait voyager à l'étranger – auparavant les équipes étaient choisies exclusivement de l'un ou l'autre État princier – et la tâche de former l'équipe et d'organiser une telle excursion demandait du temps et était compliquée. Les gens de partout en Inde furent très généreux et offrirent les meilleurs poneys à l'équipe, même si leurs propres membres de l'équipe ne figuraient pas sur la liste des participants. Mais juste à ce moment-là, on ferma le canal de Suez, et il fut donc impossible d'envoyer des poneys de polo depuis l'Inde. Jai devrait se débrouiller pour trouver des montures pour son équipe en Europe.

C'est pendant que Jai préparait ce tournoi important, contre toute attente, qu'on me demanda, à moi parmi toutes (!) de commencer à jouer un rôle dans la politique indienne. Le Ministre en Chef du Rajasthan vint me rendre visite un soir et me demanda si je voulais considérer l'idée de me présenter aux élections en tant que candidate du Parti du Congrès de la circonscription électorale parlementaire de Jaipur.

Ma première réaction fut la stupéfaction que quiconque ait pu m'attribuer la moindre intention de me présenter aux élections comme candidate pour le Parlement. Ma seconde réaction également instinctive fut que je m'imaginais mal en train de faire des discours politiques en public et mener des campagnes électorales. Bien que je fusse beaucoup plus libre de mon emploi du temps et de mes déplacements que lors de mon arrivée à Jaipur, il m'était difficile de me débarrasser des habitudes anciennes. Ma troisième, après réflexion, fut que je n'étais pas certaine d'être en accord avec la politique suivie par le Parti du Congrès.

Le Parti du Congrès dans plusieurs régions du pays devenait réputé pour sa corruption et son népotisme. Au Rajasthan, comme dans les autres lieux, les ministres plaçaient leurs protégés et les autres gens qui les avaient aidés lors de la campagne électorale à des postes du gouvernement de responsabilité pour lesquels ces derniers n'étaient qualifiés, ni par leur formation, ni par leur expérience. Les bruits couraient que les contrats du gouvernement tendaient à se voir attribuer aux entreprises privées offrant les dessous-de-table les plus substantiels au ministre concerné. Les conséquences de ces pratiques se reflétaient partout et les honnêtes contribuables en souffraient. L'état des routes, par exemple, était déplorable. On trouvait des trous partout et dans certains endroits les routes avaient été complètement emportées par les pluies. Des fonds avaient été mis de côté pour les réparations, mais nul ne savait ce qu'ils étaient devenus. L'État de Jaipur avait été très connu pour son réseau de barrages et ses ouvrages d'irrigation réalisés principalement à l'époque du grand-père adoptif de Jai. Ils résistèrent admirablement à des inondations et aux périodes de sécheresse car ils avaient été très bien construits pour commencer et méticuleusement

ai serrant la main au Président de l'Inde, Dr. Radhakrishnan.

Pandit Nehru et Jai après un match de polo, (les années 50).

entretenus par la suite. Quand le Congrès prit le pouvoir, l'entretien de ces barrages fut confié à de nouveaux entrepreneurs, choisis pour des raisons politiques. Les réparations furent effectuées avec du matériel de qualité inférieure et l'ensemble du système ne recevait qu'une surveillance symbolique. Une fois, après de grosses pluies, l'un des barrages se rompit – une calamité qu'on aurait pu facilement éviter en ouvrant les vannes. Mais le responsable du barrage était à ce moment-là au cinéma à Jaipur. Des dizaines de villages furent inondés et la récolte complètement perdue.

Même les élèves voulant obtenir des bourses ou s'inscrire au collège étaient choisis en faisant jouer le piston. À Jaipur, il était évident qu'un certain nombre de places étaient réservées aux membres des familles des ministres. Jai avait écrit une fois que la corruption dans le Parti du Congrès menait à l'effondrement de l'administration et de la justice. Mais aucune mesure ne fut prise suite à sa lettre.

En tout cas, je dis au Ministre en Chef que je devais consulter mon mari. Il répondit que rien ne pressait et que je devais réfléchir et lui donner une réponse dans les deux ou trois jours qui suivaient.

Je courus annoncer cette nouvelle stupéfiante à Jai, mais lui me regarda simplement, avec un sourire amusé. C'est alors que je me rendis compte que le Ministre en Chef n'aurait jamais osé me parler sans avoir consulté Jai préalablement, et Jai lui avait sûrement demandé de m'en parler personnellement. Je reconnus le sens de l'humour propre à Jai qui ne m'en avait pas averti exprès pour pouvoir ensuite jouir de mon étonnement.

Nous discutâmes maintes fois ce sujet. Au cours de ces débats, je commençai à me rendre compte que, même si je n'avais pas donné trop d'importance à la politique, quelque part dans mon esprit, des idées, des opinions et des arguments s'étaient déjà constitués. Et voilà que Jai me disait que je pourrais peut-être faire quelque chose d'utile pour Jaipur si je devenais membre du Parti du Congrès ; je me dis que ce serait malhonnête, comme je n'étais pas entièrement d'accord avec sa politique et n'aimais pas les résultats de son administration. Ç'avait été formidable, me disais-je, quand Mahatma Gandhi en avait été le leader, et quand ses partisans avaient été des idéalistes luttant pour l'indépendance. Mais aujourd'hui, dis-je à Jai avec emportement, le Parti du Congrès, dès qu'il s'était emparé du pouvoir, était entré dans la logique de l'establishment, et pour autant que je sache, attirait les gens qui étaient plus concernés par une carrière lucrative que par le bien du pays. Où en étaient-ils avec l'austérité qu'ils prêchaient, recommandant avec insistance aux autres de se serrer la ceinture ? As-tu jamais vu l'un d'eux se serrer la ceinture ? Certainement pas. Les membres du Parti de Congrès semblaient se considérèrent comme des privilégiés et s'enrichissaient chaque jour un peu plus. Gandhi aurait été affligé de voir cela ! Il avait toujours souhaité la démobilisation du Parti du Congrès une fois l'indépendance obtenue, pour que de nouveaux partis pussent être formés. Au lieu de cela, le gouvernement du Congrès resta un monolithe, et ce que nous pouvions faire de plus important, ce serait de prêter notre aide à former une opposition solide, opposition qui veillerait à garder le Congrès à la hauteur avec efficacité.

C'était incroyable ! Mais je venais, sans le savoir, de faire un discours politique. Et Jai resta assis en me souriant toujours. Il m'encouragea à poursuivre plus loin mes arguments, d'exprimer le sentiment qu'il devenait de plus en plus clair jour après jour que le peuple était mécontent, et jusqu'à m'entendre dire, enfin, que je ne pourrais me rendre utile pour redresser les choses qu'une fois entrée en politique.

Constamment, des groupes se formaient, comme ils l'avaient toujours fait, aux portes de Rambagh, pour attirer l'attention de Jai, et se plaindre des nouveaux impôts et de la hausse des prix. Ils n'arrivaient plus à s'en sortir, il n'y avait personne dans le gouvernement pour les entendre, personne qui se sentît responsable pour les aider. Quand Jai fut Rajpramukh, il avait pu négocier avec les fonctionnaires du gouvernement pour le compte de son peuple, mais dorénavant il n'avait plus ce pouvoir et même s'il essayait, il était presque impossible de découvrir quel était le fonctionnaire responsable, et bien moins encore d'obtenir le moindre résultat. Jai ne pouvait rien faire d'autre que de regarder les choses aller de mal en pis dans cet État qui lui était si cher. Ce fut la raison, j'imagine, pour laquelle Jai m'encouragea à bien réfléchir à la question et espéra que j'arriverais à la conclusion que je pourrais vraiment faire du bien si je devenais Membre du Parlement.

La rumeur que j'allais peut-être devenir membre du Parti du Congrès se répandit rapidement partout dans l'État. Un jeune homme qui avait été officier dans la garde personnelle de Jai vint me voir. C'était un des nobles de l'État de Jaipur et s'était adhéré au parti de l'opposition au Congrès, avec le jeune Maharajah de Jodhpur, qui avait trouvé la mort si tragiquement. Il expliqua qu'un nouveau parti venait d'être formé au Rajasthan, toujours contre le règne du Congrès. Il dit que si je devenais membre du Parti du Congrès, le nouveau parti d'opposition se retrouverait désespérément affaibli, et il me supplia de reconsidérer une telle décision. Cette brève entrevue me permit de prendre une décision. Si mes principes avaient quelque valeur, je ne pouvais accepter d'affaiblir un parti d'opposition honnête, même si je n'étais pas encore au point de me résoudre à en faire partie. Je donnai ma réponse au Ministre en Chef ce jour-là. Je ne pouvais pas accepter sa proposition.

Jai, avait lui aussi été contacté par les leaders de l'opposition et on lui avait prié d'au moins d'exprimer son soutien pour eux, mais il décida de rester lui-même neutre, même s'il n'était plus Rajpramukh. Donc, en 1957, personne de notre famille ne fut candidat aux élections et, oubliant pour l'été toute la politique, nous accompagnâmes l'équipe de polo en Angleterre.

Les terrains de polo de Cowdray Park n'avaient jamais eu l'aspect aussi séduisant qu'avec les fringants gauchos de l'Argentine contre les Indiens avec leurs turbans aux couleurs vives, dans le cadre magnifique de la campagne anglaise. Notre équipe subit une série d'accidents et le résultat ne donna pas entière satisfaction, mais après la saison anglaise, l'équipe indienne de polo fut invitée à jouer à Deauville. Là, nous logions avec le Prince Aly Khan, qui ne cessait de parler de courses pendant que Jai, lui, parlait de polo et tous deux donnant libre cours à leur passion pour les chevaux. La gaieté et l'insouciance rafraîchissantes de Deauville avec les courses et le polo toute la journée et les soirées de gala spectaculaires au casino, le tout s'ajoutant à la victoire de l'équipe indienne qui remporta la Coupe d'Or, nous permirent d'oublier tout ce qui se passait en Inde.

Nous rentrâmes chez nous d'une humeur triomphante. Mais presque immédiatement, mes premiers conflits avec le gouvernement commencèrent – presque littéralement à notre seuil. À notre horreur, nous découvrîmes que les belles portes et murailles anciennes de la cité, construites autrefois pour protéger la ville des invasions et profondément partie de son histoire, étaient en cours de démolition. Pour moi, c'était un acte de pur vandalisme, et du vandalisme soutenu par le gouvernement en plus.

Presque aucun nouveau bâtiment n'avait été érigé après que Jai eut transmis l'administration de son État. (Même aujourd'hui, la plupart des écoles, collèges, hôpitaux, châteaux d'eau et parcs sont ceux que Jai avait fait construire au moins 25 ans auparavant). Malheureusement, les bâtiments existants étaient mal entretenus et il semblait d'ailleurs n'y avoir aucun programme d'entretien ou de planification. Jai avait défendu toute construction de nouveaux bâtiments à l'intérieur des murailles de la cité, où la population atteignait une densité limite, et il avait exigé que tout développement fût entrepris dans des banlieues bien planifiées. Mais tout cela était oublié, comme aussi le projet d'établissement et de réhabilitation des centaines de milliers de réfugiés qui avaient afflué du Pakistan. On avait donné l'autorisation à ces réfugiés de construire des magasins et des huttes tout le long des murs de la ville ce qui n'améliorait pas les conditions sordides d'un lieu déjà surpeuplé. Sous le règne du nouveau gouvernement e l'État, des fonctionnaires qui furent nommés ne possédaient que des connaissances limitées en matière de responsabilités sociales et étaient dépourvus de toute expérience dans le domaine de l'urbanisme, et on leur avait laissé le champ libre pour tout faire à leur aise.

Jaipur était le domicile de Jai. Il aimait sa belle capitale et en était fier avec raison. Sous son règne, tout avait été convenablement entretenu, on avait régulièrement repeint tous les bâtiments de la même couleur rose typique de la ville de Jaipur, et on ne tolérait pas qu'on gâchât le style d'architecture qui était devenu traditionnel depuis l'époque du Maharajah Sawai Jai Singh, fondateur de la ville de Jaipur. Chaque souverain avait construit en vue d'accroître la beauté de la capitale et non pour la défigurer. Et Jai, surtout lui, n'aurait jamais permis qu'elle se détériorât de cette façon inimaginable et aussi lamentable.

De plus, sous le règne du nouveau gouvernement, même les arcades qui longeaient les rues principales, et sous lesquelles les piétons pouvaient circuler à l'ombre, disparurent car les commerçants furent autorisés à les clôturer pour leur propre usage. Les balcons et les terrasses commençaient à s'écrouler, les déchets s'accumulaient dans les égouts et s'entassaient en face des maisons et sur les trottoirs, les murs étaient dégradés par des publicités grossières et criardes et les nouvelles autorités fermaient les yeux sur les

Le Ministre en Chef du Rajasthan lisant le serment d'entrée en fonction à Jai.

Jai marchant aux côtés du Pandit Nehru et des membres du cabinet.

constructions non autorisées sur des lieux publiques – parcs et terrains communaux. Quand les visiteurs de Jaipur d'aujourd'hui me disent que j'exagère les changements de la ville, je leur montre les vieilles photos de la ville pour qu'ils voient eux-mêmes. Je ne peux plus regarder ces photos-là moi-même. Elles sont des souvenirs vifs de la belle ville que Jaipur fut.

À notre retour de l'Angleterre, en voyant les dégâts inutiles que les belles et vieilles murailles e la cité subissaient, j'exigeai que Jai fît quelque chose contre ces profanations. Il me fit observer qu'il n'avait plus d'autorité, et qu'il serait très difficile de parler aux gens qui pensaient évidemment que c'était nécessaire de démolir de vieux murs tout à fait inutiles. J'essayai désespéramment de voir le Ministre en Chef moi-même, mais il était toujours occupé et refusa de me recevoir.

Je me sentais malheureuse, mais je savais qu'il y avait une personne qui agirait : notre Premier Ministre, le Pandit Nehru. Il avait un respect profond pour notre histoire et notre héritage culturel. J'étais convaincue qu'il s'opposerait à ce qui arrivait à Jaipur. Mais en même temps, je savais que c'était un homme fort occupé, et j'hésitais à le déranger avec ce qui paraissait de petites affaires domestiques. Je lui écrivis deux lettres que je déchirai aussitôt. Finalement, j'en écrivis une troisième et l'envoyai immédiatement, dans la crainte de changer d'avis et de la déchirer aussi.

Deux jours après, la réponse me parvint :

Chère Ayesha,
J'ai reçu votre lettre. Ce qu'ils font à Jaipur est un sacrilège. J'écris au Ministre en Chef qu'il faut mettre fin immédiatement à ces travaux.

Bien à vous,

(signé) Jawaharlal Nehru

Après cela, le gouvernement décida que rien ne devait être fait pour gâcher le caractère de la ville et qu'on devait consulter Jai pour tout changement. Si j'avais été plus cynique ou même plus expérimentée, j'aurais deviné que cette trêve ne durerait pas, et que la détérioration recommencerait, nous donnant à voir la dégénérescence de Jaipur en une ville sordide et défigurée. Je crus, à moment-là, que j'avais marqué une magnifique victoire pour Jaipur.

Peu de temps après, un autre changement radical nous toucha de plus près encore – et non pas seulement à notre seuil. Pendant la saison de polo, cet hiver-là, Bubbles et moi nous étions rendus à un déjeuner offert par les Oberoi, les plus grands hôteliers de l'Inde, et entendîmes par hasard qu'on projetait de transformer Rambagh en hôtel. Ni Bubbles ni moi n'avions entendu parler de ce projet cataclysmique et après une rapide discussion nous nous excusâmes et courûmes avertir Jai de cette nouvelle. Nous lui racontâmes tout, pensant sûrement que c'était une rumeur ridicule qu'il dissiperait. Au lieu de cela, il se mit à sourire. Je connaissais ce sourire. Cela voulait dire que l'histoire était vraie. Il n'avait pas voulu nous en parler avant d'avoir tout réglé de peur de nous faire de la peine.

Nous faire de peine ! On ne savait plus quoi dire. Il continua à nous expliquer que tout changeait et qu'il n'était plus possible de garder Rambagh comme il l'avait toujours été, et qu'il méritait d'être entretenu. Il fut du sentiment que comme il n'était plus Rajpramukh, ni même le souverain de Jaipur, il n'était pas nécessaire pour nous de vivre dans l'ancien style. Si Rambagh devait être proprement entretenu, il serait nécessaire de le céder pour une cause publique. Jaipur avait grand besoin d'un bon hôtel.

J'étais déprimée ainsi que Jo Didi quand elle apprit la nouvelle. Le palais avait été pendant presque la moitié de mon existence – et plus longtemps encore dans le cas de Jo Didi – le centre de mes occupations et l'objet de mon attachement. C'était mon foyer. Nous suppliâmes Jai de changer d'avis mais en vain. D'autres Maharajahs le critiquèrent lorsqu'ils apprirent ce projet. Ceci avait l'air de symboliser la déchéance de notre mode de vie. Jai fut le premier des princes à transformer son palais en hôtel, mais quelques années plus tard d'autres suivirent son exemple.

Il advint que Jo Didi n'eut jamais à quitter Rambagh. L'été de l'année 1958, nous lui confiâmes Jagat et nous allâmes à Delhi avant de nous rendre en Angleterre. Je savais qu'elle souffrait d'une affection de la vésicule biliaire depuis quelque temps, mais lorsque je pris congé d'elle, elle avait l'air en forme et plaisanta même de sa maladie, me disant que c'était une façon formidable de maigrir mais qu'elle comptait aller à Delhi pour se faire soigner.

Peu après notre départ, elle s'effondra subitement. Elle refusa de consulter un médecin et malheureusement, toutes les femmes lui étaient trop obéissantes pour appeler un médecin de leur propre initiative, ce qui était exaspérant. Seul Jagat, âgé de neuf ans, continua à demander qu'on appelât un médecin mais personne ne fit attention à la demande d'un petit garçon. En l'espace de quelques heures, Jo Didi était morte.

On communiqua la nouvelle par téléphone à Bubbles qui était adjudant dans les Gardes du corps du Président à Delhi. Il transmit la nouvelle à Jai après l'avoir retrouvé à l'aéroport. Quand j'y arrivai peu après, je trouvai Jai choqué et muet, et Bubbles me murmura la nouvelle. Ensuite, nous reprîmes les voitures pour parcourir les trois cents kilomètres jusqu'à Jaipur. On envoya chercher Joey et Pat qui travaillaient à Calcutta. Ce fut un malheureux petit groupe de gens qui se rassembla à Rambagh pour y passer les treize jours de deuil, les derniers jours pour nous dans notre vieux foyer. J'eus beaucoup de temps pour méditer, une fois rentrée au City Palace, en recevant les gens qui passaient pour communiquer leurs condoléances et je passai des heures à penser à toutes ces années que je connus Jo Didi, quand elle était jeune, belle et vive.

Je me rappelai tristement, quand nous étions à Bangalore lors de notre voyage de noces, la remarque triviale que quelqu'un avait entendu par hasard et qui me la répéta. Ce fut une journée où il y avait du vent et mes cheveux et le bout de mon sari se déployaient de façon incontrôlable, comme d'habitude. Quelque spectateur, me voyant pour la première fois, avait dit : « C'est ça, la nouvelle Maharani ? La Seconde est plus élégante. » Mais je trouvais surtout extraordinaire le fait que Jo Didi et moi étions devenues si intimes, jouissant de notre amitié, nous confiant mutuellement les enfants, riant et bavardant ensemble.

Quelle ironie que nos derniers jours à Ramgarh se déroulèrent si tristement alors que pour moi – et j'en étais sûre, Jai et les garçons aussi – tout me rappelait la gaieté et les joyeux moments de la vie que nous y avions passés ensemble. Je me rappelai les soirées et les occasions joyeuses du bon vieux temps, et aussi les petits détails comme les cris des paons qui me réveillaient le matin quand il faisait chaud, et le gazouillement des oiseaux pendant les autres saisons de l'année. Même le petit Jagat sentit la triste ambiance d'adieu. La dernière nuit à Rambagh, il était dans sa chambre et son domestique lui demandait de se dépêcher de se coucher comme il se faisait tard. Jagat leva son regard et dit : « Je me demande si je reverrai ce plafond de nouveau et si jamais je boirai du lait dans cette chambre. »

Notre nouvelle résidence se situait très près de Rambagh. Ce fut un temps la Résidence officielle des Anglais, que nous avions convertie en pension lors du mariage de Mickey, et dorénavant de nouveau réaménagée pour notre usage. C'était beaucoup plus petit que Rambagh mais quand les ouvriers finirent d'y travailler, l'endroit était plein de charme et de caractère dans une ambiance agréablement informelle. Nous la renommâmes Rajmahal, et commençâmes à l'occuper à la fin de l'année, peu après la conversion de Rambagh en hôtel de luxe.

Pendant longtemps je ne pus pas me faire à l'idée que les gens pouvaient aller et venir à leur aise dans notre vieux foyer, et Jai se plaignait, cela l'amusait et l'irritait à la fois, du fait que je considérais les clients de l'hôtel comme des intrus. Une fois, avant que notre piscine de Rajmahal fût aménagée, il vint à celle de Rambagh et trouva l'une de mes bonnes postée dehors pour défendre l'accès de la piscine aux clients pendant que j'y faisais ma natation matinale. Après cela, il insista que je m'habituasse à l'idée que tant que les clients de l'hôtel payaient, ils avaient autant le droit d'être dans le palais que moi.

Parmi les résultats les plus créatifs de notre vie restreinte, on pouvait mentionner l'ouverture d'un musée dans le City Palace. Pendant longtemps, les trésors de la famille de Jaipur y furent conservés, mais même si on donnait souvent la permission aux chercheurs d'y consulter les anciens manuscrits ainsi qu'aux autres gens de visiter le bâtiment et sa fabuleuse collection de tapis, le palais n'était pas ouvert au public. Depuis que Rambagh était devenu un hôtel et que nous avions aussi cédé notre maison de Delhi, nous avions de nombreuses choses à ranger. Nous décidâmes de vider les réserves du City Palace pour faire place aux objets de Rambagh et de Jaipur House.

On commanda au personnel de vider toutes les réserves et de rassembler les objets en petits lots pour une vente aux enchères, avec une mise à prix pour chacun de quatre livres anglaises. Il y avait d'innombrables articles allant des objets de cuivre et ustensiles de cuisine à de vieux costumes de Rajput et des châles. Plusieurs de ces articles étaient sans valeur mais d'autres étaient de merveilleux objets d'art ancien qui n'auraient jamais dû être séparés de la collection de Jaipur. Quand je pense à la façon dont ces objets furent vendus, certains à seulement une fraction de leur valeur réelle, je m'en veux d'avoir été accablée par leur quantité et pour ne pas avoir surveillé tout cela de plus près. Je suivais la vente aux enchères et il y avait plusieurs articles qui me plurent : des maisons de poupées indiennes dont je ne savais plus quoi faire, et je les laissai partir avec tristesse mais par contre, des verres moghols qui me semblaient jolis, je les ai gardés, pour découvrir plus tard qu'ils étaient de valeur.

Quand je vis que des articles du *pilkhanna* étaient en vente, je protestai vigoureusement, d'une part à cause de ma passion pour les éléphants et d'autre part car on me dit qu'on en avait trop et qu'il fallait se débarrasser de quelques-uns. Je retrouvai Jai pour le supplier de me permettre de conserver les bijoux qui ornaient les éléphants lors des cérémonies et es fêtes. : les bracelets d'argent et d'or incrustés de joyaux, les plaques frontales, ainsi que les sompteux brocarts qui les caparaçonnaient et couvraient les howdahs. Il y avait aussi les ornements de chevaux, de chameaux et de bœufs qu'on attelait aux chars de cérémonie. Ce n'était pas que je ne fus pas d'accord avec leurs prix mais j'étais d'avis que leur place était dans la collection de Jaipur et qu'ils devaient être placés dans le musée avec le fond historique. Ils appartenaient à l'héritage culturel de toute la population de l'État de Jaipur, et pas seulement à la famille souveraine de Jaipur. Jai accepta et tous les bijoux et les décorations furent mis à part pour être finalement exposés au public.

Quand les dispositions pour le City Palace prirent fin, l'entièreté de la collection pourrait être exhibée au public ainsi qu'aux visiteurs de la ville dont le nombre allait grandissant. Aujourd'hui, le musée possède, en plus des collections de tapis et de vieux manuscrits, de superbes miniatures peintes, d'élégantes armes taillées traditionnellement, des textiles qui allaient de la broderie dorée de Bénarès jusqu'aux plus fins châles du Cachemire. Les Maharajahs de Jaipur en furent les mécènes, et leur collection fut bâtie pendant des siècles par l'habileté de connaisseurs et leur générosité.

En fondant le musée, j'appris davantage sur cette collection et aussi à apprécier la finesse de ces objets. Parmi ces objets, ceux que je préférais, c'étaient des peintures moghles et rajpoutes peintes sur du papier de riz fin, les lignes tracées avec un pinceau à poil unique et les couleurs pour les peintures fabriquées avec les ingrédients les plus chers et les plus brillants :

rubis de terre, lapis-lazulis, or. Je passai beaucoup de temps avec ces peintures pour décider laquelle j'aimais le plus, mais en vain. Il y avait des scènes de la mythologie hindoue, des épisodes de la vie des grands empereurs moghols, des portraits des souverains de Jaipur en contraste avec l'extrême délicatesse des miniatures, des peintures exubérantes, énormes et vives de scènes d'amour du Dieu Krishna et de Radha.

Nous transformâmes la cour principale d'audience que Jai utilisait pour ses durbars publics en galerie d'art. Une autre salle devint la bibliothèque royale et contenait cinquante milles manuscrits, quelques-uns datant du douzième siècle. C'est parmi les bibliothèques privées orientales les plus complètes du monde. Presque chaque langue majeure de l'Inde y est représentée – Sanscrit, hindi, ourdu, bengali, assamais, oriya, gujarâtî, persan, arabe – et la collection couvrait une énorme quantité de sujets, comportant des Écritures saintes en sanscrit, histoire, philosophie, tantrisme, poèmes, pièces de théâtre, lexicographie, musique, érotisme, médecine, et science vétérinaire. Dans la galerie située au-dessus d'une autre salle d'audience, nous exposâmes les textiles alors que d'autres groupes de chambres furent transformés en arsenal. Cet arsenal eut la réputation d'être le meilleur de toute l'Inde et contenait toute sorte d'armes anciennes imaginables, ainsi que des curiosités comme des fusils spécialement fabriqués pour être utilisés à dos de chameau et des articles exclusifs comme les épées cérémoniales comme celles qui sont portées par des nobles même encore de nos jours. Je découvris la beauté des armes de guerre en regardant l'arsenal de Jaipur. Des cornes à poudre taillées en ivoire, enjolivées de beaux ornements ou découpées de coquillages d'oursin. On dit que cela prenait plus d'un an pour un artisan pour achever une telle œuvre. On y trouve des couteaux en or et des poignées incrustées d'ivoire et de nacre, des épées cérémoniales incrustées d'anciennes pierres, et des couteaux aux poignées en forme de têtes d'animaux.

Depuis qu'on l'a inauguré, le musée du City Palace attire régulièrement des visiteurs qui viennent même de l'étranger. J'eus donc la satisfaction de ne pas seulement préserver les objets glorieux de la collection de Jaipur mais aussi de les exposer au peuple de Jaipur et au public en général.

Entre-temps, le complexe de résidences qui constituait le City Palace a été démantelé. Après le décès de la Maharani douairière, puis de son Altesse

273

Première, puis plus récemment de Jo Didi, la zénana se dépeuplait peu à peu. Plusieurs des servants furent employés par le musée, et pour ceux à qui on ne pouvait pas offrir d'emploi, les très vieux domestiques et les eunuques, Jai donna des terres ou une pension. À présent, le personnel du musée vit dans le City Palace, et le remue-ménage et l'impression de la vie même sont fournis par les touristes qui se pressent dans les vieilles cours.

Chapitre 15

Le Parti Swatantra

Ce fut en 1960 que j'entrai officiellement en politique. L'année précédente Jai et moi étions allés à Bombay pour voir Ma, nous avions entendu nos amis parler avec enthousiasme d'un nouveau parti nommé Swatantra ('Indépendant'). Enfin, d'après ce que les autres disaient, il y avait quelque espoir de voir une opposition effective contre le Parti du Congrès, dans le pays ainsi qu'au Parlement.

Le leader du nouveau parti était Chakravarty Rajagopalachari, un homme d'État reconnu en Inde, qui fut l'un des associés les plus proches de Mahatma Gandhi pendant la longue lutte pour l'Indépendance, qui fut aussi choisi par tous pour succéder à Lord Mountbatten comme Gouverneur-Général de l'Inde. Il avait quitté le Parti du Congrès l'année précédente car il pensait que le fait que le Premier Ministre Nehru favorisait la doctrine socialiste n'allait pas dans le sens des besoins des Indiens.

Le désaccord entre Rajaji, comme on l'appelait avec respect, et le Parti du Congrès intervint au sujet des fermes collectives. Le haut commandement du Congrès essayait d'imposer l'idée de fermes collectives aux villageois. Rajaji croyait que cela était injuste dans un pays où la notion et la tradition de la propriété ancestrale étaient profondément enracinées, parmi le peuple dont la plus grande sécurité était de posséder des terres, quelque petites qu'elles fussent, qu'ils savaient leur appartenant, qu'ils avaient héritées de leurs ancêtres et qu'ils légueraient à leurs enfants. Les désaccords de Rajaji avec le Parti du Congrès portaient sur d'autres sujets aussi, mais celui-ci était peut-être le plus fondamental et le plus important.

Rajaji trouva bientôt des partisans et des adhérents pour son nouveau parti, parmi lesquels se trouvaient d'anciens membres du Parti du Congrès, déçus par son action depuis qu'il avait accédé au pouvoir. Il y en avait plusieurs comme moi, qui n'avaient jamais appartenu à aucun parti politique auparavant, et même s'ils l'avaient voulu, ils n'auraient pu en trouver un qui exprimât des idées modérées et libérales. Ils rejetaient le socialisme à l'esprit embrouillé du Parti du Congrès et les projets plus compliqués des socialistes, et ils ne pouvaient souscrire à l'extrémisme du communisme sur la branche gauchiste, ni au Parti de droite religieux et orthodoxe du Hindu Jana Sangh.

Rajaji partageait la vision de Gandhi qui disait que le meilleur gouvernement est celui qui se mêlait le moins de la vie des citoyens. Pour nous tous, le Parti Swatantra et le réalisme intelligent de Rajaji nous parvinrent comme un îlot de bon sens au milieu des flots turbulents politiques qui nous entouraient.

J'avais rencontré Rajaji pour la première fois quand il était Gouverneur-Général et était venu à Jaipur en visite officielle en 1949. C'était un homme qui se tenait très droit malgré son âge, vêtu du dhoti et de la chemise de coton filés à la main, d'un blanc immaculé et tout raides d'amidon, originaires de son pays natal, Madras, dans le sud de l'Inde. L'éminence de sa position et le faste de son entourage n'influencèrent aucunement ses habitudes. En vrai Brahmane Tamoul, c'était un végétarien pur, qui ne buvait jamais d'alcool ni ne fumait de tabac, se couchait tôt et se réveillait avant l'aube. Bien qu'il pût paraître sec et trop pieux, ce régime n'entrait pas en conflit avec le divertissement qu'il trouvait dans la bonne parole et dans l'argument bien soutenu, et il ne révélait ni son charme, ni son esprit, ni sa passion pour la musique classique sud-indienne, ni même sa sagesse marquée d'humour. Le front haut, la tête chauve, un réseau de rides autour de ses yeux observateurs et un sourire large et ironique, Rajaji s'exprimait en un anglais bien composé et élégant. C'était un intellectuel et un véritable érudit, il pouvait séduire avec aisance toute foule lors d'un rassemblement politique. Il fut emprisonné pour cause de désobéissance dans le but de promouvoir une cause nationale, néanmoins, il passa ses loisirs à faire de brillantes traductions des grandes épopées hindoues, le *Ramayana* et le *Mahabharata*, du sanscrit en tamoul et en anglais. Il occupa le poste le plus prestigieux de Gouverneur-Général et fut acclamé par tous les partis comme l'homme idéal pour cette position. Lors de sa visite à Jaipur, il mit Jai en garde d'être vigilant, car le nouveau gouvernement de l'Inde risquait de ne pas apprécier le besoin de préserver pour toujours les nombreux bâtiments d'importance historique que Jai avait cédés à ceux-ci. Il pensait aux palais, aux temples des souverains de Jaipur à Bénarès et à Mathura et l'observatoire de Delhi, et il fut plus particulièrement soucieux d'Amber, la merveilleuse ancienne capitale de Jaipur. Comme il avait raison !

Je ne le vis de nouveau qu'après plusieurs années et pendant ce temps, notre vie avait subi des changements au-delà de toute imagination. Son Parti Swatantra intéressa Jai et moi dès que nous en entendîmes parler. Au moins quelqu'un semblait dire qu'une opposition effective au Parti du Congrès était nécessaire pour la survie de la démocratie en Inde – et agissait pour créer une telle opposition. Au moins quelqu'un s'élevait contre l'ingérence excessive de l'État et les résultas désastreux de la politique économique imposée par le Parti du Congrès, et préconisait une approche plus empirique qui ne soit plus définie par des dogmes de visionnaires. Cependant, Jai n'eut pas l'intention de jouer un rôle actif dans la politique. Il était convaincu que, étant donné sa position, il devait rester neutre. J'aurais accepté que moi aussi je dusse faire de même. Mais maintenant, pour la première fois, je fus tentée de m'engager dans un parti d'opposition. Il était clair que tout autour de nous, notre peuple était mécontent et regardait l'avenir avec pessimisme. En fait, la seule partie de la société qui semblait satisfaite était celle qui avait été associée au Parti du Congrès. Rajaji répétait « Que sont-ils devenus, les membres du Congrès ? Ils sont devenus gros et prospères. » Il y avait peu d'espoir de remédier à cette situation à moins que des mesures constructives fussent prises pour s'opposer au Parti du Congrès au Parlement et dans les assemblées législatives.

Non seulement le parti au pouvoir manqua de respecter l'accord qui fit de Jai le Rajpramukh, mais de plus on eût dit qu'ils voulaient l'isoler. À partir du moment où Jai cessa d'être Rajpramukh, on nous invita rarement aux cérémonies officielles. Il devint évident que les membres du Gouvernement de l'État du Rajasthan étaient jaloux de Jai car il continuait à être populaire auprès du peuple de Jaipur qui le saluait avec enthousiasme à chaque fois qu'il le voyait en public.

Un tel événement eut lieu peu après sa guérison de la rougeole. À quelque vingt-cinq kilomètres de Jaipur, il y a un temple de Shitla Mata où en mars, ceux qui avaient guéri de la rougeole, de la varicelle ou de la variole vont remercier la déesse Shitla. Jai respecta toujours ces coutumes locales et il alla au temple tout seul en voiture. Il ne s'attendait pas à la réaction de la foule qui s'y rassembla. Quand les gens le reconnurent, il reçut un accueil enthousiaste. De telles réactions spontanées de la part du peuple qu'aucun

Jai avec ses fils, (les années 1960).

des membres du Congrès n'arrivait à obtenir déplaisaient profondément au gouvernement.

Les matchs de Polo ne firent qu'augmenter la tension car Jai y était assailli à chaque apparition, alors que le Gouverneur et les autres responsables du gouvernement étaient ignorés. Une autre fois, un ministre du gouvernement invita Jai à une exposition industrielle qui avait lieu dans la ville mais lui demanda s'il pouvait venir un jour avant l'ouverture au public. Je fus ravie d'apprendre que la nouvelle de la visite non annoncée de Jai s'était répandue en une demi-heure dans les rues et que la foule se précipita pour l'accueillir, en poussant le pauvre ministre dans un coin.

Si quelqu'un cherchait la preuve que le lien entre le peuple et son souverain était profond et sincère, il suffisait de suivre Jai quelque soit le jour de la semaine à Jaipur. Il n'y avait rien d'étonnant à ce qu'au fur et à mesure que le Gouvernement augmentait les impôts et n'arrivait pas à se sortir de l'inflation du coût de la vie, la plupart des gens pensèrent que tout allait mieux dans le passé. Jai ne fit rien qui puisse être considéré comme déloyal à l'égard du gouvernement, mais les responsables, au lieu de profiter de sa coopération et de son influence sur le peuple, réagirent en essayant de l'écarter de la vie publique. On lui proposa bien, lorsque prirent fin ses fonctions de Rajpramukh, d'accepter le poste d'Ambassadeur en Argentine, mais comme le dirent certains gens, il pouvait y avoir là une arrière-pensée à cette offre de poste si éloigné. Sa passion pour le polo aurait tenté Jai, mais comme ses propres accords avec le gouvernement de l'Inde concernant l'union de l'État de Jaipur n'étaient pas encore conclus, il se dit qu'il ne pouvait pas aller si loin. Je ne pus m'empêcher de partager la frustration de Jai, qui ne fit qu'augmenter mon antipathie pour le parti au pouvoir.

C'est dans cette humeur refoulée et à la suite de la connaissance grandissante du mécontentement du peuple autour de nous, qu'au fur et à mesure que le temps passait, je commençai à caresser l'idée de devenir membre du Parti Swatantra. Mon intention était de faire la campagne électorale avec ses candidats, et peut-être de rassembler des fonds et d'organiser des fêtes à la façon des amis anglais qui en faisaient pour soutenir leurs partis politiques. Je n'avais jamais songé à me présenter comme candidate pour le Parlement ou même de choisir la politique comme carrière. Je n'avais pas d'ambitions personnelles et malgré mon mécontentement envers le gouvernement, je ne ressentais aucune animosité à l'égard de quiconque.

J'étais de l'avis que les princes devaient trouver des candidats doués, les soutenir dans leur campagne électorale du Parlement et des assemblées législatives. Ainsi, je m'imaginai qu'il y aurait une opposition sensible et non extrémiste au Parti du Congrès. Avec ces idées en tête et la volonté de faire quelque chose pour le pays, je fis le premier pas et devint membre du Parti Swatantra. Ceci dit, le moment choisi était gênant.

L'été précédent, il avait été annoncé que la Reine d'Angleterre allait visiter l'Inde et Jai lui demanda si elle lui ferait l'honneur de visiter Jaipur. Elle répondit qu'elle en serait heureuse s'il pouvait se charger d'organiser cette visite. Il se mit tout de suite en contact avec Sir Michael Adeane, le Secrétaire privé de la Reine ainsi que Mme Vijayalaxmi Pandit, Haut-commissaire à Londres. Finalement, la visite de Jaipur fut incluse dans l'itinéraire de la Reine. Il fut décidé que la Reine viendrait à Jaipur le 23 janvier 1961, deux jours après son arrivée à New Delhi, et que sa visite serait aussi informelle que possible afin de lui permettre son voyage en Inde et au Pakistan.

De telles visites demandent de gérer des détails minutieux, et les responsables du Palais de Buckingham, la Mission Étrangère de l'Angleterre et la Division du Protocole de Delhi œuvrèrent pour s'assurer que tous les arrangements fussent en ordre et à la satisfaction de tout le monde, et que des arrangements alternatifs fussent prévus au cas où il y aurait des éléments qui exigeraient des changements. Cependant, quelques semaines plus tard, quand il fut annoncé que la Reine irait à la chasse au tigre à Sawai Madhopur, la ligue Anti-Chasse d'Angleterre protesta et les journaux indiens s'en firent le relais, ce qui inquiéta Pandit Nehru qui écrivit à Jai, lui demandant de veiller à ce qu'aucun animal ne servît d'appât lors de cette chasse.

En même temps, quelques journaux indiens publièrent le programme de la visite de la Reine et annoncèrent que Jai projetait de tenir un *dubar* en l'honneur de la Reine. De nouveau Pandit Nehru écrivit à Jai, qui répondit qu'il était contrarié du fait que le Premier Ministre le considérait aussi irresponsable. Il était bien clair d'après les termes de l'invitation à la réception en l'honneur de la Reine et du Duc d'Édimbourg qu'il n'avait aucune intention de tenir un *durbar*. On demanda à Jai pourquoi dans ce cas-là on demandait aux invités de se présenter en grand costume et en turban. Jai répondit que c'était le costume traditionnel de Jaipur et que les nobles venaient toujours aux cérémonies parés de leurs *achkans*, turbans et épées. D'ailleurs, il en avait justement été ainsi, peu de temps avant la venue de la Reine à Jaipur, à l'occasion des fiançailles du fils de Jai, Pat, avec la fille de ma sœur Ila, qui avaient eu lieu au City Palace.

Le matin de la cérémonie de fiançailles, je me réveillai et demandai à Jai si je pouvais devenir membre du Parti Swatantra. Il était encore ensommeillé mais dit « Oui ». Tout en allant faire du cheval comme chaque matin, je demandai au ADC de garde de s'informer qui était le secrétaire local du Parti Swatantra et de lui demander de venir prendre le petit-déjeuner avec moi.

À mon retour, je trouvai l'homme qui m'attendait et je m'informai de la marche à suivre pour devenir membre d'un parti politique et s'il fut surpris, il ne le montra pas et m'expliqua que c'était bien simple ; il suffisait de payer une cotisation d'inscription et de remplir un formulaire. Pat était à table avec moi et lui aussi remplit le formulaire pour devenir membre du Parti Swatantra. Ce fut fait en une minute, puis Pat et moi allâmes au City Palace pour la cérémonie des fiançailles.

Parmi les invités qui logeaient chez nous à ce moment-là, il y avait une amie de longue date, la petite-fille de C. R. Das, un des plus grands combattants de la Liberté, et tout en assistant à la cérémonie des fiançailles, je lui mentionnai que je venais de m'adhérer au Parti Swatantra. Elle me regarda fixement et dit, « Tu es folle ou quoi ? »

« Pourquoi ? » demandai-je. « Toi aussi, tu es pour le Parti Swatantra. »

« Mais la Reine va venir pour rendre visite à Jai ! »

« Quel rapport ? » demandai-je.

« Eh bien, si tu viens de te rallier à l'opposition, cela passera comme une insulte au gouvernement, et tu seras la cible de nombreux commentaires et de critiques pour avoir fait cela. Après tout, la Reine est *bien* l'invitée du Gouvernement de l'Inde. »

« Je n'arrive pas à croire que mon inscription au Parti Swatantra soit une nouvelle bien sensationnelle pour la presse, » mais je commençai à me sentir moins sûre de moi-même. « Garde-le pour toi jusqu'à la fin de la visite. »

Présentant une trophée de polo au Prince Philip, Angleterre.

La Reine Elizabeth II et le Prince Philip avec
Jai et moi-même lors de leur visite à Jaipur, (les années 1960).

Le Maréchal Bulganin et Nikita Kruschev avec
Jai et moi-même au City Palace, (les années 1960).

En rentrant à Rajmahal, je demandai au ADC s'il y avait eu des coups de fil.

« Oui, en effet, » il répondit. « La presse n'a pas cessé d'appeler pour demander si vous étiez devenue membre du Parti Swatantra. »

Heureusement, comme il l'ignorait, il avait nié vigoureusement la rumeur. Je lui demandai de continuer ainsi. En fait, même Jai ne savait pas que j'avais agi si rapidement, car, avec la cérémonie des fiançailles de Pat, il était très occupé ce matin-là, et nous ne nous rencontrâmes qu'au déjeuner. Il fut plutôt surpris par ma hâte et me dit que j'aurais dû lui en parler plus à fond car c'était un acte très explosif. Il fut entièrement d'accord avec moi de garder cette nouvelle secrète, et ce fut seulement après une semaine environ que tout le monde l'apprit.

La visite de la Reine fut un grand succès. La réception au City Palace fut vraiment brillante. Le peuple sortit en grande parade pour accueillir la Reine quand elle passa accompagnée de Jai, alors que le Prince Philip suivait dans la voiture suivante avec Bubbles. Aux portes, qui furent utilisés comme entrée officielle pour les visiteurs distingués, ils quittèrent leurs voitures pour continuer à dos d'éléphants. Dans la cour rose du City Palace furent alignés des chameaux, des chevaux et des charrettes à bœufs, décorées avec splendeur, et ce fut dans le pavillon que j'accueillis Sa Majesté. J'avais assisté à plusieurs grandes cérémonies au City Palace, mais celle-ci, d'après moi, fut la plus spectaculaire, avec les costumes brochés des nobles, les ornements d'or et d'argent des éléphants brillant sous l'éclairage supplémentaire des projeteurs des caméras de télévision. Les annonceurs officiels prévinrent toutes les personnes présentes de s'apprêter à recevoir l'invitée la plus distinguée du Maharajah, la Maharani Elizabeth d'Angleterre.

Ce qui suivit fut moins formel. Après le dîner au Rajmahal, nous prîmes le train spécial pour aller à notre pavillon de chasse à Sawai Madhopur. Nous voyageâmes dans un car luxueux fourni par le gouvernement, n'emmenant pas d'ADC mais seulement les quatre fils de Jai et le Colonel Kesri Singh, qui était toujours le responsable de notre équipement de chasse. Chaque compartiment du train était muni d'une ligne de téléphone à la grande joie de Jagat, alors que les autres savouraient cette occasion informelle plus reposante.

Le premier jour, le Duc d'Édimbourg tua un gros tigre d'un coup

de feu magnifique, puis nous fîmes un pique-nique et allâmes faire un tour
en voiture dans la jungle pour observer les animaux sauvages. Le lendemain,
Sir Christopher Bonham-Carter tua un autre tigre, puis nous allâmes visiter
l'imprenable fort de Ranthambhor qui s'étendait sur les sommets des
collines. Les dîners au pavillon de chasse furent agréables et divertissants,
le Colonel Kesri Singh faisait rire tout le monde avec d'étranges histoires
de chasse auxquelles il avait participé. Il avait insisté de porter l'une de
ces possessions à laquelle il tenait beaucoup – une veste d'intérieur de
velours rouge cousue d'un rideau qui avait appartenu à la Reine Victoria,
qu'il avait achetée lors d'une vente aux enchères à Bognor Regis. Il ne put
se retenir d'annoncer à Sa Majesté qu'il portait les rideaux de son arrière
arrière-grand-mère.

Le séjour de la Reine et du Prince Philip nous sembla bien court car ils
durent partir pour le reste de leur voyage et nous rentrâmes à Jaipur. J'écrivis
à Rajaji, lui annonçant mon adhésion à son parti et je reçus une réponse me
remerciant et me disant que j'étais une femme courageuse. Cela ne manqua
pas de m'intriguer car je ne voyais rien de courageux à devenir membre d'un
parti politique de l'opposition dans un pays démocratique. Mais je compris
bien vite. En février, la presse annonça la nouvelle de mon adhésion au Parti
Swatantra, et je n'étais pas suffisamment préparée à l'intérêt publique que cette
nouvelle créa ni à la réaction des leaders du Parti du Congrès du Rajasthan.
Le même Ministre en Chef, qui m'avait demandé de devenir membre du
Parti du Congrès quatre ans auparavant, menaça, sous le coup de la colère, à
l'Assemblée de l'État que les princes qui s'engageaient en politique devraient
payer de leurs fonds privés. Il se calma quelque peu quand un membre d'un
parti indépendant lui demanda si la même règle s'appliquerait aussi aux anciens
souverains qui s'inscriraient au Congrès.

Puis en avril, le Président du Parti Swatantra du Rajasthan, le
Maharawal de Dungarpur invita Rajaji à Jaipur et j'appris avec consternation
que je devais prononcer un discours à l'occasion d'un rassemblement public
qu'il allait tenir. Bien que j'eusse abandonné le *purdah* depuis peu de temps
et même si je conduisais ma propre voiture de sport découverte quand je
voulais, mes apparitions en public avaient été très rares. Ce serait toute
une révolution dans l'histoire de Jaipur si une Maharani s'exprimait à un
rassemblement public. Comme d'habitude, je m'empressai de demander le

conseil de Jai. Il me fit remarquer que comme j'étais dorénavant membre d'un parti, c'était ma responsabilité de travailler pour sa cause, et il me donna la permission de participer au meeting. J'espérai en secret qu'il me fournirait une excuse quelconque pour que je pusse éviter tout cela. Il arriva qu'une large section du peuple de Jaipur ainsi que ma propre famille se sentaient mal à l'aise à l'idée que je fisse un travail politique. La plupart n'aimaient pas que j'entre dans la vie publique alors que ma propre famille avait peur que mon action n'exposât notre famille à quelques représailles politiques.

Pourtant, il semblait ne pas y avoir d'autre solution. Je ne vis aucun moyen de me dégager de cette posture, et il fallait que je me fisse à l'idée de me montrer lors de l'immense rassemblement en plein air qui avait été planifié. Mon seul devoir consistait à présenter Rajaji. Je n'avais que quatre lignes à réciter et celles-ci furent rédigées pour moi. Tout de même, je fus accablée de nervosité et les lèvres desséchées plusieurs jours avant. Enfin, le jour arriva, le jour que j'espérais ne jamais voir et je n'oublierai jamais mon accès d'anxiété. Allais-je bégayer ou oublier mon texte ? Allais-je perdre le bout de papier et rester muette ? Les gens seraient-ils accueillants ? N'y aurait-il pas, peut-être, de meeting du tout ? L'un des nobles et sa femme m'accompagnèrent au meeting, à qui j'avouai mon épouvante à l'idée que nul ne prendrait la peine de venir, et ils se mirent à rire, me rappelant que Jaipur était un lieu où il suffisait que deux singes se missent à danser pour attirer la foule. Inutile de dire que je trouvai cette remarque peu rassurante.

Comme nous nous approchions du terrain, nous découvrîmes qu'une large foule s'y était rassemblée et ceci me terrifia davantage. Mais une fois ma petite contribution terminée, je pris plaisir à ma première réunion politique. Quand Rajaji se mit à parler, j'oubliai mes soucis et fus captivée par la clarté, la logique et le sens de son discours ; je n'avais jamais entendu quelqu'un émettre ouvertement des critiques et je me réjouis de voir que l'énorme foule fut autant impressionnée. Ce ne fut que plus tard que je m'étonnai de ma propre surprise. Après tout, n'est-ce pas l'un des droits fondamentaux du peuple dans une démocratie que de critiquer le gouvernement aussi ouvertement qu'il le souhaite ? Peu après, Rajaji écrivit un article dans le journal du parti, dont il était l'éditeur, me comparant à la Reine de Jhansi. Je trouvai cette comparaison plutôt poussée. La Reine de Jhansi, une grande héroïne Indienne, qui mena ses troupes contre les Anglais pour la cause de la liberté. Tout ce que j'avais accompli, c'était d'adhérer à un parti politique dans un pays libre et démocratique. Ce fut plus tard que j'appris qu'être membre d'un parti d'opposition n'était pas sans risques.

Chapitre 16

La Campagne électorale

L'été de cette année-là fut paisible. Nous allâmes en Angleterre, comme d'habitude, pour la saison. La nouvelle que j'avais adhéré à un parti politique avait circulé rapidement parmi mes amis, et Lord Mountbatten, qui aimait beaucoup Jai, dit que cela était très irréfléchi de ma part, jusqu'à ce que j'explique que j'avais adhéré au parti Swatantra, qui avait été fondé par Rajaji, le successeur de Lord Mountbatten au poste de Gouverneur-Général de l'Inde. Mais la plupart du temps, loin de l'Inde, j'oubliais mon entrée en politique et je profitais de mon été britannique. Jai faisait une bonne saison de polo, principalement à Windsor, Cowdray Park, et à Cirencester près d'Ascot. J'étais occupée avec notre installation dans notre nouvelle maison que nous avions achetée près d'Ascot. C'était plus petit que 'Saint Hill'. Jagat, qui avait jusqu'alors été au Mayo College en Inde, était maintenant inscrit au Ludgrove Preparatory School, proche de notre maison. J'avais souhaité que Jagat reste au Mayo College, car je pensais qu'il serait mieux pour lui d'avoir une éducation complètement indienne et de grandir avec des enfants indiens. Jai n'était pas du même avis et je finis, comme d'habitude, par me rendre à ses arguments.

Peu de temps après notre retour en Inde à l'automne 1961, je reçus une lettre du Secrétaire Général du parti Swatantra, me demandant si je serais intéressée de me présenter au siège du parlement de Jaipur aux élections générales qui allaient avoir lieu l'année suivante. Je fus atterrée. Il ne m'était jamais venu à l'idée que l'on puisse me demander une telle chose ; j'avais simplement voulu aider le parti et promouvoir ses candidats. Mais Jai me démontra qu'il était clair depuis le début que ceci devait arriver. En tant qu'épouse de Jai, je bénéficiais forcément une popularité considérable. Je n'avais aucune excuse à invoquer, aussi, avec le consentement de Jai, j'acceptai. Je pense toutefois qu'il était aussi angoissé que moi à propos de l'issue de cette entreprise.

Le parti Swatantra se présentait à des élections pour la première fois en 1962. Il y eut une réunion de certains de ses leaders et des membres éminents à Jaipur, et il fut décidé qu'en dehors de concourir pour le siège du parlement de Jaipur, il faudrait que j'assure l'élection de candidats sur tout le secteur qui correspondait à l'ancien État de Jaipur. Il s'agissait là d'une responsabilité énorme pour quelqu'un qui n'avait aucune expérience politique. L'État de Jaipur occupait à peu près 24 000 kilomètres carrés. Il possédait cinq sièges au parlement, et quarante sièges à l'Assemblée Législative du Rajasthan. Rien que trouver des candidats convenables constituait un gros problème. Le Swatantra était un tout nouveau parti, et avec ça, de nombreux citoyens éminents que nous approchâmes refusèrent de se lier à un parti d'opposition par peur de pressions gouvernementales et de représailles. Les hommes d'affaires s'inquiétaient que leurs permis d'importation puissent être annulés ou que le ravitaillement en matières premières indispensables soit retardé. Nous parvîmes néanmoins à attirer un certain nombre de bons candidats, mais durant la phase préliminaire, j'étais continuellement confrontée aux preuves de mon ignorance de la manière dont une campagne électorale doit être menée. Je n'avais jusqu'alors jamais entendu parler de listes électorales, ne connaissais pas les noms des différentes circonscriptions et ne réalisais pas que certains sièges étaient réservés aux Harijans et aux représentants des tribus. Je ne savais rien des agents électoraux, des nominations, retraits de candidats, ou des groupes parlementaires. Fort heureusement, j'avais des experts conseillers et des assistants du parti, le Thakur de Dudu, l'un des plus loyaux *jagirdars* de Jai, ainsi qu'un agent électoral avec son équipe d'infatigables travailleurs qui tous s'activèrent incomparablement – en m'enseignant et en organisant la campagne. Le Président du parti Swatantra au Rajasthan, le Maharawal Dungarpur et le Vice-président, le Raja de Bhinai, me prodiguèrent leur appui et leurs conseils.

Dès que l'on sut que je m'engageai vraiment pour le parlement, des personnes de toutes sortes d'origines sociales commencèrent à venir au Rajmahal, pour demander à Jai et aux autres membres de la famille de se lancer comme candidats. Jai s'était fait à l'idée de rester en dehors de la politique et personne ne put l'en dévier, mais Joey et Pat se laissèrent convaincre - Joey se porta candidat à l'Assemblée Législative de l'État, dans une circonscription où il aurait pour adversaire le ministre de l'Intérieur du Rajasthan et Pat, au dernier moment, posa sa candidature au Parlement dans la circonscription du Dausa qui avait été la première capitale des ancêtres de Jai.

Ce siège avait été brigué par le Secrétaire Général du parti Swatantra, mais il décida qu'il serait plus utile de faire campagne avant les élections et d'entrer plus tard au Parlement lors d'une élection partielle. Misoo Masani laissa à Jai le soin de lui trouver un remplaçant. Jai se rendit à la circonscription, et demanda au peuple qui il souhait proposer comme candidat. Il suggéra un certain nombre de noms – des hommes de loi et des personnes possédant une certaine envergure sociale – mais les gens insistèrent qu'il devrait se présenter lui-même ou tout au moins une personne de sa propre famille. Il n'était pas question que Bubbles se présente à des élections, car il était dans l'armée. Joey s'était déjà engagé, aussi ne restait-il que Pat, qui était éligible car il venait tout juste d'avoir ses 25 ans et qu'il travaillait à Calcutta.

Ce matin-là je téléphonai à Pat pour lui demander s'il accepterait de se présenter si Jai se révélait incapable de convaincre le peuple d'accepter un autre candidat. Tout cela lui déplaisait au plus haut point, et il m'expliquit qu'il n'aurait pas assez de temps à consacrer à une campagne électorale et même s'il était élu, il ne pourrait que très difficilement trouver le temps pour honorer ses engagements pris auprès des électeurs de Jaipur alors que son travail l'appelait à Calcutta. Je lui assurai que son père ne pousserait pas son nom à moins que cela soit absolument nécessaire. Nous attendîmes impatiemment le retour de Jai ; le pas de son cheval ne résonna que bien après minuit. Épuisé et couvert de poussière, Jai monta et dit tout simplement, « Je crains que nous ayons besoin de Pat. »

Nous l'appelâmes encore le lendemain matin. Il était furieux, disant qu'il ne pourrait consacrer tout au plus que dix jours pour faire sa campagne. Nous tentâmes de le calmer et nous lui recommandâmes de se rendre à Jaipur immédiatement, car la date limite pour le dépôt des candidatures était fixé trois jours plus tard à 15 heures. Pat dit qu'il prendrait l'avion jusque Delhi, puis qu'il prendrait la route jusque Jaipur, mais au moment du déjeuner le dernier jour, il n'était toujours pas arrivé, et nous attendions tous anxieusement sur la terrasse du Rajmahal. Les téléphones ne cessaient de retentir, car la presse et les partisans demandaient des nouvelles de sa venue. Il arriva enfin à 14h30 et, prenant à peine le temps de dire bonjour, se précipita chez l'administrateur et déposa sa candidature, juste avant la clôture de la liste, pour repartir aussitôt, pour ne revenir que la dernière quinzaine de la campagne.

Une fois que nous eûmes réuni cinq candidats pour tous les sièges, la campagne débuta pour de bon. Pour commencer, Jai m'accompagna au Sheikhawati, une partie de l'État de Jaipur. C'était une région désertique assoiffée, où l'irrigation, très insuffisante, suffisait à peine, durant les meilleures années, à n'assurer qu'une récolte par an. La plupart des hommes de cette région sont versés dans l'armée, et sont connus pour leur grande efficacité et discipline comme soldats. C'est également la patrie de nombreux puissants hommes d'affaires, dont beaucoup travaillent dans le commerce et l'industrie à peu près partout en Inde, mais qui conservent de grands domaines familiaux dans la région. J'y passai trois jours ; Jai rencontra de nombreux ex-soldats et parla avec eux de leurs problèmes tandis que je m'occupai à faire campagne, apprenant à dominer ma timidité et commençant pour la première fois à sentir la chaleur de l'excitation à communiquer avec une audience bienveillante.

Jai et moi-même parcourûmes de nombreux villes et villages, en voiture quand il y avait une route, et en Jeep où ne se trouvaient que des pistes de campagne. Tout le monde avait été prévenu de notre arrivée et avait érigé des arches de bienvenue au-dessus des routes. Les gens criaient sur notre chemin, nous interpellaient et arrêtaient souvent notre voiture ou notre Jeep pour nous offrir des fruits ou des légumes frais. Parfois ils chantaient pour nous et nous présentaient des danses traditionnelles locales. Toujours leurs discours de bienvenue étaient composés dans le plus fleuri des langages.

Progressivement, je m'habituai à tenir de grands meetings, soutenant les candidats locaux et décrivant succinctement le nouveau parti que nous avions créé, et demandant aux villageois de nous aider en nous donnant leur vote. Parfois j'oubliais la foule et ne prêtais aucune attention aux autres orateurs, préférant détailler les magnifiques peintures murales qui décoraient les maisons des villages de cette région désolée. Les portes étaient faites d'un lourd métal argenté, sculpté et décoré, et l'on pouvait voir cela même si la région était pauvre de son agriculture, car une grande richesse faite ailleurs en Inde par des marchands était ramenée au village natal et dépensée en écoles et lycées, ainsi que dans les magnifiques façades des maisons particulières.

Durant les deux mois qui suivirent, je couvris des milliers de kilomètres, la plupart en Jeep, faisant campagne plus pour d'autres candidats que pour moi-même, et je découvris avec émerveillement que la seule annonce de ma venue dans les parties les plus reculées de l'État garantissait une foule au-delà de ce que je pouvais imaginer. Habituellement, je commençais à six heures du matin et ne rentrais où je résidais qu'à minuit ou plus tard. Je dormis en tous types de conditions et dans toutes sortes d'endroits. Je prenais mon propre couchage et ne pourrai jamais oublier le luxe de trouver des draps propres et un doux oreiller après une journée longue et éreintante. Je ne disposais pas de salle de bain, et parfois elle se résumait à presque rien — un tabouret de bois et un seau d'eau la plupart du temps, parfois rien du tout. Je me souviens d'avoir été particulièrement reconnaissante lorsqu'il se trouvait y avoir un hôtel gouvernemental dans un village où je devais passer la nuit, ou s'il y avait un petit noble ou un grand propriétaire dans les environs, vivant dans l'un de ces petits forts qui parsèment le paysage de Jaipur. Au moins alors j'étais sûre que mon logement serait propre même s'il restait spartiate.

Durant ces tournées, mon équipe de campagne électorale et moi devions nous arrêter presque toutes les demi-heures dans un village ou une petite ville, que nous l'ayons prévu ou non, et nous étions souvent scandaleusement en retard aux interventions prévues. Étonnamment, la foule ne paraissait jamais s'offusquer de tels retards. À la manière des foules indiennes, on s'arrangeait pour improviser un festival impromptu en m'attendant. Des stands de sucreries apparaissaient magiquement aux abords, les enfants s'y ruaient, les femmes dans leurs habits de fête s'asseyaient en groupes à même le sol, commérant et échangeant des nouvelles, et les bateleurs divertissaient l'audience durant l'attente. Tout cela était merveilleusement bon enfant et patient.

Je trouvais mieux d'apparaître en ces occasions habillée aussi simplement que possible. Je portais ainsi mes habituels saris de mousseline mais sans bijoux ostentatoires — rien qu'un collier de perles et des bracelets de verre à mes poignets. Mais je réalisai que lorsque les villageois entouraient leur Maharani, ils s'en trouvaient déçus ; les femmes tout particulièrement, étaient horrifiées de me voir porter pour ainsi dire aucun bijou, pas même les bracelets de cheville que même les femmes les plus pauvres parmi elles possédaient.

En dehors des rigueurs de mes tournées — la chaleur, la poussière, les longues distances parcourues dans les Jeeps cahotantes sur les pistes du désert et les routes de villages, plates et balayées par le vent — était le problème des discours eux-mêmes. Même si je n'avais jamais réellement appris le hindi, je savais lire l'écriture phonétique Devnagari. Par conséquent, j'écrivais tous

Assise au-dessous de l'étoile du Swatantra, le symbole de mon parti.

mes discours d'abord en anglais, puis je devais les faire traduire et écrire pour moi en hindi, et les apprendre laborieusement par coeur. À la fin de la campagne j'avais réussi à comprendre assez pour anticiper les questions les plus fréquentes, et étais capable d'y répondre dans mon pauvre hindi, luttant et bégayant dans le micro, mais parvenant sans texte et avec assez de confiance à m'exprimer avec spontanéité.

Toute cette campagne fut peut-être la plus extraordinaire période de ma vie. À voir et rencontrer les gens de Jaipur, comme je le fis, je commençai à réaliser combien peu je savais réellement du mode de vie des villageois. Le monde est trop prompt à concevoir l'Inde couverte d'une chape de pauvreté, sans aucune variation exceptée pour les plus riches. Contrairement à cette image, je découvris que la plupart des villageois, malgré la simplicité de leurs vies et les cruelles expériences de famine ou de mauvaises récoltes, possèdent une dignité et un respect de soi frappants et qu'ils jouissent d'une profonde sécurité au sein d'une philosophie de vie englobante qui me firent ressentir de l'admiration et, d'une certaine manière, presque de l'envie. Leur attitude était loin de l'effroyable pauvreté et des mendiants plaintifs des bidonvilles de Delhi, Bombay ou Calcutta.

L'hospitalité est l'une de leurs grandes traditions ; ils l'auraient offerte à n'importe quel étranger à leur village, même s'il ne faisait que passer et qu'il ne s'était arrêté que pour demander son chemin jusqu'à la prochaine ville. Où que mon équipe électorale et moi allions, nous recevions des verres de lait, de thé, ou de cette précieuse eau. On nous pressait d'accepter des sucreries et des corbeilles de fruits frais, et on nous offrait encore des petits pois frais ou tout autre légume de saison, pour pouvoir manger jusqu'à notre prochaine destination. Je compris immédiatement que l'eau était l'élément le plus important de leurs vies. Une bonne mousson signifiait une richesse à sa mesure, peut-être une bicyclette ou – grand luxe ! – un transistor. Le manque de pluie signifiait faim, épuisement des réserves, et peut-être la mort de toute la famille. La sécheresse est loin d'être rare au Rajasthan, et autrefois les Maharajahs savaient anticiper, en veillant à ce que l'eau et le grain soient amenés par le train là où les villageois pouvait les collecter et que des campements munis de fourrage soient installés tout au long des routes de migration du bétail. Mais après la fusion des États avec l'Union Indienne, ces mesures n'apparurent plus comme des priorités au nouveau gouvernement.

Les mesures d'urgence furent négligées là où il n'y avait plus d'engagement personnel des autorités à l'égard du peuple, et les villageois du Rajasthan souffrirent plus encore qu'auparavant.

Cette année-là, de l'avis de tous, plus de puits furent construits, mais l'eau se trouvait à une grande profondeur. Les programmes d'électrification des zones rurales qui, idéalement, auraient pu résoudre le problème, se révélaient lents à mettre en place, et n'ont aujourd'hui toujours pas atteint plus d'un huitième de l'État. Tandis que nous parcourions les étroites pistes sablonneuses des villages, des kilomètres et des kilomètres de terre calcinée par le soleil, nous avions de temps en temps l'heureuse surprise de découvrir des éclats de vert resplendissants là où la construction d'un puits avait été menée à bien et avait créé un champ de blé ou de millet prospère au milieu d'un relatif désert. Souvent, comme nous voyagions dans la campagne avec en vue de rares chars à boeuf ou des chameaux, il nous semblait incroyable que cette immensité brune appartienne à l'un des pays les plus densément peuplé du monde. Ainsi, comme nous arrivions dans l'un des villages blottis derrière ses murs de boue, hommes, femmes, enfants surgissaient tout à coup de leurs maisons, et je notais avec tristesse que le nombre d'enfants outrepassait largement les adultes.

Après ces tournées je rentrais au Rajmahal complètement exténuée, poussiéreuse, ne désirant rien d'autre qu'un bon bain civilisé et le sommeil, mais trouvant des invités – parfois des personnalités importantes – assemblés pour un dîner. Je me confondais en excuses pour mon allure échevelée, et parfois je prenais un verre avec eux et allais me coucher, laissant Jai s'occuper de la soirée. La seule émotion que j'étais capable de ressentir était le soulagement d'être enfin dans un environnement propre et confortable. J'étais complètement incapable de conduire les discussions ordinaires qui avaient été indispensables pour une grande part de ma vie sociale. Dans la mesure où j'étais encore capable de penser, c'était pour me dire sans arrêt combien j'aurais aimé emmener avec moi tous nos amis pour leur montrer cette autre vie que je découvrais. J'essayai à l'occasion de la décrire – sans grand succès – mais je ne rencontrai que silence et d'indulgentes attitudes d'incrédulité. Jai toutefois me comprit réellement, apprécia et m'encouragea.

Mes repas consistaient pour la plupart en casse-croûte, de la nourriture emportée avec nous que nous avalions quand nous avions le temps. Au début, mon agent électoral avait essayé de prévoir un programme qui nous permettrait des pauses déjeuner à proximité d'un des propriétaires qui, bien entendu, nous inviterait, tous les vingt et quelques que nous étions, à partager le repas de midi avec sa famille. Mais bientôt je réalisai que ces pauses prenaient beaucoup trop de temps – deux heures ou plus, tandis que les courtoisies habituelles se prolongeaient – et je décidai de les soustraire de nos programmes. Il est possible que j'aie ainsi froissé certaines personnes, mais il était bien plus important de passer ce temps précieux avec les villageois, à écouter leurs problèmes, répondre à leurs questions et je réussissais généralement à dégager une connaissance réaliste des gens de Jaipur. Parfois l'un ou l'autre des propriétaires locaux, apprenant notre venue, avait dressé un somptueux banquet avec de nombreux *thals* de plats délicieux auxquels nous ne pouvions résister, mais après avoir eu plusieurs fois à nous hisser péniblement sur nos Jeeps, en luttant contre le sommeil, afin de nous rendre à l'étape suivante, j'appris à refuser leurs invitations aussi gracieusement que je le pouvais. De tels banquets incluaient nos chauffeurs, les employés électoraux et toute la suite, mais s'ils furent déçus de mes annulations de ces délicieuses pauses le long de notre routine éreintante, aucun ne m'en fit jamais part.

Je pense que la plus grande surprise de la campagne n'était pas tant cet aperçu de « comment vivait l'autre moitié de la société », mais le fait étonnant d'assister et de participer à ce que je ne puis nommer autrement qu'une campagne d'amour. Où que j'aille j'étais accueillie par des arches de bienvenue, avec des chœurs de femmes chantant des chansons de bienvenue, avec des décorations – tous les signes de réjouissance. Tout ceci ne m'était pas seulement destiné, mais également à Pat et Joey et à tout autre parent avec la famille royale de Jaipur. C'était particulièrement émouvant et en même temps, alarmant. Ce ne fut que quand je vis la réaction jubilante et confiante de la foule – nombre d'entre eux avaient marché jusqu'à soixante-quinze kilomètres pour assister aux meetings – que je commençai à saisir la pleine mesure des responsabilités qui reposaient sur nous.

Le piège auquel j'étais déterminée à échapper était celui des fausses promesses de politicien. On me recommandait souvent de prononcer des discours plus efficaces, en faisant miroiter toutes sortes d'avenirs aux villageois s'ils votaient pour nous. Mais je répondis clairement que je ne pouvais faire cela. C'était les habitants de Jaipur et si je ne leur devais rien d'autre, je leur

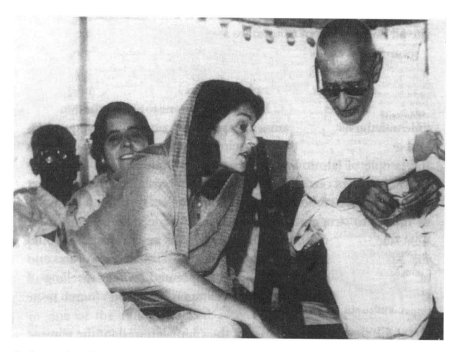

Ci-dessus : Avec Rajaji dans un meeting politique.
Ci-contre : En train de faire campagne dans un village.

Au volant lors des élections.

Rajaji et moi, (les années 1960).

devais au moins la vérité. Pour moi en tout cas, il était bien plus simple de ne pas mentir. Je n'avais pas de grandes notions d'agriculture ou d'élevage, ou des problèmes qu'ils pouvaient avoir dans ces régions, mais au moins je pouvais les écouter et apprendre et, par-dessus tout, ne pas leur promettre une richesse future impossible ou la fin de leurs épreuves. Je savais qu'autrefois, en dehors des levées sur les récoltes, ils n'avaient eu à payer aucun impôt et avaient élevé leurs chameaux, bœufs, vaches et chèvres librement sur les pâturages communs, et je savais qu'à présent ils devaient verser une petite somme au gouvernement pour chaque tête de bétail – une somme qui augmentait de façon menaçante chaque fin d'année. Mais je ne pris conscience des dangers de notre position que quand Pat, qui était particulièrement raisonnable et pragmatique, dit, assez tôt dans la campagne, « Savez-vous une chose ? Ces gens vont certainement voter pour nous et si nous gagnons, savez-vous ce qu'ils attendront de nous ? Ils espèrent que leurs impôts seront supprimés tout à coup, que les prix vont baisser, que l'eau va réapparaître par miracle au fond des puits, et que tout sera merveilleux. Et alors, me demanda-t-il, que compterez-vous faire ? »

Je savais que cela ne servirait à rien d'essayer de faire comprendre à la foule que nous vivions désormais en démocratie, que le maximum que nous pouvions faire pour eux était de transmettre leurs doléances et d'essayer d'obtenir quelque action du gouvernement, mais que, malheureusement, nous ne pouvions rien garantir. Ils ne pouvaient croire à ces dures vérités. Leur réponse avait tendance à se résumer au traditionnel, voire féodal, moyen de dire, en fait, *Vous* êtes responsable de nous. *Vous* êtes notre mère et notre mère. *Vous* veillerez à ce qu'on s'occupe de nous.

Ma décision de me présenter au Parlement avait eu un impact considérable à l'étranger comme chez moi. J'avais attiré les commentaires de la presse étrangère – « La Maharani se bat aux élections démocratiques » et autres titres de ce style – et souvent les caméras de télévision me suivaient dans ma campagne. Certains journalistes comprirent ce qui pour moi était le plus important dans cette campagne, l'accueil chaleureux que je recevais des villageois parce qu'ils étaient sûrs que je voulais authentiquement les aider. Ils savaient qu'en soutenant l'opposition je ne pouvais en tirer aucun bénéfice ni pour moi ni pour ma famille. En y regardant rétrospectivement, mes souvenirs les plus chers viennent du fait de la conviction que le peuple avait de nos bonnes intentions et de l'affection qu'ils exprimaient à notre égard.

La veille de la fin de la campagne électorale, le Congrès, le Jana Sangh (parti de l'extrême droite) et le Swatantra tinrent chacun un meeting de clôture à Jaipur. L'endroit choisi par le parti Swatantra fut le terrain situé derrière le City Palace, où les processions avaient lieu. L'endroit pouvait contenir à peu près deux cent mille personnes, soit vingt fois plus que les parcs choisis par le Congrès et le Jana Sangh. Je m'inquiétais du fait que les partis politiques rivaux avaient choisi de tenir leurs réunions au même moment, et que notre lieu puisse être trop grand. Pour mon plus grand plaisir et à ma grande surprise, le terrain était complètement rempli.

Nous avions invité Jai à parler, avec trois hommes de loi de la ville qui se présentaient aux élections et moi-même. Le parti du Congrès qui était dans la course, avait organisé une procession de stars du cinéma indien et avait ajouté une Maharani – la Maharani de Patiala – pour faire campagne à leur profit. Le Jana Sangh était plus sobre, s'appuyant sur l'attraction de leur plateforme orthodoxe hindoue pour attirer un auditoire. Toutefois, notre meeting battit tous les records. Les trois hommes de loi étaient tous trois d'excellents orateurs, et inaugurèrent notre meeting. J'étais déterminée à faire le meilleur discours de ma vie, mais finalement j'étais si effrayée et anxieuse que je pense qu'il fut le pire que je ne donnai jamais.

Puis Jai s'exprima. Je fus inquiète lorsqu'il débuta en s'adressant à l'importante foule avec le *tu* familier, et je pensais que l'auditoire s'en offusquerait. Mais il parlait comme il l'avait toujours fait durant toutes ses années en tant que Maharajah, acceptant la relation traditionnelle du père à ses enfants. « Durant quatre générations, dit-il, ma famille a régné sur vous, et nous avons tissé des liens d'affection pendant de nombreuses générations. Le nouveau gouvernement m'a dépouillé de mon État, mais il peut bien m'arracher ma chemise sans que je m'en soucie, pourvu que je conserve votre confiance et votre affection. Ses membres me reprochent de présenter ma femme et deux de mes fils aux élections. Ils disent que si j'avais cent soixante-seize fils – 176 était le nombre de sièges à l'assemblée du Rajasthan –je les présenterais tous. Mais ils ignorent, n'est-ce pas – il fit un geste désarmant, confidentiel à la foule – que j'ai bien plus de seulement cent soixante-seize fils. »

À ces mots une rumeur énorme, mouvante, monta de la foule. Et

Des foules débordantes de joie
à Jaipur après ma victoire électorale, (les années 1960).

le peuple, dans un élan d'émotion et de joie, nous jeta des fleurs, et nous les leur renvoyâmes dans un mouvement de gaieté spontanée. Ce fut le moment où je compris que je serais élue.

Enfin le jour des élections arriva. Baby, Menaka et d'autres amis qui étaient venus pour rester à mes côtés jusqu'à la fin de la campagne, m'avaient souvent dit, sur un ton sans espoir, « Mais ils ne savent pas ce qu'ils *font* ! » alors qu'ils m'aidaient à expliquer la procédure des élections à des groupes de femmes. Puisque la plupart des Indiens sont illettrés, les gens votent aux scrutins en fonction du symbole de leur parti. Le parti du Congrès avait deux bœufs attelés ensemble pour symboliser l'effort de coopération, les Socialistes montraient un banian dont les racines aériennes symbolisaient la propagation du socialisme, les Communistes avaient la coutumière faucille accompagnée des trois gerbes de blé substituées au marteau, etc. le parti Swatantra présentait une étoile. Baby, mes autres aides et moi-même passâmes des heures frustrantes à essayer d'expliquer aux femmes comment voter pour l'étoile. Sur le bulletin, disions-nous tant et plus, c'est là que le nom de la Maharani apparaîtra et à côté se trouvera une étoile. Mais ce n'était pas aussi simple. Elles remarquèrent un symbole montrant un cheval et un cavalier, et se mirent d'accord sur le fait que la Maharani montait à cheval, aussi ce symbole devait-il être le bon. À plusieurs reprises nous dîmes, « Non, non, ce n'est pas le bon ». Puis elles remarquèrent l'emblème portant une fleur. Ah, la fleur de Jaipur – qui d'autre pourrait-il être que la Maharani ? « Non, non, non, pas la fleur. » D'accord, l'étoile. Oui, cela semble approprié pour la Maharani, mais regardez, voici le soleil. Si la Maharani est une étoile, alors le soleil symbolise certainement le Maharajahh. Nous voterons pour tous les deux. Immédiatement le vote aurait été invalidé. Jusqu'au dernier jour, Baby et moi n'étions pas encore sûres d'être parvenues à nos fins.

Une élection en Inde est un évènement sans complexe et joyeux. Les femmes s'habillent et viennent avec mari et enfants à l'isoloir, tout en chantant. Les villageois viennent en char à bœufs, les animaux couverts de guirlandes, les charrettes décorées de fleurs et de chutes de tissus colorés, chacun en congés et comme toujours, des saltimbanques, des vendeurs de sucreries, des conteurs dressent leurs étals près des points de vote pour divertir la foule et se faire un peu d'argent. Je parcourus en voiture ma circonscription , en ne passant que quelques instants à chaque endroit car les lois électorales interdisent de faire campagne vingt-quatre heures avant la tenue du scrutin. Puisque les foules s'assemblaient où que je me rende, j'avais peur de sembler enfreindre la loi.

J'étais doublement nerveuse du fait que Jai me dit que pour l'honneur de la famille, je devais assurer au moins cinq mille voix de plus que mon plus proche rival. Et le petit Jagat m'envoya un câble depuis son école en Angleterre, m'exprimant le vœu que je l'emporte avec plus de mille voix d'avance. Ce jour-là je restai assise, incapable de songer à autre chose, attendant simplement des nouvelles des résultats électoraux.

Comme les premiers rapports commençaient à nous parvenir, mon agent électoral m'assura que j'allais gagner avec une énorme majorité et que nous devrions prévoir une procession de victoire. Superstitieusement, car l'idée même d'une victoire me paraissait tellement présomptueuse que ce serait tenter le destin, je repoussai l'idée même et c'est seulement une fois que j'appris que nous avions déjà remporté dix-neuf sièges que je commençai les préparatifs de la procession. Pat et Joey avaient tous les deux été élus (Joey ayant battu le Ministre de l'Intérieur en exercice), et dans tout le district de Jaipur, un seul candidat du Congrès avait été élu.

Finalement les résultats de mon élection furent déclarés. J'avais gagné avec une majorité de 175 000 voix sur le second, le candidat du Congrès. Tous mes adversaires avaient perdu leur dépôt de garantie. La famille de Jaipur figurait désormais dans le Livre des records de Guiness pour deux raisons tout à fait différentes — le mariage de Mickey, le plus coûteux du monde, et mon élection, la plus grande majorité gagnée par un candidat courant pour des élections dans une démocratie dans le monde. Il y a, peut-être, une certaine ironie historique à pointer dans la juxtaposition de ces deux faits, mais ne sachant pas au juste quel enseignement en tirer, je m'en tins à la pensée que la population de Jaipur faisait toujours confiance à ses ex-souverains.

Notre procession, ce soir-là, fut formée de camions et de Jeeps portant les noms des circonscriptions que nous avions remportées — même mes adversaires du Congrès ne manquèrent pas la parade et se tinrent sur les toits en faisant des signes du bras. Je ne m'étais jamais sentie autant aimée. Je me levai, touchée et heureuse du bonheur de Jai à ma victoire, et par sa grande générosité d'esprit, et je me souvins que Ma m'avait dit une fois, « Que tu es chanceuse d'avoir un mari qui te soutient en tout. Peux-tu imaginer qu'il y a des maris qui sont jaloux de leurs propres épouses ? »

Mais je savais que c'était là la victoire personnelle de Jai. Il se tint auprès de Menaka et des autres membres de la famille sur l'un des balcons du City Palace et regarda la procession qui s'approchait. Puis Jai jeta des pièces d'or au peuple comme il en avait coutume durant les célébrations lorsqu'il régnait sur Jaipur.

CHAPITRE 17

Membres du Parlement

Une fois que l'effervescence et l'enthousiasme des élections furent retombés, il était difficile de ne pas ressentir un certain vide, mais la prise en charge de mon siège au Parlement constitua une expérience exaltante. Jai, Pat et moi nous rendîmes à Delhi ensemble car Jai avait été élu à la Rajya Sabha, la Chambre Haute, par le nouveau Parlement. Il y avait ainsi quatre membres de notre famille dans le Hall Central : Jai, Pat et moi, ainsi que Bubbles, qui vint assister le Président en tant qu'Adjudant de sa garde du corps. (Joey avait son propre siège à l'Assemblée d'État de Jaipur.

Comme la plupart des bâtiments officiels de Delhi, la Lok Sabha, ou Chambre Basse du Parlement avait été conçue et construite par Sir Edwin Lutyens. Tous les 535 Membres du Parlement prirent place dans le grand hall surmonté d'un dôme, sur des bancs incurvés longeant les murs en un demi-cercle, avec le Président de l'Assemblée au centre. Les membres du parti de la majorité, avec presque 300 sièges, étaient disposés à sa droite, tandis que nous, de l'Opposition, étions sur la gauche. Le plus grand parti de l'Opposition était le Parti Communiste, aussi ses membres prenaient-ils place près du Président sur les bancs de l'Opposition. Le second parti en importance était le Parti Swatantra, puis le Jana Sangh, les Socialistes et enfin les Indépendants et les représentants de divers petits partis locaux. Par la suite, quand le Parti Communiste se scinda sur la question de l'invasion de l'Inde par la Chine, le Parti Swatantra devint le plus grand parti de l'Opposition et nous occupâmes alors les places les plus proches du Président. La procédure parlementaire indienne était modelée sur les Chambres du Parlement de Westminster, à part que nous ne votions pas en passant dans des vestibules mais en appuyant sur un bouton devant notre siège.

Prêter serment en tant que membre du Parlement fut une expérience émouvante, car cela me fit souvenir de tout ce qui avait précédé ce moment, la campagne, les foules accueillantes, les ovations, l'amour et la confiance du peuple de Jaipur. Ma sœur Menaka et son mari, le Maharajah de Dewas, regardaient depuis la galerie des visiteurs, et plus tard elle me dit qu'elle avait été nerveuse pour Pat et moi. Trois jours plus tard, on m'annonça que je devais prononcer mon discours d'investiture.

On ne me laissa qu'un très court préavis, mais puisque c'était mon premier discours au Parlement, je fus autorisée à lire mon script. J'étais bien embarrassée. Je ne savais pas par quoi commencer. Je ne disposais pas encore d'un secrétaire à Delhi. Le Maharajah de Bikaner, membre Indépendant, vint à mon aide. Dr. Karni Singh m'accompagna chez lui et demanda à son secrétaire de taper mes idées sur le discours que Président lui-même avait adressé au Parlement et m'assura que l'un des placeurs me donnerait le texte tapé à temps. Je me rendis à la Chambre sans savoir quand mon nom serait appelé. L'un de mes collègues me dit que ce serait vers deux heures, et je commençai à paniquer car je réalisai, en relisant mon discours, qu'il en manquait les deux dernières pages.

Je pris place, espérant que les discours des autres membres seraient si longs qu'il ne resterait plus de temps pour le mien. Par miracle, juste avant d'être appelée, l'un des placeurs arriva et me tendit les pages manquantes.

Toutefois, dès que je commençai à parler, j'oubliai toute ma nervosité et découvris que ma voix était assez puissante et portait bien. En réponse à l'adresse du Président, qui était comme d'habitude, un résumé des évènements passés dans le pays depuis la fin de la précédente session parlementaire, je suggérai qu'il n'avait pas mis assez d'emphase sur le fait que les prix avaient augmenté et que la pénurie de certains produits de première nécessité constituaient une épreuve particulièrement dure pour les pauvres.

Pat et moi connaissions quelques députés à la Lok Sabha, mais puisque notre parti était récent, nous n'avions pas réellement eu l'opportunité de faire connaissance avec notre leader parlementaire, le Maharajah de Kalhandi, dont la circonscription se situait en Orissa, un État du Golfe du Bengale. Il nous réunit tous et mit sur pied des rencontres périodiques au cours desquelles on répartissait entre nous les sujets sur lesquels nous étions invités à parler. Plusieurs autres familles princières étaient représentées parmi les membres du Swatantra. Le Pandit Nehru nous réunit astucieusement et nous surnomma le 'Parti des Princes'. Malheureusement, ce nom peu approprié nous resta collé, même si un simple décompte aurait montré qu'il y avait plus de familles princières représentées au Parti du Congrès qu'il n'y en avait jamais eu au Swatantra.

Comme nous commencions à prendre nos marques, Pat et moi trouvâmes le Parlement plutôt passionnant. Nous mettions un point d'honneur à assister aux séances lorsque le Pandit Nehru parlait. En tant que Membres du Parlement, nous avions droit aux logements des députés à Delhi. Et comme Jai était membre de la Chambre Haute et moi de la Chambre Basse, plutôt que d'avoir chacun un logement, nous fûmes logés dans une maison située sur Aurangzeb Road, dans la partie résidentielle de New Delhi. Pat reçut son propre appartement. Mais alors que nous commencions à entrer dans la routine de nos vies de députés, nous dûmes rentrer à Jaipur pour préparer la visite de Mme Jacqueline Kennedy, la femme du Président américain, dont le séjour chez nous faisait partie de sa tournée en Inde.

La visite de Mme Kennedy n'était que semi-officielle, mais la proposition de son séjour chez nous à Jaipur n'en demeurait pas moins source d'une multitude de complications. Le gouvernement du Rajasthan, ainsi que l'Ambassadeur des États-Unis, M. Galbraith, semblaient penser, un peu absurdement, que nous essayions de tirer un avantage politique de ce séjour. M. Galbraith écrivit même au Président Kennedy, lui recommandant de demander à son épouse de ne point se rendre à Jaipur. Le Président répliqua qu'il n'intervenait jamais dans les affaires privées de sa femme.

En ce qui nous concernait, Jai et moi, la visite en question aurait bien pu rester privée, amicale et informelle. Auparavant, quand Lee Radziwill, la sœur de Jackie Kennedy avait dit à Jai qu'elles envisageaient de venir en Inde, il les avait spontanément invitées à passer quelques jours à Jaipur. Cette invitation lancée sur un coup de tête avait été acceptée de la même façon désinvolte qu'elle avait été émise. Nous n'avions rien prévu d'autre que de proposer à nos invitées quelques visites, un match de polo, un peu de détente autour de la piscine, et des promenades à cheval.

Bien naturellement, notre programme de visites comprenait le City Palace. Connaissant l'intérêt particulier de Jackie pour les arts, il aurait été ridicule de ne pas lui présenter les collections de Jaipur et en tout cas, Jai aimait montrer la maison de ses ancêtres à ses hôtes. Aussi fus-je très surprise par la réaction de Jackie quand, au deuxième jour de sa visite, je lui dis que nous allions nous rendre au City Palace. « Mais Ayesha, on m'avait dit que nous n'étions pas autorisés à y aller. »

À mes questions, elle m'expliqua qu'on lui avait dit que si elle allait au City Palace avec Jai, cela serait interprété comme s'il essayait à nouveau de passer pour le souverain de Jaipur aux yeux du peuple. L'Ambassadeur des États-Unis s'inquiétait qu'une telle excursion pourrait offenser le gouvernement congressiste. C'est difficile à croire, mais tout de même M. Galbraith, qui accompagnait Jackie à Jaipur, dut passer un long coup de téléphone pour consulter les leaders du Congrès à Delhi avant de l'autoriser à se rendre au City Palace, et même alors, seulement à la condition que sa visite se fasse aussi discrètement que possible – une recommandation absurde, car tout ce que faisait Jackie faisait figurait dans les journaux. Nous conformant à la mesquinerie de ces restrictions, nous tâchâmes de faire au mieux pour que Jackie arrive au City Palace durant la nuit, afin que personne ne sache qu'elle traversait la ville avec Jai. J'allai à sa rencontre et Jai et moi fûmes sa seule escorte durant sa visite du palais.

Dans son livre, *Le Journal d'un Ambassadeur*, M. Galbraith indiqua clairement qu'il pensait que nous étions motivés par des intérêts politiques, et il est inutile de préciser qu'il se trompait. Son opinion était peut-être influencée par les responsables du gouvernement, tout particulièrement au Rajasthan, qui se montraient plutôt mécontents que nous recevions d'aussi éminents invités, mais en ce qui nous concernait Jai et moi, nous étions ravis d'accueillir Jackie et sentîmes que sa visite cimentait notre amitié avec cette personne si charmante et attractive, et c'est avec grand plaisir que nous acceptâmes son invitation en retour, de venir lui rendre visite à Washington.

En dehors des demandes du Parlement à New Delhi et du divertissement de nos éminents visiteurs, ma vie à Jaipur était devenue plus active que jamais. Mes administrés arrivaient en masse au Rajmahal, et en tant que Membre du Parlement consciencieux, je m'efforçais de les rencontrer quelle que soit l'heure à laquelle ils venaient. La plupart de leurs problèmes étaient des disputes au sein de leurs familles concernant des héritages de terres, ou des questions tels que « Ma belle-mère est un tyran abominable ; qu'est-ce que je devrais faire ? » Mais tant de personnes se plaignaient du harcèlement des fonctionnaires du gouvernement, certains parce qu'ils avaient refusé ou qu'ils étaient incapables de payer des pots-de-vin, d'autres parce qu'ils avaient simplement voté pour les partis de l'Opposition, que nous dûmes finalement engager un avocat à plein temps pour prendre ces affaires en main. Bon nombre de leurs demandes était, comme je m'en rendis compte peu à peu, les demandes habituelles que tout Membre du Parlement élu doit attendre de ses administrés : bourses d'études, routes, hôpitaux, électricité et autres équipements. Parfois j'étais en mesure de fournir ces équipements en informant des instances locales de ces besoins. D'autres fois, quand les requêtes paraissaient particulièrement raisonnables et urgentes, je payais de mes propres fonds. J'étais assistée efficacement par la fondation de charité créée par Jai pour les sujets de l'ancien État de Jaipur, appelée du nom de son grand ancêtre le Maharajah Sawai Jai Singh, et pourvue chaque année d'un montant de 150 000 roupies provenant de sa Cassette du Souverain (30000 $ à l'époque).

Une fois, il me revint avec précision un moment, des années auparavant, en 1945, où les fermiers de Cooch Behar envahirent les portes du palais, demandant à rencontrer leur Maharajah. Ils venaient juste d'apprendre qu'on leur interdisait d'exporter leurs surplus de riz hors de l'État. Il revenait à Bhaiya de les rencontrer et de leur expliquer que la raison de cet ordre était les mauvaises récoltes qui étaient advenues dans d'autres parties du Bengale, qui provoquaient déjà une crise alimentaire. La famine avait été prévue pour l'année suivante, aussi s'ils exportaient leurs surplus, ils n'auraient bientôt plus à manger. Les villageois avaient suffisamment de confiance en leur souverain et ils rentrèrent chez eux, satisfaits de l'explication de Bhaiya. Si une preuve de vigilance de l'administration de leur État avait été nécessaire, elle leur fut donnée l'année suivante quand plus d'un million de personnes trouvèrent la mort lors de la grande famine du Bengale. Il n'y eut pas une seule personne à mourir de faim à Cooch Behar cette année-là. En fait, l'État, petit comme il était, servit de refuge à des milliers de personnes affamées des zones voisines.

Ma propre expérience fut moins spectaculaire, mais elle me parut à la fois nouvelle et surprenante. Je me retrouvai à la tête d'un magasin de grains à Jaipur. En cela j'avais déjà eu un noble prédécesseur. Le précédent Maharajah de Jaipur, le père adoptif de Jai, était un homme dévot qui présentait des offrandes aux divinités tous les matins, et qui, ce faisant, leur demandait conseil dans l'exécution de ses devoirs envers ses sujets. Après ses prières, tous les matins, un de ses hommes venait le voir, pas avec les nouvelles publiques de Jaipur, mais avec un compte rendu des sujets de plainte ou de satisfaction dont on parlait de bouche à oreille parmi la population. À une occasion, son informateur lui apprit que le prix du blé, denrée de base au Rajputana, atteignait un prix record. Le Maharajah n'en demanda pas plus, mais quitta son petit-déjeuner sans le finir et partit, comme il était, en tenue informelle, avec seulement deux assistants, jusqu'au marché aux grains.

Comme il s'avançait, le peuple murmurait « Que fait le Maharajah dans la rue en cette tenue ? » On l'avait toujours vu en carrosse tiré par des chevaux, ses pieds ne touchant jamais le sol. Il ne prêta aucune attention aux murmures de la foule, mais marcha directement au principal marchand de grains et lui demanda : « Combien vends-tu ton blé ? »

« Dix-huit roupies le sac », répondit timidement le marchand.

« Et combien l'as-tu acheté ? »

Le marchand était tellement troublé qu'il laissa échapper la vérité : « Dix roupies ».

Et le Maharajah leva les mains, plein d'emphase, à tel point que le marchand en attendait un coup. Il baissa la tête, et sa calotte tomba, tandis que le Maharajah s'exclamait, « Alors tu le *vendras* pour dix roupies ! Je ne veux pas que mon peuple paie son pain quotidien à un prix aussi scandaleux. » Il poursuivit, plus doucement, en s'adressant à son Premier Ministre : « Envoyez le message à tous les distributeurs de grains de toutes les parties de la ville, que le prix du blé doit être de dix roupies par sac, et pas un seul *anna* de plus. Le gouvernement subventionnera le nouveau tarif, et les marchands n'y perdront pas leur juste profit ».

Je fis quelque chose d'assez similaire, mais également moins spectaculaire. J'ouvris mon propre magasin de grains à prix contrôlé et vendis le blé à prix coûtant. Cela permit aux pauvres d'assurer leurs besoins de base, et les autres pouvaient, s'il le souhaitait, et s'ils pouvaient se le permettre, payer un tarif plus élevé. Peu à peu je vis que j'apprenais à faire face aux problèmes de mes administrés.

Avec tant à faire, et avec mes contacts quotidiens avec le peuple de Jaipur dans ce qui les préoccupait le plus, le temps passa assez rapidement. Je réalisai à peine que le mois d'avril arrivait et que le temps commençait à chauffer, avec des températures dépassant 100° Fahrenheit, et le terrible *Loo* arriva, le vent torride qui arrive du désert et qui fait monter le mercure de quinze ou vingt degrés, et balaie la surface du sol avec des tempêtes de poussières. Les rivières s'assèchent complètement ou se réduisent à de minces filets d'eau opaque, et toutes les fermes sont paralysées, tandis que les gens n'attendent plus que les pluies de la mousson.

J'ai décida que nous devions partir pour l'Angleterre, comme nous le faisions d'habitude, où nous retrouvions un été doux et agréable. Mais pour la première fois je sentis que je devais rester pour quelque temps et je lui dis de partir sans moi. J'avais en effet promis de faire campagne pour deux très importants candidats à deux élections parlementaires partielles.

L'un des candidats avait été Secrétaire du Parti du Congrès, Acharya Kriplani, et avait rompu avec celui-ci en raison de divergences idéologiques, et se présentait à présent en tant qu'Indépendant. L'autre était le Secrétaire Général du Parti Swatantra, Minoo Masani. L'un se présentait dans une circonscription en Uttar Pradesh, un très grand État, patrie des Nehru, au centre nord de l'Inde, où en mai le mercure atteint 116 à 118 degrés Fahrenheit. L'autre se présentait dans une circonscription du Gujarat, où la température montait plus haut encore. Rétrospectivement, il peut sembler étonnant que tout en désirant être en Angleterre avec Jai et même si la chaleur était absolument atroce, je fus très heureuse de faire les deux campagnes ; elles ravivèrent l'excitation et la satisfaction du contact direct avec le peuple que j'avais d'abord éprouvé lors de ma propre campagne.

Immédiatement après je partis pour Bombay, où je devais prendre un avion pour l'Angleterre. Juste au moment où je partais pour l'aéroport, la nouvelle de notre première victoire m'arriva. J'exultai littéralement de joie – cela m'apparaissait un plus grand triomphe que ma propre élection car je n'avais pu compter sur la même sorte de loyauté qu'il y avait eu à Jaipur – et j'insistai pour fêter l'évènement avec Bhaiya et Joey, qui tous deux étaient à Bombay à ce moment-là.

À Londres, une semaine plus tard, Jai et moi assistions à un dîner offert par l'Ambassadeur des Pays-Bas et sa femme. Tout en m'excusant, je disparaissais sans cesse dans leur bibliothèque pour téléphoner aux journaux et à India House, siège du Haut Commissariat de l'Inde, essayant d'en savoir plus sur les résultats de l'autre élection partielle. Finalement je reçus la nouvelle, et même si Jai était embarrassé par mon comportement, nos hôtes et leurs invités (parmi lesquels de nombreux Ministres d'État britanniques) comprirent mes sentiments, et quand je revins dans le salon en annonçant que Minoo Masani avait gagné, ils me félicitèrent tous et portèrent un toast de victoire au champagne. Le candidat du Parti Swatantra avait gagné. Après cette nouvelle réconfortante, j'étais prête et détendue pour profiter de ma saison en Angleterre.

Peu après, je rencontrai le leader de notre parti, Rajaji, à Londres. Il rentrait tout juste de la Conférence sur le Désarmement Nucléaire tenu à Washington, à laquelle, en tant que principal apôtre en Inde du désarmement nucléaire, le Pandit Nehru lui avait demandé d'assister. Cet échange facile de

Au travail, Rambagh, (les années 1960).

Ci-dessus : *Au Centre des Réfugiés, Jaipur (les années 1960).*
Ci-contre : *Avec les filles à l'école Maharani Gayatri Devi, (les années 1960).*

membres de partis opposés en Inde a dû paraître bizarre aux observateurs étrangers. C'était là un des points de génie de Nehru ; quand Rajaji lui avait demandé pourquoi il envoyait l'un de ses plus sévères critiques à la conférence, le Premier Ministre répondit simplement que Rajaji était la personne la plus appropriée pour représenter l'Inde. Par contrecoup, Rajaji, tenu par l'honneur, ne pouvait dire tout ce qu'il aurait voulu de lui-même exposer et me demanda, à moi, d'exprimer en public ses points de vue pacifistes. Je n'acceptai pas toutefois, car je savais bien que je n'avais pas assez de standing politique, mais plus encore, je ne voulais pas embarrasser Jai en exportant ma politique à l'étranger.

En octobre nous gagnâmes les États-Unis. Nous passâmes les premiers jours à New York et en Virginie. Tandis que nous étions encore à New York, la crise de Cuba éclata et la télévision, la radio et les journaux donnèrent les instructions de ce qu'il fallait faire en cas d'attaque nucléaire. Avec un peu d'appréhension, nous nous tînmes à notre programme tout de même, et nous rendîmes comme prévu à Washington, où nous fûmes hébergés à Blair House, la maison d'hôtes présidentielle. En raison de la crise, les Kennedy annulèrent la soirée dansante qu'ils avaient prévue, et la remplacèrent par un petit dîner.

Le Président Kennedy m'accueillit avec un large sourire et ces mots : « Ah, j'ai entendu dire que vous êtes la Barry Goldwater de l'Inde. »

Je fus plutôt décontenancée, jusqu'à ce que je réalise qu'il plaisantait, et je me souvins qu'il avait récemment rencontré le leader du parti que je représentais au Parlement.

Puis il me dit combien il avait été impressionné par Rajaji. Il attendait un vieil homme habillé de blanc et alignant des insanités pompeuse à propos du bannissement des armes nucléaires, et il avait été empli d'ennui rien qu'à l'idée d'un entretien avec Rajaji. Au lieu de cela, il avait été tellement fasciné par la sagesse et la lucidité de Rajaji que ses adjoints avaient dû l'en arracher pour partir à son rendez-vous suivant.

John Kennedy possédait une personnalité immensément attractive – gamin dans son apparence et ses manières, et doté d'un sourire tellement contagieux qu'il m'avait été difficile de me souvenir par moment qu'il était le Président des États-Unis. Nous ne le vîmes que peu de temps, mais le jour d'après le dîner, alors que Jackie nous faisait visiter les jardins de la Maison Blanche, il nous appela depuis la fenêtre de son bureau et me demanda de le rejoindre.

Il y avait là un grand groupe de Sénateurs, et à ma grande confusion, il insista pour me présenter à eux comme « la femme ayant remporté une élection avec la plus stupéfiante majorité jamais enregistrée ».

Je les saluai du mieux que je le pus et retrouvai rapidement la compagnie de Jackie et Jai. C'était une hôtesse charmante et attentionnée, la meilleur des guides que nous eussions pu avoir pour visiter la Maison Blanche, car elle connaissait et nous relatait l'histoire de chaque portrait ou pièce de mobilier que nous admirions. Elle fit de notre visite à Washington un moment infiniment agréable.

Mais tout cela prit fin bientôt, et à notre retour à New York, nous apprîmes la terrible nouvelle que la guerre avait éclaté entre la Chine et l'Inde. C'était le 20 octobre 1962.

D'après les informations disponibles dans les journaux, nous savions déjà que l'armée indienne avait subi d'importantes pertes et qu'elle était largement dépassée en nombre par les forces chinoises. Je voulais annuler le reste de notre voyage et rentrer tout de suite en Inde, mais pour la première fois mon désir d'être auprès de notre peuple fut plus grand que celui de Jai. Il me fit remarquer, parfaitement sensément, qu'un changement dans nos projets de voyage ne changerait absolument rien à la situation en Inde. Je compris sa logique, mais pour la première fois, mes sentiments différaient. Je voulais rentrer en Inde pour que mes administrés puissent me joindre. Après tout, ils m'avaient élue pour les représenter au Parlement.

Je cédai toutefois, et nous partîmes pour l'Angleterre pour y passer quelques jours comme prévu. Tout ce temps je me sentis malheureuse et inquiète, non seulement parce que mes administrés auraient pu être affectés mais aussi parce que Cooch Behar se trouvait tout proche de la frontière nord-est de l'Inde. Que se passait-il là-bas ? De quelle manière Bhaiya et le peuple étaient-ils touchés ?

Quand nous rentrâmes finalement à Delhi, les Chinois avaient déjà passé la frontière nord-est de l'Inde et pénétré en Assam pour débuter leur avancée vers le sud. Ils avaient balayé les défenses indiennes sans trop de difficulté car nos troupes étaient mal préparées et mal équipées pour des combats en haute altitude, sur un terrain montagneux impressionnant et perfide. Nous ne disposions d'aucune route de notre côté de la frontière, et nos forces furent handicapées dans leurs tentatives de manœuvres. Les Chinois avaient préparé leur attaque de longue date, avaient construit des routes jusqu'aux frontières de leur côté et étaient équipés d'armes semi-automatiques modernes, qui faisaient défaut dans notre armée.

Au Parlement, quand le débat sur cette invasion injustifiée commença, nous vîmes Pandit Nehru pour la première fois la tête baissée, ayant perdu son assurance et sa désinvolture habituelles, incapable de justifier notre état d'impréparation. Un mois plus tard, le vingt-et-un novembre, les Chinois déclarèrent un cessez-le-feu unilatéral, tout en faisant bien comprendre qu'ils n'avaient pas l'intention de retourner aux positions qu'ils occupaient avant les hostilités, ou en rendant à l'Inde les territoires occupés.

Peu à peu, la vérité se fit jour au Parlement. Depuis 1954, Pandit Nehru et son gouvernement avaient gardé secrètes les incursions chinoises sur le territoire indien, et n'avaient rien fait de plus que de contrer leur avancée avec des molles protestations. En 1960, il avait ignoré le conseil des chefs des forces armées, qui insistaient que l'Inde ne disposait pas d'un nombre suffisant de troupes sur notre frontière nord, et que les troupes qui y étaient stationnées n'étaient pas équipées comme il le fallait. Résultat, les fonds indispensables à l'entraînement de nos forces armées aux combats à haute altitude n'avaient pas été attribués, et le présent désastre pouvait être directement attribué à ce manque de prévoyance.

Nous avions alors les preuves du désastre qui fut provoqué par la noble naïveté de Nehru. Il avait cru qu'en dépit de leurs accrochages réguliers sur le territoire indien, les Chinois ne lanceraient jamais une attaque d'envergure contre l'Inde. En effet, il avait fait croire au peuple indien que les Chinois n'étaient animés que par des sentiments fraternels à leur égard ; son slogan souvent répété était *Hindi-Chini bhai bhai*, « les Indiens et les Chinois sont des frères ». Notre conflit contre la Chine fit exploser ce mythe et quelques autres encore, comme l'idée que notre seul ennemi était le Pakistan, qui avait été séparé de l'Inde en 1947 dans de telles conditions d'amertume et un tel bain de sang que les deux pays serait incapables de vaincre leur méfiance et leur hostilité.

À la Lok Sabha, la Chambre Basse du Parlement, il y eut beaucoup d'agitation. On avait voté la loi sur la défense de l'Inde dans l'intention de fournir des armes au gouvernement pour pouvoir arrêter les membres de la cinquième colonne et les autres éléments anti-nationaux, mais il fut bientôt évident que cette loi servait également de paravent pour réduire au silence les critiques de l'Opposition sur la politique du gouvernement. Un Fonds pour la Défense fut créé, auquel les contributions affluèrent, dont beaucoup étaient bénévoles. Certaines de ces contributions furent scandaleusement extorquées sous la menace et la pression de fonctionnaires. Lorsque mes administrés me firent part de cette pratique, j'écrivis immédiatement au Premier Ministre. Il me répondit que les contributions forcées étaient totalement interdites et que toutes les contributions au Fonds pour la Défense devraient être volontaires. Je demandai sa permission de publier sa lettre dans les journaux, expliquant qu'un engagement sans équivoque de la plus haute autorité était nécessaire pour donner du courage au peuple qui pouvait assez difficilement se permettre des contributions, mais qui se trouvait souvent harcelé. Pandit Nehru me donna sa permission, et sa lettre fut publiée. Je ne pense pas que cela ait changé quoi que ce soit.

Dès que la crise fut passée, les activistes du Congrès – même les ministres – furent envoyés partout dans le pays pour organiser des réunions et prononcer des discours pour dissimuler les erreurs de leurs leaders, le grossier et dangereux manque de précaution ordinaire et l'impréparation qui nous avaient conduits à être si vulnérables face à l'attaque chinoise. Cependant, au Parlement, le Premier Ministre essaya de faire taire ses opposants en usant d'un sarcasme manifeste. À une occasion, durant un débat sur la guerre contre la Chine, Pandit Nehru choisit de viser le chef du Parti Swatantra au Parlement, le Professeur Ranga, en répliquant à son discours critique : « Le Professeur prétend en savoir plus qu'il n'en sait en réalité. » Les rires qui provenaient des arrières bancs des députés firent paraître cette répartie plus spirituelle qu'elle ne l'était. Or le matin même le Professeur m'avait dit que nous, nouveaux arrivés, ne comprenions pas combien il était stratégique d'appuyer nos leaders, comme le faisaient les membres du gouvernement, qui au moins encourageaient leurs chefs de leurs rires dès que l'Opposition se faisait ridiculiser. Ainsi, quand le Premier Ministre s'en prit au Professeur avec son commentaire caustique, je me levai immédiatement sans même réfléchir, et répliquai : « Si vous aviez su quoi que ce soit, nous n'en serions pas là aujourd'hui ».

Le Premier Ministre, dont les manières parlementaires étaient toujours de la plus parfaite courtoisie, s'était déjà assis lorsque je bondis sur mes pieds. Lorsqu'il se leva à nouveau pour reprendre son discours, il prétendit n'avoir pas entendu ce que l'honorable membre avait dit. Le Président dit que

Ci-dessus : Au City Palace, (les années 1960).
Ci-contre, haut de page : Jacqueline Kennedy
en train d'être accueillie à Jaipur, (les années 1960).
Ci-contre, bas de page : Jacqueline Kennedy avec Jai
et moi-même à Jaipur, (les années 1960).

Traitant les papiers parlementaires, (les années 1960).

ma remarque avait été sans rapport et demanda à Pandit Nehru de poursuivre. Mais les membres de tous les partis de l'Opposition assis près de moi me pressèrent de me lever et de répéter ce que j'avais dit, sans quoi cela ne serait pas enregistré. Fort embarrassée, je me relevai et répétai mon commentaire en un langage plus parlementaire.

Pandit Nehru répondit, « Je ne vais pas me lancer dans une joute oratoire avec une dame », ce sur quoi les membres de l'Opposition s'écrièrent d'un ton moqueur « Que c'est chevaleresque ! »

Je me rassis, me sentant humiliée. J'étais surprise par moi-même et par ma répartie, ainsi, je crois, qu'un bon nombre de personnes. Je ne savais pas si j'avais bien fait de parler aussi brutalement, mais quand je rentrai chez moi ce soir-là, le Professeur m'appela pour me dire combien il avait été enchanté par ce qu'il appela mon 'interjection opportune'. Toutefois, lorsque je me rendis au Parlement le lendemain, même si de nombreuses personnes me félicitèrent, le Secrétaire de la Lok Sabha, M. Chanda, me demanda comment j'avais pu oser faire une remarque aussi inconvenante à un de nos anciens. Il ne servait pas à grand-chose de leur expliquer que j'avais le plus grand respect pour Pandit Nehru, mais que ce jour-là je n'avais vraiment pas pu m'en empêcher. Mon seul regret était de ne pas avoir formulé ce que j'avais dit d'une manière plus correcte.

L'atmosphère au Parlement resta électrique, à mesure qu'on découvrait à quel point notre politique étrangère s'était montrée inefficace. Nous découvrîmes pour la première fois qu'aucun des pays communistes, dont Nehru avait cherché à cultiver l'amitié, n'était venu au secours de l'Inde quand nos frontières avaient été franchies à la suite d'une agression sans motif. Au contraire, ce furent les puissances occidentales, auxquelles il avait plutôt battu froid, qui avaient été plus promptes à nous offrir et à nous fournir de l'aide.

Au Parlement et partout dans le pays, la pression monta pour réclamer de Nehru la démission du Ministre de la Défense, V. K. Krishna Menon. Les gens estimaient qu'il était le plus responsable pour l'inadéquation de l'équipement de l'armée indienne, et de l'ignorance des intentions de la Chine. Le Premier Ministre essaya de le protéger, mais l'opinion publique était trop forte et il finit par céder et demanda le départ de Krishna Menon.

Tout comme la plupart des Indiens, Jai et moi éprouvions que le plus triste dans cet épisode était l'humiliation que les forces armées indiennes allaient devoir surmonter. Elles étaient parmi les meilleures du monde et cela blessait notre fierté – cela nous rendait en fait furieux – de penser qu'elles s'étaient si mal débrouillées en raison d'une naïve erreur de jugement du gouvernement sur nos relations avec les Chinois et son manque de prévoyance qui avait laissé notre armée désespérément sous-équipée pour faire face à l'agression. Nous étions également blessés par cette preuve que, en dépit des espoirs qui avaient été créés par le leadership de Nehru, l'Inde n'était pas devenue la nation la plus influente de l'Asie. Notre défaite dans la guerre contre la Chine avait été un coup dévastateur porté à notre prestige, et nous avions énormément baissé dans l'estime des plus petites nations environnantes qui s'étaient tournées vers nous en quête d'aide, de conseil et de protection.

Même en dehors des confrontations dramatiques telle que l'invasion de l'Inde par la Chine et les débats houleux à son propos au Parlement, je découvrais que mon temps et mes intérêts se centraient de plus en plus sur mes devoirs parlementaires et ma nouvelle relation avec le peuple de Jaipur. Je me battis aux côtés de mes collègues du Swatantra, en faveur de mouvements tels que l'amendement de la Constitution visant à réduire le droit à la propriété, alors que chez moi je trouvais déchirant de devoir répéter sans cesse le même refrain à mes administrés : « Je ne peux pas changer les lois pour vous. Je ne peux pas *faire* agir le gouvernement en votre faveur. Je ne peux que communiquer vos doléances et espérer qu'elles seront entendues. »

Toutefois, sur de petites choses j'étais capable de faire quelques bonnes actions et de résoudre certains problèmes locaux, et j'étais étonné de voir à quel point cela me remplissait de satisfaction. Parmi mes administrés se trouvaient deux tribus de Jaipur, les Meenas et les Gujars, qui avaient une tradition ancestrale de querelles et de rivalités. Les membres des tribus avaient l'habitude de venir me voir avec toutes sortes de plaintes : une vache avait été volée, une femme avait disparu, une maison avait été brûlée – quel que soit le problème, c'était toujours la faute d'un membre de l'autre tribu. Je me trouvais dans une position délicate, car en général, chacun des deux parties avait voté pour moi, et tous deux attendaient que je me mette de leur côté dans le conflit. Je découvris dans ma nouvelle incarnation en femme politique que je possédais un talent, insoupçonné mais très utile, pour l'arbitrage. Les autres problèmes étaient moins importants et moins chargés d'émotion. Un village voulait un service de bus, ou un bureau de poste, ou une école, ou qu'un train s'arrête à proximité. Quand ces requêtes étaient raisonnables, j'étais en général en mesure de faire quelque chose en m'adressant aux fonctionnaires du

Gouvernement Central, chargés des départements ministériels concernés.

En 1964, le pays souffrit une perte terrible qui affecta tous les Indiens quelle que fût leur situation, leur origine ou leur appartenance politique. La session parlementaire avait été prorogée, et devait reprendre après un intervalle de trois jours. Pendant cet intervalle, Pandit Nehru quitta New Delhi pour prendre du repos, car sa santé laissait à désirer. Le jour où nous nous retrouvâmes, il était absent de la Chambre, et c'est à ce moment-là que nous avions tous commencé à soupçonner qu'il était gravement malade. Avant même que nous ayons entamé l'ordre du jour, la nouvelle nous parvint que le Premier Ministre était décédé.

Pat, le Professeur Ranga et moi nous rendîmes ensemble chez lui pour rendre hommage à cet authentique serviteur de l'Inde. Plus tard, lors d'une réunion de tous les Membres du Parlement au Hall Central, je fus choisie pour donner une allocution d'hommage à Pandit Nehru au nom du Parti Swatantra. Comme toujours, j'avais horreur de parler en public, et tout particulièrement en une occasion aussi émouvante, même si le Secrétaire Général du Swatantra m'avait recommandé : « Dites tout simplement ce que vous ressentez ». Ce que je ressentais c'était que la chose la plus extraordinaire concernant Pandit Nehru était sa capacité d'être chez lui partout ; dans un palais, au milieu d'une fête d'adolescents avec du rock'n'roll à plein tube, ou dans une hutte de village. Mais ce que je dis fut plus conventionnel, ainsi que chacun le fit, je ressentais profondément sa disparition, qu'il avait laissé de côté une vie facile pour travailler à l'indépendance de son pays, que les gens avaient pu être en désaccord avec certaines de ses idées politiques, mais que personne ne pouvait douté qu'il eût aimé l'Inde et que l'Inde l'eût aimé.

CHAPITRE 18

Ambassadeur en Espagne

Après la mort du Pandit Nehru se posa la question de sa succession. Pendant une courte période, le Ministre de l'Intérieur assuma les devoirs de Premier Ministre jusqu'à ce que le Parti du Congrès élise Lal Bahadur Shastri pour diriger le gouvernement. Shastri était un Premier Ministre calme, compétent et réfléchi, et s'il lui manquait le flair charismatique du Pandit Nehru, de nombreuses personnes admiraient sa modération et la fiabilité de son jugement. C'était un petit homme, aimable, simple, dont les manières douces cachaient la force de son caractère. Sans posséder le panache de Nehru ni la grandeur de ses idées, il attira, tranquillement et efficacement, l'attention du gouvernement sur la nécessité d'améliorer la situation économique du pays. Dans un pays agricole, insistait-il, il était parfaitement légitime de donner la priorité à l'agriculture dans le plan quinquennal du gouvernement. La « révolution verte », qui devait corriger les disettes endémiques du pays, fut en grande partie le fruit de son intelligent esprit de prévoyance.

Pour nous, l'arrivée au pouvoir de Lal Bahadur Shastri apporta un changement important dans notre vie. Depuis un certain temps, Jai pensait à l'idée de servir son pays de manière plus spécifique. Lorsque Lal Bahadur Shastri lui offrit un poste d'ambassadeur, lui laissant le choix de deux ou trois pays, Jai décida d'accepter et, après une longue réflexion, choisit l'Espagne. Sa nomination donna lieu à pas mal de ragots et de commentaires. Certains pensaient qu'on lui avait offert le poste uniquement parce que le gouvernement voulait le garder hors du pays. La famille de Jai avait par son influence, causé tant de tort au Congrès au Rajasthan que seulement une fois posté à l'étranger (et moi avec lui) ils ne pourraient espérer rallier un plus grand soutien. Mais quelle qu'ait pu être la motivation réelle du gouvernement, personne ne pouvait nier que Jai possédait toutes les qualités nécessaires : tact, expérience, familiarité avec les pays étrangers et une inébranlable loyauté à l'égard de l'Inde.

La famille trouva que qu'il avait eu raison d'accepter le poste. Toutefois, même si j'étais heureuse de la nouvelle nomination de Jai, j'étais dans l'embarras à propos de ce que je devrais personnellement faire. Je souhaitais vivement l'accompagner en Espagne et savais qu'il aurait besoin de moi en tant qu'hôtesse. Mais j'étais alors tellement impliquée dans les affaires parlementaires et prise par mon travail à la maison que je me sentais déchirée entre ces deux rôles. Rajaji me demanda d'écrire un article exposant mon dilemme et le publia dans le journal du parti Swatantra. Il était très opposé à l'idée de Jai servant le gouvernement, mais comprit les deux points de vue et se montra compréhensif quand je lui dis que je devais être aux côtés de mon mari autant que possible.

La question de savoir comment être à deux endroits différents en même temps n'était pas le seul de mes soucis. Je m'inquiétais que le gouvernement ne créât des ennuis à Jai, en réponse à mon statut d'adversaire au Parlement ou à mes activités au sein du parti Swatantra en dehors du parlement. Finalement, je décidai d'aller parler au Premier Ministre lui-même. Ce fut la première fois que je m'adressai à Lal Bahadur Shastri en tête-à-tête et je me sentais impressionnée. Sous ses manières tranquilles et modestes, je sentais une personnalité forte et particulièrement pragmatique, dont la plus grande préoccupation était le bien de l'Inde.

Après l'entretien, je me sentis rassurée sur l'avenir de mon mari à son nouveau poste, tout au moins en ce qui concernait le Premier Ministre. Alors que je partais, il me dit : « Faut-il vraiment que vous soyez dans l'Opposition ? »

Je supposai qu'il faisait allusion aux arrivistes de son propre parti qui trahissaient si souvent les courageux mots d'ordre du Congrès. Nous sourîmes tous les deux, et je souhaitai alors que les autres membres du gouvernement pussent être comme lui.

En octobre, Jai s'envola pour Madrid afin de prendre en charge son nouveau poste, et je devais le suivre en décembre après la fin de la session. Pendant les premiers mois, il s'installa à l'hôtel – l'Inde n'avait jamais eu d'ambassadeur en Espagne auparavant, aussi n'y avait-il pas de résidence pour l'ambassadeur – mais lorsque je le rejoignis, suivie de près par Jagat, nous nous installâmes dans un appartement.

Nous prîmes bientôt nos habitudes à Madrid et commençâmes à nous faire de nouveaux amis. Jai rencontra de nombreux Espagnols aussi passionnés de chevaux, de polo et de chasse que lui l'était, tandis que j'étais captivée par la chaleur, l'hospitalité et l'humeur serviable des familles que nous rencontrions. Une des occasions que nous ne voulions pas manquer fut le mariage, dans la maison de leurs ancêtres, de la fille de l'Ambassadeur d'Espagne à Londres, le Marquis de Santa Cruz. Il devait y avoir plusieurs fêtes, et Jai et moi y avions été conviés. Juste avant de partir pour le mariage, nous reçûmes un message nous informant que Lal Bahadur Shastri était décédé à Tachkent durant les entretiens qui devaient aboutir à une entente entre l'Inde et le Pakistan. Survenant si peu de temps après le décès du Pandit Nehru, ce coup était particulièrement cruel pour l'Inde.

Nous annulâmes toutes nos sorties et réceptions à l'ambassade et prîmes le deuil. Les gens se succédaient pour signer le livre des condoléances. Peu après, Indira Gandhi devint Premier Ministre, et je me souviens à quel point les femmes de l'ambassade de l'Inde étaient fières qu'une femme ait atteint une telle fonction.

Pour ma part, la vie continua difficilement entre l'Espagne et l'Inde. Je souhaitais souvent passer tout mon temps avec Jai en Espagne, car je détestais être séparée de lui. Mais lorsque j'étais en Inde, je m'immergeais dans les affaires de mes administrés et mes obligations parlementaires, et je ne les quittais qu'à regret. Il me reste tout de même de nombreux souvenirs heureux du temps que j'ai pu passer en Espagne. Madrid était une ville où il faisait bon vivre, agréable, et nous nous installâmes dans une charmante maison à Amador de los Ríos. Par de nombreux aspects, l'Espagne me rappelait l'Inde, et souvent en traversant des villages, j'avais du mal à me souvenir que je n'étais pas dans mon pays. L'allure de la campagne, les montagnes stériles souvent surmontées d'un fort ou d'un château, ou des ruines d'un mur crénelé, la rude vie des villageois dans les régions où l'eau était rare – tout, à l'exception de l'aspect et des vêtements des habitants, aurait pu se situer dans le Rajasthan. Même pendant le paresseux été que nous passâmes dans la station de Marbella, au sud de la péninsule, le parfum du jasmin qui se répandait dans l'air de la nuit me rappelait le Rajmahal.

Nous parvîmes à visiter une grande partie de l'Espagne, nous arrêtant parfois chez des amis, d'autres fois dans des *paradores* – de vieux palais ou monastères convertis en hôtels. Le gouvernement espagnol était très actif dans la promotion du tourisme, et Jai et moi étions très intéressés de voir combien de leurs idées nous pourrions adapter à l'Inde. Une fois, quand Zubin Mehta, le grand chef d'orchestre indien, vint au festival de musique de Grenade, Jai ne put quitter Madrid et je m'y rendis seul pour l'écouter. Ce fut un superbe concert et après celui-ci, Zubin, qui était d'excellente et amusante compagnie, organisa une fête et nous partîmes tous dans des grottes où vivaient des tziganes pour assister à leurs chansons et leurs danses flamenco. Le son des castagnettes et les rythmes compliqués qu'elles battaient me rappelaient encore l'Inde et certains styles de musiques indiennes.

Les divertissements et les devoirs de la vie diplomatique nous amenèrent à toutes sortes d'occasions dans différentes parties du pays. La réception annuelle du Général Franco, à l'attention du corps diplomatique fut organisée à La Granja, près de l'antique aqueduc de Ségovie et d'un château de conte de fée magnifiquement illuminé la nuit. La Feria annuelle de Muestras se tint à Barcelone, sorte de salon d'exposition des produits commerciaux de différents pays, où Jai présida au Dia del India. Puis nous visitâmes les Iles Baléares, où résidait une importante communauté indienne – des gens qui s'étaient établis comme commerçants il y a une centaine d'années.

À peine m'étais-je absorbée dans ce que Jai et moi voyions et faisions en Espagne que – semblait-il – il fut temps pour moi de rentrer en Inde. En 1965 aussi, l'année de nos noces d'argent, nous fûmes souvent séparés. Mais à la date dite, le 9 mai, je me débrouillai pour passer le jour anniversaire de notre mariage avec Jai au plus inattendu des lieux, Cannes. Jai avait été invité à y faire revivre le polo, et quelques amis avaient entrepris de nous offrir une fête au casino. Je dus repartir de Cannes en Inde, et je me souviens particulièrement de ce vol car pendant tout le temps qu'il prit, ainsi que l'aurait fait quiconque en pareille occasion, je considérai toutes mes années de mariage avec Jai – années communes qui lui avaient fait dire, sur le ton de la plaisanterie : « Ne me dis pas que j'ai vraiment réussi à te supporter pendant vingt-cinq ans ! » Je n'étais plus la timide petite épouse, terriblement amoureuse et terriblement impressionnée par son mari et la vie qu'il menait, effrayée à l'idée que sa famille et les gens de Jaipur ne veuillent pas d'elle et ne l'aiment pas. Ce que j'étais alors devenue – une femme plutôt indépendante, relativement active, et armée d'une véritable conscience politique – était pour une grande part son œuvre à lui. Ma avait dit bien souvent à quel point j'avais de la chance d'avoir un mari qui me donnait tant de liberté, qui me soutenait dans tous mes projets. S'il me faisait arrêter quelque chose (comme apprendre le hindi), c'était toujours pour de bonnes raisons, même si je ne voyais pas toujours immédiatement sa logique. Si l'une de mes entreprises s'avérait mauvaise, il était toujours là à me conseiller. Tous les succès que je pouvais afficher avaient toujours été accomplis avec son aide et son soutien. Au fil des années nous avions développé les mêmes intérêts et les mêmes ambitions – le bien de Jaipur par-dessus tous les autres – et ceux-ci, en retour, avaient fait de nous des amis et des partenaires, confiants et fidèles l'un envers l'autre. Je n'étais pas la seule à sentir que Jai était un pilier de force. Toute la famille le savait et reposait dessus. Il m'unit à ses autres enfants et aux autres membres de sa famille, faisant de nous un groupe très uni, profondément concerné par le bien-être des autres. Mais ce dont je me souviens le mieux, qui me vint à l'esprit durant ce vol retour de Cannes, était ce sentiment précieux et rassurant de connaître quelqu'un toujours à votre côté, quoi qu'il arrive.

Quand je regarde à présent en arrière, je pense à cette année-là, illuminée par nos noces d'argent, qui fut la dernière année de pleine joie et de succès que j'aie connue. Jusque là, à part les morts prématurées d'Ila et d'Indrajit, je n'avais pas connu de tragédies ni souffert de privations. Les dernières années ont été, en contraste, les plus éprouvantes et les plus tristes que je n'aie jamais connues. Je me suis demandé si ma participation à la vie politique en valait la peine – en effet, avais-je quoi que ce soit à offrir à quiconque – mais sur le moment j'étais loin de me poser de telles questions. D'une certaine façon, Jai, avec son soutien, me permit de persévérer, même si je continuais à être profondément perturbée par le sentiment que je n'arrivais pas à faire justice ni à mon public ni à ma vie personnelle en essayant d'être à deux endroits à la fois.

En 1966, Bubbles épousa la Princesse Sirmur. J'étais rentrée à Jaipur avant Jai afin de prendre les nombreuses dispositions nécessaires, car non seulement les membres de la famille mais aussi de nombreux amis de l'étranger devaient assister au mariage. Au milieu de ce qui devait être un évènement joyeux et festif, mon cher Bhaiya eut un accident grave au cours d'une partie de polo qui avait été organisée à l'occasion de la célébration. Le cheval qu'il montait tomba, projetant Bhaiya au sol, et lui roula dessus. Nous étions tous morts d'inquiétude, car il resta dans un état critique pendant plusieurs semaines. Jai avait dû rentrer en Espagne, mais je restai jusqu'à ce qu'il fût hors de danger. Même alors il était difficile de se réjouir de ce 'rétablissement'. Il ne retrouva jamais son état de santé et resta ce qu'il détestait le plus – un invalide partiel, dans un état de besoin constant de soins et incapable de pratiquer les sports qu'il aimait tant.

Plus tard, lorsque j'eus rejoint Jai en Espagne, nous fûmes invités par la famille Domecq, les producteurs du célèbre sherry. C'était l'époque des vendanges et tout Jerez était en fête. La fascinante *feria*, le superbe cheval, le frisson des corridas et les soirées musicales et de flamenco, tout aurait constitué ce genre d'instant que j'adore. Mais je ne pouvais chasser les pensées de Bhaiya et de son impitoyable destin de mon esprit.

L'année suivante en Inde, il y eut à nouveau des élections générales. Cinq années s'étaient écoulées depuis que j'avais remporté mon siège au Parlement, et j'avais alors à passer par de nouvelles élections. Bien des choses étaient survenues au cours de ces cinq ans, qui avaient changé le paysage politique de l'Inde. Mme Gandhi, loin d'être une femme soumise, prête à suivre les avis des anciens du Parti du Congrès, avait, au contraire, montré qu'elle possédait une forte volonté personnelle. Avec le soutien grandissant des jeunes membres du Congrès, elle dirigeait le parti vers une position beaucoup plus radicale sur le plan de la politique intérieure. Pendant tout ce temps, au Rajasthan le succès du Parti Swatantra aux précédentes élections avait été suivi de toutes sortes d'étranges compromis et de manœuvres secrètes pour le pouvoir au sein de notre parti, et la même chose était vraie des autres partis également. Entre autres choses, les leaders du Parti Swatantra pensaient que cette fois-ci, en formant une coalition avec la droite orthodoxe hindoue de Jana Sangh, nous pourrions remporter plus de sièges pour l'Opposition au Parlement et dans les assemblées des États.

C'était clairement la chose à faire pour éviter la division du vote de l'Opposition, mais à mon goût cela ressemblait à un suicide politique. Je sentais que l'un des aspects importants du Swatantra était que ses membres étaient d'esprit laïc, et j'étais particulièrement inquiétée par une alliance avec un parti ouvertement hindou tel que le Jana Sangh, qui nous ferait perdre le vote crucial des musulmans. Je savais que j'avais reçu un grand nombre de votes musulmans aux élections de 1962, en raison surtout, je pense, de l'action décisive et rassurante de Jai au moment de la partition de l'Inde et du Pakistan. Il y avait bien eu un peu de prudence et de nervosité, mais pas de rupture entre les Hindous et les Musulmans dans l'ancien État de Jaipur. La situation serait alors désormais sérieusement remise en cause.

J'écrivis à Rajaji pour lui faire part de mon anxiété et de mes sentiments, mais la discipline du parti l'emporta. Aussi, le jour où j'arrivai d'Espagne, je devais rejoindre les autres représentants du Parti Swatantra à Jaipur afin de parvenir à un accord électoral, assis tout autour de notre table de dîner au palais. Cette réunion ne fit rien pour alléger mes craintes. Le Jana

Ci-dessus : Jai avec le Président Franco, Madrid, (les années 1960).
Ci-dessous : Jai et moi à la foire commerciale à Barcelone, (les années 1960).

Avec la Princesse d'Asturias,
(maintenant Reine Sophia d'Espagne)
et le chef d'orchestre Zubin Mehta.

Sangh ne cessait d'exiger plusieurs de nos sièges les plus assurés, et finalement, vaincus par son insistance, nous lui en concédâmes quelques-uns. De plus, j'avais l'impression que le Jana Sangh du Rajasthan n'appréciait pas la création du Parti Swatantra et pensait – à juste titre probablement – que nous nous étions emparés d'un grand nombre de leurs voix, et dès ce moment-là je craignais que le Jana Sangh ne se révèle un concurrent plutôt qu'un allié et je pensais que nous aurions bien mieux fait de nous présenter seuls aux élections. Quoi qu'il en soit, le pacte fut scellé. Puis surgit une nouvelle complication qui était, me sembla-t-il, une cause supplémentaire d'affaiblissement. Le Parti du Congrès du Rajasthan se scinda, non pas pour des raisons idéologiques mais en raison d'insatisfactions quant à la répartition des sièges. Ils souhaitaient également parvenir à un accord électoral avec nous. Leur argument était qu'à moins que tous les partis de l'Opposition ne formassent une sorte d'alliance électorale, leurs voix seraient inévitablement divisées et que le Parti du Congrès, même avec une minorité, serait reconduit au pouvoir. Ainsi la branche dissidente du Congrès prit aussi un certain nombre de sièges que le Swatantra avait brigués.

Ce n'était pas tout. Les limites de ma propre circonscription parlementaire de Jaipur avaient été arbitrairement remaniées, de telle manière que, alors qu'en 1962 son entièreté avait été englobée dans le district de Jaipur, elle couvrait désormais un territoire qui était autrefois l'État voisin de Jodhpur. Cela signifiait que la ville de Jaipur elle-même se trouvait à la limite de ma circonscription et ainsi, je devais parcourir plus encore de route et passer plus de nuits loin de chez moi. Si comme autrefois, je faisais campagne pour d'autres représentants aussi bien que pour moi-même, je devais couvrir la plus grande partie de l'État de Jaipur et une partie de celui de Jodhpur également.

Une autre occupation qui me prenait beaucoup de temps était de trouver des candidats convenables pour les circonscriptions de Pat et de Joey. Tous deux avaient été désillusionnés par la politique et avaient refusé de se présenter aux élections à nouveau. Ce n'était pas trop difficile de trouver quelqu'un pour le siège de Pat au Parlement, mais le siège de Joey à l'Assemblée de l'État était plus problématique. Personne n'était prêt à faire face à son adversaire, l'imposant Ministre de l'Intérieur du Rajasthan. Les membres de notre parti insistaient de présenter un candidat très fort de nos propres rangs car ils voulaient lier le Ministre à sa circonscription et lui empêcher ainsi de voyager et de faire campagne ailleurs pour d'autres candidats du Congrès.

Certains candidats de notre parti menacèrent carrément de se retirer si je ne me présentais pas moi-même. Le temps était compté, chacun campait sur ses positions, aussi, finalement, il ne restait plus d'autre solution, et j'acceptai. Je savais dès le début que c'était là une mauvaise idée. Je n'allais avoir qu'un temps très limité à consacrer à la lutte pour ce siège. Je devais faire campagne pour plusieurs autres candidats partout au Rajasthan et le plus important, il fallait que je m'occupe de ma propre circonscription.

Quoi qu'il en soit, je déposai ma candidature, me préparant en mon for intérieur à perdre ce siège à l'Assemblée et je laissai aux militants de notre parti la plus grande part de responsabilité dans la campagne pour ce siège dans la région. Puisqu'il était si tard – les débats préélectoraux, les décisions, les coalitions, la sélection des candidats avaient pris tellement de temps – je plongeai désespérément et follement dans trois semaines épouvantables de propagande électorale. Épuisée par tous mes déplacements, par les discours, et toutes mes autres responsabilités, je tombai malade avec une crise d'herpes et dus garder le lit pendant les deux semaines les plus cruciales de la campagne.

Tout ce que je pouvais penser était à quel point tout se passait différemment de l'atmosphère vivifiante et pleine de suspense de ma dernière campagne. Je téléphonai à Jai à Madrid rien que pour entendre sa voix, sans pour autant lui dire combien j'étais malheureuse. Mais il me connaissait tellement bien qu'il le devina et proposa de tout laisser tomber et de venir me rejoindre. Ragaillardie par cette seule idée, je le dissuadai cependant puisque, de toute façon, il allait venir en congé en Inde trois semaines plus tard. Tout de même, sachant à quel point j'étais malheureuse et seule, comprenant combien il était déprimant de rentrer dans une maison vide, il télégraphia à Pat pour qu'il envoie sa femme Devika (la fille d'Ila), et son jeune fils pour qu'ils restent près de moi à Jaipur, simplement pour me donner de la compagnie. Une fois que ma fièvre m'eut quittée, je repris avec un peu moins d'énergie cette fois ma campagne.

Les résultats des élections approchaient. Des 184 sièges de l'Assemblée, le Congrès gagna 89, tandis que les partis de l'Opposition en remportaient 95, dont 49 au Parti Swatantra, 22 au Jana Sangh, 15 pour les Indépendants, les Socialistes 8 et les Communistes 1. Je fus battue par le Ministre de l'Intérieur pour le siège de l'Assemblée que je briguais, mais je conservai mon siège au Parlement avec une large majorité, même si celle-ci ne battait pas des records comme la fois précédente. Contrairement à 1962, il n'y eut pas de célébrations victorieuses, car nous avions à faire un travail urgent et difficile. Nous devions d'une manière ou d'une autre réconcilier tous les membres de l'Opposition et former la coalition nécessaire, bien que complexe à obtenir, pour que nous puissions rencontrer le Gouverneur du Rajasthan et montrer que nous disposions d'une majorité à l'Assemblée de l'État. Il relevait du Gouverneur d'inviter le parti de la majorité à former le gouvernement de l'État.

Lorsque nous présentâmes notre cas au Gouverneur, il se montra évasif et nous réalisâmes qu'il semblait vouloir retarder la décision. Le règlement précisait que l'Assemblée devait être appelée dans un délai de dix jours à compter de la déclaration des résultats d'une élection. Aussi, le retard qu'il prenait à convoquer le chef du Congrès tout comme celui de l'Opposition pour former un gouvernement éveilla en nous une certaine méfiance. Il n'aurait certainement pas agi de cette manière équivoque de son propre chef. Nous avions certaines raisons de croire qu'il recevait continuellement des instructions de Delhi pour tenter de conserver le Rajasthan aux mains du parti au pouvoir, tout particulièrement depuis que le Congrès avait perdu six États aux élections.

À Jaipur, la tension politique monta d'un cran. Nous savions que le retard profiterait au Parti du Congrès en lui laissant le temps de soudoyer notre faible majorité. L'un de nos membres avait déjà été persuadé de rejoindre le Congrès immédiatement après l'avoir remporté sur une liste de l'Opposition. Nous n'avions plus qu'à en perdre trois autres et notre combat pour former le gouvernement aurait été réduit à néant. Nous savions que nous aurions à agir vite et de manière décisive. Nous étions déterminés à ne pas céder et nous décidâmes que la chose la plus sûre à faire serait de conserver tous nos membres élus ensemble au fort appartenant à la famille du Colonel Kesri Singh, situé à dix-huit kilomètres de Jaipur, loin des manœuvres du Congrès, jusqu'à ce que le Gouverneur prenne sa décision.

Peu après, nous fûmes indignés d'apprendre qu'un règlement anti-émeutes avait été imposé dans le secteur de Jaipur où le Gouverneur et ses ministres avaient leurs quartiers, interdisant ainsi les rassemblements de plus de cinq personnes. Nous en comprîmes rapidement la raison. Le jour suivant, le Gouverneur appela le leader du Parti du Congrès à former le gouvernement du Rajasthan.

Nous organisâmes immédiatement un meeting de protestation dans la ville, auquel devaient participer tous les membres élus de notre coalition, afin que le peuple puisse voir et dénombrer notre majorité de lui-même. Et le jour suivant les leaders de l'Opposition décidèrent de défier l'interdiction du Gouverneur en se rendant en personne à sa résidence pour lui demander de revenir sur sa décision.

Tôt dans la matinée, nous nous retrouvâmes tous au centre de la ville. Une foule importante de personnes nous y attendait déjà, criant des slogans anti-Congrès, et proclamant à l'unisson que la démocratie avait été assassinée. Alors que les leaders commençaient leur marche vers la résidence du Gouverneur, la foule se mit à les suivre. Lorsqu'ils atteignirent la zone où l'interdiction était en vigueur, nos leaders tentèrent de persuader la foule compacte de faire demi-tour, mais personne n'écoutait plus. Puis on me demanda personnellement de leur parler. La foule m'offrit un accueil délirant, mais était bien incapable désormais de prêter attention aux appels à rentrer chez soi. Au lieu de cela, ils criaient encore et encore qu'ils se battraient avec moi, qu'ensemble nous préserverions la démocratie vivante en Inde. Je déambulai parmi le peuple, et devant moi s'ouvrait courtoisement un passage, mais ils ne prêtèrent aucune attention à mes conseils et insistèrent d'accompagner les leaders.

Dès qu'ils pénétrèrent dans la zone résidentielle où l'interdiction entrait en vigueur, la police, qui les attendait de pied ferme, employa les gaz lacrymogènes sur la foule, et la dispersa à coup de bâtons. Personne n'atteignit jamais la maison du Gouverneur, et ce jour-là un couvre-feu de vingt-quatre heures fut imposé dans la ville de Jaipur. La vie trépidante quotidienne fut comme paralysée, aucun magasin ne resta ouvert, et chacun attendit voir ce qui allait ensuite arriver. Tous les leaders, à part moi, qui avaient participé à la procession furent arrêtés.

Cherchant désespérément à faire quelque chose pour éviter toute éruption future, où la foule aurait pu faire plus que crier des slogans, Jai et moi partîmes pour Delhi, pour y rencontrer à la fois le Président, Dr. Radhakrishnan, et le Ministre de l'Intérieur du Gouvernement Central, M. Chavan. Le Ministre promit de lever le couvre-feu. Le Président se montra lui aussi compréhensif et me dit que nous aurions l'occasion de prouver notre majorité quand l'Assemblée de l'État se réunirait. Nous pourrions le faire lors de l'élection du Président de l'Assemblée. Présentées ainsi, les choses

Un portrait photographique de moi-même, (les années 1960).

paraissaient beaucoup plus simples. Je le priai néanmoins de convaincre le gouvernement de hâter la date de l'ouverture de l'Assemblée, soulignant que dans les autres États les assemblées avaient déjà commencé à siéger, tandis que chez nous l'ouverture avait déjà été retardée, vraisemblablement pour donner le temps aux leaders du Congrès de manœuvrer pour obtenir la défection de trois de nos membres cruciaux.

Complètement rassurés par notre visite à Jaipur, Jai et moi repartîmes. Ce même après-midi, la radio annonça que le couvre-feu avait été levé à Jaipur. Mais alors, tandis que les gens commençaient à sortir de leurs maisons et à se rassembler dans les rues comme d'habitude, la police ouvrit le feu. La première victime fut un jeune garçon âgé d'à peine quatorze ans. Il y eut neuf morts, quarante-neuf blessés, et un nombre indéterminé de disparus. Cette effroyable nouvelle nous accueillit alors que nous arrivions à l'aéroport de Jaipur. Transie d'horreur, je voulus me rendre immédiatement dans la ville ; Jai m'en dissuada toutefois, en me faisant remarquer que je deviendrais un point de ralliement et que cela pourrait inciter la police à rouvrir le feu. C'est alors que nous apprîmes que des unités de police des États voisins avaient été mobilisées, car je suppose que la police du Rajasthan aurait hésité à tirer sur son propre peuple d'une façon aussi brutale et lâche. Ce terrible état d'urgence se prolongea pendant des jours et j'occupai mon temps à visiter les hôpitaux, réconfortant les mourants, sympathisant avec les blessés — pas une seule fois je ne vis un membre du Congrès ni même un fonctionnaire du gouvernement durant mes visites.

L'Assemblée devait siéger six jours plus tard. Notre nouvelle coalition était toujours intacte et c'est ainsi qu'avec nos membres élus bien en main, nous nous réunîmes au Rajmahal pour décider de notre candidat à la Présidence de l'Assemblée. Nous avions l'intention de nous confronter à la minorité du Congrès dès la première occasion. Nous étions enfin parvenus à un accord lorsque nous prîmes connaissance d'une nouvelle ahurissante : on venait d'imposer au Rajasthan le gouvernement du Président. Il s'agit là d'un mode provisoire de gouvernement, auquel on fait appel, lorsque aucun parti dans un État n'est capable de former un gouvernement, ou lorsque les conditions sont si instables que l'État passe sous la direction du Gouvernement Central jusqu'à ce qu'un parti trouve une majorité.

L'excuse pour imposer le gouvernement du Président au Rajasthan était que le leader du Parti du Congrès se sentait hors d'état de former le gouvernement devant l'indignation populaire soulevée par ces effusions de sang. Selon la Constitution, le Gouverneur aurait dû alors demander au leader de l'Opposition de former le gouvernement, mais au lieu de cela, il fit appel à la procédure du gouvernement du Président, afin d'éviter de tomber en disgrâce auprès des puissants dirigeants du Congrès qui constituaient le Gouvernement Central à New Delhi. Pour contrer cette manœuvre, nous emmenâmes tous les membres élus de notre parti à New Delhi, afin de les faire compter, tout simplement, par le Président et le Ministre de l'Intérieur. Cette fois-là cependant, ils se montrèrent plutôt évasifs. Même si leur attitude constituait d'une certaine façon, une reconnaissance de la défaite du Parti du Congrès, nous réalisions qu'ils allaient poursuivre leur tactique de retardement des décisions jusqu'à ce que nous perdions notre fragile majorité. Ce n'était qu'une question de temps. Le Congrès, qui disposait de postes ministériels et d'emplois importants à attribuer, parviendrait inévitablement à circonvenir les moins résolus de nos membres. Ma présence en Inde ne trouvant plus aucune justification, je rejoignis Jai en Espagne.

Ainsi, c'est de très loin que je reçus la nouvelle que j'avais attendue avec résignation : certains de nos membres de l'Opposition avaient fait défection. Le Parti du Congrès avait finalement obtenu une majorité absolue. Le gouvernement du Président avait été levé et le leader du Congrès avait été invité à former le gouvernement. De toute l'affaire restait une expérience amère qui m'apporta beaucoup de désillusion à l'égard de la politique. L'opportunisme et le manque de principes étalés par nos législateurs me confondaient. Je m'aperçus plus tard que c'était le privilège douteux du Rajasthan d'avoir fait preuve d'un cynisme politique qui ne tarda pas à gagner d'autres États. Dans Ce fut durant des moments de ce type, où je me sentais déprimée et accablée par la futilité des choses, que je trouvais le support de Jai et la sécurité de sa présence profondément rassurants.

Même en Espagne, sans le fil quotidien des évènements qui se déroulaient en Inde, nous savions que d'autres changements allaient être ajoutés à la longue chaîne de révolutions qui avaient marqué nos vies. Au début de l'année 1966, une résolution avait été présentée à la convention du Parti du Congrès, visant à supprimer les Cassettes du Souverain des princes. Même s'il n'y avait pas eu de quorum durant la convention quant à cette résolution, le Ministre de l'Intérieur du Gouvernement Central, M. Chavan, avait placé ce problème dans le programme du Congrès. À présent que les élections s'étaient pour eux terminées pour le mieux, nous étions presque certains que le gouvernement reviendrait bientôt sur les accords qui avaient été passés avec les princes quand ils avaient cédé leurs États pour joindre l'Union Indienne.

Jai pensait que les garanties contenues dans ces accords se montreraient, dans un avenir assez proche, illusoires. Les membres les plus radicaux du Parti du Congrès, qui s'étaient eux-mêmes baptisés les 'Jeunes Turcs', menaient une campagne d'agitation croissante pour l'abolition totale des Cassettes du Souverain. Leur influence dans le parti au pouvoir allait grandissant, et Jai sentit que la chose la plus sage que les princes pourraient adopter serait de parvenir à une sorte de compromis avec le gouvernement. De nombreux autres princes, toutefois, pensaient que le gouvernement se montrait injuste en reniant leur accord et ils rejetèrent le point de vue plus réaliste de Jai, qui disait que cela ne valait pas la peine de défendre les Cassettes du Souverain comme une question de privilège ; pour lui, il était bien plus important de négocier avec le gouvernement la défense des familles des princes et tant d'autres personnes dépendantes qui n'avaient aucune autre source de revenus et pour lesquels les Cassettes du Souverain étaient originairement destinées. Jai prépara un projet de règlement dans ce sens, et quand arriva le moment d'une action sérieuse et constructive, le gouvernement se montra ouvert et désireux d'arriver à un compromis.

Au mois de septembre 1968, Jai devait venir en Inde pour discuter le projet avec les autres princes, et j'avais très envie de passer du temps avec Ma, dont la santé se détériorait, suite à une série de maladies, dont la plus grave fut un asthme cardiaque. Je quittai l'Espagne quelques jours avant Jai et arrivai à Delhi le six septembre. J'appelai immédiatement Ma à Bombay. Elle se montra ravie d'apprendre que j'étais en Inde et me demanda de venir à Bombay le onze septembre. Elle me dit aussi qu'elle avait demandé à ma sœur Menaka d'y être à la même date. Malgré la série de maladies dont elle avait souffert, Ma paraissait très en forme au téléphone et ceci me rassura. Je fis des préparatifs pour me rendre à Bombay le onze, comme elle me l'avait demandé, mais au dernier moment je fus retenue par un travail politique important et je dus reporter mon départ d'un jour.

Tôt le lendemain matin, Menaka m'appela pour me dire que la condition de Ma s'était soudainement aggravée. Mon avion ne décollait que quelques heures plus tard ; l'œil rivé sur la pendule et paralysée par l'inquiétude, j'essayais comme une enfant d'obliger, par ma volonté, les aiguilles à tourner plus vite. Juste avant de partir pour l'aéroport, on m'informa que Ma était décédée. Menaka avait été avec elle jusqu'à la fin.

Jai et moi partîmes pour Bombay comme prévu et nous fûmes accueillis par une Menaka très pâle et défaite. Ensemble, nous nous rendîmes à l'appartement de Ma, toutes deux incapables de parler d'elle et encore incapables de croire que Ma n'était plus parmi nous, qu'elle ne serait plus jamais parmi nous. Peu après, Jai dut repartir pour l'Espagne. Je languis désespérément d'être auprès de lui, sachant que seule sa présence pourrait m'apporter du réconfort.

Au lieu de cela, Menaka et moi commençâmes le long et déchirant travail de régler les affaires de Ma, et de disposer de ses biens de la manière qu'elle aurait souhaité. Chaque pièce de l'appartement était emplie de sa présence. La petite boîte en or qui renfermait spécialement la noix d'arec pleine de senteur, qu'elle aimait mâcher après les repas reposait encore sur la petite table française près de sa chaise favorite. Les fleurs dont elle s'entourait toujours étaient fanées dans les vases d'argent et de cristal, et ni Menaka ni moi n'avions le courage de les jeter ou d'en commander de nouvelles – Ma n'aurait jamais toléré de fleurs fanées.

Menaka et moi fîmes le tri des affaires et rangeâmes et répondîmes au téléphone et parlâmes de tout ce qu'il y avait sous le soleil excepté de Ma. Pendant plusieurs heures chaque jour nous devions nous asseoir dans le salon et recevoir les visiteurs qui présentaient leurs condoléances. C'était là la partie la plus dure. Nous tout autant que les visiteurs pouvions, j'en suis sûre, imaginer la présence de Ma dans la pièce, centre d'un flux incessant d'invités, emplissant le palais de sa chaleur et de sa joie. Même durant sa maladie, son investissement dans la vie avait été si intense qu'il était impossible de concevoir qu'elle était désormais morte.

Et tout le temps nous échangions, assise, Menaka et moi, des platitudes avec les visiteurs, tandis que le portrait en pied, grandeur nature, de Ma réalisé par László nous regardait rêveusement depuis le mur du salon. Nous y retrouvions la petite et fragile jeune femme, avec son sari diaphane bleu ciel enveloppé autour de sa tête pour encadrer son visage exquis aux grands yeux, avec son étrange bouche un peu triste. C'était Ma à l'époque où le monde entier semblait être son domaine privé et où tous les hommes étaient amoureux d'elle et qu'elle allait – à tout moment – sourire de son si fameux sourire et faire l'une de ses remarques inattendues, scandaleuses ou pleines d'une infinie bonté. Il était impossible qu'elle eût cessé de vivre.

Mais de temps en temps, lorsque je rencontrais le regard de Menaka, je me souvenais avec un sens de la réalité soudain qu'elle, Bhaiya et moi étions les seuls survivants capables de partager les souvenirs de ces jours dorés, libres et insouciants de notre enfance passée à Cooch Behar.

CHAPITRE 19

Le dernier match de polo de Jai

Lorsque je rejoignis Jai en Espagne un mois après la mort de Ma, je me jetai dans toutes sortes d'activités, comme je fais toujours lorsque je suis profondément triste. La vie mondaine de Madrid, les évènements sportifs, les réceptions – tout convenait tant que cela me gardait complètement occupée. Pour une fois j'étais soulagée de ne pas être en Inde, non seulement parce que j'étais loin de tout ce qui me rappelait Ma, mais également parce que de nouvelles défections dans nos rangs avaient accru ma déception à l'égard du monde politique, et j'avais ainsi grand besoin de changer d'atmosphère. De surcroît, je commençai à me rendre compte que mon engagement dans la vie publique m'avait conduite à négliger Jai et Jagat. J'étais à présent décidée à leur donner toute mon attention.

Peu de temps s'écoula pourtant avant que Jai m'annonce qu'il demandait à être relevé de sa fonction d'ambassadeur. Il sentait que les évènements allaient beaucoup trop vite en Inde et que la position des princes commençait à se faire précaire, aussi devait-il être là pour jouer le rôle qu'il serait utile de mener, en aidant à diriger les changements qui étaient inévitables.

Suffisamment de temps s'était écoulé depuis que j'étais partie de si bon cœur en Espagne, pour que mes sentiments profonds à l'égard de l'Inde, et plus particulièrement pour Jaipur, aient pu avoir le temps de remonter dans mon esprit. J'étais heureuse de rentrer et de savoir qu'à nouveau Jai et moi nous pourrions passer la plus grande part de notre temps ensemble. Jai devait se rendre à New Delhi assez souvent pour participer aux négociations qui avaient lieu entre le gouvernement et le Concordat des Princes, un groupement qui s'était constitué quand l'idée d'abolir les Cassettes du Souverain avait pour la première fois été évoquée, et qui visait à représenter les intérêts des ex-souverains.

Pour ma part, une multitude de travail mobilisait toute mon attention au Rajasthan. La partie occidentale de l'État avait été frappée d'une dure sécheresse, et je m'y rendis pour voir par moi-même les conditions de vie du peuple et ce qu'il serait possible de faire pour aider la population. Le gouvernement avait organisé des secours, mais c'était un effort en grande partie futile. Les routes qui allaient être dégagées allaient bientôt être couvertes de sable par de forts vents torrides. Nulle pluie ne viendrait remplir les réservoirs qui étaient creusés. Cela me fendait le cœur de voir le peuple du désert, si fier et robuste, réaliser ce travail exténuant et inutile dans la poussière et la chaleur. En dépit de la campagne active menée par mes collègues et moi-même, le gouvernement de l'État semblait plus préoccupé par la politique des partis et le jeu du pouvoir dans la circonscription que dans la mise en place d'un programme efficace d'électrification et d'irrigation rurales, qui aurait pu aider à résoudre les problèmes de sécheresse à long terme.

Jai était confronté à ses propres difficultés avec le gouvernement de l'État. Pour lui la goutte qui fit déborder le vase fut l'extraordinaire obstructionnisme déployé sur ce qui apparaîtrait à la plupart des gens comme une question entièrement apolitique. Lorsque Jai était en Espagne, il m'avait dit qu'il voulait que fasse faire une statue du Maharajah Sawai Jai Singh, le fondateur de la ville de Jaipur, car il souhaitait la placer dans une coupole spécialement érigée pour cette statue à Jaipur. Jai souhaitait que le Président de l'Inde vienne la dévoiler, mais il s'enfonça dans les retards et les complications les plus invraisemblables lorsqu'il essaya de faire suivre sa requête par le canal gouvernemental habituel. Finalement, il s'adressa directement au président Zakir Hussain et constata que celui-ci était enchanté de venir à Jaipur où il dévoila la statue au cours d'une cérémonie très digne.

Si cela n'avait pas été encore clair jusque là, il était maintenant évident que l'attitude du gouvernement à l'égard des princes était loin d'être amicale. Jai, avec sa sérénité et son esprit pratique habituels, ne perdit pas de temps à des récriminations inutiles. Prévoyant des changements à venir dans nos conditions de vie, il prépara notre installation dans une résidence plus modeste à construire dans le parc de Rambagh. Il s'inquiétait de l'avenir de sa famille immédiate, mais également pour celui des autres membres plus éloignés de sa famille, et des nombreuses personnes qui dépendaient de lui pour vivre. Quelques années auparavant, quand Rambagh devint un hôtel et que nous mîmes sur pied le musée du City Palace et l'ouvrîmes au public, le fort sentiment de justice de Jai l'avait poussé à distribuer ses terres privées à ceux qui l'avaient servi pendant plus de dix ans. Mais il y avait encore un grand nombre de gens dont le bien-être dépendait de lui.

Avec toutes les dispositions concernant notre avenir toujours au stade de projet, nous partîmes, comme d'habitude, pour l'Angleterre au mois de mai, car Jai devait faire office de juge dans un concours hippique à Windsor. Nous voyageâmes beaucoup cet été-là, passant quelque temps avec des amis espagnols à Marbella, gagnant l'Argentine à l'automne, nous arrêtant au Venezuela et au Brésil sur le chemin, assistant à des matchs de polo parmi les meilleurs du monde. Je ne crois pas vraiment aux prémonitions, mais cet été-là je fus touchée par un sentiment angoissant que d'une certaine façon notre temps était compté et que nous devions faire et voir autant que nous pouvions raisonnablement le faire.

Lorsque nous rentrâmes à Delhi, Jai n'était pas bien, cela se voyait. Il avait l'air fatigué et ne déployait pas son énergie coutumière, mais nous pensions tous les deux qu'il s'agissait là de la fatigue consécutive à un long trajet en avion. Il partit à Jaipur, apparemment normal, tandis que je restai à Delhi pour assister à la session parlementaire. À Jaipur, Jai perdit connaissance, de façon tout à fait inattendue. Je ne l'appris qu'une fois arrivée, le jour suivant. J'insistai pour appeler un spécialiste éminent des affections cardiaques qui vivait à Jaipur. Après avoir examiné Jai, il recommanda un repos complet assez long et ordonna à Jai d'éviter l'exercice. Jai, bien entendu, n'accorda aucune attention à ce qu'il appela 'cette agitation sans fondement', même s'il avouait se sentir parfois très fatigué, et partit joyeusement pour Calcutta participer aux tournois de polo du 61ᵉ Régiment de Cavalerie. À notre grande joie, ils remportèrent la coupe de l'Association de polo de l'Inde, la plus prestigieuse coupe de cette catégorie en Inde. Mais à chaque fois que Jai joua, je restai assise sur les bancs, plus anxieuse que jamais. De son côté, il m'assura gaiement que sa forme s'améliorait à chaque partie.

Nous restâmes à Calcutta pour passer le nouvel an avec Bhaiya, et ce février-là, Bhaiya passa quelques jours avec nous à Delhi – ou plutôt il aurait souhaité rester quelques jours, mais la nuit où il arriva, il eut une légère crise cardiaque qui le cloua à l'hôpital pendant presque quatre semaines, et revint passer sa convalescence dans notre maison de New Delhi. J'étais assez souffrante moi-même à l'époque, mais nous parvîmes quand même tous les deux à tituber jusqu'au terrain de polo de Delhi pour voir jouer Jai.

Le polo n'était pas la seule raison pour laquelle Jai resta à Delhi. C'était plutôt sa façon à lui de se relaxer après des périodes de dur travail à essayer de négocier une solution à l'impasse où se trouvaient les princes, déterminés à défendre leurs droits autour des Cassettes du Souverain, et le gouvernement, également déterminé à abroger ces privilèges.

Il devait y avoir une nouvelle réunion des princes à la fin du mois à Bombay, aussi Jai et moi nous y rendîmes ensemble. Tandis que j'y étais, je consultai des médecins qui me recommandèrent de subir une grave intervention chirurgicale dès que possible. J'entrai immédiatement à l'hôpital, et je me remettais à peine de l'opération quand j'appris que Bhaiya était tombé gravement malade en rentrant à Calcutta. J'étais désespérée de n'être pas assez en forme pour être avec lui, mais Jai et Menaka se rendirent à Calcutta et en revinrent en m'annonçant qu'il semblait aller beaucoup mieux. En avril, peu après mon retour à Jaipur, la femme de Pat me téléphona pour me dire que Bhaiya voulait me parler. Je l'appelai aussitôt et lui dis que je souhaitais vivement aller le voir, mais que les médecins refusaient de me laisser voyager tant que je n'aurais pas repris mes forces. Nous convîmes de nous retrouver en Angleterre au mois de mai.

Le 11 avril le téléphone sonna. C'était ma nièce Devika, m'annonçant que Bhaiya était mort. Je courus en larmes retrouver Jai, qui avait déjà reçu la nouvelle, mais n'avait pas voulu me la communiquer avant qu'elle ne soit confirmée. J'avais perdu la personne qui, après Jai, m'était le plus cher au monde. Tristement, nous partîmes pour Calcutta et de là gagnâmes Cooch Behar.

Bhaiya avait épousé une jeune fille anglaise au cours des années 1950. Ils n'avaient pas eu d'enfants. Même s'ils avaient eu un fils, il n'aurait pas été reconnu par le peuple de Cooch Behar en tant que leur Maharajah. Les vieilles traditions ont la vie dure en Inde, surtout dans les États princiers. Ainsi le fils d'Indrajit fut-il désigné par le Raj Guru, le grand prêtre du palais, comme le nouveau Maharajah de Cooch Behar. Après cela, le corps de Bhaiya fut emmené du *durbar* au lieu de crémation. Conformément à la tradition, je restai en retrait avec les femmes et regardai les hommes escorter la dépouille, tandis que le cortège s'éloignait, en passant par tous les lieux que Bhaiya avait tant aimés.

De Cooch Behar, Jai et moi partîmes pour Delhi, où Jai dut passer d'interminables heures à persuader le Ministère de l'Intérieur de reconnaître le fils d'Indrajit comme nouveau Maharajah de Cooch Behar. La tâche était d'autant plus ardue que le parti au pouvoir était sur le point de soumettre au Parlement un projet de loi destiné à abolir entièrement l'ordre des princes. Mais finalement, Jai parvint à les persuader de reconnaître mon neveu comme nouveau Maharajah de Cooch Behar.

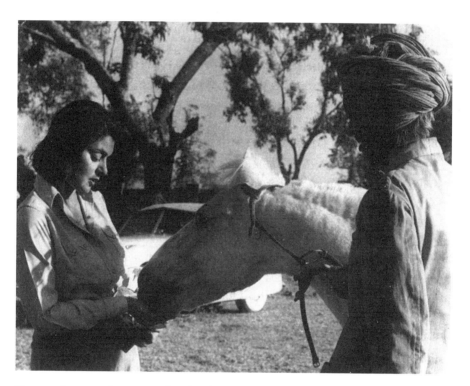

Donnant à manger à un poney de polo, (les années 1960).

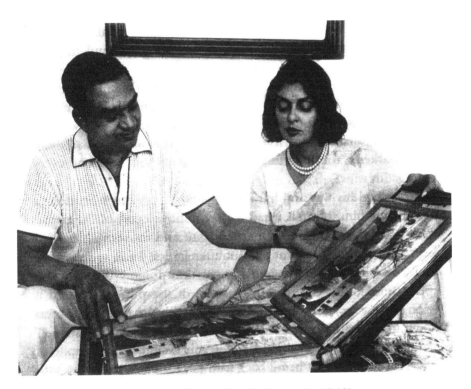
Jai et moi en train de regarder un album de famille, (les années 1960).

Au mois de mai, les jacarandas fleurirent, laissant filtrer à travers leurs branches des rayons de soleil teintés de lavande pâle, et c'était là chaque année le signal pour Jai qu'il était temps de partir pour l'Angleterre. Quand il l'annonça, j'essayai de le persuader de rester jusqu'à notre anniversaire de mariage. Nous marchandâmes quelque temps, et finalement il accepta de rester jusqu'au 7 mai, qui selon le calendrier lunaire correspondait à notre jour anniversaire indien. Jagat, qui écoutait la conversation, s'en amusa beaucoup. Il fit la remarque suivante : « Chaque année vous avez la même dispute, et chaque année Papa l'emporte. »

Ainsi Jai gagna-t-il gain de cause et partit pour l'Angleterre. J'avais très envie de l'accompagner, mais je pensai que je devais rester jusqu'à la fin de la session parlementaire. Cette année-là la mort de Bhaiya et ma propre maladie m'avaient empêché d'y assister. Mais une fois Jai parti, je me sentis si malheureuse que je décidai d'aller le rejoindre pour mon anniversaire, le 23 mai, même si certains princes pensaient que j'avais tort de partir alors que le projet de loi portant sur l'abolition des Cassettes du Souverain allait être soumis au Parlement.

J'arrivai en Angleterre la veille de mon anniversaire, mais en dépit du grand bonheur d'être de nouveau avec Jai, j'avais encore au coeur un poids de tristesse du à la disparition de Bhaiya. Jai, qui me connaissait si bien, m'entraîna dans d'innombrables réceptions et autres activités mondaines et bien entendu, parties de polo. Un soir, pendant un bal à Apsley House, Jai se plaignit d'une soudaine fatigue. Deux jours après, il fit une mauvaise chute alors qu'il arbitrait une partie. Je me demandai, mal à l'aise, si nous devions annuler le cocktail que nous donnions chaque année à l'issue des finales de la Coupe de la reine. La Reine et le Prince Philip y assistaient d'habitude, ainsi que tous les joueurs de polo et d'autres amis. Ce cocktail devait avoir lieu trois jours après la chute de Jai, mais il insista qu'il se sentait bien mieux et que nos obligations devaient suivre leur cours.

Pendant la soirée, Jai parut presque aussi bien qu'il le prétendait, et après la fête il joignit un dîner offert par des amis, où la Reine, le Prince Philip et Lord Mountbatten étaient tous présents. Je me souviens que Jai et Dick Mountbatten discutèrent assez longuement de la situation en Inde. Jai dit à quel point il était attristé par la détermination apparente du gouvernement à abolir l'ordre princier, ce qu'il concevait comme une tentative d'humilier les anciens souverains. Dick lui dit qu'il n'était pas le genre de personne qui pouvait être humiliée, et ils se mirent d'accord pour se rencontrer plus tard et discuter du sujet plus longuement. Les difficultés des princes préoccupaient énormément Jai, et il désirait vraiment parler de tout cela avec quelqu'un comme Dick, qui avait à la fois l'expérience et la connaissance de l'Inde, et qui suivait les évènements avec beaucoup d'intérêt, mais qui maintenait toujours la distance nécessaire pour garder le sens des proportions et qui pouvait toutefois donner de très sages opinions. Je n'étais pas la personne indiquée pour servir d'interlocutrice à Jai. J'étais encore très affectée par la mort de Bhaiya, et sachant cela, Jai essayait de me garder à l'écart de toute autre préoccupation déplaisante.

Peu après, la semaine d'Ascot débuta, avec les élections parlementaires anglaises s'ajoutant à l'excitation des courses et du polo. Depuis sa chute, Jai avait arrêté de jouer au polo, et au lieu de cela il arbitra pendant les tournois de la semaine d'Ascot. Je fus surprise, mais pas outre mesure alarmée, lorsqu'il annonça qu'il allait reprendre le jeu à Cirencester. Le premier match devait y avoir lieu le vingt-quatre juin.

C'était un jour pluvieux et venteux, et la partie se déroulait lentement avec un certain ennui. À la mi-temps, la bruine tombait, et je restai dans la voiture avec Bubbles, qui était venu voir jouer son père, au lieu d'aller bavarder avec Jai comme je le faisais habituellement. Je jetai un regard distrait à l'endroit du terrain à l'endroit où il devait se trouver, et soudain je le vis gisant sur le sol, entouré d'une foule de personnes, parmi lesquelles une infirmière de la Croix Rouge. Toute tremblante, je bondis hors de la voiture et courus vers lui. Je me souviens avoir enregistré, dans quelque coin de mon esprit, qu'on avait repoussé son casque de pied, et cela souleva en moi une colère irrationnelle.

Une ambulance arriva. Bubbles y monta avec moi. Jai était encore inconscient, et nous partîmes ensemble jusqu'à l'hôpital le plus proche. Le médecin nous y annonça que Jai était mort. Incapable de croire à cette nouvelle, je le suppliai de faire quelque chose, mais il secoua simplement la tête.

Sous l'impression d'être aux prises avec quelque horrible cauchemar, je n'avais qu'une idée : emmener Jai, le ramener dans la réalité de notre foyer. Mais il y avait auparavant des formalités à accomplir, des formulaires à remplir, des papiers à signer. Comme tout me paraissait complètement irréel, je pus me résoudre à tout cela avec ce qui dut paraître une patience et un calme

L'équipe de polo indienne avec leur coupe en or à Deauville en 1955.
De gauche à droite : Jai, Hemant Singh, Bijay Singh et Kishan Singh.

extraordinaires. Lorsque finalement nous arrivâmes à la maison, Jagat était là, et nous attendait.

Les jours suivants, des amis se succédèrent dans la maison, pour souhaiter adieu à Jai. Parmi les visiteurs vint le Colonel de la brigade des Life Guards. Il me demanda si nous souhaitions qu'une cérémonie ait lieu dans leur chapelle. Je répondis « oui », sentant vaguement que Jai aurait souhaité qu'il en soit ainsi. Les fleurs, les visages tristes, l'atmosphère sourde – tout semblait tiré d'un rêve. Même lorsque Bubbles, Jagat et moi rapatriâmes le corps de Jai en Inde, j'étais encore incapable de concevoir que ma perte était irrévocable.

Ce n'est qu'en arrivant à Jaipur, la ville qui contenait tant de notre vie commune, que je réalisai pleinement que Jai jous avait quittés pour toujours. L'aéroport était rempli de monde et la ville portait le deuil. On conduisit son corps au City Palace, et là, ses quatre fils le veillèrent toute la nuit, tandis que le peuple de Jaipur défilait devant son Maharajah. Je ne puis décrire cette nuit, ou essayer de reconstituer mes sentiments, mais voici le récit de quelqu'un qui y était présent :

> Le soir du 26 juin 1970, tandis que son corps reposait sur un lit de parade dans le célèbre Chandra Mahal, en face du temple de Govind Devji, sous le regard de la divinité qu'il avait tant aimée, la ville entière vint lui rendre hommage, toute la nuit, en un mouvement incessant d'hommes, de femmes et d'enfants inconsolables.

La procession funèbre se mit en marche le lendemain matin à neuf heures. Tandis que le corps de Jai était placé sur un affût de canon, le seul véhicule convenant à ce Maharajah qui avait été un soldat, un salut de dix-neuf coups de canon était tiré du haut du fort des Nahargarh, au-dessus de la ville. La procession, accompagnée d'hommes portant des torches enflammées et d'une escorte militaire de six cents officiers et hommes du rang, faisait un kilomètre et demi de long. En tête de la procession avançaient des éléphants richement caparaçonnés, avec le *mahout* en chef portant le bâton d'or conféré par les empereurs Moghols aux souverains d'Amber. Derrière suivaient les chameaux décorés, les chevaux, le *durbar* et l'orchestre de la police.

Parmi les amis du défunt se trouvaient une douzaine d'ex-souverains et de princes ; et le Ministre en Chef du Rajasthan, avec ses deux prédécesseurs et les membres les plus anciens de son cabinet, tous marchaient dans la procession. Comme celle-ci avançait dans les rues de Jaipur au son des tambours assourdis, sur chaque terrasse, chaque balcon et à chaque fenêtre, les gens se pressaient, et d'autres encore, dangereusement accrochés aux arbres et aux poteaux télégraphiques, essayaient de jeter un dernier regard au souverain qui s'était tellement identifié à eux et à leur bien-être.

Une foule de plus de cinq cent mille personnes bordaient les six kilomètres de la route conduisant au site crématoire de Gaitor. Beaucoup d'entre eux avaient quitté leurs villages reculés la nuit précédente, et avaient parcouru jusqu'à trente kilomètres à bicyclette, en char à bœufs, ou à pied. Aussi loin que portait le regard, on apercevait le remous de la masse humaine venue rendre hommage à son Maharajah bien-aimé, Sawai Man Singh.

À onze heures, la procession atteignit le cénotaphe des rois d'Amber à Gaitor. Les cavaliers battirent leurs tambours, annonçant le dernier voyage de l'auteur de la ville moderne de Jaipur, le long de cette route que tous ses grands ancêtres avaient parcourue. Une foule d'une centaine de milliers de personnes s'était installée sur des éminences des collines environnant le crématoire. Le corps du Maharajah fut déposé sur le bûcher. Les derniers rites furent accomplis, et le Maharajah Kumar Bhawani Singh, héritier apparent, alluma le bûcher tandis que l'écho des dix-neuf coups de canon résonnait dans les collines.

De ma chambre du City Palace, j'entendis les coups de canon tirés au moment où Bubbles mettait le feu au bûcher funéraire. Je pouvais également entendre les lamentations, et la douleur s'empara de moi comme une véritable convulsion.

Pendant un mois, je me renfermai à Rajmahal. Les garçons étaient tous auprès de moi, ainsi que la plus jeune sœur de Jai, Chand, et ma propre sœur, Menaka. Puis Jagat et moi partîmes pour l'Angleterre pour assister au service donné à la Chapelle des gardes, qui devait avoir lieu le 24 juillet. Mon petit groupe se réunit dans notre appartement de Londres. Jagat et le jeune Maharajah de Jodhpur portaient leurs *achkans* noirs et leurs turbans de cérémonie, et portaient des sabres. Tout le personnel de notre maison d'Ascot se joignit à nous, tous vêtus de vêtements noirs de circonstance. Enfin

Dicky Mountbatten arriva pour nous accompagner. Il était tombé malade et ses médecins lui avaient recommandé un repos complet, mais il tenait particulièrement à prononcer l'hommage à Jai lors de la cérémonie.

La chapelle était remplie de nombreux amis, et le service dans sa simplicité militaire, fut particulièrement émouvant. Dans une telle atmosphère il m'était impossible de faire preuve de courage. Quand tout fut fini, Dicky Mountbatten revint à l'appartement avec moi. Ses paroles de réconfort me touchèrent et me donnèrent pour la première fois, bien qu'assez fragilement, une certaine confiance à l'idée d'affronter l'avenir, et de vivre le reste de ma vie sans Jai.

Les autres amis me témoignèrent aussi d'une grande gentillesse et m'apportèrent ce soutien pour lequel aucun remerciement n'est adéquat. Mais une fois tout le monde parti, je restai en face de cette réalité que Jai m'avait quittée à jamais. Depuis l'âge de douze ans j'avais vécu pour ainsi dire uniquement pour lui, et à présent je ne pouvais m'empêcher de sentir que plus rien ne devait désormais me retenir dans cette vie. Toutefois il me restait Jagat. Il avait connu son père pendant si peu de temps et il l'avait perdu justement au moment où il avait le plus besoin de lui. J'essayai de me rattacher à ce fait et à la profonde responsabilité que je devais assumer pour mon fils, pour pouvoir garder un sens à ma vie.

À Jaipur, les gens étaient encore sous le choc de la mort de Jai. Mlle Lutter, la directrice de l'école Maharani Gayatri Devi, décida de réunir les hommages qui lui étaient adressés, de toutes sortes de gens qui l'avaient connu, et elle les publia sous forme d'un album commémoratif. La variété des contributions était énorme. Voici, en partie, ce que le Prince Philip écrivit :

Palais de Buckingham

> Je n'essaierai pas de me représenter ce que Jai signifiait pour les autres, ni de qualifier la contribution qu'il apporta à la vie. Tout ce que je puis dire, c'est à quel point j'ai gagné de son amitié en tant de circonstances différentes : dans ce que nous avons fait ensemble, comme jouer au polo ensemble ou à chasser, ou encore simplement à discuter sous la lune à Jaipur ou dans une maison de campagne anglaise.
>
> Je suppose que l'on est affecté différemment par

des personnes différentes, certains dérangent et irritent, certains stimulent, d'autres encore sont heureux et distrayants. Pour moi, Jai possédait une qualité sereine, une sorte de calme chaleureux, qui pouvait bien être exaspérant pour certains, mais qui pour moi était une caractéristique des plus engageantes et réjouissantes. Il combinait avec cela cette qualité humaine si rare chez les hommes d'être civilisé au suprême degré. Bienveillant et modeste, mais avec un infaillible instinct pour les normes les plus élevées de l'ambition et du comportement humains.

Je suis peut-être de parti pris, mais l'amitié est toujours de parti pris.

(Signé) Philip

Dans le même volume, dont le titre est *Un Recueil des hommages à feu Son Altesse Saramad-I-Rajaha-I-Hindustan Raj Rajendra Maharaja Dhiraj, Lieutenant-Général Sir Sawai Man Singhji Bhadur II, G.C.S.I., G.C.I.E., L.L.D., Maharajah de Jaipur*, rendant à Jai tous ses titres et honneurs, il apparaît aussi l'hommage de l' homme qui s'occupait des chiens de Jai. Il ne savait pas parler anglais, et son texte est publié en hindi.

J'ai servi feu Maharaja Sahib pendant quarante ans. Il avait toujours été satisfait de mon travail. Même lorsqu'il y avait un défaut, il ne reprochait rien. Maharaja Sahib allait souvent marcher dans le jardin. J'étais heureux de le voir. Lorsqu'il était à la piscine, je préparais le repas des chiens. Il aimait les nourrir lui-même. J'étais très triste quand il partait en Angleterre. Nous étions tous très heureux à l'annonce de son retour. J'attendais son avion. Tout le monde était heureux quand il rentrait au Rajmahal. Il m'a fait Jagirdar (propriétaire) avant de partir en Angleterre, mais comment aurais-je su qu'il ne reviendrait jamais ?

Ça a été un grand malheur pour nous tous. Nous ne l'avons pas revu. J'aurais été l'homme le plus heureux du monde si Maharaja Sahib était revenu. Il m'a toujours aimé. Je ne l'oublierai jamais.

Mangal Singh
Responsable du Chenil

L'un des jardiniers de Jai, musulman, a aussi écrit un hommage :

Feue son Altesse le Maharajah Sawai Man Singh est né à Isarda en 1911. C'était un grand souverain. Il adorait jouer au polo, et c'était l'un des meilleurs joueurs du monde. Quand il y avait un match de polo à Jaipur, les gens venaient nombreux le voir jouer et l'encourager en criant des slogans à son honneur. Il aimait aussi beaucoup son peuple. Il considérait qu'il était de son devoir d'aider les gens dans le besoin. Il ne faisait jamais de différence entre les hindous et les musulmans. Quand des musulmans ont voulu quitter Jaipur au moment des tensions communautaires, il les a arrêtés et leur a dit, « Aucun musulman ne doit quitter Jaipur. Tous sont comme les cheveux de ma tête » Les musulmans de Jaipur ne l'oublieront jamais.

J'étais jardinier dans les jardins de ce grand Maharajah. La Maharani Sahiba m'a fait entrer à l'école et c'est grâce à sa bonté que j'étudie maintenant en dixième. Chaque été, Maharaja Sahib partait en Angleterre. Qui aurait pu deviner qu'il ne reviendrait pas ? Il est mort sur un terrain de polo. Le monde entier a été choqué par la nouvelle. Quand son corps a été ramené à Jaipur, les gens encombraient la route depuis l'aérodrome jusqu'au City Palace, comme si Maharaja Sahib se mettrait à parler en les voyant. Les gens pleuraient

359

— si nous avions su que notre Maharajah ne nous reviendrait pas, nous ne l'aurions jamais laissé partir.

Mohammed Shamim

La même année — en fait, avant que je ne quitte l'Angleterre suite au service de la mémoire de Jai dans la chapelle des gardes — j'appris que d'autres malheurs avaient frappé notre famille. Je me souviens très bien comment la litanie des noms se déroulait dans mon esprit, comme une terrible liste personnelle de victimes d'une guerre inexplicable : Ila, Indrajit, Ma, Bhaiya, Jai. Auxquels s'ajoutaient alors la fille de Jai, Mickey, âgée que d'une quarantaine d'années, et mon cousin Gautam, avec qui j'avais l'habitude de jouer à Cooch Behar durant mon enfance, et finalement le frère aîné de Jai, qu'il avait tant aimé, Bahadur Singh, qui avait 'adopté' Jagat faisant de lui le Raja d'Isarda. Tous morts.

Jagat étudiait, à cette époque, la muséologie afin de pouvoir prêter son aide dans notre musée. Il resta donc en Angleterre, et je rentrai seule dans un Rajmahal désert.

PARTIE 4

CHAPITRE 20

Encore des Changements

Il est difficile de décrire la période de temps qui suivit la mort de Jai, où j'affrontai les moments les plus durs et les plus solitaires de ma vie. Sous le poids d'une insoutenable douleur, je commençai à me retirer dans la solitude et la retraite, même si je savais que Jai n'aurait jamais souhaité cela. Si les évènements politiques ne m'avaient pas forcée à affronter une fois encore un monde apparemment sans signification, qui sait combien de temps se serait écoulé avant que je ne quitte le confinement de Rajmahal.

Le 18 mai 1970, un projet de loi d'amendement constitutionnel relatif à la Cassette du Souverain fut soumis au Parlement. Il insinuait des changements à venir dans les titres et statuts de princes et nous rendit tous méfiants à l'égard de l'avenir, non pas en raison des pertes financières individuelles qu'il impliquait, mais parce qu'il donnait un aperçu du point de vue de Mme Gandhi sur l'histoire et de ses propres promesses constitutionnelles.

À cet égard je peux paraître partiale, et peut-être le suis-je, aussi je présente ici le point de vue d'un avocat indien reconnu, N. A. Palkivala, pour illustrer l'arrière-plan historique dans lequel ce projet de loi fut conçu. Dans un document intitulé *La Cassette du Souverain − Aspects Légaux et moraux*, il écrivit:

> À l'aube de l'Indépendance en 1947, la question politique la plus urgente était de savoir si les dirigeants des États princiers cèderaient leurs royaumes en guise de suprême sacrifice au nom de l'unité nationale. Le support des princes était vital pour la cohérence de l'Inde, car la localisation géographique de leurs terres divisait le pays en quatre parties, épousant grossièrement la forme d'un swastika. Leur importance était telle à l'édification de l'union de l'Inde qu'elle poussa Coupland à s'exclamer que 'si les branches musulmanes au nord-est et au nord-ouest

étaient coupés, l'Inde pourrait survivre, mais comment donc l'Inde pourrait-elle exister sans son cœur ?'

Me Palkivala poursuivit alors en citant le Livre Blanc du gouvernement sur les États indiens, publié en mars 1950 :

> Prenant en compte le besoin d'évoluer avec les temps, les États princiers, grands et petits, ont de leur plein gré partagé la vision de fonder une Inde indépendante sur la base d'un abandon de l'intransigeance royale. Une Inde démocratique est construite par les efforts des princes et du peuple tous ensemble, mais sans le patriotisme et la coopération des princes, il n'aurait pas été possible de mettre en place les vastes changements qui ont profité à tous.

> Pour un peuple habitué par tradition à la règne d'une unique figure de proue, la nouvelle loi a apporté des changements fondamentaux. En acceptant gracieusement ces changements, il a fait preuve d'imagination, de prévoyance et de patriotisme. À leur tour, les princes ont respecté les vœux du peuple et ont effectué le transfert du pouvoir et l'unification des États de manière pacifique et en faisant preuve de coopération. Ils peuvent être considérés comme les co-fondateurs d'une Inde indépendante et démocratique, dans laquelle les habitants des provinces ainsi que ceux des États princiers vont vivre la joie de marcher côte à côte en tant que citoyens égaux.

Après tout cela, il paraît étrange que le gouvernement ait essayé d'éviter le paiement de moins de 50 millions de roupies pour l'ensemble de la Cassette du Souverain. De cette somme, le Maharajah de Mysore reçut la plus grande part, environ 2 600 000 roupies par an, tandis que le souverain de Katodiya, un petit État dans le Saurashtra, en recevait la plus infime, soit 192 roupies par an. Il peut aussi paraître étrange que les princes aient fait tant d'histoires à propos de ces problèmes mais les deux parties de la dispute étaient basées sur des principes ; du côté du gouvernement, socialistes, et du nôtre, constitutionnels. Jusque là, le gouvernement avait payé à peu près 40 millions de roupies en échange de l'exercice de l'autorité sur presque la moitié de l'Inde. C'était assez surprenant de découvrir que le nouveau système imposait de plus grandes dépenses pour le gouvernement en supportant les nouveaux Maharajahs que sont les ministres et les flagorneurs du gouvernement.

Malgré une controverse continuelle à propos de la Cassette du Souverain au Parlement, la loi fut adopté. Puis le texte passa au Rajya Sabha, la Chambre Haute, sans l'accord de laquelle le projet de loi n'aurait pu prendre force de loi. Après trois jours de discussion, le projet de loi fut rejeté.

Le parti au pouvoir était découragé, et une réunion d'urgence du Cabinet de l'Union fut convoquée. Ses membres décidèrent que l'éradication de la Cassette du Souverain n'était pas assez, mais qu'ils devaient de plus en faire le premier pas vers le détrônement des princes. Ils référèrent de leur décision le Président, M. Giri. Il était alors en mission à Hyderabad, pourtant, dans l'espace des vingt minutes qui suivirent la décision du Cabinet, le Président posa sa signature sur un document qui allait mettre en marche tout le processus.

Bien naturellement, les princes objectèrent. Ils sentirent que le président avait agi de manière anticonstitutionnelle, en reniant leurs droits et privilèges ; on leur dit qu'il avait utilisé une force politique non éthique. Pourtant, les actes du Président étaient autorisés au nom d'un 'Acte de Gouvernement', un pouvoir ultime qui avait été transmis à l'Inde comme un héritage du règne britannique.

Les princes portèrent appel et la décision de la majorité de la Cour Suprême établit ce qui suit :

> Il est difficile d'imaginer le gouvernement d'États
> démocratiques collectifs utiliser des lois de la
> souveraineté héritées du temps de l'Empire,
> pour s'opposer au peuple. En effet, le pouvoir
> et l'autorité centrale utilisés viennent de la

constitution et sont réglés par la constitution. Une 'Acte de Gouvernement' ne peut jamais être utilisé par l'État contre ses propres citoyens. La question de savoir si le Président peut détrôner les princes a une moindre importance ; ce qui est plus préoccupant pour l'avenir de notre démocratie est de savoir si le chef d'un pays peut ignorer la constitution et invalider des actes législatifs selon son propre gré. S'il en est ainsi, alors notre foi en ce que c'est l'État qui fait les lois, et non des hommes ou des femmes, est définitivement fausse et doit être abandonnée.

Ainsi, pour une courte période, la Cassette du Souverain, les privilèges et titres furent rendus aux anciens princes.

Le Premier Ministre Indira Gandhi fit alors un geste calculé. Elle a dissous le Parlement et convoqua des élections pour février 1971, soit avec un an d'avance. Certains d'entre nous sentirent que cela n'était pas juste de s'engager dans des procédures gaspilleuses pour de nouvelles élections alors que nous étions à la veille d'une confrontation sur les tensions Pakistan-Bangladesh et que nous essayions de gérer le flux constant de réfugiés Bangladeshi cherchant la protection de l'Inde contre les atrocités commises au Pakistan. Toutefois, une fois que les élections furent annoncées, les leaders politiques s'immergèrent dans leurs campagnes et je fus invitée à me présenter pour le siège de Jaipur et à assister la campagne parlementaire d'autres candidats. Tous les partis de l'opposition formèrent une coalition pour assurer leurs votes et je fus choisie comme la candidate la plus appropriée pour le siège de Jaipur.

J'étais encore en plein deuil de la perte de mon mari lorsqu'ils me contactèrent. Je n'éprouvais aucune envie à poursuivre les obligations publiques et je pensais même me retirer de tout cela de manière permanente. La réception de deux lettres, l'une de la grand-mère du Maharajah de Jodhpur et l'autre de la Rajamata de Bikaner m'en dissuadèrent. Elles me disaient toutes les deux qu'elles comprenaient mon état d'esprit présent et mon angoisse, et qu'elles n'aimeraient pas s'adresser à un public dans un tel état, mais elles espéraient que je puisse laisser ma douleur de côté pour reprendre mes devoirs. Elles estimaient qu'il était d'une importance vitale pour moi de m'opposer au Congrès, pour le bien de tous. J'avais un respect immense pour ces deux dames et sur leur insistance, je remplis ma nomination.

Le pire moment de ces élections furent les larmes que je fis naître lorsque les femmes me virent vêtue en deuil. Mes travailleurs m'assurèrent que j'allais acquérir assez de votes de sympathie pour pulvériser mon précédent record électoral. Ils étaient convaincus que Jaipur seule allait m'offrir une avance de plus de 50 000 voix.

Sans Jai, je me sentis complètement vulnérable pendant la campagne.

Lorsque ma campagne à Jaipur prit fin, je demandai à mes travailleurs si je devais aller à Nawa, où je n'avais pu me résoudre à aller auparavant. Toutefois, ils pensèrent qu'il était mieux que je commence par visiter les centres de vote de Jaipur avant d'aller à Nawa.

Comme j'arrivai au centre de vote de Jauhari Bazar, une foule s'assembla autour de ma voiture et me parla d'une injustice qui leur avait été faite. Leurs noms avait été retirés des listes électorales, mais ils avaient bien été enregistrés auparavant, car ils avaient reçu des prospectus de tous les partis, les informant des endroits où voter. En tant que candidate politique, j'étais autorisée à pénétrer dans le centre de vote pour demander au directeur du scrutin ce qu'il en était ; toutefois il fut incapable de me donner une réponse satisfaisante.

Je rencontrai alors un magistrat à un centre. Afin d'essayer de clarifier la situation, le magistrat emmena un des votants pour rencontrer le directeur du scrutin, fort embarrassé, qui nous montra le registre où les noms de nombreux votants avaient été barrés. En réponse à nos plaintes, il suggéra avec désinvolture que ç'avait été un lapsus. La même histoire se répéta à chaque centre de vote. Réalisant la futilité de la situation, je rentrai à la maison.

Le soir même, lorsque mes travailleurs rentrèrent, ils faisaient tous grise mine. Les yeux de ma vieille bonne Takuni Bai étaient remplis de larmes, et elle me dit d'une voix brisée : « Qu'est-ce qu'on pouvait faire ? Nous n'avons pas pu voter. » Pas un seul de nos nombreux employés au City Palace, Rambagh ou Rajmahal n'avait pu exercer ses droits. Tous les noms rajputs étaient rayés des listes électorales.

Ce soir-là j'allai à Nawa afin de rester deux ou trois jours avec Prem et Pratap Kuchamen. Le jour suivant avait lieu le vote à Nawa et là aussi les votants avaient été trahis par les autorités. Une femme bondit devant ma Jeep en criant « Je ne suis pas encore morte. Pourquoi n'ai-je pas pu voter ? » Des incidents similaires à ceux de Jaipur eurent lieu partout en Inde. Par conséquent, les leaders de l'Opposition, qui avaient été tellement sûrs de la victoire, furent battus. Un quotidien sérieux incita les gens qui n'avaient pas été autorisés à voter à lui envoyer des lettres. Tous les jours pendant des mois ces lettres furent publiées.

C'est ainsi qu'en truquant les élection et avec leur campagne 'Garibi hatao Fin à la Misère', le Congrès remporta une majorité éblouissante. Je gagnai mon siège avec plus de 50 000 voix alors que tant d'autres candidats qui auraient dû être élus avaient été battus. Le Parti Swatantra ne conserva que sept de ses 34 sièges au Parlement.

Je me rendis au Parlement, et m'assis à côté de Piloo Mody, qui était d'habitude un homme très chaleureux, mais qui était ce jour-là fort déprimé. Pour le réconforter je lui dis que même si nous n'étions que sept en nombre, notre force était celle de 70.

Une fois les élections terminées, l'attention du gouvernement se concentra sur la question des réfugiés bangladeshi. Pendant une visite à Cooch Behar, j'avais vu les conditions de vie déplorables des réfugiés qui avaient quitté leur pays pour chercher refuge en Inde.

Les frictions entre l'Inde et le Pakistan se multipliaient et ce fut dans ce contexte de tension que la phase finale du drame des princes se joua.

Au mois d'août 1971, le Parlement adopta la proposition du 26ᵉ amendement. Il concernait la dé-reconnaissance des princes et la fin des dispositions constitutionnels de la Cassette du Souverain.

Dans la première semaine de décembre, le projet de loi fut adopté par les deux chambres du Parlement et avec celui-ci les princes perdirent tout ce qu'on leur avait promis lorsqu'ils avaient volontairement incorporé leurs États au reste de l'Inde. Les privilèges, titres et allocations furent abolis.

Tandis que le projet de loi était débattu au Parlement, le Premier Ministre, Indira Gandhi déclara que le processus qui amènerait l'égalité dans le pays était en cours ; les différences de classes allaient être éradiquées, et une grande communauté basée sur l'égalité allait être forgée. Elle invita les princes à y participer. Elle dit, « Il se peut que nous privions les Princes de leur luxe, mais nous leur offrons l'opportunité d'être des hommes. » Mon neveu, le Maharajah de Baroda répliqua, « Il y a vingt ans, dans ce même lieu, on nous avait désignés les co-fondateurs de l'Inde indépendante. Aujourd'hui, nous sommes considérés comme des anachronismes et bientôt, on parlera de nous comme d'obstacles réactionnaires à la fondation d'une société égalitaire. »

Dans la lutte aveugle pour recréer l'humanité dans une société idéale, le concept d'accident de naissance avait disparu de la constitution. Je ne pouvais m'empêcher de penser que si Mme Gandhi avait adopté un projet de loi sur l'abolition du système des castes, son égalitarisme aurait été bien plus crédible. Car, malgré de grands réformateurs comme Mahatma Gandhi, les questions de l'égalité et des castes restaient complexes en Inde.

Sans aucun doute, le changement est inévitable. Les princes ne s'attendaient pas à ce que leurs accords avec le gouvernement restent inchangés à jamais, mais ce changement devrait être basé sur un compromis mutuel, et pas uniquement sur une décision du gouvernement.

Un petit incident, insignifiant, me montra l'étendue des changements. Juste après l'adoption de la loi sur la dé-reconnaissance des Princes, j'eus à renouveler mon passeport. Quand on me le rendit, je constatai que j'étais à présent désignée comme Gayatri Devi, de Jaipur (Membre du Parlement), ma profession, femme au foyer, et le nom de mon mari, feu Sawai Man Singh de Jaipur. J'écrivis au Bureau des Passeports, pour leur mentionner que Son Excellence était resté Maharajah jusqu'à sa mort. Même si l'amendement constitutionnel les autorisait à rayer les titres et rangs de ceux d'entre nous qui étaient toujours vivants, ils ne pouvaient l'appliquer aux défunts. Le Bureau des Passeports ne répondit pas. Un peu plus tard, une lettre publiée dans un journal me fit sourire ; celle-ci demandait si les Empereurs Moghols Babur et Akbar devaient être appelés Monsieur, maintenant que les titres royaux avaient été retirés.

Ma vie était très différente, principalement du fait de l'absence de Jai, et aussi parce que le climat politique et social était si différent. Ainsi je devais considérer mes administrés. Ils venaient me voir avec leurs problèmes. Souvent, les paysans venaient avec des cadeaux, fruits et légumes frais, et passaient un peu de temps à me raconter ce que les villageois pensaient des évènements récents. Une fois, ils vinrent en foule des villages alentours, me demandant avec excitation d'intervenir de leur part pour lever l'impôt qui avait été mis sur les productions de grains.

À part essayer d'aider mes administrés, j'allais à Delhi lors des sessions parlementaires. Le Parti Swatantra, auquel j'avais adhéré avec de tels espoirs et tant d'enthousiasme se trouvait désormais divisé. Son leader, Rajaji, était mort et la plupart de ses membres furent absorbés par une nouvelle formation politique. Je m'asseyais à leurs côtés mais restai un membre indépendant du Parlement.

Ce n'était pas que je me désintéressais de la politique, mais j'ai découvert que je n'avais pas pu aider le peuple de Jaipur de la façon dont j'aurais voulu. De plus, la politique est un travail à plein temps, et avec la disparition de Jai et tant de problèmes qui mobilisaient mon attention, je n'en avais vraiment pas le temps. Bubbles avait abandonné l'armée et vint vivre à Jaipur. Je l'aidai comme je pus. Il y avait encore énormément à faire, mais je voyais bien que les garçons ne partageaient pas mon sens de l'urgence. Ils étaient jeunes et devaient sans doute penser qu'ils avaient tout le temps disponible pour mener leurs projets. Joey et Pat avaient également fait de Jaipur leur quartier général. Jagat passait la moitié de son temps à Jaipur, et l'autre en Angleterre.

En dépit de tout cela, après la mort de mon mari, ma vie perdit tout son sens. Je me sentais seule sans son amour et son soutien, et la vie continua par simple routine.

Après un long intervalle, je pus ressentir un sentiment de joie, lorsque Bubbles fut décoré pour bravoure. Cela arriva au début de l'année 1972, quand, un jour, lors d'une réunion du Parti Swatantra présidée par le Maharawal de Dungarpur, quelqu'un surgit dans le bureau en disant « Je viens d'entendre à la radio que le Maharajah Sawai Bhawani Singh a été décoré du Mahavir Chakra pour ses services durant la guerre Indo-Pakistanaise. » Je pus difficilement contenir ma joie et dis au Maharawal Sahab, « Si seulement Son Excellence était vivant, comme il aurait été fier aujourd'hui. Je ne peux pas rester à cette réunion. Je dois informer tout le monde de cette nouvelle. »

Bubbles reçut de nombreuses lettres de félicitations, auxquelles il répondit que le plus grand prix qu'il avait reçu était d'avoir vu sa mère sourire à nouveau.

J'avais quitté le Rajamahal depuis environ un an et demi, et comme ma nouvelle maison n'était pas encore prête, j'allai à Moti Doongri, perché haut dans les collines. De là-haut je pouvais contempler tout Jaipur. Je m'asseyais sur la terrasse et me demandais ce que le futur réservait à cette ville que le Maharajah Sawai Jai Singh avait construite avec tant de soin méticuleux 250 ans auparavant, et que tous les souverains qui lui avaient succédé avaient améliorée – le dernier d'entre eux étant Jai. De mon poste d'observation je pouvais voir de quelle façon la ville se développait jour après jour, et je me demandais si un jour elle deviendrait une de ces métropoles anonymes et sans caractères que l'on voit partout dans le monde. Non, cela ne me paraissait pas possible ; les collines couronnées de forts qui berçaient Jaipur seraient toujours là, ainsi que le ciel bleu. L'air resterait toujours pur – ou le resterait-il ? Jaipur reçoit un vent d'ouest, et avec un manque de prévoyance typique, les autorités d'urbanisme avaient assigné des terres situées à l'ouest de la ville au développement industriel. Les usines poussent comme des champignons et bientôt le vent d'ouest portera la fumée de leurs cheminées à travers la ville et polluera l'air.

Parfois je pensais à toutes les maisons et tous les palais dans lesquels j'avais vécu au fil des années. Rambagh est maintenant un hôtel ; Rajmahal, occupé en ce moment par Bubbles, devait bientôt en devenir un également. Le palais de Cooch Behar tombait rapidement en ruines par négligence, 'Woodlands' n'était plus qu'un nom dans Calcutta, et je n'ai plus aucune occasion d'aller à 'Colinton', notre maison à Darjeeling.

Je retournai à Laxmi Vilas, le palais de mes grands-parents à Baroda. Comme je passais la grande porte pour entrer dans le jardin bruni par la pré-mousson, je m'attendais presque à ce qu'un trompettiste fantôme se mette à jouer l'hymne de Baroda. J'errai dans les sous-bois où se trouvaient autrefois les courts de tennis, en me souvenant des tournois de tennis souvent déchirants, avec toutes nous petites filles en saris, quand je faisais équipe avec mes cousins, avec une politesse tellement scrupuleuse que la balle tombait souvent entre nous, nous laissant toutes les deux immobiles et disant courtoisement à l'autre 'c'est pour vous'.

Laxmi Vilas est à présent bien moins somptueux ; les seules choses restées inchangées sont les perroquets dressés de mon grand-père. Pendant les soirées on les amenait pour me distraire, et une fois de plus ils tiraient leur assourdissant salut avec le petit canon en argent.

Souvent, pendant les soirées, j'allais sur la terrasse de Moti Doongri et guettais le moment précis du crépuscule de Jaipur où toute la ville scintille dans une chaude lumière rosée. Je pouvais entendre les cloches des temples annoncer l'*arti* du soir, les prières et les offrandes qui accompagnaient la présentation du feu sacré à la divinité. Pendant ces quelques minutes incroyablement belles, j'oubliais les changements qu'avaient subis la ville et le peuple que Jai aimait et servait si bien. Je pouvais imaginer Jai apparaître bientôt pour aller pique-niquer avec moi à Moti Dhoongri et qu'après nous rentrerions chez nous au palais de Rambagh.

CHAPITRE 21

L'état d'urgence

Tandis que j'étais occupée à déménager de Moti Doongri à Lily Pool – la maison que Jai avait fait construire pour nous sur les terres de Rambagh, je vécus l'expérience la plus inattendue et la plus traumatisante de ma vie. Voici les événements qui la déclenchèrent.

La guerre au Bangladesh (1971-1972) fut l'heure de gloire de Mme Gandhi, mais la joie fit bientôt place au désespoir en Inde. Le coût de la guerre commença à se faire sentir. La mousson fut mauvaise. Les banques, les assurances, les mines de charbon et le commerce du blé furent nationalisés. En 1974, Jayaprakash Narayan lança un mouvement d'agitation populaire au Bihar. Georges Fernandes, Membre du Parlement et ancien leader du syndicat des cheminots (Railway Workers Union), dirigea une grève des chemins de fer qui dura trois semaines. Le pays perdait ses illusions sur le leadership de Mme Gandhi. Elle ne sut pas reconnaître les véritables racines de ces mouvements de protestation, et les interpréta comme une campagne destinée à la chasser du pouvoir ? Elle répliqua et chercha à détourner l'attention du public en ordonnant une série de contrôles contre les établissements commerciaux et les membres de l'Opposition. Tout cela fut contre-productif. Le ressentiment à son égard fit boule de neige et ne fit qu'unir l'Opposition, à l'exception des Communistes. Les anciennes familles royales de Gwalior et de Jaipur étaient particulièrement visées par les attaques du Premier Ministre car la Rajmata de Gwalior et moi étions en effet toutes deux membres de l'Opposition au Parlement.

Le 11 février 1975 est un jour que je n'oublierai jamais. Le mois de février est un mois magnifique au Rajasthan. Le ciel est bleu, les fleurs commencent juste à éclore, les oiseaux chantent et les jours sont clairs et frais. Ce jour-là je me sentais heureuse comme je ne l'avais plus été depuis le décès de Jai et me préparais à une longue journée de travail. Après avoir fait mon yoga sur la terrasse j'aillai prendre mon petit déjeuner. Pendant le petit déjeuner la domestique me fit savoir que des étrangers demandaient à me voir. Je lui dis de les laisser entrer. « Nous sommes des contrôleurs fiscaux, nous sommes venus faire une inspection » annoncèrent-ils.

« Bien, faites donc, répliquai-je, mais je dois vous laisser car j'ai quelques rendez-vous. »

« Personne ne doit quitter ces lieux, dirent-ils. » Tandis que l'inspection se déroulait à Moti Doongri, je reçus un appel de Pat. Il me dit que toutes nos propriétés et bureaux avaient été contrôlés – le City Palace, qui est la résidence officielle de notre famille et abrite le musée, le Rambagh Palace Hotel, la maison de Bubbles, Rajmahal, les maison de Pat et de Joey, ainsi que ma résidence de parlementaire à Delhi. Deux jours plus tard il y eut aussi une descente à Jaigarh Fort. Lorsque les contrôleurs fiscaux arrivèrent à Jaigarh, les guerriers Meena qui gardent le fort dirent aux agents qu'il leur faudrait passer sur le corps pour pénétrer dans le fort ! Depuis que le Maharajah Jai Singh avait construit Jaigarh, personne n'avait jamais osé entrer dans ce lieu, à l'exception des Maharajahs régnants et de leurs plus proches collaborateurs. Nous restâmes calmes durant cette épreuve qui s'étendit sur plusieurs semaines. Des comptes rendus exagérés de ces enquêtes paraissaient chaque jour dans les journaux, à la télévision et à la radio.

Des réparations avaient été faites à la toiture de la trésorerie de Kapatdwara au City Palace, et bien des années auparavant Jai avait fait transférer son contenu dans une chambre forte spécialement conçue à Moti Doongri. Il avait prévu des casiers d'exposition pour que les visiteurs du City Palace puissent contempler les joyaux de la couronne de Jaipur. Les percepteurs furent émerveillés lorsqu'ils découvrirent ces trésors.

Un après-midi à Moti Doongri, alors que je faisais la sieste, les inspecteurs des impôts ne cessaient de frapper le sol de la pièce du dessous avec une pierre. L'agent responsable de la descente jubilait d'avoir découvert un nombre important de pièces d'or. Celles-ci avaient été transférées de Moti Doongri par Jai de Nahargarh Fort qui était autrefois la trésorerie de l'État de Jaipur avant qu'il n'intègre l'Union Indienne. Heureusement, cet or était mentionné dans le dernier budget de l'État de Jaipur et chaque pièce était justifiée. Comme cette persécution se prolongeait, je me rendis à Lily Pool.

Le 12 juin 1975, le tribunal de première instance d'Allahabad annula l'élection de Mme Gandhi au Lok Sabha (parlement) à l'issue d'un jugement sensationnel l'accusant de malversations électorales. Selon le système parlementaire, elle avait le choix entre démissionner ou faire appel à la Cour. Menée par une perception erronée qui voulait que « l'Inde c'est Indira » et que sans elle la nation ne pourrait survivre, et encouragée par sa coterie de

Moti Doongri.

conseillers égoïstes, elle déclencha des évènements qui faillirent mettre fin à la démocratie en Inde, une démocratie si prudemment construite par des gens comme Pandit Nehru, son père.

Le 24 juin, sans même consulter son Cabinet, elle déclara l'Etat d'Urgence. Les raisons données évoquaient une grève de désobéissance civique planifiée par l'Opposition pour le 29 juin. Elle assuma des pouvoirs dictatoriaux et les utilisa pour intimider et détruire l'Opposition. Les journaux furent fermés en leur coupant le courant. Les leaders de l'Opposition furent arrêtés au cours de la nuit au nom de la MISA (Maintenance of Internal Security Act – Acte de Maintien de la Sécurité Intérieure).

La plupart de mes amis de l'Opposition furent emprisonnés cette nuit-là. On m'avait laissée en liberté mais je me demandais quand mon tour viendrait. Je n'eus pas à attendre longtemps. Je n'assistai pas à l'ouverture de la session parlementaire de la mousson car j'étais à Bombay, indisponible, mais les recherches avaient déjà commencé. Je n'en savais rien alors, mais plusieurs de mes connaissances m'avertirent qu'ils avaient été questionnés concernant l'endroit où je me trouvais. Je voyageai de Bombay à Delhi à la fin du mois de juillet 1975 pour assister aux sessions parlementaires.

Les bancs de la trésorerie étaient pleins, tandis que ceux de l'Opposition étaient quasi-vides. Les membres du Congrès parurent surpris de me voir. Cet après-midi là je rentrai chez moi me reposer et vers 4 heures mes servantes vinrent me dire que des inspecteurs de police désiraient me voir. J'allai les rencontrer et leur demandai ce qu'ils voulaient. Sur un ton embarrassé, ils m'annoncèrent qu'ils étaient venus avec un mandat d'arrêt. Je leur demandai quelles étaient les charges retenues contre moi. Ils me répondirent qu'il s'agissait du C.O.F.E.P.O.S.A – Conservation Of Foreign Exchange and Prevention Of Smuggling Activities Act (Acte de Conservation des Devises Étrangères et de la Prévention des Activités de Contrebande). Très décontenancée, je leur demandai si j'avais l'autorisation de contacter mes avocats. On me répondit que je n'avais pas le droit de passer de coup de téléphone. Aussi leur demandai-je si je pouvais réunir quelques affaires, ce qu'ils m'accordèrent. Comme je n'avais pas de valise, j'allai en prendre une dans la chambre de Bubbles. Il me demanda : « Vous venez juste d'arriver, où allez-vous donc ? »

Je répondis : « En prison », ce à quoi il répliqua « Cela n'a pas de sens ! » et il se rendit au salon pour parler aux policiers. En le voyant ils lui demandèrent s'il était le Colonel Bhawani Singh. Comme il répondait par l'affirmative, ils lui déclarèrent qu'ils portaient également un mandat d'arrêt en son nom, sous le même C.O.F.E.P.O.S.A. Sa réaction fut identique à la mienne. On lui refusa de contacter ses avocats.

Nous fûmes emmenés à un poste de police tout proche sous une pluie torrentielle. Tout le monde y reconnut Bubbles car il avait été officier dans la garde rapprochée du président, et qu'il avait reçu la Mahavir Chakra pour sa bravoure. Les officiers de police étaient convaincus qu'il ne pouvait s'agir que d'une erreur. Après une série frénétique d'appels, ils durent nous confirmer qu'il ne s'agissait pas d'une erreur. Ils appelèrent alors le directeur de Tihar Jail. Toutes les prisons étaient pleines à ce moment-là, comme les hôtels à la haute saison. Le directeur de la prison demanda aux policiers d'attendre qu'il prît quelques mesures pour nous accueillir. Trois heures plus tard nous fûmes emmenés dans la banlieue de Delhi à Tihar Jail. À notre arrivée nous fûmes reçus dans le bureau du directeur. Il commanda du thé et téléphona chez moi pour qu'on nous fasse parvenir de la literie. Comme on nous faisait passer les portes de la prison, je fus surprise de découvrir un grand jardin plein d'arbres. Je dis au directeur « Pas mal du tout », il me répondit « Mais des murs l'entourent. »

Tihar n'est pas une prison pour femmes mais une prison pour détenus de droit commun en attente de jugement. Ainsi la section des hommes de la prison était convenablement équipée et on donna à Bubbles une cellule avec salle de bains. Je fus logée dans une petite construction qui comprenait une chambre et une véranda, qui devait servir aux médecins en visite. Un égout à ciel ouvert s'écoulait tout près, emplissant l'air d'une odeur putride. Le directeur se confondit en excuses. La chambre était déjà occupée par Shrilata Swaminathan qui était retenue comme prisonnière politique. Elle était issue d'une famille prestigieuse de Madras, dont je connaissais plusieurs membres. Il n'y avait qu'un lit dans la chambre, que Shrilata me laissa et elle dormit à même le sol. Ainsi me retrouvai-je emprisonnée sans jugement comme tant d'autres par le Premier Ministre vindicatif, Indira Gandhi.

Je ne pus dormir pendant la première nuit. Je me demandai pourquoi et combien de temps je serais retenue en prison, et quand je pourrais enfin consulter mes avocats. Le matin suivant, on nous apporta le thé et on me demanda quel journal je souhaitais lire. Comme j'étais l'hôte du gouvernement, je les demandai tous, afin de récolter différents points de vue. Je réalisai bien vite que tous les journaux étaient censurés.

Deux petits garçons, Ismail et Islam apportèrent des roses dans ma chambre. Leur mère, une prisonnière nommée Laila Begum me proposa de nettoyer ma chambre et de me fournir toute l'aide dont e pourrais avoir besoin. Plus tard dans la journée, le directeur vint me rendre visite et me demanda si je souhaitais quelque chose. Je lui dis que j'avais l'habitude de l'exercice et que je souhaitais marcher un peu. Il me dit que cela serait possible en soirée, quand les hommes auraient réintégré leurs cellules. Ce soir-là il m'autorisa à marcher avec Bubbles, accompagnés de quelques policiers. Après quelques jours il nous donna l'autorisation de marcher seuls. Ces promenades du soir me permirent de tenir le coup.

Quelques jours après Shrilata partit et je disposai de la chambre pour moi seule. Elle comprenait un lit, une étagère, une table et une chaise. Tous les jours au petit-déjeuner, on me donnait du thé, des toasts, une omelette et on me livrait les journaux. Laila Begum et ses fils me rendaient visite pour voir si j'avais besoin de quelque chose. Bubbles m'envoyait de l'eau chaude pour que je puisse me laver. La plupart des femmes prisonnières étaient enfermées dans la salle commune et ne pouvaient sortir que deux heures le matin et le soir. À ces moments-là le bruit faisait penser à un marché de poissons. Une fois, une brique manqua de peu mon front alors que deux femmes se battaient. De mon côté, le pire était lorsqu'elles venaient me demander de l'aide. Beaucoup d'entre elles avaient été emprisonnées sans raison. Durant l'état d'urgence tout officiel pouvait envoyer en prison qui il voulait pour le moindre petit délit, ou même sans qu'il y eût délit. Le directeur était inquiet, car Bubbles et moi étions clairement identifiés comme prisonniers de classe C, dans le cadre de notre détention C.O.F.E.P.O.S.A. Il informa ses supérieurs qu'au moins pour les repas, il pourrait nous faire passer en classe B. Il reçut l'autorisation de le faire.

Après une semaine en prison, nous eûmes la permission de voir Joey et nos avocats. Nous eûmes une longue réunion avec eux dans le bureau du directeur, accompagnée d'interminables tasses de thé. Nos avocats nous dirent qu'ils faisaient de leur mieux pour s'assurer de notre libération, mais que cela prendrait du temps en raison de l'état d'urgence. Comme tant d'autres, du fait de la suspension de la justice, je ne savais pas quand je serais libérée.

CHAPITRE 22

Tihar Jail

L'arrestation de Bubbles avait provoqué un grand ressentiment au sein des forces armées, où il était populaire et considéré comme un héros. De nombreux militaires vinrent protester de son incarcération auprès du directeur de la prison. Patiemment, le directeur leur expliquait que cela ne dépendait pas de lui. À Jaipur, le peuple se rassembla à Rajmahal et dit à Pat qu'ils voulaient manifester car j'avais été emprisonnée. Pat les convainquit de ne pas faire pareille chose car une protestation de ce type pourrait me se retourner contre moi. Plusieurs de mes amis influents à l'étranger, notamment Dicky Mountbatten, essayèrent d'intercéder en ma faveur. J'appris que mon arrestation avait provoqué un flot de demandes d'informations au Haut Commissariat de l'Inde à Londres, aux ambassades indiennes à Madrid, Paris, Buenos Aires et d'autres lieux où Jai et moi avions de nombreux amis. Mais ces démonstrations de sympathie ne firent qu'irriter plus encore le pouvoir à Delhi.

Étonnamment, les premiers jours en prison passèrent assez vite. La prison disposait d'une bonne bibliothèque à laquelle j'avais accès. Une fois que la nouvelle de mon emprisonnement se répandit, je fus couverte de cadeaux par mes amis : livres, savons, parfums, cigarettes, chocolats et autres friandises. Jagat me fit parvenir un grand canevas à broderie à gros point. Je reçus des lettres du monde entier. Des gens que je ne connaissais pas se montraient compatissants et abasourdis par mon emprisonnement. Je reçus même des lettres de personnes inconnues me proposant le mariage à l'étranger, censé pouvoir me tirer des griffes du régime dictatorial qui s'était instauré en Inde.

Mes lectures et la broderie finirent par sérieusement affecter ma vue, et je désirais ardemment un poste de radio pour pouvoir écouter les informations, mais cela n'était pas autorisé dans la section des femmes de la prison.

De nombreuses femmes emprisonnées avaient été séparées de leurs familles, la plupart d'entre elles n'ayant commis aucun crime, et leur douleur relativisait beaucoup ma peine. Elles venaient à moi, réclamant aide et justice, et j'essayais d'intervenir en leur faveur auprès des autorités de la prison. On trouvait des enfants dans la prison, avec leurs mères. Cela m'attristait de les voir là. Je réclamai des cahiers et des ardoises pour commencer une école dans la prison. J'achetai aussi pour eux une batte de cricket et un ballon de football, et leur appris des jeux. J'organisai aussi un court de badminton et jouai avec les plus jeunes prisonnières, dont la plupart étaient des prostituées ou des pickpockets.

Et ainsi les jours passèrent. J'avais droit à mes promenades avec Bubbles le soir, et Joey me rendait visite deux fois par semaine. Il nous apportait à manger, du linge propre, et le plus important, les nouvelles de ses efforts pour nous libérer. Bubbles suggéra qu'étant donné que nous avions tous deux droit à deux visites par semaine, nous devrions les avoir séparément, aussi le pauvre Joey dut venir quatre fois par semaine à Tihar Jail. Parfois on lui permettait de venir accompagné de membres de la famille. Ma petite cousine, Reena Ripjit Singh, qui travaillait activement à notre libération, nous rendait visite et nous envoyait des cadeaux pleins d'attention.

Au bout d'un mois environ, le directeur de la prison me convoqua dans son bureau. Il était désemparé car on lui avait annoncé que Vijayraje Scindia, la Rajmata de Gwalior, allait être envoyée à Tihar, et il ne disposait pas d'endroit décent où l'héberger. Il me demanda si j'acceptais de partager ma chambre. Je fis remarquer que si un deuxième lit était installé dans la pièce, il ne resterait plus assez de place pour tenir debout. En dehors de cela, nous avions toutes deux des habitudes complètement différentes. J'avais l'habitude de faire de l'exercice, et avais besoin de place pour faire du yoga. Je lisais jusque tard dans la nuit et écoutais mon lecteur de cassettes, ce qui risquait de la déranger, car elle passait une bonne partie de son temps en prières. Après avoir considéré plusieurs possibilités, le directeur décida que le seul endroit alors disponible était la cellule des condamnés qui était vide, et il me demanda mon aide pour l'aider à la préparer pour la Rajmata.

Après m'avoir consulté, il fit détruire les latrines dans la cellule et les fit couvrir d'un plancher. Il fit percer une fenêtre, installer une lumière et blanchir les murs à la chaux. La mousson battait son plein en ce mois d'août quand la Rajmata arriva, suivi de sa domestique et de sa boîte à *pooja*. Elle me demanda si elle pourrait dormir dans la véranda de ma chambre, tant sa cellule était chaude et humide. Je fis suspendre un rideau et lui fit installer un lit.

Tous les soirs j'écoutais les comptes rendus sportifs et les informations à la BBC, grâce au petit transistor que Joey avait réussi à faire passer dans la prison. En écoutant la musique qui précédait les informations, je pensais aux gens en Angleterre qui pouvaient vivre librement tandis que nous étions en

Inde privés de nos libertés essentielles. Quand j'éteignais le poste, la Rajmata me demandait à chaque fois s'il y avait eu quelque chose à propos de l'Inde. Il n'y avait jamais rien.

La Rajmata et moi étions toujours membres du Parlement, aussi reçûmes-nous tous les documents parlementaires et grâce à ceux-ci nous découvrîmes quels membres de la Chambre avaient été emprisonnés. Ces informations n'étaient jamais révélées dans les journaux soumis à la censure. Tous les jours de nouveaux prisonniers politiques qui arrivaient nous donnaient des nouvelles des mesures extrêmes prises par Indira Gandhi et son fils désormais très puissant, Sanjay. Nous apprîmes les mesures radicales prises avec les vasectomies forcées sur la population masculine ; la démolition des maisons à Turkman Gate et autres excès. Le pays bouillait de rage contre le régime.

Durant cette période, une délégation britannique vint en Inde. La Rajmata de Gwalior et moi reçûmes une invitation pour une réception qui devait se tenir à la Lok Sabha. Je dis en plaisantant à la Rajmata que nous devrions accepter, et demander à ce qu'une voiture vienne nous chercher où nous étions. Le jour suivant, à notre grande indignation, nous lûmes dans les journaux que Michael Foot avait félicité Mme Gandhi pour les mesures d'urgence qu'elle avait prises.

L'aéroport international de Palam est tout près de Tihar Jail. À chaque fois que j'entendais un avion décoller, je me demandais si j'entendrais jamais encore ces instructions « Veuillez attacher vos ceintures, nous allons bientôt décoller pour… » Un jour, la Rajmata me dit « Je préférerais que Palam ne soit pas si proche. »

Je lui répondis « Oui, je sais. Vous devez vous demander si nous serons un jour libres à nouveau de voyager. » Moi-même je regardais souvent les oiseaux voler dans le ciel, en leur enviant leur liberté.

Dans le même temps, nos avocats avaient beaucoup travaillé et après deux mois et demi, Bubbles fut libéré sur parole. Mon cas était plus délicat. Ils pouvaient me libérer sous le C.O.F.E.P.O.S.A., mais ils me prévinrent que je risquais d'être arrêtée à nouveau sous le M.I.S.A. (Maintenence of Internal Security Act – Loi de Maintenance de la Sécurité Intérieure), les deux lois étant utilisées de manière draconienne. Je leur dis que je voulais être relevée du C.O.F.E.P.O.S.A., à eux de suivre l'affaire. Juste au moment où mon procès approchait, le gouvernement supprima purement et simplement l'*Habeas Corpus*, le principe essentiel des droits de l'homme, aussi plus rien ne pouvait-t-il être fait à mon encontre ainsi que pour les milliers de prisonniers politiques qui languissaient dans les prisons de l'Inde. À présent que les portes de la justice étaient fermées, le pauvre Joey, désemparé, ne savait plus que faire pour me sortir de prison. Il comparait ses efforts à un jeu de l'oie :lorsqu'on arrive à la fin du parcours, un coup de dé vous rejette à la case de départ.

Quand Bubbles fut relâché, il vint me voir dans ma chambre, les larmes aux yeux. Je demandai la permission de le voir au travers des portes de la prison. Comme Joey et Bubbles partaient, je me sentis isolée, et dis à Joey, « Ainsi, tu m'enlèves Bubbles. »

Après le départ de Bubbles, je me sentis vraiment seule et commençai à me demander si je serais jamais libérée, et si je devais mourir en prison, quel effort cela aurait-il sur Jagat. Toute personne confrontée à un sérieux problème cherche des solutions pour le résoudre, mais je savais que je n'avais plus aucun recours en justice et je perdis tout espoir. Ceux d'entre nous, prisonniers politiques, de la même génération que Mme Gandhi, pensions que nous ne serions jamais relâchés tant qu'elle serait au pouvoir. Les plus jeunes, dont beaucoup n'avaient qu'une trentaine d'années, pensaient qu'ils resteraient en prison jusqu'au départ de Sanjay.

Peu après, je développai un ulcère dans ma bouche et trois semaines passèrent avant que les autorités ne permettent à mon chirurgien dentiste, Dr. Berry, de me visiter. Après m'avoir examinée, il haussa les épaules et dit « Que puis-je faire ? Je dois l'opérer. » Deux autres semaines s'écoulèrent avant d'obtenir la permission. On m'amena à la clinique de Dr. Berry sur Curzon Road, accompagnée du directeur adjoint de la prison et d'une agente de police, suivis d'un camion chargé de policiers en armes, qui étaient là, je suppose, pour m'abattre si je tentais de m'échapper. J'eus également le droit d'aller au Willington Hospital pour une physiothérapie, où les jeunes médecins me servirent un excellent café. Cette sortie constitua un agréable changement à la morne routine de la vie de prison.

Un jour, la Rajmata de Gwalior m'accompagna à l'hôpital, où elle devait faire un cardiogramme. Dans la voiture, je lui dis qu'il était possible que les fonctionnaires de la prison recevraient peut-être l'ordre de nous empoisonner et de dire à nos familles que nous avions succombé à une crise cardiaque. Le directeur adjoint nia, mais je lui dis « Il s'agit de votre gagne-pain et de votre famille. Si on vous ordonnait de le faire, vous devriez vous soumettre. »

Toutes les fêtes religieuses étaient célébrées par les détenus avec

Une photographie de Jai, Bubbles & Joey prise dans les années 1950.

grande ferveur. À Dussehra, la Rajmata de Gwalior distribua des friandises et des habits aux enfants. Pour Diwali, les détenus allumèrent des lampes à huile et brûlèrent des feux d'artifice. Le quartier des femmes prit des allures de fête. Pour la fête musulmane de Id, Laila Begum m'apporta le traditionnel dessert au lait, le *seviyan*. Tous les vendredis, la plupart des jeunes femmes priaient Santoshi Ma pour leur libération. Ainsi s'écoulaient les jours. Des rumeurs disaient que j'avais été maltraitée en prison, mais tout cela était faux.

Pendant l'hiver 1975, je demandais encore si je serais sortie pour la nouvelle année. On me répondait sans vraiment s'engager. En décembre j'avais l'habitude d'aller à Calcutta pour la saison des courses et de polo. Calcutta dispose d'un véritable calendrier social durant cette période, avec des défilés de chevaux, des courses, des parties de polo, des dîners et des danses. C'est un moment particulièrement festif où l'on s'amuse beaucoup. Pour cette exceptionnelle veillée de Noël, je restai seule dans ma cellule à manger du caviar qui m'avait été envoyé par Peter Palumbo, un bon ami anglais de Jai et moi. Je ne pouvais m'empêcher de penser que si j'avais été à Calcutta j'aurais dû courir du terrain de polo chez le coiffeur, puis à toute une série de cocktails et de dîners de Noël. Au lieu de cela j'étais seule avec moi-même à déguster mon caviar tout en écoutant la musique de Cole Porter sur mon magnétophone. Peter avait aussi envoyé une grosse portion de gâteau de Noël de *Fortnum and Mason*. J'en gardai une part pour moi et coupai le reste en tranches que je demandai à Islam de distribuer aux prisonniers européens, dont la plupart étaient de très jeunes drogués.

Juste avant la Saint Sylvestre on me fit entrer au Govind Vallabhai Pant Hospital sur l'avis des médecins de la prison. J'avais perdu beaucoup de poids et souffrais continuellement de douleurs à mon flanc droit.

Je passai une première nuit terrifiante à l'hôpital. Dès que les lumières furent éteintes, de gros rats commencèrent à galoper partout dans ma chambre. Les gardes postés à la porte les chassèrent, mais le bruit de leurs bottes empêcha les autres patients de dormir. Le jour suivant, la Dr. Padmavati, excellent médecin, me donna une petite chambre propre avec une salle de bains attachée. Les médecins découvrirent que j'avais des calculs biliaires ce qui nécessitait une intervention chirurgicale. Je refusai d'être opérée tant que je serais une prisonnière isolée de sa famille.

Le 9 janvier 1976, Joey me dit qu'il avait bon espoir et que je pourrais bien être libérée sur parole pour raison médicale.

Le 11 janvier 1976, la permission fut donnée et ce furent deux joyeux Menaka et Joey qui vinrent me chercher à l'hôpital. Je rentrai à Tihar Jail chercher mes affaires et pour dire adieu à toutes les personnes avec qui j'avais passé certains des plus tristes jours de ma vie. Je laissai cette petite salle où j'avais passé 156 nuits, pour moi la plus longue période passée au même endroit. Je donnai la plupart de mes affaires à Laila Begum, Islam et Ismail. J'étais émue de quitter la Rajmata de Gwalior. Je remerciai le directeur et dis adieu aux gardes et retournai à mon domicile de Delhi, situé sur Aurangzeb Road.

À mon arrivée, Joey me demanda ce que je voulais faire. Je lui dis que je souhaitais inviter Naveen Patnaik et Viner Mody boire un verre. Joey me dit que cela pourrait m'être préjudiciable, car le père de Naveen, Biju Patnaik, et le mari de Viner, Piloo Mody, étaient tous deux en prison. « Alors invitons donc Indira Gandhi à la place », répondis-je avec colère. Joey m'amena alors dans le jardin et me dit que nos chambres et téléphones, en fait, que toute la maison avait été truffée de micros et que je devais faire attention à ce que je disais. Tout cela allait à l'encontre même de ce qui se passait à Tihar, où nous pouvions parler librement, et où tous les soirs après le dîner, les prisonniers criaient des slogans antigouvernementaux, auxquels nous nous joignions volontiers. Naveen et Viner vinrent me rendre visite le jour suivant.

Le lendemain de ma libération, je reçus d'un ami anglais un gros paquet de fromage, et Joey dit : « J'espère qu'ils n'apprendront pas que tu es sortie de prison, nous ne recevrions plus rien. »

Je réalisai bientôt que le peuple de Delhi vivait dans la peur. J'avais du mal à garder mon calme. Heureusement, après deux jours, Joey et moi partîmes en voiture pour Jaipur. L'une des conditions à ma libération était que je ne devais pas emprunter les transports publics, car les gens risquaient de se rassembler pour m'acclamer. Néanmoins, près de 600 personnes m'attendaient à Lily Pool, aux côtés du personnel, de ma famille et de mes amis, tous jubilant à mon retour.

C'était fabuleux de rentrer à mon cher Jaipur et de profiter du confort du chez-soi et de la compagnie des amis et de la famille. Je dus toutefois partir assez rapidement rencontrer mes médecins à Bombay. Ils décidèrent d'opérer aussi vite que possible mes calculs. Ils me dirent aussi de rester à Bombay un mois après l'opération. Je me demandai où je pourrais loger. Raj Kumar Pitamber, que je connaissais depuis son enfance, insista que je reste chez lui. « Pit, demandai-je, tu es sûr ? »

« Bien entendu, répondit-il, et il n'est pas question d'en discuter. Vous resterez chez moi. » Je fus très touchée, car à cette époque en Inde les gens étaient terrorisés à l'idée de s'associer à des personnes qui s'étaient opposées à Mme Gandhi. Mais Pit était différent – un bon ami et un sportif. Je n'oublierai jamais son aide spontanée et l'amitié qu'il me prodigua au moment où j'en avais le plus besoin.

Après l'opération, Bubbles m'amena à Bangalore pour me remettre et nous rentrâmes à Jaipur vers septembre, où nous reprîmes le cours normal de nos vies, à l'exception du fait que nous étions libérés sur parole.

Partout en Inde régnait un sentiment de suffocation créé par le manque de liberté. J'avais l'impression de vivre dans un État policier plutôt que dans un pays libre. Les gens avaient véritablement peur d'exprimer leur opinion ; les gens n'avaient confiance en personne et l'Inde passait par une expérience très traumatisante. La presse étrangère commença à écrire à propos de la répression du peuple indien, et le Pakistan annonçait des élections. Sensible et concernée par son image publique à l'étranger, Mme Gandhi, aveuglée par son propre ego, appela des élections générales en Inde, anticipant une victoire écrasante pour son parti. Les leaders de l'opposition furent relâchés et formèrent une alliance pour s'opposer au parti au pouvoir aux élections. Le peuple indien opprimé était déterminé à renverser Mme Gandhi et sa coterie. Je me sentais très frustrée de ne pouvoir faire campagne, car j'étais toujours libérée sur parole, ce qui signifiait que je ne pouvais bouger sans en informer les autorités. Une fois que la campagne débuta, il parut évident qu'ils parviendraient à chasser le dictatorial Parti du Congrès du pouvoir.

Je reçus des nouvelles d'Indira Gandhi et de son fils Sanjay, traînant dans leurs circonscriptions lors d'un match de polo à Jaipur. Plus tard dans la soirée, quelques joueurs de polo anglais vinrent chez moi, car nous allions tous partir à une soirée organisée pour eux par Baby et Bijai. Sir Robert Throckmorton, un vieil ami, et les joueurs anglais suivaient les résultats des élections à la radio lorsqu'on m'annonça que quelqu'un qui ne voulait pas donner son nom me demandait au téléphone. Je décrochai et dis : « Oui », la voix me dit, « Félicitations. Mme Gandhi a perdu son siège. » C'était la standardiste du téléphone. Je jetai le combiné en l'air, le rattrapai et dis, « Vous en êtes sûre ? »

« Oui », répondit-elle.

Je dis à mon tour, « Je dois vous faire un cadeau pour me donner une si bonne nouvelle. » Je courus au salon en criant « Mme Gandhi a perdu ! » Mes invités anglais me firent remarquer « Mais cela n'a pas été déclaré à la radio. » Je leur dis que nous étions en Inde et non en Angleterre, et qu'ils n'annonceraient les résultats qu'au dernier moment. Tout le personnel jubilait et je me sentais en extase.

Je laissai mes invités aller à la soirée et partis avec Rawat Singh, un membre loyal de l'entourage de Jai, au bureau de vote où les voix étaient comptées. Quand j'y arrivai, je fus entourée d'une foule débordant de joie, couverte de guirlandes et de *gulal* – les gens criaient « Nous avons vengé ce qu'elle vous a fait », et ils commencèrent à débiter les noms des circonscriptions où le Congrès avait perdu. J'étais sur le point de leur annoncer la défaite de Mme Gandhi, mais Rawat Singh m'en dissuada – il me dit que je devais être prudente – la peur de l'état d'urgence planait encore.

Lorsque j'arrivai à la soirée, pleine de bonheur et de joie, certaines personnes craignaient encore de célébrer ouvertement l'évènement. Les joueurs de polo anglais dirent qu'ils ne pouvaient croire qu'une telle euphorie puisse exister à l'annonce de la défaite du Congrès. Aussi les amenai-je au bureau de vote pour qu'ils voient d'eux-mêmes. À nouveau le peuple se massa autour de moi – leur amour et leur loyauté étaient réellement touchants et je me dis, voilà pour les sycophantes du Congrès au Rajasthan, qui pendant mon incarcération avaient salué Sanjay Gandhi à un meeting public à Jaipur avec ces mots : « Ce n'est plus la ville de Gayatri Devi. C'est désormais la vôtre. »

J'entendis la nouvelle de l'explosion de joie à l'annonce de la défaite du Parti du Congrès à Delhi. Sur la grande avenue de la capitale, Bahadur Shah Zafar Marg, où tous les bureaux des journaux se situent, de grands tableaux affichaient les résultats des élections pendant toute la journée et la nuit suivante. On me dit comment, quand la défaite du Congrès fut annoncée, et tout particulièrement quand on sut que Mme Gandhi et son fils avaient perdu leurs circonscriptions, la foule en délire jeta de l'argent aux hommes qui écrivaient à la craie les résultats sur les tableaux. Et le jour suivant, les magasins offraient des friandises à leurs clients, ou à tous ceux qui entraient.

Je sentis qu'un lourd nuage avait soudain été levé et que le peuple était libre de respirer à nouveau, de parler librement, et de vivre sans peur. Jamais auparavant il n'y avait eu une telle joie et de telles célébrations spontanées à la défaite de la terrible dictatrice et de son parti. D'un seul coup nous étions tous libres. Les lois démocratiques avaient été réinstaurées.

CHAPITRE 23

Après l'État d'Urgence

Après quelques jours de délibération de l'alliance désormais au pouvoir, connue alors sous le nom de Janata Party, Morarji Desai fut déclaré Premier Ministre de l'Inde libre. À peine cinq semaines s'étaient écoulées depuis sa sortie de prison. L'Inde pouvait se proclamer à nouveau la plus grande démocratie du monde.

De nombreuses personnes m'ont demandé pourquoi je ne m'étais pas présentée aux élections après la fin de l'État d'urgence. J'avais perdu mon mari en juin 1970 et je n'étais certes pas en mesure de faire campagne en 1971, mais le front uni de l'opposition me persuada de le faire.

Vers la fin de l'État d'urgence, l'union de l'opposition au Rajasthan avait choisi un candidat du Jan Sangh, aussi n'y avait-il pas de raison pour que je me présente en tant que candidate indépendante. En outre, le parti Swatantra, auquel je devais allégeance, avait pour ainsi dire disparu. Chakravarty Rajagopalachari, le leader du parti, était mort. J'avais un très grand respect pour cet homme. Je pense que s'il avait toujours été en vie, et si le parti Swatantra avait toujours été actif, je me serais présentée au siège de Jaipur. Une autre raison qui m'empêchait de concourir à cette élection était qu'on avait besoin de moi à la maison. Jagat était en Angleterre quand les perquisitions avaient commencé. Il était sur le point de rentrer en Inde, mais ses frères le persuadèrent de rester hors du pays. Il me manquait beaucoup et il désirait épouser Priyanandana Rangasit, la fille de la Princesse Vibhavati et du Prince Piya Rangasit de Thaïlande. Cela devint ma première préoccupation. Je voulais rejoindre Jagat aussi tôt que possible, mais cela m'était difficile car je ne disposais plus de passeport.

Plus d'un an auparavant, pendant la perquisition du fisc, Joey avait estimé qu'il serait mieux de remettre nos passeports aux autorités, mais dès que cela fut fait, j'eus besoin du mien. En tant que membre du Parlement de Jaipur, on m'avait demandé de conduire une délégation à Calgary, une ville située au Canada qui était jumelée avec Jaipur. De plus, l'école Strathcone de Calgary était jumelée avec la Maharani Gayatri Devi School. Le Professeur Unnithan de la Rajasthan University rédigea une lettre réclamant que me soit rendu mon passeport qui avait été envoyé au Ministère de l'Intérieur. Ne recevant aucune réponse à cette lettre, j'allai rencontrer le ministre en personne, amenant avec moi le très réputé avocat Soli Sorabjee. Le Ministre de l'Intérieur ne put nous donner de réponse satisfaisante. Au moment de partir, l'avocat fit remarquer au ministre que c'était le droit de chaque citoyen de disposer d'un passeport, mais il ne reçut pas de réponse. Le jour suivant, je découvris avec stupeur dans les journaux que mon passeport avait été confisqué en raison d'activités anti-nationales.

J'étais hors de moi. Cela m'enrageait de penser que ce gouvernement puisse en arriver à de telles pratiques, à de telles extrémités pour me confondre. Ultérieurement, pendant la Commission d'Enquête Shah qui suivit l'État d'urgence (une excellente enquête dont le but était de mettre en lumière les excès du gouvernement durant l'État d'urgence), je réalisai jusqu'où le gouvernement Mme Gandhi avait pu s'abaisser. Ses fonctionnaires prétendirent que j'avais prévu de me rendre à Patna, puis jusqu'au Népal d'où j'aurais pris un avion pour fuir le pays. Jusqu'à aujourd'hui je n'ai jamais été à Patna ; ces allégations étaient parfaitement fausses, mais l'incident illustrait bien jusqu'où le gouvernement de Mme Gandhi était prêt à aller pour harceler un citoyen. Je me souvenais fréquemment de Rajaji à ces moments-là et de comment il m'avait désignée comme une héroïne pour avoir accepté de me mettre dans l'opposition par rapport au gouvernement. Ce à quoi Minoo Masani avait répondu, « Quelle bravoure y a-t-il à joindre un parti d'opposition dans un pays démocratique ? »

Même lorsque le contrôle du pays fut passé entre les mains du Janata Party, j'eus encore des difficultés à récupérer mon passeport en raison de la confusion bureaucratique. Quand il me fut finalement rendu, je partis en Angleterre où je retrouvai Jagat et fus enfin capable d'oublier mes malheurs.

En 1977, l'Assemblée Législative s'ouvrit enfin. Je fis campagne pour les candidats du parti de l'opposition au Rajasthan. Le Congrès fut battu à cette élection. Après les élections, les nouveaux élus durent choisir un Ministre en Chef. C'était là une tâche difficile, car tous les nouveaux élus étaient issus de différents partis. Le choix évident se portait sur le Maharawal de Doongarpur, un homme chevronné, parlant bien et très intelligent, qui faisait partie de l'opposition depuis les premières élections en 1952. Mais des instructions venant de Delhi imposèrent Bhairon Singh, le leader du Jan Sangh, au poste de Ministre en Chef.

Le nouveau gouvernement du Rajasthan me désigna Présidente de la Rajasthan Tourism Development Corporation (Corporation du Développement de Tourisme au Rajasthan), ce qui constituait un défi très motivant. Le Rajasthan, avec ses forts, ses palais, ses temples et ses villes, est le paradis du tourisme. À part Jaipur, Udaipur, Jaisalmer, Bikaner, Jodhpur et d'autres villes, on trouvait aussi les sanctuaires où les pèlerins affluaient de toute l'Inde pour y accomplir leurs dévotions. Pushkar, le *dargah* d'Ajmer, et les temples Jain du Mont Abu et Ranakpur constituent encore d'autres attractions.

Le Rajasthan est un kaléidoscope de couleurs grâce à sa population aux vêtements colorés. Les arts, l'artisanat, les chansons, les danses et le folklore du Rajasthan sont fascinants. Tout au long de l'année on peut apprécier les réserves naturelles, les sanctuaires d'oiseaux, des fêtes et des foires hautes en couleur. Travailler au poste de Présidente du RTDC était une formidable chance de promouvoir tout ce que le Rajasthan pouvait offrir. Malheureusement la bureaucratie se montra peu coopérative. Les fonctionnaires étaient engoncés dans leurs idées limitées et je trouvai très difficile de compter sur eux.

Juste au moment où je commençais à faire quelques progrès dans mon travail, le paysage politique de l'Inde se trouva à nouveau changé. Le Janata Party, qui était arrivé au pouvoir comme une réaction aux excès de l'État d'urgence, était composé de trop de composantes politiques différentes, qui ne fit que le conduire à sa désintégration. Des élections intérimaires furent appelées et on remplaça Mme Gandhi au pouvoir. Après cela, des élections régionales eurent lieu au Rajasthan, et le Congrès reconquit l'État. Comme la tradition exigeait, je donnai ma démission du poste de Présidente.

En mai 1978, Jagat épousa Priya, la fille du Prince Piya et de la Princesse Vibhavati de Thaïlande. Il y eut une réception à Londres. La reine d'Angleterre et de nombreux amis d'Inde, de Thaïlande et d'Angleterre y assistèrent. Un an plus tard, Jagat et Priya eurent une fille qu'ils appelèrent Lalitya, et deux ans après un fils qu'ils nommèrent Devraj.

Mon temps était désormais partagé non seulement entre l'Inde et l'Angleterre, mais aussi la Thaïlande, où je me rendis assez souvent pour rendre visite à la famille de Priya. Bangkok est une ville fascinante et j'ai toujours apprécié les visites que j'y fis. J'aime mes petits-enfants.

Cependant, le climat politique en Inde devenait de plus en plus dangereux. Le Pendjab, qui jusqu'alors avait été un état pacifique et prospère, était devenu un foyer de violence et d'insécurité. Les politiciens du Congrès étaient déterminés à conserver le pouvoir dans cet État dominé par les sikhs, où le Akali Dal possédait un bastion. Comme la situation devenait plus volatile encore, Mme Gandhi envoya des troupes au Golden Temple, le Vatican des sikhs, pour en chasser les extrémistes et en particulier leur leader Sant Bhindranwale. De nombreuses personnes suspectaient que sa carrière avait commencé à l'initiative du fils de Mme Gandhi, Sanjay, et de ses petits copains politiques. Au cours de cette opération militaire contre le temple, une partie de l'enceinte sacrée fut endommagée et détruite. Ceci ne fit qu'envenimer la situation, et conduisit à l'assassinat d'Indira Gandhi, par deux de ses gardes du corps sikhs. Dans la semaine qui suivit son assassinat, des milliers de sikhs furent massacrés, leurs maisons pillées par les émeutiers, clairement encouragés par certains des politiciens du Congrès. Même si une enquête fut lancée pour faire le jour sur les meurtres de sikhs, rien ne semble en être sorti, même dix ans plus tard.

Suite à la mort de sa mère, Rajiv Gandhi devint Premier Ministre de l'Inde. Il se présenta aux élections et le Parti du Congrès l'emporta avec une large majorité, en jouant sur le facteur de sympathie. Tout le monde espérait qu'un jeune Premier Ministre amènerait des idées neuves et une nouvelle énergie au pays. Au lieu de cela, des allégations de corruption contre le gouvernement apparurent rapidement, notamment lors du scandale des Bofors. Lorsque les élections générales arrivèrent, je fis campagne au Rajasthan pour l'Opposition. Rajiv Gandhi et son parti perdirent le pouvoir, un parti qui quelques années plus tôt seulement, avec Rajiv Gandhi à la barre, avait remporté les élections avec la plus grande majorité jamais acquise depuis l'indépendance de l'Inde.

CHAPITRE 24

Ma Vie Aujourd'hui

À présent que je n'appartiens plus à la vie publique, je peux enfin profiter du calme et du confort de ma résidence, Lily Pool. Les gens sont toujours surpris par ce nom inhabituel. En 1936, la revue américaine *House and Garden* publia des photos et un plan d'une maison de plain-pied qu'ils appelaient Lily Pool. Elle avait une salle à manger avec un toit coulissant qui pouvait s'ouvrir sur le ciel, un salon circulaire, un bar, une chambre, une salle de bains et une kitchenette. Devant la maison se trouvait une longue piscine avec une fontaine et des grappes de nénuphars, environnée de pelouse. Jai pensait qu'une telle maison serait idéale pour des rencontres informelles. Il la fit construire près des courts de tennis de Rambagh et elle devint notre endroit favori pour nos dîners en été, et nos déjeuners barbecue et nos parties de tennis pendant les mois plus frais de l'année. En 1968, Jai décida que le Raj Mahal devrait être reconverti en hôtel. Il estima également que je devais disposer de ma propre maison, et il demanda au célèbre architecte basé à Delhi, Karl Heinz, de transformer Lily Pool en résidence pour notre usage. Hélas, Jai n'était plus lorsque je m'y installai, mais des souvenirs nostalgiques y restent attachés ; et avant tout, les pièces que j'occupai quand je vins à Jaipur en tant qu'épouse ne se situent qu'à trois ou quatre yards. La plupart des peintures, la collection de jade et de quartz rose, et les objets d'art de mes appartements de Rambagh sont maintenant à Lily Pool. Ma chambre est située plein est, et quand je me réveille le matin, je dispose d'une vue magnifique du soleil levant sur le fort de Nahargarh, haut perché sur les collines de Kali Koh. Au premier plan, où se trouvaient quatre courts de tennis bien entretenus, mes yearlings folâtrent et paissent.

Ma maison n'a rien des palais où je vécus autrefois, mais elle possède un certain charme et une douceur indéniable. La revue de design britannique *World of Interiors* et le magazine indien d'architecture *Inside Outside* l'ont décrite dans leurs publications, aussi je pense avec raison qu'elle doit bien avoir quelque chose. Je l'aime parce qu'elle est si ouverte – lumineuse et aérée – comme si l'on vivait en plein air. Je déteste les portes fermées et cela m'est égal que les hirondelles salissent mes abat-jour et que les tamias grignotent les franges de mes rideaux.

L'un de mes amis anglais qui vint à Jaipur en bus de Delhi, laissa dans mon livre d'or ce charmant poème :

EN RETOURNANT À LILY POOL
Accompagné de bruit de ferraille,
de secousses et de crissement et de vrombissement
Et de tout autre son
Le bus chancelle sur son trajet à fond de train
Et me voici à destination de Jaipur.

Le soleil de midi se met à s'effacer
Il fera bientôt soir,
Le rouge et le doré du Rajasthan
Feront la place à la lune.

Un coucher du soleil ambré me salue
Et le soleil commence à baisser
Alors que loin au-dessous de nous, la ville de Jaipur
Attend en son rose scintillant.

Dépassant des festins de mariage et des chars à boeufs
Nous serpentons notre chemin bruyant
Autour des éléphants et des chameaux
Jusqu'à ce que nous ayons traversé toute cette cohue.

« Mon pousse-pousse Monsieur », « Hôtel vous voulez ? »
(J'essaie de garder mon sang froid)
Et nous enfin ayant traversé les grilles
Et à l'intérieur de Lily Pool.
La paix, le calme, l'air du foyer
Et maintenant j'en suis sûr
Gardez donc Delhi, Agra, Kathmandu
Quant à moi, je préfère garder Jaipur.

Les invités qui me rendent visite se sentent chez eux. Jaipur a tant à offrir et si l'on souhaite rester au calme, il y a mon jardin où l'on entend les oiseaux chanter. C'est là mon heureuse demeure qui je l'espère sera ma dernière.

Quand je sors me promener le matin, les senteurs de jasmin se mêlent à l'odeur des chevaux. Je passe beaucoup de temps aux écuries près de la maison où j'ai un haras. À l'origine, l'idée d'un haras vint de Jai. Dans les années 60, il trouvait de plus en plus difficile d'importer des poneys de polo, aussi décida-t-il d'élever les siens. Sammy Jhalan, un ami de Calcutta, offrit à Jai un étalon qui avait arrêté les courses. Il s'était accouplé avec l'une des pouliches argentines de Bhaiya, appelée Samba. Elle eu un poulain châtain. Peu de temps après Jai décéda. Pendant assez longtemps, personne ne s'occupa des chevaux et l'étalon comme le poulain moururent. Après l'état d'urgence, je décidai de poursuivre l'élevage de poneys. Lorsque je demandai une licence pour importer un étalon, on me dit qu'on ne pouvait importer de chevaux que pour les élevages destinés à la course. J'importai un étalon appelé Hazim. C'est le fils du célèbre cheval de course Mill Reef, est très beau, aux magnifiques yeux expressifs.

Entretemps, notre famille continue de grandir. La fille de Mickey, Bambi, a trouvé une excellente situation. Elle est ministre du tourisme au Gujarat. Bambi est pleine de vie. Elle a un fils de 21 ans qu'elle a nommé Tushad, qui étudie l'hôtellerie en Suisse. Bubbles et Padmini ont une grande fille appelée Diya. Joey s'est marié tardivement. Son épouse, Vidya, est la fille de Raj Kumar Rajendra Singh de Jubbal, qui vint à Cooch Behar quand j'avais environ 10 ans, et s'occupa de ma mère et, plus tard, de mon frère. Vidya m'est d'une grande utilité. Quand je ne serai plus, elle saura, j'en suis sûre, prendre les rennes de toutes mes activités ; à part bien sûr le haras ! Joey et Vidya ont un fils de huit ans, Ajai. Il est beau, et possède le charme espiègle de son père. Le fils de Pat et Devika, Vijit, a épousé Meenakshi Devi de Lunawada en 1991, et ils ont un fils de deux ans, Vedant, et une petite fille appelée Mukshata. Le petit a le coup d'oeil pour la balle et adore les chevaux. J'espère qu'il héritera de l'amour de son grand-père pour le polo.

Quand mon drapeau flotte au-dessus de Lily Pool, les gens savent que je suis à Jaipur, et ils viennent me voir, me demander de l'aide. S'il s'agit d'une école, d'un puits, d'un dispensaire ou de quelque chose d'utile, je tâche d'aider en écrivant aux autorités concernées. Quand les pauvres demandent de l'argent pour un mariage, de l'aide médicale et même pour un logement, nous leur donnons de l'aide grâce au Sawai Jai Singh Benevolent Fund. Parfois on me demande de la terre, de l'argent pour une campagne électorale, pour publier un livre, ou un billet de train ou toutes sortes d'autres choses.

Chez moi à Lilypool, (les années 1990).

Je demande à ma secrétaire de les diriger vers le Gouverneur ou le Ministre en Chef du Rajasthan.

Je dois bien entendu m'occuper des institutions que j'ai fondées. En tant que Présidente de la Maharani Gayatri Devi Girl's School, je préside les réunions du bureau. Vidya préside maintenant le Comité Exécutif. Elle a retiré ce fardeau de mes épaules. Sa compréhension tranquille et son approche en douceur sont bien plus efficaces que mes réactions plutôt volatiles.

En 1993, l'école célébra son Jubilé d'Or. Le Président de l'Inde, Dr. Shankar Dayal Sharma nous fit l'honneur d'en être le l'invité d'honneur. Les anciennes élèves de l'école vinrent de toute l'Inde et de l'étranger pour assister aux célébrations. C'était émouvant de voir combien elles étaient fières de leur Alma Mater. Certaines étaient ministres, ambassadrices, hauts fonctionnaires, environnementalistes, médecins, professeurs et femmes présentes dans tous les milieux et peut-être le plus important – de bonnes maîtresses de maison. Les célébrations du Jubilé d'Or, en présence du Président de l'Inde, du Gouverneur du Rajasthan et du Ministre en Chef du Rajasthan, donnèrent pompe et dignité à l'évènement – un moment important dans l'histoire de l'école. Les évènements organisés par l'Association des Anciennes Élèves, et le grand finale, le Bal à Rambagh furent un moment d'une gaieté inoubliable. Je ne pus m'empêcher de repenser à l'année 1943, alors que je n'avais que 24 ans, quand l'école ouvrit ses portes avec 23 timides jeunes filles, qui toutes étaient au *purdah*. Je savais à quel point mon mari aurait été fier de voir le succès de cette entreprise. Je me souvins avec amour et gratitude de son soutien sans réserve à tous mes projets.

Il y a dix ans je débutai une école mixte, la Maharaja Sawai Man Singh Vidyalaya. Nous eûmes la chance de trouver un excellent principal et au bout d'une décennie cette école est devenue l'une des plus prestigieuses de Jaipur.

Et bien sûr il y a le Chand Shilp Shala que je débutai pendant la Partition de l'Inde pour fournir du travail aux réfugiés. C'est devenu une école polytechnique pour les femmes, spécialisée dans les travaux domestiques et le secrétariat.

Il y a trois ans, j'ai fondé une école appelée Lalitya Bal Niketan, du nom de ma petite-fille, dans le village de Jaggon Ki Bawri, aux abords de Jaipur. Celle-ci est également devenue extrêmement populaire. Et puis il y a le Sawai Jai Singh Benevolent Fund, le trust que mon mari créa pour les

Ci-dessus : Avec la Mère Thérèse et le Ministre en Chef du Rajasthan.
Ci-contre Haut de page : Un tigre dans un pavillon de Ranthambore.
Ci-contre Bas de page : Ma salle à manger à Lilypool. (les années 1990).

citoyens nécessiteux et pauvres de l'ancien État de Jaipur. Tous les droits de ce livre, *Une Princesse se souvient*, iront à ce fonds.

Gérer ces institutions pose de nombreux problèmes. Les plus contrariants on tété les syndicats des écoles et les règlements mis en place par le gouvernement, qui traitent sur un pied d'égalité les écoles gouvernementales et les instituts privés qui ne bénéficient pas de subventions. Si j'admets que des contrôles sévères doivent être menés dans les institutions qui reçoivent une aide financière du gouvernement, j'estime que d'imposer des contrôles similaires à des établissements qui ont prouvé leur valeur, et qui ne reçoivent aucune aide financière du gouvernement, ne se justifient pas. Ce qu'il y a d'étonnant c'est que la plupart des politiciens et des bureaucrates envoient leurs enfants aux écoles privées plutôt qu'aux écoles du gouvernement, celles-là même qu'ils administrent et contrôlent.

Contrairement à autrefois, je ne célèbre plus que quelques-unes des fêtes qui ponctuent le calendrier indien. Le premier est Makar Sankrant, qui advient chaque année le quatorze janvier, contrairement aux dates des autres fêtes hindoues qui changent selon le calendrier lunaire. Le quatorze janvier c'est le solstice. Après cette date l'hiver s'éloigne et les jours s'allongent. Parmi les multiples rituels traditionnels observés pour Makar Sankrant, le vol de cerfs-volants est le plus populaire car les courants aériens se prêtent parfaitement à ce sport à ce moment de l'année. Le ciel est plein de cerfs-volants. À Jaipur, les experts se rassemblent au Jal Mahal ou au Palais des Eaux où ils s'affrontent dans les *Dungal* – les combats de cerfs-volants. Des milliers d'amateurs viennent les admirer et parient de fortes sommes sur les résultats. Au siècle dernier le Maharaja Ram Singh aimait tant ce sport qu'il avait un département spécialisé dans la fabrication de cerfs-volants. On l'appelait le *patang khana*, ou le département des cerfs-volants. Ceux-ci étaient de véritables œuvres d'art. Lors d'un Sankrant, quelqu'un de la ville coupait tous les cerfs-volants que le Maharajah Ram Singh faisait voler depuis les jardins du City Palace. Il envoya l'un de ses courtisans se renseigner sur l'identité de l'expert. C'était un potier. Le secret de son succès venait de la façon dont il couvrait ses fils avec du verre pilé. Il gagna l'admiration du Maharajah et son patronage. La poterie fut introduite dans la Maharaja's School of Arts and Crafts, et la poterie bleue de Jaipur connut la notoriété qu'elle a encore aujourd'hui. Mes fêtes de Sankrant n'ont pas autant d'éclat. Elles ont lieu sur les pelouses de Rambagh où sont servis boissons et repas.

Ces occasions sont des rassemblements conviviaux. La plupart des invités arrivent difficilement à monter leurs cerfs-volants, mais comme tout le monde participe, y compris le personnel et leurs enfants, l'ensemble est très joyeux. Beaucoup des petits enfants sont très habiles, en particulier l'un d'eux qui a de grandes difficultés à remonter son pantalon – il utilise une main pour le maintenir et de l'autre il fait voler son cerf-volant et coupe tous les autres avec grand talent.

Puis vient Holi, et les portes de Lily Pool sont ouvertes à tous. En dehors de la famille et des amis, de nombreuses autres personnes viennent présenter leur hommage, apportant leurs *Changs*, sortes de grands tambours, en chantant et dansant, tout en se jetant de la poudre colorée les uns sur les autres. Des jours passent avant que les pelouses perdent leurs taches rouge, jaune, rose et bleu. Holi marque le début de la saison chaude.

En mai, le Rajasthan devient extrêmement chaud et je pars alors pour l'Angleterre. J'assiste à de nombreux matches de polo au Smith's lawn et à Cowdray Park. (Jai avait offert en trophée un cheval en bronze traditionnel indien au Guards Polo Club). Chaque année un match est mené pour le trophée, et je remets d'habitude les prix. Mon frère a donné une coupe au Cowdray Polo Club. On l'appelle la coupe de Cooch Behar. On me demande souvent de le décerner, ce que je fais avec beaucoup de plaisir. On trouve de nombreux centres de polo en Angleterre de nos jours, où est joué le polo aux buts supérieurs, moyens et inférieurs. Mais à mon avis, le Cowdray Park Polo Club est le meilleur. Le terrain, situé dans les collines du Sussex, est magnifique. Cowdray est le point de rendez-vous des aficionados du polo du monde entier. Je reste en général en Angleterre jusqu'en octobre, mais parfois je rentre un peu à Jaipur pour la mousson. Le Rajasthan est incroyablement beau durant cette saison. La terre sèche prend des couleurs d'un vert luxuriant et fertile.

Peu après mon retour à la fin de la saison chaude arrive Sharad Poornima, le moment où la lune est la plus brillante. Un bol de *kheer* ou de gâteau de riz est placé sur le toit pour capter les rayons de la lune, car ils sont considérés comme bénéfiques pour les yeux. J'offre une fête sur le toit de Lily Pool, où chacun vient vêtu de rose pâle. Pas de lumière électrique alors ; juste la lumière de la lune.

Quelques semaines après, et c'est le tour de Diwali, la nuit la plus noire de l'année, lorsque Lakshmi, la déesse de la richesse, est vénérée, et toute la ville est décorée et illuminée de *diyas* et de lumières. Je donne alors une fête à Lily Pool qui est alors encadrée de petites ampoules durant la nuit, quand les invités arrivent, vêtus de couleurs sombres. C'est une soirée festive rythmée par les paris et les feux d'artifices.

De nombreux plaisirs continuent à jalonner la vie, mais je suis attristée par la détérioration de la ville de Jaipur et de ses environs. Je pense au temps où elle était très précautionneusement entretenue. Au XVIIIe siècle, quand le Maharajah Sawai Jai Singh déplaça sa capitale d'Amber à Jaipur, il chargea Vidyadhar Bhattacharya, le meilleur architecte et urbaniste de l'époque de faire ce travail. Vidyadhar Bhattacharya construisit une ville fortifiée d'une beauté sans égale. Elle possédait de larges avenues, une symétrie parfaite et un sens civique pour les habitants. Tous les souverains qui suivirent améliorèrent la ville en employant les meilleurs talents disponibles. Jai fut le dernier de ces souverains. Il étendit la ville au-delà de ses murs – les hôpitaux, les écoles, les collèges, l'Université, le Secrétariat, les zones résidentielles furent bâtis durant son règne. Il est reconnu comme le fondateur de la Jaipur moderne.

Un grand soin fut apporté à ce que l'expansion et la modernisation de Jaipur se fassent en harmonie avec la ville fortifiée. On n'autorisa rien qui pût gâcher la beauté de Jaipur, qui est aujourd'hui une métropole bruyante, sale et surpeuplée. Je réalise que la population est passée de 300 000 habitants en 1950, à presque un million et demi en 1994.

J'ai entendu que le gouvernement planifie la construction de villes satellites et j'espère que des conseils avisés et experts seront recherchés pour la planification et l'installation des nouvelles colonies. Et que les bureaucrates ne vont pas céder à la pression politique et autoriser des entreprises immobilières privées à faire pression, car cela s'est déjà produit dans le passé. La plupart des terrains autour de Jaipur ont été vendus à de telles entreprises et des maisons sont apparues comme des champignons de différents styles et dimensions sans aucun ordre ni règlement. C'est une tache sur le paysage et une totale contradiction des traditions de Jaipur, d'harmonie et de symétrie. Et aux environs les collines sont grignotées sans aucune considération.

De même, aucun règlement ni structure n'a cours dans l'enceinte de la ville fortifiée. Chaque espace ouvert est construit. Aucune restriction ne définit le style ou la hauteur des constructions et Jaipur perd rapidement son caractère unique. Même les grandes cours gracieuses du City Palace ont été transformées en bazars. Et personne n'a l'air de s'en préoccuper. On ne peut pour autant en blâmer les politiciens, qui n'ont aucun intérêt dans le futur mais ne sont concernés que par la façon de profiter de leur mandat. Et les responsables qui les servent ne semblent pas meilleurs. Ces employés temporaires ne pensent aucunement à la postérité. Je pense à l'avertissement qu'adressa Rajaji à Jai, de surveiller son héritage. « Ces gens ne comprennent pas, dit-il, que ces monuments devraient être préservés pour la postérité. Ils vont les transformer en boutiques et en bureaux. » Très juste ! J'ai parfois essayé d'intervenir, mais aujourd'hui les dirigeants n'ont plus le moindre vestige de sens esthétique. J'ai plaidé auprès des autorités pour ne pas autoriser que les murs soient couverts de graffitis et de retirer les panneaux publicitaires et les disjoncteurs inesthétiques, ces horreurs. Mais ils n'en conçoivent même pas le besoin. Ils pensent que cela fait moderne d'avoir ces épouvantables publicités partout.

Notre patrimoine archéologique est également en train d'être détruit. Je ne donnerai qu'un seul exemple – Amber. La forteresse construite par le Maharajah Man Singh I, à la fin du XVIe siècle, est supposée être un monument classé, mais le caractère de l'esplanade a changé. Le gouvernement a autorisé la construction d'échoppes de souvenirs tout autour. Le Rajasthan Emporium dresse une tente en son centre et vend ses produits. Je conçois que Jaipur doit grandir et être de son temps, mais la ville fortifiée et les trésors archéologiques doivent être préservés. Par exemple, si Rome ne possédait pas ses monuments, qui donc irait visiter cette ville ?

Récemment, le gouvernement a acquis le terrain de polo, le terrain de golf et le parc qui entourent les complexes de Rambagh et du Raj Mahal. Ils prévoient d'y construire des résidences pour les ministres et les bureaucrates, et un centre commercial. J'ai suggéré que ces terrains seraient idéaux pour y faire un parc public, dont on a grandement besoin à Jaipur. Les jardins de Ram Niwas ne sont pas suffisants pour la population bourgeonnante de Jaipur. Plus de parcs sont nécessaires avec des courts de tennis publics et des terrains de jeux, pour que les citoyens puissent profiter de l'air frais et de la verdure. Par ailleurs, tout comme les autres villes, Jaipur, elle aussi, a besoin de poumons. Toutefois, je ne pense pas que cela arrivera car les parcs ne sont pas rentables. Personne ne semble penser en terme de lendemains et de générations futures. Tout est devenu commercial et à l'encontre des dirigeants d'autrefois, qui étaient conscients de leurs responsabilités à l'égard de leurs sujets, fiers de leur grand patrimoine et accordaient tant d'attention à la postérité, les gens qui sont au pouvoir aujourd'hui ne sont obsédés que par l'argent et les bénéfices. J'aimerais tant signaler quelque chose de positif

Le temple à Cooch Behar.

Lilypool aujourd'hui.

par rapport à leur régime, mais je n'arrive à rien trouver.

Un autre endroit qui a été détruit dans l'ancien État de Jaipur est le Sawai Madhopur. Cette région est centrée sur le célèbre fort de Ranthambor et était entourée de jungle. La plus grande partie de la forêt a été détruite et la faune sauvage a rapidement diminué. Cela se vérifie non seulement au Rajashan, mais également dans toute l'Inde. Il fut un temps où le tigre pouvait traverser les jungles de Sawai Madhopur jusqu'aux lointaines Sunderbans du Bengale. Les gens préoccupés par la diminution de la population de la faune, et particulièrement du tigre, jettent le blâme sur les braconniers et les battues organisées autrefois, il y a plus de deux décennies, mais jamais sur la perte d'un habitat, qui eu lieu lors du mandat de Mme Gandhi en tant que Premier Ministre. On lui accorde, aussi surprenant que cela puisse paraître, d'avoir contribué à la sauvegarde de l'environnement en Inde.

Jaipur rencontre des problèmes d'alimentation en eau. Le lac de Ramgarh, qui fut construit au siècle dernier par le Maharajah Ram Singh pour amener de l'eau à la ville serait encore adapté de nos jours, sans la volonté des politiciens d'établir des barrages de dérivation dans les bassins versants pour faire plaisir aux habitants locaux et augmenter leurs votes.

Jaipur était un symbole d'harmonie communautaire. Les Hindous et les Musulmans vivaient pacifiquement ensemble et partageaient la vie culturelle de la cour de Jaipur. De nombreux Musulmans compétents tenaient des postes élevés, même le plus haut, celui de Premier Ministre. A présent les partis politiques, qui cherchent les votes pour raison de la religion, et amènent des étrangers pour terroriser les minorités, ont détruit la tradition laïque qui faisait la spécificité de l'État de Jaipur. Tous ces éléments m'attristent, et je pense à Jai qui souhaitait faire du royaume un modèle. Il avait l'habitude de signer 'Jaipur' et je trouvais cela très approprié car il incarnait Jaipur. Jai me dit un jour « Tout ce que nous possédons et tout ce que nous sommes sont par Jaipur et nous devons donner de nous tout ce que nous pouvons. »

Quand je me rappelle ces paroles j'en ai les larmes aux yeux. Il n'est plus et je suis encore là, incapable de faire quoi que ce soit pour Jaipur, à part prêter une oreille compatissante au peuple en difficulté et donner des aides financières.

Cooch Behar a aussi ses propres problèmes. La ville qui fut un temps magnifiquement tracée et immaculée est désormais miteuse. Le complexe du palais a été profané. Les bassins qui autrefois réfléchissaient le palais ont été fermés. Des maisons épouvantables ont été construites dans l'enceinte du palais. Récemment, la statue de Madan Mohan, vieille de 600 ans, faite d'*ashtradhatu*, les huit métaux précieux, a été volée du temple. La population locale a été outragée par ce sacrilège. Ils m'ont demandé de venir et de prêter mon aide, mais ma venue n'aurait eu aucune utilité. Je n'aurais été qu'un point de rassemblement des Cooch Beharis contre les étrangers, qui prennent actuellement en charge l'administration. Le palais de Cooch Behar n'est plus qu'une coquille vide où il y avait jadis eu un lieu de vie plein de grâce et doté d'un roi qui aimait ses sujets.

Ce lieu rencontre tant de problèmes politiques, sociaux, culturels et économiques, là où il y eut le royaume pacifique de Koch, dirigé pendant des siècles par mes ancêtres. Un exemple en est l'hôpital ayurvédique qui avait fonctionné pendant deux siècles. Celui-ci est désormais dans un état déplorable. À la requête du public j'ai écrit au Ministre en Chef, Jyoti Basu, lui demandant pourquoi le gouvernement était incapable de maintenir les infrastructures et le standard de l'administration de l'ancien État de Cooch Behar. Je savais d'avance que ma lettre ne recevrait aucune réponse. Mais le geste d'écrire la lettre constitua un effort à l'égard de l'ancien peuple de mon frère.

Chaque fois que j'entends des nouvelles de Cooch Behar, je ressens ce sentiment de désespoir. Je ne peux rien pour le peuple du lieu où j'ai passé une enfance si heureuse, où les souverains et les gouvernés ne faisaient qu'une même famille qui croyait, aimait et respectait l'autre. Je suis déterminée à aller rencontrer le Ministre en Chef, Jyoti Basu, avec une liste de choses qu'il serait nécessaire de faire pour aider la situation. Parfois je fredonne encore l'air d'une chanson qui décrivait la prospérité et la beauté tranquille de Cooch Behar, demeure des dieux aux contreforts de l'Himalaya.

À l'automne de ma vie, tout ce que je puis dire c'est que je n'aurais jamais échangé ma position contre une autre, et j'espère avoir été capable de faire quelque chose pour l'Inde par les étudiants qui ont suivi leur éducation dans les écoles que j'ai fondées. L'éducation n'est pas seulement nécessaire pour gagner sa vie – ce qui sera désormais plus facile à l'heure où l'Inde s'ouvre à une économie plus ouverte – suivant en cela enfin la politique du parti Swatantra de Rajaji. Ces étudiants ont également appris à vivre dans un monde où la dignité, la compréhension et la sensibilité aux autres comptent avant tout. Cette éducation, je l'espère, sera la clé d'un avenir beaucoup plus radieux.